上海市级专志

上海市社会主义学院志

上海市地方志编纂委员会 编

华东师范大学出版社

上海市社会主义学院

筹备工作组召集人胡厥文在建院初期为学院题写的院名

嘉定县外冈校区（1958-1969）的学员们参加劳动

1956年6月，第一期学习班二班二组学员进行学习讨论

1959年7月19日，第一期学期学习班学员结业

1985年1月22日，复院后首期民主党派、工商联干部培训班结业

嘉定县外冈校区正门（1958-1969）

嘉定县外冈校区操场（1958-1969）

嘉定县外冈校区教学楼（1958-1969）

嘉定县外冈校区外景（1958-1969）

保定路 257 号临时借用的顶层两间房屋的校区（1984.9-1988.7）（此图摄于 2018 年 6 月）

镇宁路 360 号临时借用的小区（1985-1990）

镇宁路 405 弄校区（1990 — ）

陕西北路 128 号校区，位于该栋大楼的第四、五、十、十一、十二层

天等路465号临时借用的校区,位于该栋办公楼的三楼(2003-2008)

天等路469号校区(2009-)

上海市地方志编纂委员会

主任委员	董云虎
副主任委员	翁铁慧 李逸平 朱咏雷 宗 明
委　　员	（以姓名笔画为序）

于秀芬　马国强　王　平　王　宇　王　瑜　王永鑑　王治平
王德忠　方世忠　白廷辉　过剑飞　朱纪华　朱勤皓　华　源
邬惊雷　寿子琪　苏　明　李　红　李　政　李书玉　李国华
吴海君　沈晓初　张　新　张小松　张国坤　张超美　陆晓栋
陆鼎良　陈　臻　陈宇剑　陈鸣波　邵　珉　范少军　尚玉英
呆　云　周　亚　周敏浩　周蔚中　郑　杨　赵永峰　赵祝平
胡卫国　洪民荣　姚　海　袁　鹰　袁荣根　桂晓燕　夏科家
顾金山　顾洪辉　倪耀明　徐　枫　徐　炯　徐未晚　徐国岩
徐建刚　唐劲松　陶　泓　黄永平　章　曦　蒋怀宇　谢　峰
谢坚钢

办公室主任	洪民荣
副 主 任	王依群 生键红

上海市地方志编纂委员会

（2007年8月—2015年9月）

主任委员　殷一璀(2007年8月—2014年11月)　徐　麟(2014年11月—2015年9月)
副主任委员　(2007年8月—2011年8月)
　　　　　　王仲伟　杨定华　姜　樑　李逸平　林　克
副主任委员　(2011年8月—2014年11月)
　　　　　　屠光绍　杨振武　洪　浩　姚海同　蒋卓庆　林　克
办公室主任　李　丽(2008年7月—2010年10月)　刘　建(2010年10月—2014年2月)
副 主 任　沙似鹏(1997年12月—2007年9月)　朱敏彦(2001年1月—2012年5月)
　　　　　　沈锦生(2007年7月—2009年2月)　莫建备(2009年9月—2013年11月)

《上海市级专志·上海市社会主义学院志》编纂委员会

(2018年6月—)

主　任　　郑钢淼　周汉民
副主任　　毛大立　姚俭建　马俊生
委　员（以姓名笔画为序）
　　　　　杨　春　吴志栋　徐剑锋　蒋连华

(2017年5月—2018年5月)

主　任　　施小琳　周汉民
副主任　　毛大立　姚俭建　马俊生
委　员（以姓名笔画为序）
　　　　　杨　春　吴志栋　徐剑锋　蒋连华

(2017年3月—2017年5月)

主　任　　沙海林　周汉民
副主任　　毛大立　姚俭建　马俊生
委　员（以姓名笔画为序）
　　　　　苏　海　杨　春　吴志栋　徐剑锋　蒋连华

(2016年9月—2017年3月)

主　任　　沙海林　周汉民
副主任　　王　群　姚俭建　马俊生
委　员（以姓名笔画为序）
　　　　　苏　海　杨　春　吴志栋　徐剑锋　蒋连华

(2015年11月—2016年9月)

主　任　　沙海林　周汉民

副主任　房剑森　姚俭建

委　员（以姓名笔画为序）

　　　苏　海　杨　春　吴志栋　徐剑锋　蒋连华

《上海市级专志·上海市社会主义学院志》编纂室

主　编　徐剑锋
副主编　戴建国
编　辑　杨孟哲　吕齐心

《上海市级专志·上海市社会主义学院志》评议专家

组　长　殷啸虎

成　员（以姓名笔画为序）

　　　方永星　付　晓　宁　波　吕会霖　齐卫平　李志英　沈　洁
　　　孟荣强　胡伟平　谭雪明

《上海市级专志·上海市社会主义学院志》审定专家

组　长　桑玉成

成　员（以姓名笔画为序）

　　　王昌范　王蓓怡　冯晓中　余　岚　张　峰　陈昌福　赵立行
　　　殷之俊

《上海市级专志·上海市社会主义学院志》验收单位和人员

验收单位　上海市地方志办公室

验收人员　洪民荣　王依群　过文瀚　黄晓明　黄文雷

业务编辑　赵明明　肖春燕

凡　例

一、本志以马克思列宁主义、毛泽东思想、邓小平理论、"三个代表"重要思想、科学发展观、习近平新时代中国特色社会主义思想为指导，严格遵循《地方志工作条例》和《上海市实施〈地方志工作条例〉办法》，坚持实事求是的原则，力求全面、系统、准确、翔实记述上海市社会主义学院的历史。

二、本志记述时间断限为1958年7月至2010年12月。出于记述完整的需要，个别内容时间下延至2011年2月24日。

三、本志由卷首照、凡例、目录、总述、大事记、正文、附录、索引和编后记组成，正文共6篇，篇下设章、节、目。

四、本志人物篇分传略、简介和名录。传略按卒年排列，简介按生年排列。

五、本志资料主要来源于上海市社会主义学院文书档案和人事档案、上海市档案馆、中共上海市委组织部档案室，有关文件、志、年鉴、纪念册、领导讲话、访问录等，一般不注明出处。

六、由于历史原因，班次名称未尽一致，本志遵从史料未求统一。

七、本志中凡未标明名称的"党"均指"中国共产党"；"市委"指"中共上海市委"。"中国国民党革命委员会"简称"民革"，"中国民主同盟"简称"民盟"，"中国民主建国会"简称"民建"，"中国民主促进会"简称"民进"，"中国农工民主党"简称"农工党"，"中国致公党"简称"致公党"，"台湾民主自治同盟"简称"台盟"。"中国人民政治协商会议上海市委员会"简称"市政协"，"中共上海市委统战部"简称"市委统战部"，"社会主义学院"简称"社院"，"上海市社会主义学院"简称"市社院"，"中共上海市委党校"简称"市委党校"。

八、本志行文规范依据《地方志书质量规定》和《〈上海市志(1978—2010)〉编纂行文规范》。

目　　录

总述 ·· 1
大事记 ·· 7

第一篇　组织机构与队伍建设 ········ 31
概述 ································· 32
第一章　学院沿革 ···················· 33
第一节　学院前身 ················ 33
第二节　创办 ······················ 33
第三节　停办 ······················ 34
第四节　复办 ······················ 34
第二章　领导体制 ···················· 35
第一节　党组 ······················ 35
一、主要职责 ···················· 35
二、组成 ·························· 35
第二节　行政领导 ················ 36
第三节　院务委员会 ············· 37
一、主要职责 ···················· 37
二、组成 ·························· 37
第三章　机构设置 ···················· 39
第一节　机构沿革 ················ 39
一、建院初期 ···················· 39
二、复院以后 ···················· 39
第二节　机构职能 ················ 41
一、办公室 ······················· 41
二、人事处 ······················· 41
三、教务处 ······················· 41
四、教研室 ······················· 41
五、研究室 ······················· 41

第四章　党群组织 ···················· 42
第一节　机关党组织 ············· 42
一、组织设置 ···················· 42
二、荣誉称号 ···················· 43
第二节　工会 ······················ 43
一、第一届工会委员会 ········ 43
二、第二届工会委员会 ········ 44
三、第三届工会委员会 ········ 44
四、第四届工会委员会 ········ 44
五、第五届工会委员会 ········ 44
六、第六届工会委员会 ········ 44
第五章　队伍建设 ···················· 45
第一节　编制与人数 ············· 45
一、人员编制 ···················· 45
二、在编人数 ···················· 45
第二节　教职工管理 ············· 47
一、教师管理 ···················· 47
二、干部管理 ···················· 48
第三节　离退休工作 ············· 50

第二篇　教育培训 ························ 53
概述 ································· 54
第一章　教学 ··························· 55
第一节　教学方针和任务 ······ 55
第二节　教学内容 ················ 56

一、主要内容 …… 56
二、课程建设 …… 56
三、课程分类 …… 59
　第三节　教学方法 …… 59
一、三自 …… 59
二、三不 …… 60
三、小组讨论 …… 60
四、双向交流 …… 60
五、主题辩论会 …… 60
六、快、实、活 …… 60
七、研究式教学 …… 61
八、情景模拟式教学 …… 61
九、拓展训练 …… 61
十、咨询活动 …… 61
十一、案例式教学 …… 61
十二、互动式教学 …… 61

第二章　教学班次 …… 62
　第一节　班次类别 …… 62
一、主体班次 …… 62
二、委托班次 …… 63
　第二节　办班操作规程 …… 63
一、准备阶段 …… 63
二、办班阶段 …… 64
三、结束阶段 …… 64
　第三节　班级管理 …… 64
一、班委会 …… 64
二、班主任 …… 64
　第四节　培训班次 …… 65
一、1959—1965年培训班次 …… 65
二、1984—1996年培训班次 …… 65
三、1997—2002年培训班次 …… 66
四、2003—2008年培训班次 …… 66
五、2009—2010年培训班次 …… 67
　第五节　学历教育与知识技能
　　　　　培训 …… 71

一、学历教育 …… 71
二、知识技能培训 …… 72
第三章　中华文化讲座与研习 …… 73
　第一节　专题讲座 …… 73
　第二节　系列讲座 …… 74
　第三节　中华文化研习 …… 75
一、上海中华文化七日营 …… 75
二、台湾青年中华文化研习营 …… 75
三、"走近上海，体验世博"香港青年
　　培训班 …… 75
　第四节　放映资料片 …… 75

第四章　对区(县)社院的业务指导 …… 76
　第一节　区(县)社院概况 …… 76
一、浦东新区社会主义学院 …… 76
二、徐汇区社会主义学院 …… 76
三、长宁区社会主义学院 …… 76
四、静安区社会主义学院 …… 77
五、普陀区社会主义学院 …… 77
六、卢湾区社会主义学院 …… 77
七、黄浦区社会主义学院 …… 78
八、闸北区社会主义学院 …… 78
九、虹口区社会主义学院 …… 79
十、杨浦区社会主义学院 …… 79
十一、宝山区社会主义学院 …… 79
十二、闵行区社会主义学院 …… 80
十三、嘉定区社会主义学院 …… 80
十四、金山区社会主义学院 …… 80
十五、松江区社会主义学院 …… 80
十六、青浦区社会主义学院 …… 81
十七、奉贤区社会主义学院 …… 81
十八、崇明县社会主义学院 …… 81
　第二节　业务指导机制 …… 81
一、交流研讨 …… 82
二、教学指导与协作 …… 82
三、科研协作 …… 83

第三篇　理论研究与宣传 …………… 85
概述 …………………………………… 86
第一章　理论研究 …………………… 87
第一节　学术委员会 ………………… 87
第二节　科研活动 …………………… 87
第三节　科研成果 …………………… 89
　一、课题 …………………………… 89
　二、论文 …………………………… 91
　三、著作 …………………………… 108
第二章　院刊 ………………………… 111
第一节　内部刊物 …………………… 111
　一、统战理论研究通讯 …………… 111
　二、上海统战理论研究 …………… 111
第二节　上海市社会主义学院
　　　　学报 ………………………… 112
　一、编辑队伍 ……………………… 112
　二、编辑出版流程 ………………… 113
　三、栏目内容 ……………………… 113
　四、社会影响 ……………………… 114
第三章　上海市统一战线理论
　　　　研究会 ……………………… 116
第一节　组织设置 …………………… 116
　一、组织沿革 ……………………… 116
　二、党的工作小组 ………………… 119
　三、组织分支 ……………………… 119
　四、会员 …………………………… 119
第二节　重要学术活动 ……………… 119
　一、学会年会 ……………………… 119
　二、专题报告会 …………………… 121
　三、学术研讨会 …………………… 122
　四、课题调研 ……………………… 124
　五、科普活动 ……………………… 125
第三节　主要荣誉 …………………… 126
　一、评估达标获奖 ………………… 126
　二、组织征文获奖 ………………… 126

第四篇　校园建设与后勤保障 ……… 127
概述 …………………………………… 128
第一章　校址变迁 …………………… 129
第一节　外冈校区 …………………… 129
第二节　保定路校区 ………………… 129
第三节　镇宁路校区 ………………… 129
第四节　陕西北路校区 ……………… 130
第五节　天等路校区 ………………… 130
　一、工程立项 ……………………… 131
　二、工程施工 ……………………… 131
　三、竣工验收 ……………………… 131
　四、大楼布局 ……………………… 132
第二章　图书馆与信息化建设 ……… 133
第一节　图书馆 ……………………… 133
　一、图书馆建设 …………………… 133
　二、图书馆工作 …………………… 133
第二节　信息化建设 ………………… 134
第三章　资产与财务管理 …………… 136
第一节　资产管理 …………………… 136
　一、资产清查 ……………………… 136
　二、物业管理 ……………………… 136
　三、校办企业管理 ………………… 137
　四、管理制度 ……………………… 137
第二节　财务管理 …………………… 138
　一、经费预决算 …………………… 138
　二、专项经费管理 ………………… 139
　三、规章制度 ……………………… 139

第五篇　重要活动与对外交流 ……… 141
概述 …………………………………… 142
第一章　重要活动 …………………… 143
第一节　领导视察 …………………… 143
　一、李维汉作报告 ………………… 143
　二、俞正声到学院调研 …………… 143
第二节　主要庆典 …………………… 143
　一、第一期学习班开学典礼 ……… 143

二、复院后第一期民主党派干部培训班开学
　　　　典礼 …………………………… 144
　　三、建院 30 周年纪念活动 ………… 144
　　四、建院 36 周年暨复院 10 周年纪念
　　　　活动 …………………………… 144
　　五、建院 40 周年庆祝大会 ………… 145
　　六、建院 50 周年庆祝大会 ………… 145

第二章　重要会议 ……………………… 147
　第一节　理论研讨会 ………………… 147
　　一、部分省市社会主义学院统战理论教学
　　　　研讨会 ………………………… 147
　　二、全国社会主义学院学习贯彻十六大
　　　　精神理论研讨会 ……………… 147
　　三、贯彻《2010—2020 年党外代表人士教育
　　　　培训改革和发展纲要》研讨会 …… 147
　第二节　工作会议与研讨会 ………… 148
　　一、华东地区暨全国部分省、地、市社会主义
　　　　学院工作研讨会 ……………… 148
　　二、社会主义学院科研管理工作
　　　　研讨会 ………………………… 148
　　三、上海社会主义学院工作会议 …… 148
　　四、全国社会主义学院第六次学报工作
　　　　研讨会 ………………………… 149

第三章　对外交流 ……………………… 150
　第一节　出访 ………………………… 150
　第二节　来访 ………………………… 153

第六篇　人物 …………………………… 157
　概述 …………………………………… 158
　第一章　人物传略 …………………… 159
　第二章　人物简介 …………………… 162
　　第一节　院领导 …………………… 162
　　第二节　教授、副教授 …………… 166
　第三章　教职工名录 ………………… 168
　　第一节　建院初期在编人员 ……… 168
　　第二节　复院后在编人员 ………… 168
　第四章　学员名录 …………………… 169
　　第一节　建院初期学习班 ………… 169
　　第二节　复院后各类班次 ………… 177
　　　一、党外代表人士培训班 ……… 177
　　　二、统战干部培训班 …………… 241
　　　三、委托班次 …………………… 252
　　　四、学历教育和技能培训班 …… 253

附录 ……………………………………… 257
　一、文件 ……………………………… 259
　二、制度 ……………………………… 278

索引 ……………………………………… 284

编后记 …………………………………… 285

CONTENTS

Overview ·· 1
Chronicle of Events ·· 7

Part I　Organization and Staff Building ··· 31
 Summary ··· 32
 Chapter 1　History of the Institute ·· 33
  Section 1　Predecessor ·· 33
  Section 2　Establishment ·· 33
  Section 3　Suspension ·· 34
  Section 4　Re-establishment ·· 34
 Chapter 2　Leadership System ··· 35
  Section 1　Party Group ··· 35
   1. Key Responsibilities ··· 35
   2. Composition ··· 35
  Section 2　Executive Leaders ·· 36
  Section 3　Institute Affairs Committee ·· 37
   1. Key Responsibilities ··· 37
   2. Composition ··· 37
 Chapter 3　Departments ·· 39
  Section 1　History ··· 39
   1. Early Days of Establishment ·· 39
   2. Since Re-establishment ··· 39
  Section 2　Institutional Functions ·· 41
   1. Office ·· 41
   2. Personal Department ··· 41
   3. Office of Educational Administration ·· 41
   4. Teaching and Research Section ··· 41
   5. Research Section ·· 41
 Chapter 4　Party-masses Organization ·· 42
  Section 1　Party Organization ·· 42
   1. Organizational Structure ··· 42

2. Honors and Awards ·· 43
　Section 2　Trade Union ··· 43
　　1. the 1st Trade Union Committee ·· 43
　　2. the 2nd Trade Union Committee ··· 44
　　3. the 3rd Trade Union Committee ··· 44
　　4. the 4th Trade Union Committee ··· 44
　　5. the 5th Trade Union Committee ··· 44
　　6. the 6th Trade Union Committee ··· 44
Chapter 5　Staff Building ·· 45
　Section 1　Staffing and Number ··· 45
　　1. Staffing ··· 45
　　2. Number of Working Staff ··· 45
　Section 2　Staff Management ··· 47
　　1. Teacher Management ··· 47
　　2. Cadre Management ·· 48
　Section 3　Retirement ··· 50

Part II Teaching and Training ·· 53
　Summary ·· 54
　Chapter 1　Teaching ··· 55
　　Section 1　Teaching Principles and Tasks ······································· 55
　　Section 2　Teaching Content ··· 56
　　　1. Main Content ··· 56
　　　2. Curriculum Construction ··· 56
　　　3. Curriculum Classification ··· 59
　　Section 3　Teaching Methods ·· 59
　Chapter 2　Teaching Classes ··· 62
　　Section 1　Categories ·· 62
　　　1. Main Classes ·· 62
　　　2. Delegated Classes ·· 63
　　Section 2　Operating Procedures ··· 63
　　　1. Preparation ··· 63
　　　2. Running a Class ··· 64
　　　3. Ending ··· 64
　　Section 3　Class Management ··· 64
　　Section 4　Training Classes ··· 65
　　　1. Classes from 1959 to 1965 ··· 65
　　　2. Classes from 1984 to 1996 ··· 65
　　　3. Classes from 1997 to 2002 ··· 66

    4. *Classes from 2003 to 2008* ………………………………………………… 66

    5. *Classes from 2009 to 2010* ………………………………………………… 67

   Section 5 *Academic Education and Knowledge and Skill Training* …………… 71

    1. *Academic Education* ………………………………………………………… 71

    2. *Knowledge and Skill Training* ……………………………………………… 72

 Chapter 3 Lectures and Chinese Culture Workshops ……………………………… 73

   Section 1 *Special Lectures* …………………………………………………… 73

   Section 2 *Lecture Series* ……………………………………………………… 74

   Section 3 *Chinese Culture Workshops* ……………………………………… 75

    1. *7-Day Workshop on Chinese Culture of Shanghai* ……………………… 75

    2. *Chinese Culture Workshop for Taiwan Young People* ………………… 75

    3. *"To Shanghai, To World Expo" Workshop for Hong Kong Young People* ………… 75

   Section 4 *Videos* ……………………………………………………………… 75

 Chapter 4 Professional Guidance for Institutes at District/County Level ………… 76

   Section 1 *General Information on Institutes at District/County Level* ……… 76

   Section 2 *Mechanism of Professional Guidance* ………………………………… 82

    1. *Communications and Discussions* ………………………………………… 81

    2. *Teaching Guidance and Cooperation* ……………………………………… 82

    3. *Scientific Research Cooperation* …………………………………………… 83

Part III Theoretical Research and Publicity …………………………………………… 85

 Summary ……………………………………………………………………………………… 86

 Chapter 1 Theoretical Research ……………………………………………………… 87

   Section 1 *Academic Committee* ………………………………………………… 87

   Section 2 *Scientific Research Activities* …………………………………… 87

   Section 3 *Scientific Research Achievements* ………………………………… 89

    1. *Research Subjects* ………………………………………………………… 89

    2. *Research Papers* …………………………………………………………… 91

    3. *Books* ………………………………………………………………………… 108

 Chapter 2 Publications ………………………………………………………………… 111

   Section 1 *Internal Publications* ……………………………………………… 111

    1. *Theoretical Research of United Front Newsletter* ……………………… 111

    2. *Theoretical Research of Shanghai United Front* ………………………… 111

   Section 2 *Journal of Shanghai Institute of Socialism* ……………………… 112

    1. *Editors* ……………………………………………………………………… 112

    2. *Editing and Publishing Process* …………………………………………… 113

    3. *Columns* …………………………………………………………………… 113

    4. *Social Influence* …………………………………………………………… 114

Chapter 3　Shanghai United Front Theoretical Research Association ················ 116
　　Section 1　Structure ·· 116
　　　1. History of the Association ·· 116
　　　2. Working Group of the Party ··· 119
　　　3. Branches ·· 119
　　　4. Members ·· 119
　　Section 2　Major Academic Activities ··· 119
　　　1. Annual Meetings ·· 119
　　　2. Special Symposiums ·· 121
　　　3. Academic Symposiums ··· 122
　　　4. Subject Research ··· 124
　　　5. Popular Science Activities ··· 125
　　Section 3　Major Awards ··· 126
　　　1. Assessment Awards ··· 126
　　　2. Writing Competition Awards ··· 126

Part IV　Campus Construction and Logistical Support ···································· 127
　Summary ··· 128
　Chapter 1　Site Change ··· 129
　　Section 1　Waigang Campus ··· 129
　　Section 2　Baoding Road Campus ·· 129
　　Section 3　Zhenning Road Campus ·· 129
　　Section 4　North Shaanxi Road Campus ··· 130
　　Section 5　Tiandeng Road Campus ·· 130
　Chapter 2　Library and Information Construction ·· 133
　　Section 1　Library ··· 133
　　　1. Library Construction ··· 133
　　　2. Library Work ·· 133
　　Section 2　Information Construction ·· 134
　Chapter 3　Asset and Financial Management ··· 136
　　Section 1　Asset Management ·· 136
　　　1. Asset Inventory ·· 136
　　　2. Estate Management ··· 136
　　　3. Management of School-owned Enterprises ·· 137
　　　4. Management System ··· 137
　　Section 2　Financial Management ·· 138
　　　1. Financial Budget and Final Accounts ··· 138
　　　2. Management of Special Funds ··· 139
　　　3. Rules and Regulations ·· 139

CONTENTS

Part V Big Events and Foreign Communication ······ 141
  Summary ······ 142
  Chapter 1 Big Events ······ 143
    Section 1 Superior Inspection ······ 143
      1. Report by Li Weihan ······ 143
      2. Survey Led by Yu Zhengsheng ······ 143
    Section 2 Major Celebrations ······ 143
      1. Opening Ceremony of the First Class ······ 143
      2. Opening Ceremony of the First Class for Democratic Parties' Cadres after Re-establishment ······ 144
      3. 30th Anniversary of Establishment Ceremony ······ 144
      4. 36th Anniversary of Establishment and 10th Anniversary of Re-establishment Ceremony ······ 144
      5. 40th Anniversary of Establishment Ceremony ······ 145
      6. 50th Anniversary of Establishment Ceremony ······ 145
  Chapter 2 Important Meetings ······ 147
    Section 1 Theoretical Symposiums ······ 147
      1. Symposium on Theory and Teaching of United Front Attended by Institutes of Socialism from Some Provinces and Cities ······ 147
      2. National Symposium of Institutes of Socialism on the Study and Implementation of the Theory and Spirit of the 16th Conference of the Communist Party of China ······ 147
      3. Symposium on the Implementation of the "Reform and Development Outline of the Education and Training of Non-Party Representatives (2010-2020)" ······ 147
    Section 2 Working Conferences ······ 148
      1. Working Symposium by Institutes of Socialism from East China and Some Provinces and Cities ······ 148
      2. Working Symposium of Institute of Socialism on Science Research Management by Institutes of Socialism ······ 148
      3. Working Conference of Shanghai Institute of Socialism ······ 148
      4. the 6th Journal Working Symposium of National Institute of Socialism ······ 149
  Chapter 3 Foreign Communication ······ 150
    Section 1 Overseas Visits ······ 150
    Section 2 Visits from Abroad ······ 153

Part VI Personages ······ 157
  Summary ······ 158
  Chapter 1 Character Biography ······ 159
  Chapter 2 Introduction to the Characters ······ 162
    Section 1 Leaders of the Institute ······ 162

  Section 2 Professors and Associate Professors ……………………………………… 166
Chapter 3 Staff ……………………………………………………………………… 168
  Section 1 Staff at the Beginning of Establishment ……………………………… 168
  Section 2 Staff after Re-establishment ……………………………………………… 168
Chapter 4 Students …………………………………………………………………… 169
  Section 1 Classes at the Beginning of Establishment …………………………… 169
  Section 2 Classes after Re-establishment …………………………………………… 177
    1. Classes for Non-Party Representatives ……………………………………… 177
    2. Classes for United Front Cadres …………………………………………… 241
    3. Delegated Classes …………………………………………………………… 252
    4. Academic Education and Skill Training Classes …………………………… 253

Appendix …………………………………………………………………………………… 257
Index ……………………………………………………………………………………… 284
Epilogue ………………………………………………………………………………… 285

总 述

（一）

　　社会主义学院是中国共产党领导的统一战线性质的高等政治学院，民主党派和无党派人士的联合党校，开展党的统一战线工作的重要部门，统一战线人才教育培养的主阵地，党和国家干部教育培训体系的重要组成部分，统一战线人才培养基地、理论研究基地、方针政策宣传基地。

　　社会主义学院的校风是"爱国、团结、民主、求实"。

　　社会主义学院最早是在毛泽东、周恩来等老一辈无产阶级革命家的亲切关怀下，适应新中国成立初期国内外政治形势需要，应党外知名人士要求，经中共中央批准创办的。1949年中华人民共和国刚刚诞生时，沈钧儒、陈叔通等一批党外知名人士就向毛泽东建言："党有党校，团有团校，党外人士也应有一所学习政治理论的学校。"1956年，我国对农业、手工业和资本主义工商业的社会主义改造基本完成，民主党派和无党派人士再次建议成立党外人士的学校，并建议定名为"毛泽东思想学院"。毛泽东赞成建校意见，但对于学校名称问题，认为"还是叫社会主义学院好"。

　　1956年3月27日，中国人民政治协商会议第二届全国委员会常务委员会第二十次会议通过《中国人民政治协商会议全国委员会关于组织各界民主人士和工商业者进行政治学习和理论学习的决定》，提出组织学习的办法和形式，其中包括举办社会主义学院。

　　1956年3月31日，中共中央统战部将《创办社会主义学院的实施方案（草案）》上报周恩来同志和中央书记处。经毛泽东、周恩来和中共中央书记处批准，社会主义学院正式成立，并于1956年10月15日在全国政协礼堂举行第一期学习班开学典礼。1960年7月18日，鉴于各地普遍成立地方社会主义学院，经周恩来和全国政协批准，在北京成立的社会主义学院更名为中央社会主义学院。

（二）

　　在中央社会主义学院筹办期间，中国人民政治协商会议上海市委员会制定各界民主人士系统学习理论的方案。1956年5月11日，市政协一届九次常委会会议决定举办市政协业余政治大学，此为上海市社会主义学院前身。5月26日，市政协业余政治大学正式开学。

　　1958年7月，第十次全国统战工作会议召开后，中共中央统战部多次向中共上海市委统战部提出，可以仿照全国政协筹办中央社会主义学院的做法，成立上海市社会主义学院。

　　1958年9—10月，中共上海市委统战部为筹办上海市社会主义学院，先后三次向中共上海市委请示，在其中9月4日《关于举办劳动大学和农场的请示报告》中提出，将市政协业余政治大学与工商界政治学校合并，建立一所体力劳动与政治教育相结合的劳动大学。学校在党内由中共上海市委统一领导，市委统战部具体掌握，党外拟由市政协出面成立有民主人士参加的筹备委员会加以管理。9月12日，《关于举办上海市社会主义学院和农场有关基本建设问题的请示报告》中提出，劳动大学改称上海市社会主义学院更为确切。

1958年10月10日，中共上海市委批示同意市委统战部关于举办社会主义学院的报告。11日，上海市政协一届二十七次常委会会议通过《关于举办上海市社会主义学院的方案》和筹备工作组成员名单。方案提出，学院由院长一人、副院长若干人、院务委员若干人组成院务委员会，负责学院大政方针的制定，进行统一领导。院务委员由中共和各民主党派地方组织负责人和有关人士担任。学员范围为：市、区人大代表及在沪全国人大代表，市、区政协委员及在沪全国政协委员，市、区民主党派组织的委员及各党派在沪中央委员，市、区工商联执委及在沪全国工商联委员，其他代表性人士。

1959年2月19日，上海市社会主义学院第1期学习班学员陆续报到。2月22日，举行开学典礼。

1963年4月，上海市社会主义学院同时加挂华东社会主义学院的牌子，并接受华东六省选送学员到学院学习。

1965年7月20日，上海市社会主义学院第9期学习班结业。从1959年2月至1965年7月，共办学习班9期，每期4个月左右，培训学员2980人次。

第9期学习班结业后，除少数干部和全部工勤人员留守外，上海市社会主义学院大多数干部奉命参加上海市青浦县（今青浦区）香花公社农村社会主义教育运动。"文化大革命"开始后，学院停止办学。1969年4月，学院被撤销。

1978年，上海市政协恢复活动。1982年2月，中共中央书记处根据新时期统一战线形势需要，决定恢复中央社会主义学院。1983年8月，中共中央书记处同意中央统战部的请示报告，决定逐步恢复各省、市、自治区的社会主义学院，各地恢复后的社会主义学院归统战部领导，政协负责日常工作。

中共上海市委统战部于1983年5月、10月和1984年2月先后三次向中共上海市委提出恢复上海市社会主义学院的请示报告。上海市政协六届一次会议通过的常委会工作报告中也提出筹备恢复上海市社会主义学院问题，指出学院恢复后，将作为上海市各民主党派、无党派人士学习进修的场所和上海市统战系统培训干部的基地，对上海市民主党派的各级干部，市、区（县）人大代表和政协委员中的非党人士进行培训。

1984年3月11日，中共上海市委同意恢复上海市社会主义学院。4月25日，上海市政协六届十二次主席扩大会议决定成立上海市社会主义学院复院筹备工作组，着手筹备上海市社会主义学院复院工作。9月1日，上海市社会主义学院在市政协大礼堂举行第10期（复院后的第1期）学习班开学典礼。

自1984年复院，至2010年底，学院共举办培训班532期，培训学员近2万人次。

（三）

作为中国共产党领导的统一战线性质的高等政治学院，作为民主党派和无党派人士的联合党校，当前社会主义学院的基本任务主要是针对党外代表人士进行政治培训。即教育培训民主党派、无党派人士和统一战线其他方面代表人士自觉接受中国共产党的领导，坚持走中国特色社会主义道路的坚定信念；培育爱国主义精神，自觉维护民族团结、社会稳定、祖国统一的责任意识；了解和掌握新世纪新阶段爱国统一战线的基本理论、方针、政策，提高适应坚持和完善中国共产党领导的多党合作和政治协商制度所需要的政治素质；增强与中国共产党合作共事和履行参政议政、民主监督职责的能力以及胜任本职工作的组织领导能力。

建院初期,上海市社会主义学院的教学目的主要是帮助学员进一步认识坚决接受中国共产党的领导和走社会主义道路的必要性。教学内容主要是毛泽东的一系列重要著作,比如《实践论》《矛盾论》《关于正确处理人民内部矛盾的问题》,以及中共中央文件、《人民日报》和《红旗》杂志社论等。

复院以后,上海市社会主义学院坚持"社院姓社"的办学方针,坚持以政治培训为主,坚持强化党外代表人士的政治共识教育。教学内容主要包括:邓小平理论、"三个代表"重要思想、科学发展观、中国特色社会主义基本理论、中国共产党统一战线史、中国特色政党制度、中国特色政治制度、各民主党派史、多党合作理论与实践、参政党建设、中国共产党民族宗教理论和政策等。

从1958年至2010年,共有2万多人次学员在上海市社会主义学院参加学习培训。长期以来,上海市社会主义学院为中国共产党的统一战线事业培养培训了一大批坚定拥护中国共产党的领导,坚定走中国特色社会主义道路,与中国共产党共同致力于中华民族伟大复兴,具有重要社会影响的党外代表人士。

根据《社会主义学院工作暂行条例》,上海市社会主义学院负有指导全市各区(县)社会主义学院教学科研工作的责任。

(四)

1958—1969年,上海市社会主义学院在行政上隶属上海市政协领导。1984年复院后,上海市社会主义学院在领导体制上继续维持这一隶属关系。

1988年10月5日,中共中央统战部发出《关于当前办好地方社会主义学院(政治学校)几个问题的通知》指出:省、自治区、直辖市社会主义学院归省、自治区、直辖市党委统战部领导,社会主义学院实行院长负责制。根据这一通知,从1988年底开始,上海市社会主义学院划归中共上海市委统战部领导,上海市政协与上海市社会主义学院之间终止行政隶属关系。2003年11月27日,中共中央统战部颁发的《社会主义学院工作暂行条例》指出:"省、自治区、直辖市、副省级城市和市(地、州、盟、区)社会主义学院分别由同级党委领导,党委统战部负责指导和管理。"

1990年10月3日,中共上海市委统战部颁发的《关于进一步办好社会主义学院的意见》提出,"市社会主义学院要建立中共党组,以保证党的路线、任务以及党的统一战线方针政策的贯彻执行,全面领导学院的思想政治工作和干部管理工作"。1990年11月22日,中共中央统战部颁发的《关于进一步办好社会主义学院的意见》指出:"社会主义学院可建立中共党组(或党委),实行中共党组或党委领导下的院长负责制";"社会主义学院作为中国共产党领导的具有统一战线性质的高等政治学院和民主党派及无党派人士的联合党校,必须在各级党委的领导之下进行工作"。根据上述精神,1998年6月,经中共上海市委批准,上海市社会主义学院成立党组。党组书记由市委统战部部长兼任。

为发挥学院"联合党校"的作用,上海市社会主义学院在建院之初即建立院务委员会。院务委员会成员一般包括上海市各民主党派、工商联负责人和无党派知名人士,院务委员会主任由院长兼任。

1988年,上海市社会主义学院建立学术委员会。主持学院日常工作的专职副院长兼任主任。

2002年7月,上海市社会主义学院加挂上海中华文化学院牌子。

根据《社会主义学院工作暂行条例》有关社会主义学院人事和工资实行分类管理的精神,经中共上海市委批准,2005年7月,上海市社会主义学院列入参照国家公务员制度管理范围,从事行政管理工作和党务工作的人员实行参照管理。2007年3月14日,上海市社会主义学院列入参照《中华人民共和国公务员法》管理范围,内部从事党务和行政管理工作人员实行参照管理。

大事记

1958 年

7月　中共中央统战部向中共上海市委统战部提出,成立上海市社会主义学院。

9月4日　中共上海市委统战部请示中共上海市委,建议举办劳动大学。

9月12日　中共上海市委统战部向中共上海市委提出举办上海市社会主义学院的请示。

10月10日　中共上海市委批复同意举办上海市社会主义学院。

10月11日　上海市政协一届二十七次常委会会议原则通过《关于举办上海市社会主义学院的方案》和筹备工作组成员名单。

10月　经中共嘉定县委同意,征用嘉定县外冈人民公社嘉松公路以东7.95公顷(约119.2亩)农地作为学院建设用地。

11月8日　市政协二届一次常委会会议通过院务委员会组成人员名单。中共上海市委书记处书记、上海市政协副主席魏文伯任院长。

1959 年

2月19日　第1期学习班学员报到。

2月22日　举行第1期学习班开学典礼。中共上海市委书记处书记、市政协主席陈丕显出席典礼并作"当前形势和1959年任务"的报告。

2月　成立中共上海市社会主义学院机关党支部。

3月25日　全国人大代表汪世铭,全国政协委员翁文灏、季平衡、侯镜如等到学院视察。

4月24日　市政协、市委统战部召开关于举办市、区(县)社会主义学院的现场会议。

6月21日　中共上海市委书记处候补书记、市委统战部部长、市政协副主席刘述周到学院视察。

7月2日　中共上海市委书记处书记、市政协副主席、上海市社会主义学院院长魏文伯作"关于人民公社问题"的报告。

7月19日　第1期学习班结业典礼。刘述周讲话,上海市各民主党派市委负责人和无党派民主人士金仲华、盛丕华、赵祖康、陈望道、周谷城、周煦良、卢于道致词祝贺。

9月11日　第2期学习班学员报到。

9月13日　举行第2期学习班开学典礼。刘述周作动员报告。各民主党派市委负责人和无党派民主人士赵祖康、盛丕华、周谷城、寿进文、曹鸿翥、谢光华、林田烈、舒新城等参加。

11月29日　民进上海市委主任委员吴若安到学院召集学员中的民进成员座谈。

12月16日　全国政协学习委员会副主任陈此生等到学院视察。

1960 年

1月24日　举行第2期学习班结业典礼。中共上海市委书记处书记、市政协副主席、上海市社会主义学院院长魏文伯讲话。各民主党派市委和市工商联负责人廖世承、贾亦赋、曹鸿翥、许士林、毛启爽、郭琳爽、李子宽等参加。

2月23日　上海市城市建设局批复同意学院补办征用嘉定县外冈人民公社嘉松公路以东7.95公顷(约119.2亩)土地手续。

2月25日—4月28日　举办华东协作区统战干部训练班。

2月　上海市社会主义学院进行扩建,暂停办学。原定新建教学楼、学院宿舍楼及大礼堂各一幢,后因中央决定为克服暂时困难压缩基本建设战线,停建楼堂馆所,压缩为新建教学与宿舍楼一幢。

3月17日　中共中央统战部部长李维汉到学院为学员作报告。

6月1日—7月24日　举办市统战系统干部训练班。

1961 年

4月　学院建成四层教学大楼1幢,房屋总面积为12 000平方米,另有运动场1个,果园绿化地30亩。

5月16日—9月15日　举办第3期学习班。

10月16日　第4期学习班开学。

1962 年

1月30日　第4期学习班结业。

4月10日—5月30日　举办第1期统战系统干部轮训班。

6月11日—7月30日　举办第2期统战系统干部轮训班。

8月9日　市政协三届一次常委会会议通过上海市社会主义学院院务委员会成员调整名单,增补周谷城、王致中为副院长。

8月28日—11月3日　举办第3期统战系统干部轮训班。

1963 年

4月2日—7月28日　举办第5期学习班。从该期开始,上海市社会主义学院同时作为华东社会主义学院,一套班子,两块牌子。

10月26日　第6期学习班开班。

1964 年

2月2日　第6期学习班结业。

3月7日—7月20日 举办第7期学习班。
9月19日 第8期学习班开学。
11月7日 市政协四届一次常委会决定增补吴若安为副院长。
是年 核定学院事业编制50名,实有干部职工47人。

1965 年

1月18日 第8期学习班结业。
3月1日—7月20日 举办第9期学习班。
8月 市政协任命韩去非为专职副院长。

1966 年

6月 根据中共上海市委统战部的部署,上海市社会主义学院建立"文革小组",在工作人员中开展"文化大革命"。
7月 工作人员集中到市政协开展"文化大革命"。

1967 年

1月 学院造反派宣布夺权。

1968 年

是年 工作人员作为市直干校统战兵团的一个连队,从市区集中到嘉定县外冈人民公社进行"斗、批、改",后又转到奉贤县的市"五七干校"。

1969 年

4月起 按照"四个面向"(面向农村、面向边疆、面向工矿、面向基层)的要求,工作人员陆续从干校分配到南京梅山冶金公司、黑龙江农场等单位,上海市社会主义学院被撤销。

1984 年

2月28日 中共上海市委统战部向中共上海市委请示要求恢复上海市社会主义学院。
3月11日 中共上海市委同意恢复上海市社会主义学院。
4月19日 上海市编制委员会(以下简称市编委)批复同意上海市社会主义学院暂定编制15名,属事业编制。
4月25日 市政协第六届十二次主席扩大会议决定成立上海市社会主义学院复院筹备工作组。工作组组长为中共上海市委统战部副部长范征夫。上海市社会主义学院内设教务处与秘书处。原外冈校舍被上海工艺美术学校占用,上海市社会主义学院暂借保定路257号七楼航天局招待所办学。

9月1日　复院后的首期民主党派、工商联干部培训班(总第10期)开班。市政协副主席、中共上海市委统战部部长张承宗出席开学典礼并讲话。

1985年

1月22日　第10期干部培训班结业。

3月9日　中共上海市委统战部邀请各民主党派市委、市工商联负责人商洽镇宁路360号房屋使用问题。会议同意将民主党派大楼(除致公党使用之外)租借给上海市社会主义学院使用。

3月9日—4月16日　举办第1期民主党派市委、市工商联副秘书长以上开放城市统战工作研究班。

5月15日—6月20日　举办第2期民主党派市委、市工商联副秘书长以上开放城市统战工作研究班。

8月14日　市编委同意上海市社会主义学院增加编制15名,共计30名。

9月1日　学院搬迁至镇宁路360号。

9月2日—10月19日　举办第3期民主党派市委、市工商联副秘书长以上开放城市统战工作研究班。

10月5—19日　举办第1期民革干部培训班。

1986年

2月14—27日　举办第1期民主党派新进干部培训班。

5月8—28日　举办第2期民革干部培训班。

6月9日—7月5日　举办第2期民主党派新进干部培训班。

7月24日—8月3日　举办各民主党派主委、副主委促进"一国两制"实施研究班。

9月5日　与上海师范大学联合举办的统一战线干部专修班(大专班)在市政协大礼堂举行开学典礼。

是日　经市编委批复同意,上海市社会主义学院建立统战专修科教研室,编制增加10名,共计40名,属事业编制。

10月28日—11月19日　举办民主党派处以上负责人贯彻中共中央十九号文件(《中共中央批转中央统战部〈关于新时期党对民主党派工作的方针任务的报告〉的通知》)研讨班。

1987年

1月16日　中共上海市委决定,中共上海市委副书记杨堤兼任院长,中共上海市委统战部副部长张耀忠兼任副院长,王世豪任副院长。

2月27日　市政协召开主席办公会议(扩大),听取上海市社会主义学院筹备工作组汇报工作,宣布上海市社会主义学院筹备工作组结束。

3月7—28日　举办各民主党派成员推动"一国两制"方针实施研讨班。

3月30日—4月18日　举办第3期民革干部培训班。

5月18日—6月27日　举办第1期区(县)统战领导干部进修班。

6月24日　经市编委同意,上海市社会主义学院编制增加至60名,属事业编制,秘书处改为办公室,增设人事处,与办公室"一套机构,两块牌子"。

6月29日—7月18日　举办各民主党派、工商联处级干部读书班。

8月11—18日　与民进市委联合举办政治体制改革与党派工作学习班。

8月24—27日　与九三学社市委联合举办政治体制改革与党派工作学习班。

9月1日—10月17日　举办第2期区(县)统战领导干部进修班。

11月9—15日　举办区(县)统战干部对台工作专题研究班。

11月10—30日　举办第4期民革干部培训班。

11月28日—12月12日　举办第1期各民主党派市委、市工商联领导干部中共十三大文件学习班。

12月7—12日　举办第1期农工党基层干部学习班。

12月18—29日　举办市政协学习委员会中共十三大文件学习班。

12月21—26日　举办第1期各民主党派、工商联处级干部中共十三大文件学习班。

1988年

1月4—9日　举办第2期各民主党派、工商联处级干部中共十三大文件学习班。

1月11—16日　举办第3期各民主党派、工商联处级干部中共十三大文件学习班。

3月16—19日　举办第2期农工党基层干部学习班。

3月28日—4月9日　举办区(县)政协领导干部培训班。

7月8日　统一战线专修班(大专班)在中共上海市委统战部举行毕业典礼。

7月13日　召开工会会员大会,选举产生机关工会第一届委员会。

8月18—20日　举办民进第7期干部学习班。

8月18—31日　与华东师范大学政教系在华东师大联合举办社会主义初级阶段统一战线研讨班。

9月8日—12月24日　与杨浦区社会主义学院联合举办统战干部岗位培训班。

10月7—26日　举办第5期民革干部培训班。

10月8日　中共上海市委副书记、上海市社会主义学院院长杨堤到学院检查工作。

10月11日　举行庆祝建院30周年大会。杨堤到会讲话。上海市政协副主席王兴、赵宪初,中共上海市委统战部副部长、上海市社会主义学院副院长张耀忠等出席。

10月17—29日　举办高等院校统战干部培训班。

12月8—17日　举办农工党党务工作研讨班。

12月12日　中共上海市委统战部同意学院建立学术委员会。副院长王世豪任主任委员。

12月　市房产管理局同意将镇宁路405弄65号和67号调配给学院办学。

1989 年

2月21—24日　举办民主党派、工商联市委机关建设研讨班。

3月6—16日　举办区(县)经济统战工作研讨班。

3月18—22日　举办民进对台政策学习班。

3月22日　中共上海市委决定,中共上海市委常委、市委统战部部长毛经权兼任院长,中共上海市委统战部副部长赵定玉,市政协副主席、民进市委主任委员赵宪初兼任副院长,免去杨堤兼任的院长职务,免去张耀忠兼任的副院长职务。

5月2日　市编委批复同意上海市社会主义学院增设研究室,所需人员编制在院内调剂解决。

5月8—11日　举办第1期台盟干部培训班。

5月16—20日　举办民进多党合作理论研讨班。

7月12—15日　举办工业系统党外中青年干部学习班。

8月23—26日　举办民主党派、工商联负责同志贯彻中共十三届四中全会精神学习班。

8月28日—9月2日　举办民主党派、工商联处级干部贯彻中共十三届四中全会精神学习班。

9月4—23日　举办第6期民革干部培训班。

9月11—15日　举办科技系统党外中青年干部学习班。

10月21—27日　举办市、区社院工作研讨班。

11月6—11日　举办第2期台盟干部培训班。

11月13—22日　举办科技系统统战干部学习班。

11月27日—12月2日　举办教卫系统党外干部学习班。

11月27日—12月23日　举办第3期民主党派新进干部学习班。

1990 年

1月8—13日　举办海外联络工作干部学习班。

2月28日—3月3日　举办民主党派、工商联领导成员贯彻中共中央〔1989〕14号文件(《中共中央关于坚持和完善中国共产党领导的多党合作和政治协商制度的意见》)学习班。

3月1—3日　举办民主党派、工商联组织工作研讨班。

3月5—6日　举办农工党市委委员学习中共中央〔1989〕14号文件学习班。

3月6—17日　举办农工党市属支部主任学习班。

3月9—10日　举办民主党派、工商联宣传工作研讨班。

3月12—17日　举办第3期台盟干部培训班。

4月5—7日　举办九三学社基层干部学习中共中央〔1989〕14号文件研讨班。

5月7日　举办第1期民建市委委员学习中共中央〔1989〕14号文件读书班。

5月7—12日　举办民主党派、工商联领导成员贯彻中共中央〔1989〕14号文件学习班。

5月21—26日　举办民主党派市委委员贯彻中共中央〔1989〕14号文件学习班。

6月4—30日　举办第1期市统战系统机关干部专业知识岗位培训班。

7月20日　学院搬迁到镇宁路405弄65号和67号新址办学办公。

8月10日　中共上海市委统战部同意学院建立院务委员会，毛经权任主任。

10月22日—11月24日　举办第1期宗教干部学习马列主义和专业知识培训班。

10月31日　举行第一次院务委员会会议。会议确定院务委员会的任务、职责，并研究讨论上海市社会主义学院的办学方向、师资队伍建设等。

11月5—10日　举办第4期台盟干部培训班。

11月12日—12月1日　举办第7期民革干部培训班。

11月26—12月29日　举办市统战系统第2期干部专业岗位培训班。

12月4—7日　举办农工党宣传干部研讨班。

12月10—22日　举办民主党派社会主义理论研讨班。

12月17—26日　举办第2期民建市委委员学习中共中央〔1989〕14号文件读书班。

1991年

3月14—30日　举办第1期民主党派、工商联社会主义理论研讨班。

3月　下发各处室岗位职责（试行稿）。

4月15—20日　举办第3期统战机关干部岗位培训班。

5月6—11日　举办第5期台盟干部培训班。

5月16日—6月1日　举办第2期民主党派、工商联社会主义理论研讨班。

6月10—22日　举办第1期党外中青年干部社会主义理论研讨班。

6月24—29日　举办第3期民建市委委员学习中共中央〔1989〕14号文件读书班。

8月17日　中共上海市委同意刘凤瑞任副院长，致公党市委副主委陈昌福任副院长（兼），免去王世豪的副院长职务。

9月16日　召开院长会议。中共上海市委常委、市委统战部部长、上海市社会主义学院院长毛经权宣布市委关于上海市社会主义学院领导班子调整的批复。

10月7—19日　举办第2期党外中青年干部社会主义理论研讨班。

10月21日—11月2日　举办教卫系统党外中青年干部社会主义理论研讨班。

11月4—22日　举办第8期民革中青年干部培训班。

11月28日—12月7日　举办第2期民主党派中青年干部社会主义理论研讨班。

12月23日　举办第4期市统战机关干部岗位培训班。

1992年

1月3日　市编委批复同意，上海市社会主义学院内部机构调整为：办公室、人事处、教务处、教研室（与研究室"一套机构，两块牌子"）。

1月25日　第4期市统战系统机关干部岗位培训班结业。

3月7日—4月10日　举办第5期统战系统机关干部岗位培训班。

3月11—28日　举办对台情况及涉台教育专题讲座，每周两讲，共六讲。

5月18日—6月27日　在市委党校举办第2期处级统战干部进修班。

6月8—25日　在市委党校举办第1期民主党派中青年干部培训班。

6月10—20日　举办第1期中青年台胞培训班。

6月15—19日　举办无党派中青年知识分子学习班。

6月29日　院办公会决定成立综合服务部、教学培训部,负责上海市社会主义学院"三产"工作。

9月17日—10月10日　举办第9期民革中青年干部培训班。

10月5—31日　在市委党校举办民主党派领导干部读书班。

10月19日—11月7日　举办第2期宗教干部专业知识培训班。

10月27日—11月6日　举办第1期台盟市委台情研究培训班。

11月9—26日　在市委党校举办第2期民主党派中青年干部培训班。

11月14—26日　在上海市政法管理干部学院举办第3期党外中青年干部培训班。

1993年

3月15日—4月1日　在市委党校举办第3期民主党派中青年干部培训班。

3月23日　举行以"提高中华民族文化素质,增强中华民族凝聚力"为主题的学术论文报告会。

4月5日—5月7日　举办第6期市统战系统机关干部岗位培训班。

4月12—29日　在市委党校举办第4期民主党派中青年干部培训班。

4月17日　中共上海市委决定,市政协副主席、中共上海市委统战部部长赵定玉兼任院长,毛经权不再兼任院长。

5月5日—6月3日　在市委党校举办第3期处级统战干部进修班。

5月27日—6月6日　举办第2期中青年台胞培训班。

6月14—20日　举办工业系统党外干部理论学习班。

6月　上海市社会主义学院副院长刘凤瑞主编的教材《统一战线十二讲》由同济大学出版社出版发行。

7月2—13日　举办第2期台盟市委台情研究培训班。

7月17日　中共上海市委统战部同意调整院务委员会。赵定玉兼任院务委员会主任。

8月30日—9月14日　在市委统战部举办海外统战联络干部培训班。

9月13日—10月16日　举办第7期市统战系统机关级干部岗位培训班。

10月6—23日　在市委党校举办第5期民主党派中青年干部培训班。

10月18—27日　在上海科技干部管理学院举办第4期党外中青年干部培训班。

10月25日—11月26日　举办第10期民革中青年干部培训班。

11月1—18日　在市委党校举办第6期民主党派中青年干部培训班。

11月8—13日　举办第2期党外副区(县)长研讨班。

12月25日　举行毛泽东统一战线思想研究学术研讨会。

1994年

2月28日—3月26日　在市委党校举办第5期党外中青年干部培训班。

4月1—21日　举办第7期民主党派中青年干部培训班。

5月4—31日　举办第4期处级统战干部进修班。

9月27日　召开邓小平统一战线理论研究学术研讨会。

10月10日—11月18日　在市委党校举办第6期党外中青年干部培训班。

10月11日　召开邓小平统战思想学术研讨会。副院长刘凤瑞主编的《邓小平统一战线理论概述》一书由上海社会科学院出版社出版发行。

10月14日　在中共上海市委统战部礼堂举行庆祝建院36周年、复院10周年纪念大会。市政协副主席、市委统战部部长、上海市社会主义学院院长赵定玉，中共上海市委原副书记、上海市社会主义学院原院长杨堤等出席。

10月17日　举办第11期民革中青年干部培训班。

11月10—18日　举办第5期民建中青年会员读书班。

11月14日　举办第8期民主党派中青年干部培训班。

12月14日　市政协副主席、中共上海市委统战部部长王生洪到学院调查研究。

1995 年

2月24日　邀请上海市台湾问题研究所研究员黄中平到学院作"学习江泽民同志关于台湾问题重要讲话"的辅导报告。

4月17日—5月12日　在市委党校举办第5期处级统战干部进修班。

5月15日—6月2日　在市委党校举办第9期民主党派中青年干部培训班。

5月16—25日　在上海科技干部管理学院举办第7期党外中青年干部培训班。

6月19日—7月1日　举办第4期台盟市委台情研究培训班。

7月1日　《上海市社会主义学院聘用（劳动）合同制暂行办法》实施。

7月11日　与上海市统战理论研究会联合召开纪念抗日战争胜利50周年大型学术研讨会。

8月13日　中共上海市委决定，市政协副主席、市委统战部部长王生洪兼任院长，赵定玉不再兼任院长职务。

10月6日　华东地区暨全国部分省、地、市社会主义学院工作研讨会在宝山区社院开幕。

10月16—25日　举办第12期民革中青年干部培训班。

10月20日　与华东师范大学联合举办的中共党史（统一战线方向）硕士研究生课程进修班开学。

10月23日—11月10日　在市委党校举办第8期党外中青年干部培训班。

10月28日—11月2日　举办农工党中青年干部培训班。

11月6—10日　举办第6期民建中青年会员读书班。

11月13—17日　举办九三学社中青年干部研讨班。

11月20—26日　举办第3期中青年台胞培训班。

11月20日—12月8日　在市委党校举办第10期民主党派中青年干部培训班。

11月22日　召开邓小平统一战线思想科学体系研讨会。

11月29日　中共上海市委决定，生杰灵任副院长。

12月5日　举行周恩来统战思想学术研讨会。

1996 年

4月15日—5月10日　在市委党校举办第6期处级统战干部进修班。

4月22—25日　举办农工党宣传骨干学习班。

4月22—26日　举办第4期大型企业统战部长培训班。

4月26日　召开院务委员会会议,市政协副主席、市委统战部部长、上海市社会主义学院院长王生洪通报上海市社会主义学院校舍问题解决方案。

5月6—24日　在市委党校举办第11期民主党派中青年干部培训班。

5月19—29日　举办民主党派区(县)主委研讨班。

5月20—29日　在莘庄计划生育中心举办第9期党外中青年干部培训班。

6月13日　与上海市统战理论研究会联合举行参政党的理论与实践大型学术研讨会。

6月20—28日　举办第1期非公有制经济代表人士学习班。

8月21—24日　举办民进中青年干部学习班。

9月3—6日　举办第5期台盟市委台情研究培训班。

9月4日　组建新的教学培训部,负责镇宁路405弄65号校舍的管理及计划外办班工作。

9月16—27日　举办第7期民建中青年会员读书班。

9月16日—10月12日　举办第3期宗教干部专业知识培训班。

10月14—25日　举办第13期民革中青年干部培训班。

10月14日—11月1日　在市委党校举办第12期民主党派中青年干部培训班。

11月4—22日　举办第10期党外中青年干部培训班。

11月22日　与上海市统战理论研究会联合召开统一战线与精神文明建设研讨会。王生洪等出席。

12月2—6日　举办在沪台籍中共党员对台政策学习班。

1997 年

1月12日　学院(除教学培训部外)搬迁到陕西北路128号民主党派大厦办公。

2月27日　举办统战培训工作研讨会,各区社会主义学院院长参加讨论市社会主义学院起草的《上海市社会主义学院工作条例(草稿)》。

3月11—14日　举办农工党中青年干部培训班。

4月21—25日　举办第5期大型企业统战部长培训班。

4月21—26日　举办第1期宗教界人士学习班。

5月5日—6月4日　在市委党校举办第7期处级统战干部进修班。

5月8—9日　举办香港回归与"一国两制"专题系列讲座。

5月13日　与上海市统战理论研究会联合举办"一国两制"与香港回归学术研讨会。

6月3—7日　召开统战理论疑难问题研讨会,中央社会主义学院和广东、江苏、湖北、四川、山西、辽宁、贵州、云南、北京、广州、本溪等省市社会主义学院的领导和教师出席会议。

7月7—18日　举办第11期党外中青年干部培训班。

7月16日　召开统战理论疑难问题研讨会,上海市社会科学界联合会党组书记王邦佐、民进中央副主席邓伟志、上海市宗教局副局长吴孟庆出席会议。

10月6—10日　举办第1期台盟参政议政骨干培训班。

10月13—17日　举办九三学社、农工党新进市委委员学习班。

10月20—26日　举办第8期民建中青年会员读书班。

10月27日—11月7日　举办第14期民革中青年干部培训班。

10月31日　举办市、区社院贯彻中共十五大精神学习研讨会。

11月3—7日、11月17—21日　举办新进公务员培训班。

11月28日　举办第三代党中央领导集体对新时期统一战线理论的贡献与发展学术研讨会。

1998年

2月24日　中共上海市委副书记、市政协主席王力平看望上海市社会主义学院教职工。

是日　院办公会议通过《上海市社会主义学院改善职工住房实施办法》。

4月13日　市政协副主席、中共上海市委统战部部长、上海市社会主义学院院长王生洪到学院调研指导工作,就建立党组、干部教育培训、迁址民主党派大厦后需解决的问题听取意见。

4月14日　举行学术沙龙活动,邀请上海交通大学教授李啸虎讲"知识经济发展的动态及趋势"。

4月14—25日　在江苏省社会主义学院举办第14期民主党派中青年干部培训班。

4月20—24日　举办第6期大型企业统战部长培训班。

5月4日—6月24日　在市委党校举办第8期处级统战干部进修班。

5月6日　举办海外学人与统一战线学术研讨会。

5月9日　中共上海市委决定,张颖任副院长。

5月11—17日　举办第9期民建中青年会员读书班。

5月12—26日　受中共云南省委统战部委托,与中共上海市委统战部在上海市建工党校联合举办云南省统战部长学习班。

5月27—31日　召开部分省市社会主义学院科研管理工作研讨会。

5月28日　副院长刘凤瑞主编的《统一战线疑难问题研究》一书由上海社会科学院出版社出版发行。

6月12日　中共上海市委决定成立中共上海市社会主义学院党组,王生洪兼任党组书记。

6月15—25日　举办第2期台盟参政议政骨干培训班。

6月16日　市委统战部同意调整院务委员会。

6月22日　举行中共十五大与跨世纪统一战线学术研讨会。

6月29日　举办中华文化系列讲座,邀请复旦大学中国历史地理研究所所长葛剑雄讲课。

7月1日　中共上海市委统战部,决定刘凤瑞、张颖、冯婉菁担任党组成员。

7月6日　举行学术沙龙活动,邀请上海社科院欧亚研究所研究员潘光作"中美关系与国际形势"报告。

7月7—11日　举办第4期中青年台胞培训班。

7月13—24日　举办第12期党外中青年干部培训班。

7月15日　举办中华文化系列讲座,邀请电影导演谢晋主讲"电影与中华文化"。

7月28日—8月1日　举办民盟暑期干部学习班。

8月12日　中央社会主义学院副院长姜汝真一行到学院调研。

9月14—22日　举办第13期党外中青年干部培训班。

9月25日　举办第2期非公有制经济代表人士学习班。

9月30日　举办中华文化系列讲座,由上海音乐学院教授何占豪主讲"中华传统文化与民族音乐",介绍钢琴协奏曲《梁祝》。

10月12—20日　举办第2期宗教界人士学习班。

10月12—23日　举办第15期民革中青年干部培训班。

10月19日　举办第10期民建中青年会员读书班。

是日　举办第2期致公党中青年干部培训班。

10月28日　举办中华文化系列讲座,由上海有线电视台节目主持人林华主讲。

10月29日　举行建院四十周年庆祝大会。中共中央政治局委员、中共上海市委书记黄菊向大会发来贺信。全国政协副主席、中共中央统战部部长王兆国,中共中央统战部副部长刘延东题词。市委副书记、市政协主席王力平,市政协副主席、市委统战部部长、上海市社会主义学院党组书记、院长王生洪出席会议并讲话。市政协副主席、九三学社市委主委谢丽娟代表各民主党派、市工商联和无党派人士向上海市社会主义学院致贺词。

11月3日　举办第3期九三学社中青年干部学习班。

11月9日　举办第14期党外中青年干部培训班。

11月19日　与市委统战部、市统战理论研究会联合召开中共十一届三中全会的历史功绩与统一战线发展的新阶段学术研讨会。

11月25日　举办中华文化系列讲座,由上海社科院教授刘修平主讲"茶文化"。

1999 年

1月5日　举办中华文化系列讲座,由上海戏剧学院教授余秋雨主讲。

4月12日　举办第15期党外中青年干部培训班。

是日　举办第7期大型企业统战部长培训班。

4月26日　举办科技系统民主党派中青年干部学习班。

5月3日　在市委党校举办第9期处级统战干部进修班。

5月12日　举办第11期民建中青年会员读书班。

5月18日　举办热点信息讲座,由上海社会科学院研究员潘光主讲科索沃局势问题,由上海市经济委员会研究室严海龙主讲国有企业改革问题。

5月25日　与市统战理论研究会、宝山区社会主义学院在宝山社院联合举办庆祝上海解放50周年座谈会。

6月7日　举办第16期党外中青年干部培训班。

6月8日　举办杜重远学术思想研讨会。

7月7日　举办热点信息讲座,由上海社科院亚太所研究员王少普主讲澳门回归问题,由上海外贸学院院长王新奎主讲中国进入WTO问题。

8月3日　举办民盟暑期干部学习班。

8月16日　举办第5期中青年台胞培训班。

8月18日　举办第17期民进中青年干部培训班。

9月6日　举办第3期宗教界人士学习班。

9月15日　与市统战理论研究会联合召开新中国50年与统一战线学术研讨会。

10月11日　举办第16期民革中青年干部培训班。

是日　举办第3期致公党中青年干部培训班。

10月26日　举办第4期九三学社中青年干部培训班。

11月1日　举办第12期民建中青年会员读书班。

是日　举办第3期台盟参政议政骨干培训班。

11月4日　举办第3期非公有制经济代表人士培训班。

11月8日　举办第17期党外中青年干部培训班。

11月11日　举办统战系统青年干部培训班。

11月26日　与市统战理论研究会联合举行"一国两制"与澳门回归学术研讨会。

11月30日　举办中华文化系列讲座,由复旦大学教授顾晓鸣主讲"源远流长的中华文化"。

12月28日　举办中华文化系列讲座,由上海社科院宗教研究所所长业露华主讲"宗教文化"。

2000年

1月6日　中共上海市委决定,中共上海市委常委、市委统战部部长黄跃金任上海市社会主义学院院长;王生洪不再担任院长职务。

1月18日　举办中华文化系列讲座,由上海越剧院院长龙伯鑫主讲"戏剧与传统文化"。

3月9日　举办热点信息报告会,由上海海关高等专科学校教师许自强主讲"中国加入WTO问题",由同济大学亚太研究中心主任蔡建国教授主讲"台湾问题与中日关系"。

3月21日　举办中华文化系列讲座,由上海音乐学院教师杨学进主讲"民歌史"并演唱民歌。

4月17日　举办第8期大型企业统战部长培训班。

是日　举办第13期民建中青年会员读书班。

5月15日　举办第15期民主党派中青年干部培训班。

5月30日　举办中华文化系列讲座,由作家叶辛主讲"世纪之交的中国文学"。

6月20日　中共上海市委决定,黄跃金任党组书记,曹海红任副院长、党组成员。

6月22—29日　举办第4期台盟参政议政骨干培训班。

6月27日　举办中华系列讲座,由主持人杨澜主讲"网络时代中西文化交流的机遇"。

7月3日　召开全院教职工大会。黄跃金宣布日常工作由张颖主持。刘凤瑞由于年龄关系不再担任副院长和党组成员。

7月19日　市委统战部决定,市委统战部干部处处长陈明任党组成员。

8月21—26日　举办第4期致公党中青年干部培训班。

8月23日　举办第18期民进中青年干部培训班。

9月1日　市委统战部决定调整院务委员会组成人员名单,黄跃金任主任。

9月4日　在上海市建设委员会党校举办党外中青年干部培训班。

9月18日　举办第5期九三学社中青年干部培训班。

10月16日　举办第17期民革市委中青年干部培训班。

是日　举办第14期民建市委中青年会员读书班。

10月16—25日　副院长陈昌福赴美国纽约参加"华族对美国社会的贡献"学术研讨会。

10月23日　举办第6期台湾省籍中青年干部培训班。

10月25日　举办第4期非公有制经济代表人士学习班。

11月2日　与市统战理论研究会联合召开"三个代表"与统一战线学习讨论会。

11月15日　与市统战理论研究会联合举办报告会，上海国际问题研究中心主任潘光作"近期国际形势分析"报告。

是日　举办第4期宗教界人士学习班。

12月5日　举办中华文化系列讲座，由中共中央候补委员、电影导演吴贻弓主讲"电影产业、电影文化"。

12月27日　与市统战理论研究会联合举行"多党合作与民主党派建设"学术研讨会。

2001年

3月19—24日　举办第5期台盟参政议政骨干培训班。

3月27—30日　举办第3期科技系统民主党派中青年干部培训班。

4月4—5日　举办第1期上海汽车工业（集团）公司统战干部培训班。

4月16日　举办第15期民建中青年会员读书班。

4月16日　举办第6期九三学社中青年干部培训班。

4月16—21日　举办第9期大型企业统战部长培训班。

4月26—28日　举办新时期统一战线理论研修班。学员包括上海市大型企业、科研院所及重点单位党委书记和分管书记等。

5月14—18日　举办第7期台湾省籍中青年干部（联络员）培训班。

5月14—20日　举办邓小平新时期统一战线理论专题研讨班，学员为上海市人大、政协非中共籍代表委员等。该班于5月16—20日在北京学习交流。其间，中共中央统战部副部长、中央社会主义学院党组书记刘延东为他们作专题报告。

5月14—25日　举办第16期民主党派中青年干部培训班。

5月16日　举办第5期致公党中青年干部培训班。

5月28日　举办第10期处级统战干部进修班。

6月9日　召开市统战理论研究会换届会议。

6月13—19日　举办民主党派机关干部培训班。

6月28日　中共中央统战部委托上海市社会主义学院举办的社会主义学院系统教师赴港培训班在上海市建委党校开班。

6月29日　与市统战理论研究会联合举办"建党80周年与统一战线的历史经验"学术研讨会。

7月19日　与市统战理论研究会联合举办专家学者座谈会，学习江泽民《在庆祝中国共产党成立八十周年大会上的讲话》。

8月9日　中共上海市委常委、市委统战部部长，上海市社会主义学院党组书记、院长黄跃金视察镇宁路校舍。

9月2日　在市委党校举办党外中青年干部培训班。

9月19日　举办美国当前形势与中美关系讲座,由复旦大学教授吴心伯主讲。

9月25日　信息化建设项目经过网上招标,确定上海科太计算机集成公司为中标单位,工程队进驻开始施工。

10月7日　与市统战理论研究会、民革上海市委、上海师范大学、上海中山学社联合举办纪念辛亥革命90周年大型学术研讨会。

10月12日　中共中央统战部委托上海市社会主义学院举办的中央统战部第2期赴港培训班在上海市建委党校开班。

10月16日　与市统战理论研究会联合举办学习江泽民"七一"讲话报告会。

11月5日　举办第16期民建中青年会员读书班。

11月29日　第19期党外中青年干部培训班在市委统战部结业。

12月26日　中共上海市委副书记罗世谦到学院视察工作,黄跃金陪同视察。

2002年

2月5日　举行信息化建设(一期)项目鉴定验收会,通过验收。

3月4日　中央社会主义学院副院长王均广到学院考察信息化建设工作。

3月4—9日　举办第17期民建中青年会员读书班。

4月8日　举办第17期民主党派中青年干部培训班。

4月11日　举办热点信息报告会,由上海市申博委员会副主任黄耀诚主讲上海市申办2010年世界博览会情况。

4月18日　举办第2期上海汽车工业(集团)公司统战干部培训班。

4月22日　举办第10期大中型企业统战部长培训班。

5月16日　举办热点信息报告会,由中国新闻学院教授孙文刚主讲"布什上台后的中美关系"。

5月20日　举办第11期统战干部理论进修班。

5月21日　举办热点信息讲座,由中共上海市委宣传部副部长郝铁川主讲"十六大的理论准备"。

6月3日　举办第1期市、区社会主义学院赴港培训班。

6月7日　中共中央统战部第7期社会主义学院教师赴港班在上海市建设委员会党校开班。

7月10日　举办"中日关系的回顾与展望——纪念中日邦交正常三十周年"报告会,由同济大学亚太研究中心主任蔡建国教授主讲。

7月22日—9月1日　信息化二期项目建设,投入经费175万元。

7月29日　中共上海市委统战部批复,同意成立上海中华文化学院,与上海市社会主义学院"一套机构、两块牌子"。

8月12—14日　举办民主党派新任市委委员培训班。

8月12—18日　举办民革第18期中青年干部读书班。

8月21—24日　举办民进第20期中青年干部培训班。

8月26日—9月1日　举办区(县)工商联专职领导培训班。

9月2日　在市委党校举办党外中青年干部培训班,为期三个月。

9月16—20日　举办第2期民主党派新任市委委员培训班。

10月14日　举办民革第19期中青年干部培训班。

12月17—20日　与中央社院联合举办"全国社会主义院学习贯彻十六大精神"理论研讨会,中央社院副院长于泽荣、甄小英出席会议。甄小英及上海市社会科学界联合会党组书记王邦佐、复旦大学教授林尚立作专题学术报告,中央统战部研究室副主任张献生作书面发言。

2003 年

1月　《上海统战理论研究》改版为《上海市社会主义学院学报》,公开出版。

2月5日　召开院长办公会议,研究学院搬迁工作。

3月17日　上海市社会主义学院从上海民主党派大厦全部搬出,借用上海新侨职业技术学院办公楼上班。

3月29日　中共上海市委决定,民建市委副主委彭镇秋任副院长(兼职),免去致公党市委副主委陈昌福的副院长(兼职)职务。

4月4日　在华侨大厦举行国际形势报告会,由上海社科院欧亚所所长潘光作"从伊拉克战争透视当前国际形势"的报告。

4月21日　在惠丰经济管理进修学院举办民建市委第19期中青年会员读书班。

5月18日　中共上海市委常委、市委统战部部长,上海市社会主义学院党组书记、院长黄跃金视察上海市社会主义学院综合大楼规划建设现场。

8月11日　与市统战理论研究会在市委统战部联合举办"学习'三个代表'重要思想,以党内民主推进人民民主"报告会,由中央社院副院长甄小英主讲。

8月14日　召开信息化二期建设项目验收会。

8月18日　在市委党校举办新任党外市人大代表、政协委员培训班。

8月19日　举办第11期民盟基层骨干培训班。

8月20日　举办第21期民进中青年骨干学习班。

9月1—30日　在市委党校举办党外中青年干部培训班。

9月8日　举办第2期街道、乡镇分管统战工作书记培训班。

9月17日　举办第12期民盟基层骨干学习班。

10月13日　举办第20期民建中青年会员读书班、第20期民革青年干部培训班。

10月20日　举办第7期致公党中青年干部培训班。

10月28日　举办第2期新任党外市人大代表、政协委员培训班。

11月5日　市统战理论研究会举办科普报告会,上海大学教授邓伟志作"社会协调发展与教育"报告,复旦大学中国历史地理研究所所长葛剑雄教授作"从非洲看历史文明"报告。

11月11日　举办统战系统青年干部培训班。

11月13日　举办第16期台盟青年干部培训班。

11月25日　举办九三学社市委中青年干部培训班。

11月26日　举办农工党市委第8期中青年干部培训班。

12月1日　举办第3期新任党外市人大代表、政协委员培训班。

12月24日　举办民主党派、工商联副主委、秘书长学习"三个代表"重要思想培训班。

2004 年

1月30日　中共上海市委决定,中共上海市委常委、市委统战部部长沈红光任党组书记、院长,黄跃金不再任党组书记、院长职务。

2月18日　沈红光到学院视察工作。

3月1日　副院长张颖主编的《延承与跨越——党的第三代领导集体统战理论与实践的新发展》一书由学林出版社出版发行。

3月10日　与黄浦区社院联合召开"当前的两岸关系"报告会,台湾研究所副所长章念驰作报告。

3月17日　中央社院副院长王京治到学院调研管理工作经验。

3月18日　举办市、区社院贯彻全国社院工作会议精神研讨班。

4月5日　举办新任党外市人大代表、政协委员培训班。

是日　举办区(县)党外代表人士培训班。

4月18日　举办第17期台盟盟员骨干学习班。

4月19日　举办民建市委第21期中青年会员读书班。

5月17日　举办第13期处级统战干部进修班。

5月20日　举办第18期民主党派中青年干部培训班。

6月7日　举办新任党外市人大代表、政协委员培训班。

6月23日　中共上海市委统战部召开上海社会主义学院工作会议。中共上海市委副书记罗世谦出席会议并讲话,沈红光作工作报告。市委统战部副部长金闽珠主持会议。

7月8日　中共上海市委决定,忻建国任副院长,免去曹海红的副院长职务。

8月8日　与上海海外联谊会及沪港经济发展协会联合举办的"上海中华文化七日营"开营。

8月18日　市委统战部同意,忻建国任党组成员,曹海红不再担任党组成员。

9月1日　在市委党校举办党外中青年干部培训班。

9月10日　在市委统战部召开上海市社会主义学院复院20周年座谈会。

9月20日　举办民盟基层骨干培训班。

10月11日　举办新任党外市人大代表、政协委员培训班。

10月18—22日　承办全国社院第六次学报工作研讨会。

10月25日　举办民建市委第22期中青年会员读书班。

是日　举办致公党市委第8期中青年干部培训班。

11月8日　举办第9期统战系统青年干部培训班。

11月22日　第2期市、区社院赴港培训班离沪赴香港、澳门学习考察。

11月30日　举办第9期农工党中青年骨干培训班。

2005 年

4月1日　召开院务委员座谈会,听取院务委员对新大楼设计方案的意见。

4月11日　举办民建市委第23期中青年会员读书班。

4月13日　举办第18期台盟盟员骨干培训班。

4月28日　举办报告会,邀请中央社会主义学院副院长张峰作中共中央5号文件《关于进一步加强中国共产党领导的多党合作和政治协商制度的意见》的辅导报告。

5月16日　举办第14期统战干部理论进修班。

是日　举办致公党市委领导干部理论研讨班。

6月3日　举办民建市委第24期中青年会员读书班。

7月6日　与市委统战部、市统战理论研究会联合举办纪念抗日战争胜利60周年理论研讨会。

7月8日　举办农工党第10期中青年骨干培训班。

7月12日　举办街道、乡镇党委书记培训班。主要课程有"社区统战工作的形势和任务"等。

7月21—29日　受海峡两岸关系协会委托,承办"2005年台湾青年中华文化研习营"。

7月22日　市委组织部批复,经市委批准,上海市社会主义学院列入参照国家公务员制度管理范围。

7月25日　第3期市、区社院赴港培训班离沪赴港学习考察。

8月29日　市委统战部批复,同意中共上海市委统战部干部处处长匡鹏任党组成员,黄知正不再担任党组成员职务。

8月31日—9月30日　举办党外中青年干部培训班。

9月12日　举办市人大、政协常委学习班,无党派人士培训班,党外中青年干部培训班。

9月19日　举办第1期统战系统中青年骨干培训班、第16期民盟骨干盟员培训班。

10月17日　举办民革第22期中青年骨干培训班。

是日　举办民建市委第25期中青年会员读书班。

是日　与市统战理论研究会联合举办科普报告会,由复旦大学中国历史地理研究所所长葛剑雄教授主讲"中国人口历史与发展"。

11月1日　举办致公党第10期中青年干部培训班。

11月28日　举办第11期农工党中青年干部培训班。

2006年

2月21日　举行教学综合大楼项目开工典礼。

4月6—13日　举办第5期社区统战工作学习班。

4月10—16日　举办无党派人士学习班。

4月10—19日　举办第19期民主党派中青年干部培训班。

4月24—29日　举办民建市委第26期中青年骨干会员学习班。

6月17日　召开院长办公会议,讨论干部教师的分房补差工作。

9月4日—10月20日　举办党外中青年干部培训班。

10月1日　中共上海市委常委、市委统战部部长,上海市社会主义学院党组书记、院长沈红光视察新大楼施工现场。

10月21日　中共上海市委决定,中共上海市委常委、市委统战部部长杨晓渡任党组书记、院长,沈红光不再担任党组书记、院长职务。

11月7日　杨晓渡到学院视察工作。

2007 年

3月14日　经中共上海市委、上海市政府同意，上海市社会主义学院列入参照公务员法管理范围。

6月11日　举办第3期统战系统中青年骨干培训班。

6月14日　举办农工党市委、区(县)干部学习班。

9月13日—10月19日　举办党外中青年干部培训班。

10月22日　举办民革第24期中青年骨干培训班。

是日　举办第15期统战干部理论进修班。

11月6日　举办统战处级干部培训班。

11月12日　举办区(县)民主党派主委研讨班。

11月20—21日　举办致公党第12期中青年干部培训班。

12月3—7日　举办第10期统战青年干部培训班。

12月10日　举办民建第30期中青年骨干会员培训班。

12月24日　中共上海市委办公厅印发《上海市社会主义学院主要职责、内设机构和人员编制方案》。

2008 年

4月21日　举办第11期统战青年干部培训班。

是日　举办民建第31期中青年会员培训班。

5月4日　与市统战理论研究会、市政协、市委统战部在上海展览中心联合举行"纪念中共中央发布'五一口号'60周年"大型理论研讨会。

5月19日　举办第20期民主党派中青年干部培训班。

6月3—6日　举办第1期新的社会阶层人士理论研修班。

7月16日　举办民盟市委第22期骨干盟员培训班。

8月16—17日　举办台盟市委第20期骨干盟员培训班。

8月19—23日　举办九三学社市委第12期中青年骨干培训班。

9月1日—10月17日　举办党外中青年干部培训班。

9月16日　举办民建第32期中青年骨干培训班。

9月　成立上海尚苑宾馆有限公司。

10月28—30日　举办民盟市委参政议政工作培训班。

11月25日　举办农工党第13期中青年骨干培训班。

2009 年

1月15日　学院搬迁至天等路469号新大楼。

4月13日　举办2009年无党派人士理论研修班。

4月13—15日　举办民建市委第34期中青班骨干会员培训班。

4月22日　中共中央政治局委员、中共上海市委书记俞正声到学院调研。

是日　举办2009年区级民主党派专职干部培训班。

5月4—27日　举办第16期统战干部理论进修班。

5月11—20日　举办第21期民主党派中青年干部培训班。

5月19日　举办民进上海市区(县)主委学习班。

6月9日　举办上海市工商联系统干部培训班。

6月24日　举行建院50周年院庆大会。中共中央政治局委员、中共上海市委书记俞正声致信祝贺。全国人大常委会副委员长、民进中央主席、中央社院院长严隽琪为院庆题词。

6月24—25日　举办科学发展与多党合作论坛。

7月8日　举办九三学社市委中青年后备干部培训班。

9月1—2日　举办第8期社区统战工作学习班。

9月1日—10月16日　举办党外中青年干部培训班。

9月14—16日　举办民建市委第35期中青年骨干会员(基层支部主任)培训班。

10月19—23日　举办第12期青年统战干部培训班。

11月23日　举办第2期上海新的社会阶层人士理论研修班。

12月14—18日　举办2009年上海市宗教界人士培训班。

2010年

4月6日　举办台盟市委第22期骨干盟员培训班。

4月6—8日　举办第3期上海新的社会阶层人士理论研修班。

4月12日　举办第22期民主党派中青年干部培训班。

4月12—14日　举办民建市委第37期中青年骨干会员培训班。

4月15日　中央社会主义学院党组书记、第一副院长叶小文到学院作题为"遏制三独,内稳边安"的报告。

5月28日　与民盟市委、市统战理论研究会联合主办社会主义核心价值体系研讨会。

6月8—10日　举办民盟市委后备干部培训班。

6月21—24日　举办第3期宗教界人士培训班。

7月12日　举办民盟第32期骨干盟员培训班(高校、区县)。

7月30日　中共上海市委决定,农工党市委副主委姚俭建任副院长,免去民建市委副主委彭镇秋的副院长(兼职)职务。

8月3日　举办民进市委第28期中青年会员学习班。

8月11—13日　举办九三学社市委第14期中青年骨干培训班。

8月16—21日　举办由港九劳工社团联会委托的"走进上海,体验世博"香港青年培训班。

9月1日—10月16日　举办党外中青年干部培训班。

9月10—13日　举办2010年香港经济研究高级课程班。

9月13—17日　举办第13期青年统战干部培训班。

9月29日　中共上海市委常委、市委统战部部长,上海市社会主义学院党组书记、院长杨晓渡到学院视察工作。

10月8—10日 承办由中央社院主办的全国社院贯彻《2010—2020年党外代表人士教育培训改革和发展纲要》精神研讨会。

10月19—23日 举办民革第27期中青年骨干培训班。

10月22日 召开全市社会主义学院系统学习和贯彻全国党外代表人士教育培训工作会议暨《2010—2020年党外代表人士教育培训改革和发展纲要》精神研讨会。

11月1—6日 举办民建第38期中青年骨干培训班。

11月8—12日 与市统战理论研究会、徐汇区社院和徐汇区凌云街道联合举办统战理论、政策专题展览及现场咨询活动。

11月8—18日 举办第5期中青年统战干部培训班。

11月24日 与市统战理论研究会联合主办主题为"统一战线与社会主义核心价值"的青年学者论坛。

12月2日 中共中央统战部干部局到学院调研学习贯彻《社会主义学院工作暂行条例》情况。

12月6—8日 举办民建第39期中青年骨干培训班。

12月21日 举办民进市委新任支部主委培训班。

12月28日 学院教学综合大楼通过总体验收检查。

第一篇
组织机构与队伍建设

概　　述

　　上海市社会主义学院于1958年10月经中共上海市委批准,由政协上海市委员会在上海市政协业余政治大学和市工商界政治学校合并的基础上创办。1963年4月,加挂"华东社会主义学院"牌子,接受华东六省选送的学员到学院学习。"文化大革命"期间,学院被迫停办并被撤销。1984年3月,市委决定恢复上海市社会主义学院。2002年7月,市委统战部批复同意,成立上海中华文化学院,与上海市社会主义学院"一套机构,两块牌子"。

　　建院初期,学院没有自己的专职教师。复院以后,学院逐步建立起一支专职教师队伍,教师队伍建设实行专兼结合。

第一章　学院沿革

第一节　学院前身

1956年5月11日,市政协一届九次常委会会议决定举办上海市政协业余政治大学,即上海市社会主义学院前身。5月26日,市政协业余政治大学正式开学,中共上海市委第二书记陈丕显出席开学典礼。陈丕显在讲话中指出:政协上海市委员会成立业余政治大学,组织各界民主人士进行系统的理论学习,是上海市政治上的一件大事。陈丕显希望学员们为了建设社会主义,刻苦努力学习。学校聘请中共上海市委宣传部部长石西民为校长,蔡北华、李佐长、李炳焕为副校长,刘季平等为讲师团成员。开设中国革命史、政治经济学和哲学3个班。学校还会同民主建国会上海市委和上海市工商联,开办上海市工商界政治学校,有23 477人次参加短期理论学习。

第二节　创　办

1958年7月,第十次全国统战工作会议召开后,中共中央统战部多次向中共上海市委统战部提出,可以仿照全国政协筹办中央社会主义学院的做法,成立上海市社会主义学院。同年9、10月间,中共上海市委统战部为筹办上海市社会主义学院,先后三次向中共上海市委请示,其中《关于举办上海市社会主义学院和农场有关基本建设问题的请示报告》建议将市政协业余政治大学与市工商界政治学校合并,集中力量建立一所体力劳动与政治教育相结合的学校,学校的任务是对上海市资产阶级和资产阶级知识分子的代表人物分批集中进行短期的社会主义教育。该报告还指出,上海市社会主义学院在党内由中共上海市委统战部领导,党外拟由市政协出面成立有民主人士参加的筹备委员会进行管理。

1958年10月10日,中共上海市委同意市委统战部关于举办上海市社会主义学院的报告。10月11日,市政协一届二十七次常委会会议原则通过《关于举办上海市社会主义学院的方案》和筹备工作组成员名单。该方案提出,上海市社会主义学院由院长一人、副院长若干人、院务委员若干人组成院务委员会,负责上海市社会主义学院大政方针的制定,进行统一领导。院务委员由中共和各民主党派地方组织负责人及有关人士担任。筹备工作组召集人为胡厥文、冯国柱,成员包括丁忱、江华、申葆文、吴兆洪、陈铭珊、杨叔铭、武和轩、屠基远、储一石、曹鸿翥、魏如。筹备方案提出,征用嘉定县外冈人民公社农田7.95公顷,先期建设礼堂兼食堂1幢,两层楼集体宿舍2幢等一批建筑。

1959年2月22日,上海市社会主义学院举行第一期学习班开学典礼。这标志着上海市社会主义学院正式建立。

1960年2月,经中共上海市委的同意,上海市社会主义学院在外冈校舍原有的基础上进行扩建,暂停办学一年。

1963年4月,华东六省选送学员到上海市社会主义学院学习,学院同时加挂"华东社会主义学院"的牌子。

第三节 停 办

1965—1966年,上海市社会主义学院大部分干部到青浦县参加农村"四清"(清工分、清账目、清仓库、清财物)运动,暂停办学。1966年5月,"四清"运动结束后,全体干部回到上海市社会主义学院时,"文化大革命"开始,上海市社会主义学院被批判为"资产阶级的乐园""牛鬼蛇神的防空洞"从而被迫停办。1968年10月,全体干部和工作人员到外冈农场劳动。1968年底,到奉贤县市直机关"五七干校"劳动。1969年4月开始,所有干部和工作人员先后被下放到南京梅山冶金公司、黑龙江农场、上海市工厂企业等单位工作,学院被撤销。外冈校舍被上海市手工业管理局所属上海工艺美术学校占用。

第四节 复 办

1982年2月,中共中央书记处根据新时期统一战线形势的需要,决定恢复中央社会主义学院。1983年8月9日,中共中央书记处同意中央统战部《关于恢复各省、市、自治区政治学校的请示》报告,明确"各地政治学校恢复以后,归统战部领导,政协负责日常工作"。

中共上海市委统战部于1983年5月、1983年10月、1984年2月先后三次向中共上海市委提出恢复上海市社会主义学院的请示报告。市政协六届一次会议通过的常委会工作报告中也提出筹备恢复上海市社会主义学院问题。1984年3月11日,中共上海市委同意恢复上海市社会主义学院。4月25日,市政协六届十二次主席扩大会议决定成立上海市社会主义学院复院筹备工作组,筹备上海市社会主义学院复院工作。复院筹备工作组组长为中共上海市委统战部副部长范征夫,副组长为李锐夫、孙宗英、李振麟。

经过4个多月的筹备,1984年9月1日,在市政协大礼堂举行上海社会主义学院第10期(复院后第1期)学习班开学典礼。《解放日报》《文汇报》在头版报道上海市社会主义学院复院的消息。

1988年10月5日,中共中央统战部发出《关于当前办好地方社会主义学院(政治学校)几个问题的通知》指出:省、自治区、直辖市社会主义学院归省、自治区、直辖市党委统战部领导。根据这一通知,从1988年底开始,上海市社会主义学院划归中共上海市委统战部领导,市政协终止对上海市社会主义学院的行政领导关系。

2002年7月,经中共上海市委统战部同意,成立上海中华文化学院。上海中华文化学院与上海市社会主义学院属于"一套机构、两块牌子",主要是面向香港、澳门、台湾同胞和海外华人华侨,开展以中华文化和国情研修为主要内容的教育培训工作,以及对外文化交流活动,促进实现中国的完全统一和中华民族的大团结、大融合。

2003年11月27日,中共中央统战部印发《社会主义学院工作暂行条例》。《条例》第十条明确指出:"省、自治区、直辖市、副省级城市和市(地、州、盟、区)社会主义学院分别由同级党委领导,党委统战部负责指导和管理。"

2005年7月,根据《社会主义学院工作暂行条例》有关社会主义学院人事和工资实行分类管理的精神,经中共上海市委批准,学院列入参照国家公务员制度管理范围,从事行政管理工作和党务工作的人员实行参照管理,专业技术人员实行专业技术职务聘任制和相应的工资制度。2007年3月,经中共上海市委、市政府同意,学院列入参照公务员法管理范围。

第二章 领导体制

第一节 党　　组

一、主要职责

1998年6月，经中共上海市委批准，上海市社会主义学院成立党组。党组的主要职责是发挥领导核心作用。党组实行民主集中制原则。党组会议每年召开两次，也可根据工作需要及时召开。党组会议由党组书记召集并主持。党组会议议事范围包括：传达通报中央、市委和上级领导部门的有关会议精神和重要文件、指示，结合上海市社会主义学院实际研究贯彻意见，并检查落实情况；讨论和决定重大问题，包括发展规划、重大改革措施、机构设置等事项；研究和审定年度工作计划、重要活动、教学和科研规划等事项；按照干部管理权限和规定程序，决定干部的推荐、任免和奖惩事项；研究和部署党建工作、党风廉政建设工作、思想政治工作、精神文明建设等重要事项；研究讨论需向上级领导机关请示报告的重大问题、重大事项；研究讨论其他应由党组会议决定的事项。

二、组成

根据干部管理权限，党组书记由中共上海市委任命产生。党组成员一般由中共上海市委统战部研究决定，或由中共上海市社会主义学院党组报请市委统战部批准同意。

表1-2-1　1998—2010年上海市社会主义学院党组构成一览表

职　　务	姓　　名	任　职　时　间
党组书记	王生洪	1998.6—2000.6
	黄跃金	2000.6—2004.1
	沈红光	2004.1—2006.10
	杨晓渡	2006.10—
党组成员	刘凤瑞	1998.7—2000.7
	张　颖	1998.7—
	冯婉菁	1998.7—2002.7
	曹海红	2000.6—2004.7
	陈　明	2000.7—2001.11
	黄知正	2001.11—2005.8
	忻建国	2004.7—

(续表)

职　务	姓　名	任　职　时　间
党组成员	匡　鹏	2005.8—2009.1
	朱帼英	2009.1—
	苏　海	2009.5—

第二节　行政领导

建院初期，院长、副院长由上海市政协常委会讨论决定。复院以后，院长、副院长由中共上海市委研究决定。学院在成立党组之前，实行院长负责制。院长一般由中共上海市委领导或市委统战部部长兼任。学院日常工作通常指定一名专职副院长主持。

表1-2-2　1958—2010年上海市社会主义学院行政领导一览表

职　务	姓　名	任　职　时　间	专职/兼职
院长	魏文伯	1958.11—1966	兼职
	杨　堤	1987.1—1989.3	兼职
	毛经权	1989.3—1993.4	兼职
	赵定玉	1993.4—1995.8	兼职
	王生洪	1995.8—2000.1	兼职
	黄跃金	2000.1—2004.1	兼职
	沈红光	2004.1—2006.10	兼职
	杨晓渡	2006.10—	兼职
副院长	白　彦	1958.11—1966	兼职
	李　文	1958.11—1966	专职
	周谷城	1962.8—1966	兼职
	王致中	1962.8—1966.5	兼职
	吴若安	1964.11—1966	兼职
	韩去非	1965.8—1966	专职
	张耀忠	1987.1—1989.3	兼职
	王世豪	1987.1—1991.8	专职
	赵定玉	1989.3—1993.4	兼职
	赵宪初	1989.3—1998.4	兼职
	刘凤瑞	1991.8—2000.7	专职
	陈昌福	1991.8—2003.4	兼职

(续表)

职　务	姓　名	任 职 时 间	专职/兼职
副院长	生杰灵	1995.11—2002.1	*
	张　颖	1998.5—	专职
	曹海红	2000.6—2004.7	专职
	彭镇秋	2003.4—2010.7	兼职
	忻建国	2004.7—	专职
	姚俭建	2010.7—	专职
秘书长	郑梅欣	1962.10—学院停办	专职
	冯婉菁	2001.2—2007.7	专职
副秘书长	张瑛然	1985.2—(结束时间不详)	兼职
	杨承祈	1985.2—1989.3	专职
	陈子康	1985.2—1987.9	专职
	陈治南	1988.9—1993.9	专职

＊说明：实际工作仍在上海中华职业教育社，任上海中华职业教育社专职副主任。

第三节　院务委员会

一、主要职责

院务委员会的主要职责是对学院的办学和主要工作进行指导、咨询和监督，听取学院的工作报告和重要情况通报；协商学院的培训计划等重大事项，提出办好"联合党校"的建议和意见；对学院的办学方向和主要工作进行监督，并指导帮助解决学院建设和发展中的重大问题；协调办学中的重大问题。

院务委员会一般每年召开两次会议，如有重要问题需要及时协商研究时，可由主任委员、副主任委员共同决定临时召开全体委员会议。

院务委员会会议由主任委员召集并主持。

二、组成

院务委员会由上海市社会主义学院院长、副院长及上海市政协、各民主党派市委、市工商联的负责人组成。除上海市社会主义学院院长、副院长外，其他组成人员由市社会主义学院和市委统战部与上述各单位协商推荐，报市委统战部批准。

【建院初期的院务委员会】

1958年11月8日，市政协二届一次常委会会议通过上海市社会主义学院院务委员会组成人员名单。院务委员会由院长、副院长和院务委员组成。院长由魏文伯兼任,副院长白彦、李文(专职),院务委员丁忱、王致中、卢于道、申葆文、吴兆洪、吴若安、李培南、沈体兰、周谷城、周原冰、陈望道、陈铭珊、武和轩、赵祖康、胡厥文、盛丕华、张春桥、屠基远、曹鸿翥、舒新城、谢雪堂、储一石、魏如。

1962年8月9日,市政协三届一次常委会会议通过上海市社会主义学院院务委员会成员调整名单。院长仍由魏文伯兼任,副院长周谷城、王致中、白彦、李文,院务委员丁忱、卢于道、刘靖基、吴兆洪、吴若安、李佐长、李培南、沈体兰、陈望道、陈铭珊、周原冰、武和轩、孟宪承、赵祖康、胡厥文、张春桥、舒文、谢雪堂、储一石、魏如。

1964年11月7日,市政协四届一次常委会会议讨论并通过上海市社会主义学院院长、副院长和院务委员会名单。院长仍由魏文伯兼任,副院长周谷城、王致中、吴若安、白彦、李文,院务委员丁忱、卢于道、刘靖基、吴兆洪、李佐长、李培南、沈体兰、陈铭珊、周原冰、武和轩、孟宪承、赵祖康、胡厥文、张春桥、舒文、谢雪堂、储一石、魏如。1965年8月,增加任命专职副院长韩去非。

【复院后的院务委员会】

1990年8月10日,中共上海市委统战部批复同意建立上海市社会主义学院院务委员会,由毛经权、赵定玉、赵宪初、王世豪、丁日初、徐鹏、蒋达宁、濮之珍、俞云波、王天铎、范新发、孙廷芳等17人组成,毛经权任主任。10月31日,院务委员会会议通过赵定玉、赵宪初、王世豪为副主任,决定院务委员会每年召开两次会议。

1993年7月17日,中共上海市委统战部批复同意调整上海市社会主义学院院务委员会。调整后的院务委员会由赵定玉、李铁玖、赵宪初、陈昌福、刘凤瑞、过传忠、徐鹏、蒋达宁、蒋家祥、郭天玲、俞云波、张重超、黄瑞霖、孙廷芳等14人组成,赵定玉兼任院务委员会主任。11月18日,院务委员会会议通过《上海市社会主义学院院务委员会暂行办法(讨论稿)》,并一致同意推举刘凤瑞任副主任。

1996年1月19日,院务委员会召开会议,王生洪任主任。1998年6月16日,中共上海市委统战部批复同意调整上海市社会主义学院院务委员会,新的院务委员会委员由万国森、马克烈、王生洪、王宇平、王慧敏、刘凤瑞、过传忠、何克诚、张颖、陈昌福、郭天玲、蒋澄澜、潘孝彰等13人组成,王生洪任主任。10月23日,院务委员会召开会议,会议同意刘凤瑞、马克烈任副主任委员,讨论修订《上海市社会主义学院院务委员会工作条例》。

2000年9月1日,中共上海市委统战部决定调整后的上海市社会主义学院院务委员会组成人员如下:主任黄跃金,副主任张颖、曹海红、马克烈、陈昌福,委员万国森、王宇平、王慧敏、过传忠、何克诚、郭天玲、蒋澄澜、潘孝彰。

2003年2月14日,中共上海市委统战部决定调整院务委员会组成人员,主任黄跃金,副主任张颖、曹海红、王慧敏、彭镇秋,委员龙启虎、项斯文、冯德康、朱易安、朱冰玲、吴幼英、张良仪、梁国扬、唐豪。同年9月,黄跃金调中央统战部。

2007年9月8日,院党组会议确定院务委员会组成人员,新一届成员有杨晓渡、张颖、彭镇秋、忻建国、李世耀、冯德康、张兆安、陈强努、姚俭建、张立军、黄鸣、高美琴、唐豪、管维镛。2008年2月19日,召开院务委员会会议,会议通过杨晓渡任主任委员,张颖、彭镇秋、忻建国、姚俭建任副主任委员。

第三章　机 构 设 置

第一节　机 构 沿 革

一、建院初期

1958年10月11日,市政协一届二十七次常委扩大会议讨论并通过创办上海市社会主义学院的方案和筹备工作组成员名单。筹备工作组下设秘书行政组、教学研究组、基本建设组、工业生产组和农牧业生产组五个工作组。

筹备工作组召集人:胡厥文、冯国柱

组　　员:丁　忱、江　华、申葆文、吴兆洪、陈铭珊、杨叔铭、武和轩、屠基远、储一石、曹鸿翥、魏　如

秘书行政组:申葆文、刘燕如、王茂荣

教学研究组:丁　忱、吴兆洪、柯执之

基本建设组:武和轩、储一石、陈鸿元、钱育贤

工业生产组:魏　如、杨叔铭、梁子衡、吴梅生

农牧业生产组:陈铭珊、曹鸿翥、张宏远

1960年2月,设立教务处、办公室。

二、复院以后

1984年3月11日,中共上海市委同意恢复上海市社会主义学院。3月31日,中共上海市委统战部根据市委边筹建、边办学的方针,任命培训班主任为孙宗英,副主任为赵宪初、杨承祈,没有设立处室。4月25日,市政协六届十二次主席扩大会议决定成立上海市社会主义学院复院筹备工作组。

组　　长:范征夫

副组长:李锐夫、孙宗英、李振麟

成　　员:严　政、寿进文、赵宪初、陶敏之、杨承祈

筹备组成立后,对上海市社会主义学院的教学、校舍、领导分工等事项进行研究,确定杨承祈、陈子康、汪瑞田为教务组负责人,杜春潮为秘书处负责人。1985年2月,市委统战部任命三名副秘书长,同时设立秘书处和教务处,分别承担行政事务、人事和教学管理工作。1986年9月5日,为举办统战专业大专班及编写统战教材的需要,经上海市编制委员会(以下简称市编委)批准,同意建立统战专修科教研室。1987年1月,任命上海市社会主义学院领导班子。1987年6月24日,经市编委同意,秘书处改为办公室,增设人事处,与办公室"一套机构,两块牌子"。1989年5月2日,市编委同意增设研究室。

1992年1月3日,市编委同意上海市社会主义学院内部机构调整,调整后的机构为办公室、人事处、教务处、教研室(与研究室"一套机构,两块牌子")。1994年3月1日,决定在教研室内建立政

治理论教研组和统战理论教研组。6月4日,报请市委统战部同意,研究室与教研室分开编制,研究室作为一个独立部门开展工作。此后,内设机构一直由办公室、人事处、教务处、教研室、研究室构成。1994年6月,市统战理论研究会办公室设在研究室(与研究室合署办公,一套班子)。

1992年6月29日,根据《中共中央、国务院关于加快发展第三产业的决定》,学院决定建立教学培训部和综合服务部,由方国澄任教学培训部主任,陈维生任综合服务部主任。1995年7月19日,院办公会议讨论决定陈永嘉兼任培训二部主任。1996年6月,为适应上海市社会主义学院搬迁后一院两址的新情况,学院决定组建新的教学培训部,负责镇宁路405弄65号校舍的管理及计划外办班工作,陈永嘉任教学培训部主任,阮金夫、陈维生为教学培训部副主任。教学培训部重新组建后,原教学培训部、教学培训二部同时予以撤销。2003年,阮金夫任教学培训部主任。2006年5月,阮金夫退休后,教学培训部解散。

2007年3月14日,中共上海市委办公厅、上海市人民政府办公厅印发《关于市委党校等事业单位列入参照公务员法管理范围的通知》,规定上海市社会主义学院内部从事党务和行政管理工作的人员实行参照公务员法管理。12月24日,中共上海市委办公厅印发《上海市社会主义学院主要职责、内设机构和人员编制方案》,规定上海市社会主义学院机构级别相当于正局级;内设机构为4个,即办公室、教务处(培训部)、研究室、人事处;人员编制为60名,其中,实行参照公务员法管理的人员编制为38名;上海市社会主义学院设院长1名(兼),副院长3名,正副处级领导职数为7名;上海市社会主义学院挂上海中华文化学院牌子。

表1-3-1　1960—2010年上海市社会主义学院各处室负责人情况表

名　称	正　职	任职年月	副　职	任职年月
办公室（秘书处）	刘燕如 沈　光 杜春潮 童延山 陈治南 郭洪海 苏　海	1960.2—1962.10 1962.10—学院停办 1984.4—1987.12 1988.9—1992.2 1992.2—1993.8 1993.12—2001.2 2003.5—	许福景 倪　韵 郭洪海 陈维生 苏　海 吴志栋	1962.2—学院停办 1962.2—学院停办 1992.1—1993.12 1997.11—2006.10 2001.2—2003.5 2007.9—
人事处	童延山	1992.2—1997.5	沈　薇 黄克庭	2003.8—2009.12 2006.4—
教务处	郑梅欣 汪瑞田 陈治南 冯婉菁 郭洪海	1960.2—学院停办 1984.4—1987.12 1990.3—1992.2 1992.2—2001.2 2001.2—2010.5	吴兆洪 胡嘉绅 冯婉菁 阮金夫 杨　春	建院初期 建院初期 1988.7—1990.3 1994.7—1998.1 2010.4—
教研室	冯婉菁 杨爱珍	1990.3—1992.2 2001.2—2007.6	陈永嘉 杨爱珍 蒋连华	1992.11—1996.12 1996.12—2001.2 2007.9—
研究室	王　瑛	2003.5—2006.7	王　瑛 徐剑锋 杨　春 徐剑锋	1994.6—2003.5 2006.4—2008.4 2008.10—2010.4 2010.4—

第二节 机 构 职 能

一、办公室

负责文秘、财务、后勤、安全、保密和综合协调等工作。协助院领导负责处理日常事务工作；做好文件起草、会议组织与决议事项的督促检查及有关规章制度的拟订；负责内外联系、接待和协调工作；负责收发和机要管理、档案管理、保密、保卫、财务和后勤管理工作。做好图书信息资料的采购、收藏、管理工作，负责收集适用于教学、科研的资料；加强图书资料的信息化管理；负责电化教学和计算机管理工作。

二、人事处

负责干部、人事及离退休老干部工作。负责机构编制和人事管理工作；按照管理权限，承担干部、教师调配、任命、考核、奖惩和专业技术职务评聘工作；负责工资福利、人事档案、教育培训、工人技术等级培训考核和离退休人员管理服务等工作；联系党总支、工会，协助院组开展干部教师思想政治工作。

三、教务处

负责组织教学培训和学员管理工作。负责拟定教学工作各项规章制度和培训规划；负责制订教学计划和协调管理教学活动，组织教学过程实施，做好学员在学习期间的考察工作和学员的学习管理及生活服务工作；协同人事处拟定教师队伍建设规划，负责教师业务考评和兼职教师选聘工作；负责学员学籍、档案管理和教材审定工作及组织编写教学大纲；会同教研室开展教学研究及教学改革工作；负责与区社会主义学院的工作联系。

教学培训部承担中华文化、海外统战等方面的教学、研究和交流工作；负责统战系统干部新知识培训；组织各类时事与文化讲座及其他相关培训工作。

四、教研室

负责教学、科研工作。组织教师参加有关党的路线方针政策的政治学习；按照学院教学计划，组织落实教学任务；开展教研活动，组织集体备课，研究教学方法，拓展教学形式，编写教材和教学参考资料；开展科研活动，申报各级各类社科课题，关注国内外形势，进行资政性研究；开展与相关学术团体的合作交流；承担上海中华文化学院年度工作报告和研究任务；完成学院交办的有关工作。

五、研究室

负责科研管理、学报编辑、宣传，以及上海市统战理论研究会秘书处工作。根据党的统一战线形势、任务，制订科研计划；组织科研力量，进行课题研究，开展学术活动；负责《上海市社会主义学院学报》的出版、发行；与上海市统战理论研究会办公室合署办公，做好统战理论研究会的日常会务工作。

第四章 党群组织

第一节 机关党组织

一、组织设置

建院初期,上海市社会主义学院建立中共机关党支部。复院以后,亦建有中共机关党支部。2006年底,成立中共机关党总支。1987年2月至1988年7月,建立大专班学生党支部。

【党支部】

第一届党支部。1959年2月,选举江森任支部书记。同年11月,选举倪韵任支部书记。

第二届党支部。1962年12月23日,选举倪韵任支部书记,许福景、石锡仁为支部委员。1965年8月统计,有中共党员17人。

第三届党支部。1985年8月19日,选举杨承祈为支部书记。

第四届党支部。1986年9月,支部改选杨承祈任支部书记,委员有陈治南、汪瑞田、顾行超。

第五届党支部。1989年3月28日,支部改选陈治南为支部书记兼纪检委员,童延山为组织委员,黄爱淳为宣传委员,冯婉菁为青年委员。

第六届党支部。1991年5月3日,支部改选冯婉菁任支部书记,韩福昌为组织委员兼纪检干部。1993年7月有中共党员25人,其中离退休党员5人,划分为5个党小组。

第七届党支部。1994年4月19日,支部改选阮金夫任书记,韩福昌为组织委员兼纪检委员,顾行超为宣传委员。1995年有中共党员25人。

第八届党支部。1999年7月5日,支部改选阮金夫任书记兼纪检委员,顾行超为宣传委员,沈薇为组织委员。2002年有中共党员33人。2004年有中共党员34人。

【党总支】

2006年11月20日,学院成立机关党总支。总支委员会由书记苏海、副书记黄克庭、组织委员张翼、学习委员徐剑锋、离退休干部工作委员阮金夫组成。

2006年末,共有中共党员38人。下设支部三个:教务处、教研室、研究室组成教研支部(11人);办公室、人事处组成行政支部(10人);离退休支部(17人)。

2010年8月,共有中共党员40人,其中在职党员19人,离退休党员21人。

【大专班学生党支部】

1986年9月5日,上海市社会主义学院和上海师范大学联合举办的统一战线专修班(大专班)开学。学生党员37人。1987年2月20日,经市政协党组同意建立大专班学生党支部,党支部选举大专班学生米慧珠为支部书记,保定路分部负责人、大专班班主任兼政治辅导员顾行超为支部副书记。1988年7月8日,大专班举行毕业典礼,学生党支部随之撤销。

二、荣誉称号

表1-4-1 1993—2000年获市级表彰的党组织一览表

时 间	受表彰者	荣 誉	表彰单位
1993.7.10	机关党支部	先进党支部	市委统战部直属机关党委
1995.6.27	机关党支部	先进党支部	市级机关党工委
1998.7.3	机关党支部	先进党支部	市级机关党工委
2000.6.30	机关党支部	先进党支部	市级机关党工委

表1-4-2 1991—2006年获市级表彰的党员个人一览表

时 间	受表彰者	荣 誉	表彰单位
1991.6	彭洪博	优秀党员	市委统战部直属机关党委
1993.7.10	韩福昌	优秀党员	市委统战部直属机关党委
1995.6.27	彭洪博	优秀党员	市委统战部直属机关党委
1996.7.1	刘凤瑞	统战系统好公仆	市委统战部直属机关党委
1998.7.3	沈 薇	优秀党员	市委统战部直属机关党委
1998.7.3	阮金夫	优秀党务工作者	市委统战部直属机关党委
2003.1	苏 海	2001—2002年度优秀统战工作干部	中共上海市委统战部
2005.1	苏 海	2003—2005年度统战系统优秀党员	市委统战部直属机关党委
2006.8	郭洪海	上海市统一战线工作先进个人	中共上海市委统战部 上海市人事局

第二节 工 会

1988年7月13日上海市社会主义学院工会成立。至2010年,上海市社会主义学院共产生六届工会委员会。

一、第一届工会委员会

1988年7月13日,工会召开会员大会,选举产生第一届工会委员会。胡文祥任工会主席,黄爱淳任工会副主席兼财务,方国澄任组织委员,汪玲敏任女工委员,孙大敩任文体委员。

二、第二届工会委员会

1990年4月30日,工会选举产生第二届委员会。陈维生任工会主席,方国澄为组织、生活委员,汪玲敏为女工委员,孙大敩为宣传、文体委员,沈薇为财务委员。1992年12月8日,工会委员会增补陈列民为工会委员,分管文娱体育工作。

三、第三届工会委员会

1994年4月22日,工会选举产生第三届委员会。汪玲敏任工会主席,陈列民、沈薇、李艳琴、陈大伟任委员,工会的经费审查委员由龚建昌担任。

四、第四届工会委员会

1996年5月17日,工会选举产生第四届委员会。陈维生任工会主席,黄爱淳任组织、学习委员,陈列民任宣传、文体委员,沈薇任女工、财务委员,彭洪博任经审委员。

五、第五届工会委员会

2001年7月10日,工会选举产生第五届委员会。黄克庭任工会主席,缪力翔任工会副主席兼文体委员,陈列民任宣传委员,陈大伟任组织委员,邵秀芬任女工委员、生活委员兼工会财务,吴思敏任经审委员。

六、第六届工会委员会

2006年12月8日,工会选举产生第六届委员会。黄克庭任工会主席,吴志栋任工会副主席,缪力翔任组织委员,顾文浩任文体委员,罗莉芳任宣传委员,李庆华任经审委员。

第五章 队伍建设

第一节 编制与人数

一、人员编制

1964年3月,市编委核定上海市社会主义学院编制为50名。

1984年3月,中共上海市委批复同意恢复上海市社会主义学院后,市编委于4月19日确定上海市社会主义学院编制15名,属事业编制。

1985年8月14日,市编委同意增加编制15名,共计30名。

1986年9月5日,市编委同意增加编制10名,共计40名。

1987年6月24日,市编委同意增加编制20名,共计60名,属事业编制。

2005年7月22日,中共上海市委组织部印发《关于同意上海市社会主义学院实施参照国家公务员制度管理的批复》指出,经市委批准,上海市社会主义学院列入参照国家公务员制度管理范围,人事和工资实行分类管理,教师和工勤人员纳入事业编制管理,事业编制22名,从事行政和党务工作的干部参照国家公务员制度管理,编制38名。

2007年12月24日,根据中共上海市委办公厅印发的《上海市社会主义学院主要职责、内设机构和人员编制方案》,上海市社会主义学院人员编制为60名。其中,实行参照公务员法管理的人员(以下简称参公人员)编制为38名。

二、在编人数

以下人数统计未包含学院兼职领导。1958—1966年学院工作人员分为干部和工人两种身份。1985—2004年工作人员分为干部、教师和工人。2005年,人员实行分类管理后,在编工作人员分为参公人员、专业技术人员(即教师)、管理岗位人员和工人。

表1-5-1 1958—1966年上海市社会主义学院工作人员统计表　　　　单位:人

年　份	1958	1960	1961	1962	1963	1964	1965	1966
人　数	26	23	45	—	43	47	47	47

表1-5-2 1985—2004年上海市社会主义学院在编人员统计表　　　　单位:人

年　份	干　部	教　师	工　人	总　数
1985	—	—	—	8
1986	9	4	13	26

(续表)

年　份	干　部	教　师	工　人	总　数
1987	13	5	11	29
1988	16	5	11	32
1989	19	4	9	32
1990	19	4	9	32
1991	22	5	9	36
1992	23	6	9	38
1993	21	6	9	36
1994	27	6	5	38
1995	25	7	6	38
1996	24	7	6	37
1997	23	6	6	35
1998	26	5	4	35
1999	26	5	4	35
2000	27	5	4	36
2001	30	6	4	40
2002	31	6	4	41
2003	30	6	4	40
2004	29	6	4	39

表1-5-3　2005—2010年上海市社会主义学院在编人员统计表　　　　单位：人

年　份	参公人员	教　师	管理人员	工　人	总　数
2005	29	4	1	4	38
2006	26	4	1	4	35
2007	29	4	1	5	39
2008	29	3	1	5	38
2009	29	3	1	5	38
2010	30	3	1	5	39

第二节 教职工管理

一、教师管理

【专职教师管理】

上海市社会主义学院的教师队伍历来实行专兼结合。建院初期,授课老师以院领导和有关部门领导,以及市委党校、有关高校、科研院所老师为主。

复院以后,上海市社会主义学院陆续引进一些专职教师。1995、2001年,按照国家和上海市有关事业单位干部调动政策分别引进1名副教授。2010年1月,引进2名年轻讲师。

教师专业技术职称实行评聘分开制度。上海市社会主义学院教师高级专业技术职称评定工作委托上海市党校系统教师高级专业技术职务任职资格评审委员会进行。2000年,有2名讲师晋升副教授。2005年,晋升正教授1名。2006年,2名教师分别通过教授和副教授的职称评审。

1994年1月,上海市社会主义学院制定《上海市社会主义学院教师工作量暂行规定》。教师工作量包括教学、科研和社会工作三部分,以学时为统一计量单位;教师实行弹性工作制,除了必须参加全院性的会议活动和完成承担的教学任务、社会工作外,每周返校两次,进行政治学习和业务活动,并按实际活动时间(折合成学时)计入教师工作量进行考核。实行教师工作量考核制度,鼓励教师在院内外多上新课。2010年5月,学院对《上海市社会主义学院教师工作量暂行规定》进行修订。修订后的工作量包括教学、科研、学院工作和社会工作四个部分。

1994—2010年,学院实行新课试教制度,规定教师凡是上新的专题教学课,都要在院内进行试教,经集体研究后再作修改,然后才能正式给学员讲课,以保证教学质量。

1996—2010年,教研室实行集体备课制度。

2005年7月以后,专职教师按照《上海市事业单位聘用合同办法》进行管理。

【兼职教师管理】

根据学院教学培训工作需要,上海市社会主义学院陆续聘请一批党政领导、民主党派领导和专家学者担任兼职教师。特别是讲授"民主党派史"时,一般是邀请培训班的联办党派领导授课。

1998年,被纳入上海市社会主义学院兼职教师库的有:华东政法学院院长曹建民、上海对外贸易学院副院长周汉民、上海图书馆副馆长缪其皓、上海社科院信息所副所长王德华、上海对外贸易学院金融管理学院院长陈伟利等。

1999年,上海市社会主义学院兼职教师库新增的有:上海国际问题研究所所长陈佩尧、上海市经委研究室副主任严海龙、上海工会干部培训中心主任王连洋等。

2002年,上海市社会主义学院要求兼职教师讲课必须先提交讲课提纲。讲完课后,及时征求学员意见,请学员打分,并将情况及时反馈给教师。

2004年,上海市社会主义学院实施"名师"工程。在庆祝复院20周年座谈会上,举行兼职教授聘请仪式,聘任齐卫平、张道根、张癸、李锐、吴孟庆、严安林、周箴、周锦尉、季晓东、郑惠强、徐海鹰、徐根兴、郭隆隆、浦兴祖、袁秉达、彭高成等为兼职教授,聘期两年。

2010年,按照"学术水平+表达能力+讲课艺术"标准,初步建起四个结构合理、规模适当的兼职培训师资库。教师分别来自复旦大学、中共上海市委党校、中国浦东干部学院、上海社会科学院等高校和科研院所,以及中共上海市委统战部、市发展改革委员会和各民主党派市委等有关单位和部门。

【教师集体备课制度】

1996年开始实行教师集体备课制度,规定教师在接受讲授新课任务后,应在两周内完成提纲写作。提纲要提出教学中的具体观点和论据,提出自己的教学思路;教研室的其他教师协助该教师完成提纲的组织工作。教研室负责人把教师对待集体备课的态度作为年终考评的参照之一。在教学提纲通过后,教师在两周内完成讲稿的编写,再由教研室安排试讲。院长、教务处人员等参加试讲聆听。集体备课着重把握:讲稿的政治观点是否正确;讲稿的理论联系实际是否紧密和确切;讲稿的生动性、技巧性运用是否得当,是否有足够的信息量;教学中是否有自己的科研成果;教师的教态是否端正,节奏把握是否准确。试讲通过后,由院领导视教学内容先安排在院内中心组学习会上进行模拟教学,教研室负责人在广泛听取意见后及时反馈给该教师。如果试讲未获通过,教研室负责修改,直至讲稿及教学获得通过。教师初次讲授新课时,教研室负责人要听取学员意见,帮助授课教师梳理各种意见以充实讲稿,提高教学水平。

二、干部管理

【人员招录】

复院以后,上海市社会主义学院的工作人员分为干部、教师和工勤人员,以及以工代干人员。人员分别由机关、企事业单位调入。1987年6月24日,市编委要求上海市社会主义学院原则上不得从企业和社会上吸收、录用工作人员。2002年起,上海市社会主义学院不再招录工勤人员。

2005年7月实行参照国家公务员制度管理以后,上海市社会主义学院在人事与工资管理上实行分类管理,参公人员按照国家公务员制度(2006年1月1日以后按照《中华人民共和国公务员法》等有关法规)招录,即学院根据工作需要,并在编制范围内,提出用人计划上报市公务员管理部门,然后由市公务员管理部门组织公开招考,经资格审核、笔试、面试、体检、政审等规定程序,按照公平、公开、择优的原则录用。

【人员聘用】

由于干部缺乏,复院以后很长一段时间,上海市社会主义学院部分工人编制的人员长期从事干部工作,即以工代干。有鉴于此,1991年、1994年、1995年,经中共上海市委统战部干部处、上海市人事局审批同意,先后有7名工人被聘用为干部,转为干部身份。1995年7月,根据岗位责任制和《上海市社会主义学院岗位聘用合同制暂行办法》,在明确权利和义务关系的基础上,本着自愿、平等、协商一致的原则,全面推行院内聘用(劳动)合同制。1997年、1999年,分别进行新一轮全员聘用(劳动)合同签约工作。2005年7月实行参照国家公务员制度管理之后,干部任用管理按照国家有关公务员制度进行,聘用合同制办法停止实行。

【学习培训】

1992年,上海市社会主义学院安排11名干部教师参加各类理论和专业技术培训工作。

1995年3月,制订院职工参加学习培训的若干规定,坚持"以岗位培训为主,以业余为主,缺啥补啥,全面提高"的原则,重点加强对教学人员的培训。

1997年,参加业务培训24人。

2001年,全院40名教职员工通过电脑业务培训。

2003年,通过学习培训,2名教师达到研究生学历(其中1名获得复旦大学哲学硕士学位),2名教师达到本科学历;工人中培养出2名大专生。培训1名点心师,4名中级技工(1名电工,2名驾驶员,1名电脑打字员);财务人员均持证上岗;3名从事图书资料专业人员送上海交通大学培训。

2005年,27名干部参加公务员过渡培训考试,全部合格。

2006年,参加各类培训59人次,其中全员参加公务员法培训26人次、上海市干部在线学习15人次、公务员MPA核心课程学习9人次、干部培训4人次、专业培训5人次。

2007年,安排参加上海市干部教育中心讲座2人,干部在线学习15人,公务员MPA核心课程的学习2人,其他培训22人次。2007年,上海市社会主义学院被评为上海市统战系统"上海干部在线学习城"先进单位。

2008年,全院参加培训67人次,其中参加干部在线学习的有15人、公务员MPA核心课程学习5人、公务员初任培训5人、公务员世博知识培训14人、公务员双休日讲座20人、参加干部培训3人、专业培训5人。

2009年,安排干部和职工参加各类学习和培训,年度干部在线学习15人、上海世博知识讲座13人、统战系统青年干部培训班2人、业务培训11人、双休日讲座15人、学历教育1人。

2010年,安排1位局级和1位局级后备干部参加上海市干部教育中心的选学、安排15名干部教师参加上海市干部在线学习,干部在线学习已形成常态化机制。安排3名干部参加统战系统中青年干部培训班的学习培训,安排3名公务员进行MPA核心课程的学习,完成一个月的公务员初任培训,参加公务员科学讲座约60人次、"五五"普法培训19人次。

【考核评优】

上海市社会主义学院年度考核工作,严格按照有关方面规定,结合上海市社会主义学院实际进行。2005年被列入参公管理以后,学院参公人员的年度考核依据是《国家公务员考核暂行规定》和《公务员考核规定(试行)》以及《上海市公务员考核实施细则(试行)》。1997年,为落实上海市社会主义学院精神文明建设规划,开展文明处室评比活动,文明处室的评比与年度考核同步进行。

表1-5-4 1992—2010年上海市社会主义学院评选的优秀个人和文明处室一览表

年　度	优　秀　个　人	文明处室
1992	陈列民　陈永嘉　韩福昌　陈维生　仝　锦	
1993	方国澄　陈列民　沈　薇　李艳琴　邵秀芬　陈永嘉	
1994	黄爱淳　彭洪博　李素珍　缪力翔　邵秀芬　郭洪海　童延山	
1995	冯婉菁　陈永嘉　王　瑛　仝　锦　龚建昌　陈裕国	
1996	童延山　王　瑛　仝　锦　刘允新　龚建昌　陈列民　黄克庭	研究室
1997	郭洪海　冯婉菁　王　瑛　沈　薇　黄克庭　陈列民　李素珍	研究室
1998	冯婉菁　杨爱珍　阮金夫　沈　薇　顾行超　吴福民　邵秀芬	教务处
2000	杨爱珍　黄爱淳　沈瑞风　彭洪博	教务处

(续表)

年　度	优　秀　个　人	文明处室
2001	苏　海　杨爱珍　仝　锦　彭海博　龚建昌	办公室
2002	苏　海　吴志栋　陈大伟　徐剑锋　蒋连华	办公室
2003	苏　海*　黄克庭　邵秀芬　沈瑞风　李庆华	办公室
2004	苏　海　陈维生　吴志栋　黄克庭　陈列民　杨　春	教务处
2005	苏　海*　郭洪海　黄克庭　杨　春　吴志栋　蒋连华	办公室
2006	苏　海　黄克庭　顾行超　张　翼　邵秀芬	教务处
2007	苏　海*　沈　薇　吴思敏　张　翼　胡公展　杨　春	办公室
2008	吴志栋　蒋连华　顾文浩　罗莉芳　沙　莎　王丽莉	人事处
2009	杨爱珍　杨　春　罗丽芳　李素珍　沙　莎	教务处
2010	蒋连华　冯菊红　张　翼　王丽莉	办公室

说明：1999年度未进行评比表彰。

* 记三等功一次。

【晋升选拔】

1988年底之前，学院处级及以上干部的任命，根据不同情况，分别由上海市政协常委会、上海市政协党组或中共上海市委统战部负责。1988年底以后至中共上海市社会主义学院党组成立之前，处级干部的任命由中共上海市委统战部主管。党组成立后，处级干部提任，由党组会议讨论决定。科级干部晋升，由学院领导班子讨论决定。

1992年，提任1名副处级调研员。1993年，经中共上海市委统战部批准，提任2名副处级干部。1996年，提任1名调研员、1名副处长。1997年，调整8名干部职务；对4位聘期已满的干部办理续聘手续。2001年2月，提任1名处长、1名副处长、1名副调研员。2003年，提任1名处长。2005年2月，提任2名调研员、3名副调研员。2006年4月，提任2名副处长。2007年9月，提任2名副处长、1名副调研员。2008年10月，提任1名副处长。2009年，提任1名调研员、1名副调研员。

第三节　离退休工作

学院人事处负责老干部工作。对生病住院的老同志，学院及时派人上门看望慰问。对家庭生活困难的老同志，每年年底酌情予以补助。及时做好老同志住院、医疗补贴申报发放工作。坚持开展冬季送温暖、夏季送清凉活动。机关党组织每年春节前夕坚持走访慰问困难老党员。每年春节前夕，邀请所有离退休人员返回单位进行新春迎新活动，由院领导通报上海市社会主义学院全年工作，听取老同志的意见和建议。

人事处和离退休党支部每两个月组织离退休党员和入党积极分子集中进行一次学习，传达中共中央和中共上海市委重要文件以及重要会议精神，通报上海市社会主义学院有关工作，组织研讨学习，过组织生活。及时安排离休干部和退休的局级干部参加市里组织的报告会。为离休干部订阅《老干部工作》《老干部学习资料》，为离退休人员订阅《解放日报》《世纪》或者《新民晚报》等。

每年9月左右,组织离退休人员到华山医院或者瑞金医院进行健康体检。另外,每年春季,组织离退休女同志参加妇科体检。每年组织春秋两季外出活动,即为期一天的清明踏青活动和为期两天的重阳登高活动。支持离退休人员参加上海老年大学学习,并按照规定报销学费。严格按规定及时落实各种待遇。办理敬老证,办理"青松城"活动卡。缴纳离休干部社区养老经费。2004年,根据中共上海市委要求,落实老干部的住房解困资金。2007年,经与上海市人事局沟通协商,落实18名退休人员的养老生活补贴。历年根据市里调整机关事业单位离退休人员津补贴标准,进行重新测算,及时发放到位。

2008年5月21日,退休老党员杜春潮为四川汶川特大地震灾区交纳特殊党费1 000元。

表1-5-5　1985—2010年上海市社会主义学院离退休人员统计表　　　　单位:人

年　份	离休人数	退休人数	总　数
1985	—	—	7
1986	—	—	—
1987	—	—	—
1988	—	—	—
1989	2	3	5
1990	2	—	—
1991	2	6	8
1992	2	—	—
1993	2	—	—
1994	2	—	—
1995	2	—	—
1996	2	8	10
1997	2	10	12
1998	2	—	—
1999	2	12	14
2000	2	12	14
2001	2	—	—
2002	2	10	12
2003	2	12	14
2004	2	14	16
2005	2	15	17
2006	2	20	22
2007	2	20	22

(续表)

年　　份	离休人数	退休人数	总　　数
2008	2	22	24
2009	2	22	24
2010	1	28	29

说明：上表中的离休人数、退休人数、总数均为历年总数。1958—1966年，上海市社会主义学院没有离退休人员，"—"代表"数字不详"。

第二篇
教育培训

概　　述

　　社会主义学院的教育培训，不同于高校，后者属于国民教育，前者属于政治培训；也有别于党校和行政学院，三者虽然同属于干部培训，但是学员对象有所不同。社会主义学院的教育培训对象主要是党外代表人士。因此，社会主义学院的教育培训，始终强调坚持社会主义的办学方向，坚持"社院姓社"，坚持政治培训为主，强化政治共识教育。学院的主体班次有：进修班（研修班）、培训班、研讨班、读书班（学习班）等。自建院至2010年底，学院共办班541期，培训学员2万多人次。

第一章 教　　学

第一节　教学方针和任务

社会主义学院是中国共产党领导的统一战线性质的高等政治学院。上海市社会主义学院的教学方针、任务，始终是贯彻和体现党的统一战线方针、政策和任务的要求。在不同的历史时期，侧重点或有不同。

建院初期，根据上海市政协第一届二十七次常委会会议通过的《关于举办上海市社会主义学院的方案》和中共上海市委统战部《关于举办上海市社会主义学院的请示报告》的精神，确定上海市社会主义学院在办学中贯彻理论与实际相结合、劳动与教育相结合、改造与服务相结合的方针。上海市社会主义学院的教学工作以学习政治理论为主，适当组织学员参加一些生产劳动和社会实践。学习的要求主要是帮助各界民主人士在政治上、思想上初步树立劳动观点与群众观点，明确社会主义革命和建设的基本问题，明确必须坚决接受共产党的领导和走社会主义道路，推动学员们在政治立场和思想的根本改造上前进一步，更好地为社会主义建设事业服务。

复院初期，上海市社会主义学院的主要任务是培养提高党外干部，特别是比较符合干部"四化"（革命化、年轻化、知识化、专业化）条件的党外干部，以适应贯彻"长期共存、互相监督、肝胆相照、荣辱与共"方针的需要；帮助学员联系实际，学习马列主义、毛泽东思想，使他们通过自我教育，提高对党的路线、方针、政策的理解，提高为 20 世纪 80 年代三大任务服务的积极性，为建设具有中国特色社会主义、为祖国的统一和繁荣昌盛贡献力量。

1988 年 10 月，中共中央统战部印发的《关于当前办好地方社会主义学院（政治学校）几个问题的通知》中规定：省、自治区、直辖市社会主义学院是在中国共产党领导下统一战线性质的政治学院。社会主义学院的主要任务是组织党外中上层人士，进行学习研究，提高理论、政策水平和参政议政能力；担负统战工作干部的培训工作，提高干部队伍的思想政治素质和业务水平；根据教学和研究相结合的原则，积极创造条件进行统一战线理论研究工作，并逐步建立统一战线专业。

1989 年，中共中央 14 号文件《中共中央关于坚持和完善中国共产党领导的多党合作和政治协商制度的意见》中指出：办好中央和省一级的社会主义学院，作为民主党派和无党派人士的联合党校。马克思列宁主义、毛泽东思想应列为社会主义学院的必修课。根据这一文件精神，1990 年 11 月中共中央统战部发出《关于进一步办好社会主义学院的意见》，再一次明确指出社会主义学院的任务：组织民主党派各级领导骨干和无党派人士，学习研究马克思主义基本理论，学习党的路线、方针、政策和党的统战理论、政策，提高他们的理论政策水平和参政议政、实行民主监督的能力；对统一战线系统的干部进行岗位培训，提高统战干部队伍的政治素质和业务水平；根据教学和研究相结合的原则，进行统一战线历史和理论的研究工作；考察学员的政治思想情况、工作实绩和业务能力，为民主党派、统战部门及有关方面培养选拔干部和统战教学人才提供参考意见。社会主义学院在教学中，要贯彻理论联系实际的方针。

2003 年 11 月，中共中央统战部印发《社会主义学院工作暂行条例》规定：社会主义学院的基本任务是：教育培训民主党派和无党派人士；教育培训统一战线其他方面的代表人士；教育培训统战工作干部；学习、研究和宣传马克思列宁主义、毛泽东思想、邓小平理论和"三个代表"重要思想；学习、研究和宣传党的统一战线理论、方针和政策。社会主义学院通过开展教育培训，着重提高民主党派、无党派人士和统一战线其他方面代表人士四方面素质：具有自觉接受中国共产党的领导，坚持走中国特色社会主义道路的坚定信念；具有爱国主义精神，自觉维护民族团结、社会稳定、祖国统一的责任意识；具有适应坚持和完善中国共产党领导的多党合作和政治协商制度所需要的政治素质，了解和掌握新世纪新阶段爱国统一战线的基本理论、方针、政策；具有与中国共产党合作共事和履行参政议政、民主监督职责的能力和胜任本职工作的组织领导能力。

2010年8月，中共中央颁发《2010—2020年党外代表人士教育培训改革和发展纲要》，提出要充分发挥社会主义学院主阵地作用，社会主义学院在党外代表人士教育培训中要始终坚持以政治培训为主，把系统深入开展中国特色社会主义理论体系和社会主义核心价值体系教育作为培训的首要任务。

第二节 教 学 内 容

一、主要内容

建院初期，上海市社会主义学院教学的主要内容是以党的社会主义建设总路线为中心，以毛泽东著作如《实践论》《矛盾论》《关于正确处理人民内部矛盾的问题》《毛泽东选集》第四卷作为主要教材，同时学习中共中央文件以及《人民日报》《红旗》杂志社论。

1988年10月，中共中央统战部在《关于当前办好地方社会主义学院（政治学校）几个问题的通知》中规定，社会主义学院教学内容主要有马克思主义、毛泽东思想的基本理论，党在社会主义初级阶段的基本路线，党的统战理论、方针、政策和历史，有关的业务知识和现代科学知识。

1990年11月，中共中央统战部在《关于进一步办好社会主义学院的意见》中规定，社会主义学院教学内容主要是马列主义、毛泽东思想的基本理论，党的路线、方针、政策，统战理论、方针、政策，中国近现代史、中共统战史、中国民主党派史和多党合作史，国际国内形势和统战业务知识及现代科学知识。

自建院至2010年，上海市社会主义学院的教学内容完整地体现了中共中央统战部对社会主义学院教学内容的各项要求。

二、课程建设

【课程体系】

在教学实践中，上海市社会主义学院根据统一战线工作实际和时代发展需求，形成"一个主题、四个方面"的教学布局，即以围绕坚定走中国特色政治发展道路为主题，开展"基础理论""政治素养""统战政策""能力培养"的课程体系。

在这一课程体系的基础上，形成"一个中心、两个重点、三个结合"的教学原则：以中国特色社会主义理论体系为中心；以马克思主义基础理论和党的统一战线的理论、方针政策为重点，突出教学的针对性和系统性，提升学员理论水平和服务实际工作的能力；把马克思主义基础理论与国际、国内的政治、经济形势和上海的经济社会发展形势相结合,与党的统一战线的理论、方针、政策相结合,与政治交接和提高学员综合能力相结合的教学原则。

表 2-1-1　1984—2010 年上海市社会主义学院开设的课程一览表

课　程　板　块	课　程　名　称
基础理论与政治素养	马克思主义统一战线基本原理中有关问题
	毛泽东统一战线思想
	周恩来统一战线思想与实践
	邓小平统一战线思想
	《共产党宣言》及其当代价值
	中国特色社会主义的形成与发展
	中国特色社会主义理论体系的基本问题
	中国政治制度
	人大政协在我国政治生活中的地位和作用
	中国政党制度
	人民政协理论与实践
	中国共产党领导的多党合作和政治协商制度
	政治文明与中国特色政党制度
	中西方政党制度比较
	民主党派的自身建设
	民主党派参政议政的内涵和要求
	民主党派践行社会主义核心价值体系的方式和路径
	中国共产党的民族宗教理论和政策
	知识分子理论与实践
	非公有制经济和统一战线
	中国宏观经济与非公有制经济的发展
	社会主义市场经济理论和社会主义市场理论体系
	中国共产党的统一战线史
	中国共产党与民主党派合作史
	多党合作史
	民主党派史
	"和平统一、一国两制"的内涵
	"一国两制"和香港、澳门的回归
	党的三代领导人对台政策之演变

(续表)

课 程 板 块	课 程 名 称
统战政策	《中共中央关于进一步加强中国共产党领导的多党合作和政治协商制度建设的意见》解读
	《中共中央关于加强人民政协工作的意见》解读
	新时期民主党派工作
	统一战线与新的社会阶层人士工作
	当前非公经济发展面临的形势与任务
	做好新形势下归国留学人员的统战工作
	中国城市民族工作的理论和实践
	与时俱进,做好社区民族工作
	统一战线中的宗教工作
	民族宗教领域统战工作
	民族宗教工作与社会和谐
	城市化进程中的城市民族宗教问题
	城市化进程中的上海民族关系
	新世纪我国民族工作的方针和政策
	提高宗教事务管理法治化水平与当前宗教工作中的若干问题
	港澳台海外统战工作
	一国两制与香港基本法
	对台工作
	当前两岸关系和台湾岛内政局发展变化情况
	怎样做好社区统战工作
能力素养	参政议政的主题、路径和方法
	新形势下做好参政议政、民主监督等信息工作的方法和经验
	公共安全与突发事件的应急处理
	当前社会矛盾与社会治理对策与思考
	当前经济形势
	当前中美关系
	当前中日关系
	当前国际形势
	周边安全与中国对外战略
	领导干部心理健康与压力管理
	领导干部公务礼仪
	领导力与执行力
	新时期领导素能的内涵与提升

【品牌课程】

在长期的教学实践中,上海市社会主义学院挖掘和掌握大量鲜活的党外干部成长的生动事例和素材,积极探索党外干部成长规律,推出"民主党派史""多党合作史""参政议政的主题:路径与方法""党外干部修养""加强参政党建设,发挥参政党作用"等一批品牌课程。

【在线学习课程】

2005年,为提高干部教育培训的覆盖面和资源利用率,适应大统战格局的需要,由中共上海市委组织部、市委党校、市人事局、市信息化委员会共同创建的上海干部在线学习平台,要求在上海市中共党员干部中"普及统一战线知识,扩大统一战线影响",决定增设"党的统一战线政策"课程,并由上海市社会主义学院专职教师承担授课任务。课程由"坚持和完善中国共产党领导的多党合作和政治协商制度""中国共产党的民族宗教理论和政策的解读""新世纪新阶段统一战线基本理论与方针政策""高举两面旗帜,为振兴中华实现祖国的完全统一而奋斗"四个单元组成。每个单元出100道题目(由是非题、单项选择题和多项选择题组成),共计400道题目,加入"上海干部在线学习城"题库,作为考核上海党员干部在线学习统战知识的试卷题库。据有关方面统计,"党的统一战线政策"在线学习的点击率在2 000多人次/年。这是上海市社会主义学院适应新时期干部在线学习趋势的有益尝试。

三、课程分类

【教学模块】

2008年,上海市社会主义学院对课程体系进行总结,提出"五个模块":以马克思主义基础理论和中国特色社会主义理论体系为主要内容的基础理论模块;以国际、国内形势教育和体现社会主义核心价值体系的爱国主义、道德修养、诚信品质、责任意识、守法意识教育为主要内容的政治素养模块;以党的统一战线理论、中国特色政党制度理论、参政党建设理论、人民政协理论、马克思主义民族观、宗教观、民主党派史、多党合作史为主要内容的统战知识模块;以中国近现代史、中共党史、世界近现代史、马克思主义发展史,当今世界的经济、法律、科技、文化知识,以及提高履职能力和应对媒体、突发事件的能力为主要内容的能力培养模块;以研究和解决中国特色社会主义现代化建设中出现的现实问题为主要内容的专题研讨模块。

【教学板块】

2010年,上海市社会主义学院调整教学布局,增强教学板块的系统性。经过对以往教学专题的分类合并,初步形成国际国内政治经济形势教育、社会主义民主政治、统一战线基本理论、统战史、统战各领域工作、统战政策解读、能力提高与创新思维、素质修养提升等8个教学板块。

第三节 教 学 方 法

一、三自

根据社会主义学院的性质,在学习方法上采取自由、自愿、自觉的原则。1997年,学院提出营造"三自"学习氛围,采取学员"三个带来,三个留下"的办学方法(即要求每位学员带一颗虚心学习的心、一个问题、一条经验到上海市社会主义学院来,留下一份调研报告和建议、一篇总结和心得体会、一个给大家的好印象)。在学习中,通过进班之日的"自报家门"、学习期间的一周课题调研、自办简报、学员论坛和自我修养分析等自我教育的培训形式,锻炼学员的能力,提高学员的修养,不断完善上海市社会主义学院独特的教学方法。

二、三不

由学员自己提出问题、自己分析问题、自己解决问题,"不抓辫子、不扣帽子、不打棍子"。实行以自学为主、阅读原著为主、注重研讨的教学方法。

三、小组讨论

小组讨论是以学习小组为单位,围绕教学内容中的某一问题开展讨论。小组讨论前,教师提出问题,引发学员思考;小组讨论时,教师及时把握情况,因势利导;小组讨论结束后,教师展示结果,组织讲评。

四、双向交流

双向交流是教师或领导直接与学员就共同关心的理论问题和实际问题进行座谈对话的一种教学方式。

五、主题辩论会

主题辩论会就是对于学员在学习过程中有争议、一时难以统一认识的问题,在深入理解讲课内容的同时,鼓励和支持学员召开专题性讨论会,并展开辩论,通过充分地讨论、辩论,辨明是非,从而提高认识水平。

六、快、实、活

1984年,上海市社会主义学院提出,在教学方法上力求做到"快、实、活"。

"快"是指学习内容要跟上形势发展,紧紧围绕党的中心工作,强调教学的时效性。要把学员普遍关心的重大理论问题和实际问题,及时反映到教学内容中来。

"实"就是一切从实际出发,实事求是,理论联系实际,解决实际思想问题。

"活"就是针对教学对象多层次性的特点,根据不同的教学对象、不同的特点,选择教学重点,因材施教。对层次较高的局、处级干部,要聘请层次较高的教授、副教授及部局级干部讲课,讲课既要有一定的深度,又要注意新思路、新情况、新信息,以典型材料说明道理,增加信息量;同时,还要结合教学内容进行专题调查研究和社会考察。对非党高级知识分子,则采取理论研讨班方式,在适当辅导的基础上,贯彻"三自"精神。对科以下的统战干部采取岗位培训班方式,以正面教育为主,辅之以参观、讨论、看录像、小结、考试等方式。

七、研究式教学

研究式教学即在主体班开学时根据学员的专业分成若干个课题小组。学员在教师的引导下搜集资料,进行社会考察,分析材料,撰写课题报告。最后,学员在课堂交流调研报告,教师进行点评。

八、情景模拟式教学

情景模拟式教学旨在通过设计特定的场景和事件,让学员扮演"角色",思考、分析、处理和解决问题,以求得理论的升华和能力的提高。具体做法是:抽签分出角色组与观察组;分配角色,进入状态;观察组学员点评;专家点评与总结。譬如模拟新闻发布会,让学员模拟新闻发言人,就国家改革、开放、发展等重大问题或社会突发事件,回答记者的提问。又譬如模拟焦点访谈,请学员就某一事关国家、地区发展的问题发表看法,提出建设性的意见和建议。

九、拓展训练

拓展训练课是指通过背摔、钻网、传花、拼图等拓展训练活动,培养学员的合作意识和进取精神,旨在挑战自我,磨练意志,完善人格,熔炼团队。

十、咨询活动

咨询活动旨在发挥学员专业特长的优势,以学员为主体开展的活动。譬如,请出国考察或演出回国的学员漫谈在海外的见闻和感受;请在上海重点工程中担任总工程师或设计师的学员漫谈上海重点工程进展情况等。

十一、案例式教学

2008年9月,上海市社会主义学院开始进行案例式教学,即课前阅读案例并进行分析;课中广泛讨论,全班交流;课末由教师进行总结归纳、点评。这种方法可以发挥教师在理论和信息储备上的优势与学员在实际经验和视野上的优势。

十二、互动式教学

2009年,在无党派人士培训班上,上海市社会主义学院推行互动式教学。互动式教学即在教学中教与学双方交流、沟通、协商、探讨,先由教师介绍自己的经验体会,再由教师回答学员提出的问题,教学双方在彼此平等、彼此倾听、彼此接纳、彼此坦诚的基础上,通过理性说明甚至辩论,达到不同观点碰撞交融,激发双方的主动性,拓展创造性思维,以达到提高教学效果的一种教学方式。这种方式主题明确,条理清楚,探讨深入,能充分调动学员的积极性、创造性。

第二章 教学班次

第一节 班次类别

一、主体班次

上海市社会主义学院的主体班次是指由中共上海市委统战部与学院联合发文的,市社会主义学院分别与市委统战部、民主党派市委、市工商联、统战系统其他单位联合举办的党外人士、统战干部进修班、培训班、专题研讨班。其中党外人士班涵盖民主党派、无党派、民族、宗教、非公有制经济、港澳台海外六大领域代表人士的各类班次;统战干部班包括统战系统新进人员、科级干部、处级干部的各类班次。党外中青年干部培训班由中共上海市委组织部、市委统战部、市委党校联合招生,上海市社会主义学院参与办班有关工作。

【进修班(或读书班)】
学制为一个月至一个半月,主要对象为局、处级党内外干部,学习马克思主义基本理论(包括统一战线的理论与政策)。

【培训班】
学制为半个月至一个月,主要对象为党外中青年干部或统战机关干部,结合形势进行统战工作专业岗位知识的学习。

【研讨班(或学习班)】
学制为一周至两周,主要对象为统战系统的领导干部或后备干部,进行专题的理论与政策的学习或研讨。

【上海市社会主义学院2008—2012年工作规划】
2008年,《上海市社会主义学院2008—2012年工作规划》提出规范班次设置和学制如下:
党外中青年干部培训班,每年1期,学制45—90天;
民主党派中青年干部培训班,每年1期,学制15天;
各民主党派基层骨干培训班,每年8—12期,每期学制7天;
无党派人士学习班,每年1期,学制7天;
新社会阶层人士学习班,每年1期,学制7天;
区(县)统战部长学习班,每年1期,学制7天;
街道乡镇分管统战工作书记培训班,每年1期,学制7天;
统战干部理论进修班,每两年1期,学制35天;

统战系统中青年骨干培训班,每两年 1 期,学制 15 天;

青年统战干部培训班,每年 1 期,学制 7 天。

另外,配合上海市民族和宗教事务委员会,举办民族宗教代表人士读书班和民族宗教干部业务培训班;

配合上海市工商业联合会,举办非公经济人士研究班;

举办侨台界代表人士研修班和海外统战干部业务培训班;

根据形势需要和中共上海市委、市委统战部的要求,承担专题轮(培)训。

二、委托班次

主要是承接举办中央社会主义学院、外省市或上海区(县)统战系统委托的各类培训班次。委托班次的学制由委托单位确定。

第二节　办班操作规程

一、准备阶段

【任务确定】

每年年初,学院召集办班协商会,与市委统战部有关处室和各民主党派市委、市工商联组织部就培训需求和办班要求进行沟通,听取对新一年度教学工作的意见,包括班次类别、办班目的、基本任务、学员对象、学制长短、课程设计、经费预算等。在充分听取各联办单位意见和建议的基础上,教务处统筹制订全年办班计划,并按照不同类型的班次和计划确定班主任等,并报经院长办公会议确定后组织实施。

【计划制订】

教学计划。明确课程及内容,聘请教师,落实教材和学习资料,确定授课教室、讨论场所、考察去向,完成教学计划和日程安排。

招生计划。确定招生人数和落实单位及学员名单,起草并发出入学通知书。

经费预算计划。制订本班的各项经费预算,并准备好支付教师的讲课费和根据需要预领办班经费。

【后勤准备】

学习资料的准备、装袋;联系落实考察项目及地点,协助后勤部门安排好教室、餐饮和车辆使用。

【人员组织】

对确定的教师发出授课通知,明确日期、地点、内容和报酬。

对报名参加学习的学员,要组建班委,确定分组名单,在开学时予以公布。

落实出席开学典礼和结业典礼的领导名单。

二、办班阶段

【开学初期】
注册(签到)。领发学习材料。
开学典礼。做好领导、班主任、学员代表的发言准备。
班委会议,研究班级工作计划,召开好第一次全班会议(自我介绍、见会面)。
公布教学日程安排,宣布学习纪律。做好教师的联系工作。

【学习中期】
通过授课、专题辅导、自学文件,要求学员做好读书笔记,积极思考,联系实际,参与研讨。
组织好学员自学、讨论、研讨、交流、座谈,及时反映学员的思想动态。
组织好学习参观、社会考察活动。

【办班后期】
组织学员做好学习小结,并收交学习小结。
收交学员登记表,并编印学员通讯录。
结业证书的准备与颁发,组织好结业合影。
结业典礼。落实好时间、地点和发言人。

三、结束阶段

做好办班小结,编写办班动态简报,送领导审阅。
做好经费结算工作。
建立办班资料卡片,整理办班的档案资料,归档入库。

第三节　班　级　管　理

一、班委会

上海市社会主义学院的各类班次,均通过民主程序产生班委会,实施自我管理。在办班过程中,所有重大问题和做法,都由班委会充分征求学员意见,集体作出决策。班委会负责主持学员见面会、学员联谊会、小组讨论和大组交流;负责自办黑板报和培训班简讯;组织学员讨论、商量、联系参观考察单位。

二、班主任

上海市社会主义学院的各类班次,均设有班主任。班主任的职责是,协助联办单位做好招生工作;负责学员的学籍管理,承办学员入册登记、请假、考核、奖惩、结业等手续;做好各类班次班委会的建立工作;制订适合培训工作新特点的管理模式和工作程序,深入观察和了解学员思想动态;建立学员培训考核指标体系,完善各项考核制度,及时向学员选送单位通报学员学习培训考核情况,为学员选送单位选拔任用干部提供参考依据。

第四节　培训班次

一、1959—1965年培训班次

1959年2月至1965年7月(其中1960年因扩建校舍暂停办学一年),共举办9期学习班,根据学员名单统计,共培训学员2 980人次。但是,1964年2月25日学院撰写的《上海市社会主义学院五年来工作的基本总结(初稿)》载明,1959年2月至1964年2月,学院共办6期培训班,学员共1 912人。同期实有学员名单1 983人。1984年9月10日中共上海市委统战部办公室编印的第50期《统战简报》和1985年11月11日学院编写的《关于上海市社会主义学院组织史资料》表明,1959—1965年学院共培训学员2 930人。1994年10月学院办公室编印的《上海市社会主义学院历史简况(1958年—1994年)》和1997年学院编印的《上海市社会主义学院院志(1958年—1997年)》注明,1959—1965年学院共培训学员2 939人。

1959年2月22日,第1期学习班开学,7月19日结业,学员424人。第2期学习班于1959年9月13日开学,1960年1月24日结业,学员345人。参加这两期学习班的主要是工商界和知识界代表人士。这两期学习班着重学习党的社会主义建设总路线和毛泽东的三篇哲学著作(《实践论》《矛盾论》《关于正确处理人民内部矛盾的问题》)。

第3期学习班于1961年5月16日开学,9月15日结业,学员320人。第4期学习班于1961年10月16日开学,1962年1月30日结业,学员254人。这两期学习班都以学习《毛泽东选集》第四卷为主要内容,结合学习党的八届九中全会公报等有关文件。

第5期学习班举办的时间为1963年4月2日至7月28日。从这一期开始,华东六省也选送学员到学院学习。第5期共有学员309人,其中华东六省学员29人。第6期学习班举办的时间为1963年10月26日至1964年2月2日,共有学员331人,其中华东六省学员72人。这两期学习班的教学任务主要是组织学员深入学习中共八届十中全会公报,并结合学习马克思列宁主义、毛泽东的著作。

第7期学习班于1964年3月7日至7月20日举办,共有学员358人,其中华东六省学员123人。第8期学习班于1964年9月19日至1965年1月18日举办,共有学员311人,其中华东六省学员127人。第9期学习班于1965年3月1日至7月20日举办,共有学员328人,其中华东六省学员154人。这三期学习班的教学任务是以学习关于社会主义社会的阶级、阶级矛盾、阶级斗争的理论为中心内容,着重学习有关的毛泽东著作和中共中央的文件等。

二、1984—1996年培训班次

1984年至1996年底,学院在保定路校区和镇宁路校区办班,共举办不同类型的班次127期,培训学员3 764人次。

主要班次为民主党派(党外)中青年干部培训班,学员是民主党派和无党派中青年干部,学习时

间有长有短,长的4个半月,短的2个星期,一般为1个月左右。组织学员学习马克思列宁主义、毛泽东思想,主要内容是学习邓小平建设有中国特色社会主义理论以及统一战线的理论和政策,并进行统战工作或民主党派工作的研讨。同时紧密结合形势,围绕党的中心工作组织学习。

与各民主党派联办民主党派基层干部学习班,目的是提高民主党派基层干部的素质及参政议政能力。

举办的统战干部进修班分为三个层次:统战系统处级干部进修班、统战系统市级机关科以下干部岗位知识培训班、与区社会主义学院联办的区统战干部岗位培训班等。这类班的学制一般为1个月左右,学习内容重点是统一战线的理论、历史、方针、政策和专业知识。

举办专题研讨班,如"一国两制"专题研讨班、社会主义理论研讨班、宗教干部研讨班、市区社会主义学院工作研讨班、对外联络干部研讨班、贯彻中共中央19号文件研讨班、开放城市统战工作研讨班等。

三、1997—2002年培训班次

从1997年至2002年,学院在陕西北路校区办班,共举办各类培训班102期,培训学员4 014人次。

1997年,举办第1期宗教界人士学习班,举办部分民主党派新进市委委员学习班等。

1998年,上海市和江苏省第一次在江苏省联合举办民主党派中青年骨干培训班,还与市委统战部、云南省委统战部联合举办云南省统战部长学习班。全年除常规的班次外,还举办宗教界人士学习班、非公有制经济代表人士学习班、高校统战领导干部研讨班,举办汽车集团公司统战干部培训班等。在举办的大型企业统战部长班中,还吸收工业系统的6所党校和1个培训中心的校长(教师)参加学习。

1999年,联合举办河北省民主党派机关处级干部培训班,举办第9期统战系统处级干部进修班、3期党外中青年干部培训班、第3期宗教界人士学习班。与市委统战部联合举办民主党派工作干部学习班,这是上海市社会主义学院第一次办这种类型的班,属于专业培训性质。

2000年,帮助上海市委、办、局、大口培训统战干部。应致公党福建省委要求,举办致公党福建省骨干党员培训班。

2001年,首次承担2期中央统战部赴港培训班的行前培训。举办的党外常委班实行易地办班。

2002年,首次举办的2期民主党派新任市委委员培训班,是上海市社会主义学院在针对党派换届和组织几个党派联合办班的一次探索和尝试。举办1期市、区社会主义学院工作研讨班和第1期市区社会主义学院干部、教师赴港培训班。与中共上海市委统战部、市工商联共同举办1期区(县)工商联领导培训班。

四、2003—2008年培训班次

2003年至2008年,上海市社会主义学院暂借天等路465号上海新侨职业技术学院办公,同时根据班次类别等情况,每次临时租借场地办班,共举办各类培训班121期,培训学员5 283人次。

2003年,举办3期新任人大代表、政协委员培训班和1期党外中青年干部培训班。

2004年,举办新任党外市人大代表、政协委员培训班3期。举办民主党派中青年干部培训班1

期。与各民主党派市委联合举办民主党派中青年骨干培训班及读书班。与香港沪港经济协会联合组织知名人士后代的夏令营活动。举办统战干部理论进修班以及区(县)党外人士和街道乡镇分管书记培训班各1期。中央统战部举办的赴港班,由上海市社会主义学院进行行前培训。举办第9期统战系统青年干部培训班。

2005年,承办市委统战部重点班7期,自办培训班、研讨班6期,承办8个民主党派市委的培训班、读书班、研讨班13期,承办中央统战部赴港培训班和海协会台湾大学生中华文化研习营各1期。

2006年,举办党内统战干部班8期、党外干部培训18期。

2007年,举办20期民主党派和无党派人士各类培训班。围绕换届,举办民主党派新任市委委员学习班、区(县)民主党派主委研讨班、党外中青年干部培训班和无党派人士学习班等。首次举办区县常委、统战部长学习班。

2008年,与市委统战部联合举办的培训班有8期及学习第20次全国统战工作会议精神系列讲座,与各民主党派市委联合举办中青年骨干培训班与市委委员学习班等各类培训班共计15期。与崇明县委统战部、青浦区委统战部联合举办培训班3期。为外省市统战部举办培训班,如浙江省台州市党外干部培训班、台州市黄岩区党外干部培训班,天津市无党派代表人士研讨班共3期以及第3期西藏县级统战部部长培训班。自办市区社会主义学院工作研讨培训班1期。

五、2009—2010年培训班次

2009年1月,上海市社会主义学院搬迁到天等路469号办公办学。2009—2010年,举办培训班次66期,培训学员2 685人次。

2009年,举办培训班36期,培训学员1 581人次。培训址包括市委统战部重点班、各民主党派及统战团体班、市区联办班以及兄弟省市衔接班四种类型。

2010年,举办培训班30期,培训学员1 434人次。首次为香港工商界人士举办经济研究高级课程培训班。举办宗教界人士培训班,是《宗教活动场所财务管理办法(试行)》施行以来上海市社会主义学院首次举办的针对宗教界人士的相关专业知识培训班。承担中央社会主义学院第23期民主党派干部培训班在上海的教学任务,为浙江、安徽、湖北等省市组织的党外干部、非公经济人士来沪办学提供教学安排。帮助奉贤区、嘉定区、崇明县、青浦区等区(县)举办培训班。

表2-2-1 上海市社会主义学院学员名单不详的培训班次一览表

班 次 名 称	培训人次	培训时间
各区(县)统战干部对台工作专题研究班	24	1987.11.9—15
市统战系统机关干部文书工作讲习班(第1期)	26	1988.6.13—22
民进第7期干部学习班	45	1988.8.18—20
社会主义初级阶段统一战线研讨班(与华东师大政教系联办)	—	1988.8.18—31
统战干部岗位培训班(与杨浦区社会主义学院联办)	73	1988.9.8—12.24

(续表)

班 次 名 称	培训人次	培 训 时 间
市统战系统文书讲习班(第2期)	23	1988.9.19—24
统战系统党员干部中国共产党领导的多党合作研讨班	22	1989.2.27—3.2
市、区社会主义学院工作研讨班	17	1989.10.21—27
各民主党派、工商联领导成员贯彻中共中央〔1989〕14号文件学习班	42	1990.5.7—12
市统战系统机关干部专业知识岗位培训班	41	1990.6.4—30
市统战系统第2期干部专业岗位培训班	25	1990.11.26—12.29
党派、团体联络干部学习班	16	1990.12.10—15
部属机关党员干部学习社会主义理论轮训班(第1期)	23	1991.3.25—4.3
部属机关党员干部学习社会主义理论轮训班(第2期)	27	1991.4.8—17
九三学社市委宣传干部研讨班	41	1991.4.10—13
统战机关干部岗位培训班(第3期)	23	1991.4.15—5.20
部属机关党员干部学习社会主义理论轮训班(第3期)	33	1991.5.6—5.15
农工党市委基层干部研究班	24	1991.5.17—18
民盟市委基层干部研讨班(第1期)	43	1991.6.7—8
民建市委基层干部研讨班(第2期)	37	1991.6.28—29
农工党市委第2期机关干部学习班	21	1991.6.29—8.31
统战干部人事干部培训班	23	1991.10.7—9
支部书记党史学习培训班	—	1991.11.19
统一战线与发展科技生产力学习班	11	1991.11.25—12.1
各民主党派中青年干部社会主义理论研讨班(第2期)	27	1991.11.28—12.7
市统战机关干部岗位培训班(第4期)	32	1991.12.23—1992.1.25
统战部干部党史自学班	—	1992.1.6—8
市政协党史自学班	—	1992.2.20—22
市统战系统机关干部岗位培训班(第5期)	26	1992.3.7—4.10
区(县)经济统战干部培训班	20	1992.4.6—11
基层统战干部岗位培训班	27	—1992.4.16(近2年)
无党派中青年知识分子学习班	13	1992.6.15—19
南市区统战干部统战基本知识培训班	28	1992.10.6—(6天)
徐汇区第2期统战干部岗位培训班	54	1993.2.17—3.22
市统战系统机关干部岗位培训班(第6期)	15	1993.4.5—5.7
工业系统党外干部理论学习班	20	1993.6.14—20

(续表)

班 次 名 称	培训人次	培 训 时 间
海外统战联络干部培训班	15	1993.8.30—9.14
市统战系统机关干部岗位培训班(第7期)	26	1993.9.13—10.16
第2期党外副区(县)长研讨班	18	1993.11.8—13
上海市社会主义学院全体党员及科以上干部学习《邓小平文选》第三卷读书班	—	1993.11.29—12.3
市级机关处级干部读书班	75	1994.3.14—4.2
嘉定区基层统战干部培训班	50	1994.3.22—24
计算机应用技术班	—	1994.4.1—
非党知识分子培训班	11	1994.5.12—19
民建市委学习《邓小平文选》第三卷读书班	42	1994.5.30—6.4
民主党派基层干部学习班(与嘉定区社会主义学院联办)	55	1994.7.11—(6天)
市、区社会主义学院工作研讨班	10	1994.11.15—28
第3期电子计算机应用能力班(与上海大学国际商学院计算机系联办)	—	1995.2.27
第2期处级干部读书班	—	1995.3.20—
机关应用文写作班	—	1995.4.19—(1周)
大型企业统战部长研讨班	48	1995.5.9—13
第2期机关应用文写作班	—	1995.7.10—13
第4期机关应用文写作班	—	1995.10.19—(4天)
统战系统处级干部读书班(第一批)	—	1996.3.11—(1周)
统战系统处级干部读书班(第二批)	—	1996.3.18—(1周)
嘉定区统战干部培训班	24	1996.3.27—
第12期民主党派中青年干部培训班	45	1996.9.5—10.12
在沪台籍中共党员对台政策学习班	23	1996.12.2—6
公务员基本知识培训班(分三批)	—	1997.3.12—
嘉定区统战干部培训班	20	1997.3.19—28
九三学社地区正、副主委研讨班	38	1997.5.7—10
新进公务员培训班(一)	—	1997.11.3—7
新进公务员培训班(二)	—	1997.11.17—21
统战部机关党委信息员培训班	—	1998.3.12—
统战干部培训班(与汽车工业公司联办)	38	1998.3.16—(5天)
统战系统公务员培训班(科级)	52	1998.10.19—(1周)

(续表)

班 次 名 称	培训人次	培 训 时 间
新任公务员培训班	—	1998.11.23
市高校统战领导干部培训班	28	1998.12.1—3
统战干部培训班(与青浦县委统战部联办)	—	1999.3.2—
科级公务员培训班	—	1999.3.15
统战干部培训班(与汽车工业集团联办)	35	1999.3.22—23
统战干教干部培训班	28	1999.4.12—23
党派工作干部培训班	23	1999.5.3—21
农工党市委开展"三讲"学习研讨班	22	1999.5.18—21
上海市社会主义学院党政干部统一战线知识读本学习班	—	1999.7.9
非公有制经济代表人士培训班(第3期)	44	1999.11.4—6
统战系统青年干部培训班	25	1999.11.11—(2周)
统战理论专题研究班	—	1999.12.13—15
班主任工作培训班	—	2001.3.14—16
新进干部培训班(与市委统战部联办)	30	2001.8.31—(5天)
统战干部培训班(与松江区委统战部联办)	44	2002.4.3—(3天)
街道分管统战工作党委书记培训班	79	2002.4.10—(3天)
第1期市、区社会主义学院赴港培训班	20	2002.6.3—16
民革第18期中青年干部读书班	25	2002.8.12—18
统战系统人事干部培训班	31	2002.11.11—12
统战系统青年干部培训班	35	2002.12.10—(5天)
统战系统青年干部培训班	—	2003.11.11
台盟第16期青年干部培训班	—	2003.11.13
市、区社会主义学院贯彻全国社院工作会议精神研讨班	—	2004.3.18
学习贯彻《行政许可法》第一期培训班	—	2004.3.24—
学习贯彻《行政许可法》第二期培训班	—	2004.3.29—
第9期统战系统青年干部培训班	47	2004.11.8—(10天)
第2期市、区社会主义学院赴港培训班	13	2004.11.22—(10天)
上海市社会主义学院公务员过渡学习培训班	—	2005.3.24—
第3期市、区社会主义学院赴港培训班	11	2005.7.25—(10天)
市、区社会主义学院工作研讨班	17	2005.8.15—
第5期社区统战工作学习班	—	2006.4.6—13

(续表)

班 次 名 称	培训人次	培 训 时 间
统战系统组织人事干部培训班	—	2006.4.10—17
市、区社会主义学院工作研讨班	—	2006.7.26—
崇明县统战干部培训班	—	2007.4.23—
青浦区统战干部培训班	—	2007.5.22—
统战处级干部培训班	—	2007.11.6—
第10期统战青年干部培训班	—	2007.12.3—7
第11期统战青年干部培训班	—	2008.4.21—
农工党区(县)专职干部培训班	—	2008.5.29—
统战系统领导干部培训班	—	2008.6.24—26
卢湾区各民主党派领导班子学习研讨班	—	2008
虹口区民主党派骨干培训班	—	2008
市宗教界人士培训班	—	2009.12.14—18
市、区社会主义学院社会主义核心价值体系教学研讨班	—	2010.3.1—
奉贤区统战干部培训班	—	2010.3.1—
青浦区统战干部培训班	—	2010.3.1—
崇明县党外干部社会主义核心价值体系专题培训班	—	2010.4.28—29
嘉定区社区统战干部培训班	—	2010.9.1—
香港经济研究高级课程班	—	2010.9.10—13
农工党奉贤区树立和践行社会主义核心价值体系研讨班	—	2010.11.5—6

第五节　学历教育与知识技能培训

一、学历教育

【大专班】

经上海市高等教育局批准,1986年9月至1988年7月,上海市社会主义学院与上海师范大学政教系联合举办党政干部专修班(大专班),学员43人,学制2年。开设政治理论、科学文化基础、专业基础等22门课程,学员学完教学计划规定的课程,经考试合格,取得大专毕业证书。

【专业证书班】

1990年春,上海市社会主义学院与上海交通大学合办专业证书班,学员大部分是基层统战干部,主要学习统一战线的理论、方针、政策。经过近两年的业余学习,至1992年4月,有27位学员结业。

【研究生进修班】

上海市社会主义学院同华东师范大学研究生院联合举办中共党史专业(统一战线方向)硕士研究生课程进修班,学制2年,1995年10月开学,1997年10月结业。共有学员20人。在通过国家规定的课程考试和学位论文答辩后,取得结业证书。学员来自全市统战系统各单位,通过组织推荐、面试和笔试,根据考核成绩,参考工作业绩与有关科研成果,择优录取,平均年龄37.5岁。课程有"中共党史专题讲座""中国共产党经典文献选读""邓小平建设有中国特色社会主义理论""马克思主义统战基本原理""中国共产党统一战线史""中国政党史""中国民主党派史""中国近代政治思想史""台港澳问题主题研究"。结业论文发表在《上海统战理论研究》1987年第3期《统一战线研究员课程进修班学员论文专辑》上。

二、知识技能培训

1994年,上海市社会主义学院与中共上海市委组织部联合举办干部英语基础班和初级班。1995年,继续与市委组织部联合举办市统战系统内干部基础英语班。

1995年,上海市社会主义学院与上海市人事局、上海市干部教育中心联合举办4期市统战系统公务员机关应用文写作班。

1997年,上海市社会主义学院与中共上海市委统战部联合举办3期公务员基础知识培训班(第1期处长班115人,第2期科级及科以下干部班120人,第3期科级及科以下干部班120人)、2期新进公务员培训班。

1998年,接受中共上海市委统战部委托,上海市社会主义学院举办统一战线系统第3期新任公务员专业培训班。上海市社会主义学院会同上海第二工业大学计算机系举办市统战系统办公自动化电脑学习班。

1999年,接受中共上海市委统战部委托,上海市社会主义学院举办第2期国家机关公务员任职培训班,经考试合格者,发给上海市公务员任职培训合格证书。

2000年,上海市社会主义学院对统战部门新任公务员进行统战专业培训,经考试合格者,发给上海市统一战线干部专业培训合格证书。

2001年,接受中共上海市委统战部委托,上海市社会主义学院开办3期国家公务员英语300句强化训练班。

2002年,上海市社会主义学院与中共上海市委统战部联合举办第2期信息技术应用基础培训班。自2002年起,上海市社会主义学院连续四年分批举办5期统战系统公务员依法行政与WTO基本知识专题培训班,培训对象为统战系统党政机关公务员和参照公务员制度管理单位中的处级干部和处级以下干部。考试合格者,颁发合格证书,作为公务员年度审核、任职、定级和晋升职务的依据之一。

2004年,上海市社会主义学院举办统战系统公务员电子政务培训班。

2005年,此类知识技能培训停止。

第三章 中华文化讲座与研习

第一节 专题讲座

1992年,学院配合国内外形势发展及重大事件,及时组织社会热点问题讲座,参加对象为市统战系统及社会各界的干部、教师。

1992年9月,举办台情讲座,邀请访台归来的上海市人民代表大会常务委员会副主任、民盟市委主委、著名遗传学家谈家桢作访台报告,同时放映访台幻灯片。讲座中还放映有关台情资料片。邀请上海市人民政府台湾事务办公室(以下简称市台办)副主任张志群等作"对台方针政策和海峡两岸经济、文化交流情况"的报告。11月9—13日举办学习中共十四大文件专题讲座,邀请中共十四大代表、市委统战部部长赵定玉,市委宣传部副部长尹继佐,市政协常委、上海工业大学教授唐齐千,上海市社会主义学院副院长刘凤瑞,市外事办公室主任徐兆春,作学习中共十四大文件专题辅导报告。上海市各级党政机关、企事业单位、各级工会干部、大中专院校、各级党校干校等近1 000家单位有关人员参加。

1993年,举办3讲海外统战讲座。

1994年,举办台港澳专题讲座,并增加反腐倡廉的内容,邀请致公党市委副主委、上海市检察院副检察长俞云波给学员讲"当前开展反腐败斗争的意义与现状"。

1995年,举行访台见闻系列讲座。市台办主任张志群、台盟上海市委顾问郭炤烈、上海大学教授徐君文等应邀作报告。

1996年,举办加强精神文明建设专题讲座,统战系统及区社会主义学院、高校等有关部门负责人、教师120人参加听讲。市委宣传部副部长尹继佐、市文化局党委副书记杨益萍、上海社科院研究员陆震、上海交通大学教授陈章亮作报告。

1997年5月,面向社会,面向统一战线系统各界人士,举办香港回归与"一国两制"专题系列讲座。结合深入学习江泽民"5·29"讲话和中共十五大精神,邀请《文汇报》理论部主任周锦蔚,上海社科院研究员陶友之、市委党校副教授冷鹤鸣、上海市哲学学会会长陈章亮等专家作中共十五大精神系列主题讲座。举办处级干部学习邓小平理论及新时期统战理论讲座。

1998年,举办时事政治热点讲座,邀请上海社科院台湾问题研究所所长章念驰作"台湾岛内政局动向及发展趋势"的报告,上海国际战略问题研究会副会长吕蓬作"东南亚金融风波由来及对世界影响"的报告。举办时事热点讲座,邀请上海国际问题研究中心秘书长、上海社科院欧亚研究所所长潘光作"中美关系与国际形势"的报告。举办学习邓小平新时期统一战线重要文献辅导讲座,邀请上海哲学学会会长陈章亮作邓小平理论专题报告。

1999年,邀请上海社科院欧亚研究所所长潘光作"中美关系与科索沃问题"的报告,市委研究室主任严海龙作"当前大中型企业改革中的难点和热点问题"的报告,上海外贸学院教授王新奎作"关于加入WTO问题"的报告,上海社科院亚太研究所副所长王少普作"关于澳门回归问题"的报告。

2000年,邀请上海WTO中心副主任许自强作"加入WTO及其对策"的报告,同济大学教授蔡建国作"台湾问题与中日关系"的报告。

2001年,邀请复旦大学教授吴心伯作"美国当前形势与中美关系"的报告。

2002年4月,邀请2010年上海世博会申办工作领导小组办公室副主任、市人民政府侨务办公室副主任黄耀诚作"申博与上海发展"的报告。5月,邀请中国新闻学院研究部教授沈如钢作"小布什上台后的中美关系"的报告,市政府发展研究中心副主任于申作"加入WTO后,政府与企业如何对应"的报告。7月,邀请市政协常委、致公党市委副主委、同济大学亚太研究中心主任蔡建国作"中日关系的回顾与展望——纪念中日邦交正常化三十周年"的报告。11月,邀请民进中央副主席、上海大学社会学系主任邓伟志作"家庭的建设与变革"的报告,民革上海市委副主委、复旦大学中国历史地理研究所所长葛剑雄作"移民与上海的历史变迁"的报告。

2003年1月,邀请上海社科院社会学研究所所长卢汉龙作"小康社会与中国现代化建设"的报告。4月,邀请上海社科院欧亚所所长潘光作"从伊拉克战争透视当前国际形势"的报告。11月,邀请全国政协常委、上海大学社会学系主任邓伟志作"社会与教育"的报告,市政协委员、复旦大学中国历史地理研究所所长葛剑雄作"从非洲看历史文明"的报告。

2004年,邀请上海台湾研究所副所长章念驰作"当前的两岸关系"的报告。

2005—2010年,此类专题讲座停止。

第二节　系列讲座

1998—2000年,学院举办两轮中华文化系列讲座,邀请名人讲文化,寓爱国主义教育与社会主义教育于中华文化教育中。

表2-3-1　1998—2000年上海市社会主义学院中华文化系列讲座情况表

时　间	主　题	主　讲　人
1998.6.29	地理疆域与中华文化	复旦大学中国历史地理研究所所长葛剑雄
1998.7.15	电影与中华文化	电影导演谢晋
1998.9.30	中华传统文化与民族音乐	上海音乐学院教授何占豪
1998.10.28	中华女性新文化意识	上海有线电视台节目主持人林华
1998.11.25	茶文化	上海社科院教授刘修平
1999.1.5	中华文化与爱国主义	上海戏剧学院教授余秋雨
1999.11.30	源远流长的中华文化	复旦大学历史系教授顾晓鸣
1999.12.28	宗教文化	上海社科院宗教研究所所长业露华
2000.1.18	戏剧与传统文化	上海越剧院院长龙伯鑫
2000.3.21	民歌史	上海音乐学院歌唱家杨学进
2000.5.30	世纪之交的中国文学	全国作家协会副主席叶辛
2000.6.27	网络时代中西文化交流的机遇	节目主持人杨澜
2000.12.5	电影产业、电影文化	中共中央候补委员、电影导演吴贻弓

第三节　中华文化研习

一、上海中华文化七日营

2004年8月8—15日，上海海外联谊会、上海市社会主义学院与香港沪港经济发展协会联合举办第一届上海中华文化七日营。营员都是在海外上学的青年学生，其中部分是市政协委员和市海外联谊会理事会的子女。七日营活动包括游览上海和杭州部分历史文化景点，参观上海改革开放的新成果——浦东新区，听取中华文化的若干课程。

中共上海市委统战部副部长金闽珠，上海市社会主义学院副院长张颖、彭镇秋，香港沪港经济发展协会副会长刘铁成，出席上海中华文化七日营闭幕式。

二、台湾青年中华文化研习营

受海峡两岸关系协会（以下简称"海协会"）委托，上海市社会主义学院承办2005年台湾青年中华文化研习营。研习营于2005年7月21—29日在上海举办，来自台湾中国文化大学、东海大学、静宜大学、逢甲大学、台北医学大学、台中师范学院等院校的75名大学生、硕士生和博士生参加了研习营活动。

7月22日，举行开营仪式。张颖副院长致欢迎词，国务院台湾事务办公室副处长张久营代表海协会致词。研习营旨在让台湾大学生了解中华文化、了解上海、了解大陆的经济社会发展情况。研习营举办了三场报告：由彭镇秋副院长主讲"上海经济社会的发展"，由复旦大学教授葛剑雄主讲"从移民史看上海的历史变迁"，由上海世博会协调局副局长周汉民主讲"世博会与上海新一轮发展"。另外还组织营员参观、观赏、讲座、联欢。7月28日举行闭营式。

三、"走近上海，体验世博"香港青年培训班

2010年8月16—21日，上海市社会主义学院举办由港九劳工社团联会委托的"走近上海，体验世博"香港青年培训班，学员是来自香港、海外高中或大学的35名青年学生。培训班内容包括参观中共"一大"会址纪念馆、宋庆龄故居等6个考察点，观摩1次大型中华文化展演，听取"世博与文明""世博与上海发展"2场专题报告，实地游览世博园区，参观考察教学基地上海通用汽车公司。

第四节　放映资料片

自1992年11月—2002年，上海市社会主义学院每月面向有关部门和单位人员，播放一次由国务院台湾事务办公室、上海市人民政府台湾事务办公室等部门向上海市社会主义学院提供的国际、国情、台情内部资料片，供内部学习使用。

第四章 对区(县)社院的业务指导

第一节 区(县)社院概况

一、浦东新区社会主义学院

浦东新区社会主义学院成立于1998年,在中共浦东区委党校增挂"上海市浦东新区社会主义学院"的牌子,地址位于浦东新区巨野路219号。区委党校增加人员编制2名,专用于社会主义学院工作。1999年10月,浦东新区社会主义学院从党校剥离,2名人员编制划归浦东新区工商联。2008年,明确浦东新区社院人员编制8名,列入参照公务员法管理范围。2009年4月,原南汇区划入浦东新区,原南汇区社会主义学院并入浦东新区社会主义学院。原南汇区社会主义学院于2002年9月成立,初期人员编制3名,2008年明确为8名。两院合并后,确定人员编制16名,院长1名(区委统战部部长兼),常务副院长1名(区委统战部副部长兼),副院长2名,内设办公室、教务科、研究室。2010年中共浦东新区区委党校搬至张东路988号,浦东新区社会主义学院亦迁至新址。

浦东新区社会主义学院每年举办各类培训班大约60期,培训学员3 000余人次。

二、徐汇区社会主义学院

徐汇区社会主义学院1960年建院,"文化大革命"期间停办。1986年1月复院。为参照公务员法管理的正处级事业单位,内设办公室和教务科,人员编制8个。2010年实有在编人员5人。复院后,学院位于淮海中路1413号三楼,1996年迁入乌鲁木齐南路218号。

徐汇区社会主义学院设有院务咨询委员会。院务咨询委会成员由中共徐汇区委统战部部长、分管社院的副部长、区政协秘书长、8个党派分管学习调研的副主委、工商联副主席及无党派代表组成。从复院至2010年底,共举办各类学习班、培训班、研讨班、读书班224期,学员11 442人。1999年,徐汇区社会主义学院获"上海市统一战线干部教育工作先进集体"称号。徐汇区社会主义学院提交的《对区政协界别组成情况和委员遴选的调研分析及建议》《关于上海市徐汇区少数民族高级专业人才的调研报告》《民主党派树立和践行社会主义核心价值体系的途径探索》的调研报告被中共上海市委统战部分别于2002、2005、2010年评为上海市统战调研文章一等奖。

1991年8月,徐汇区统战理论研究会成立。研究会日常工作由徐汇区社会主义学院承担。

三、长宁区社会主义学院

长宁区社会主义学院于1988年9月成立,院址位于长宁区江苏路888号。1992年10月,中共长宁区委决定,长宁区社会主义学院与中共长宁区委统战部合署办公,社会主义学院干部分别被安排到统战部各科室的岗位上。建院初期,学院内设办公室,2001年4月增设教务科,2008年6月改设为教务科、研究室两个部门。2008年确定为参照《中华人民共和国公务员法》管理的事业单位，机构级别为相当于正处级，人员编制为8名，正科级领导职数2名，科级非领导职数1名。

长宁区社会主义学院主要负责组织各民主党派、无党派人士和统一战线其他方面代表人士进行政治培训和能力培训。负责对区属统一战线系统的干部进行岗位培训，提高统战干部的政策理论水平和业务能力。承担本区委办局、街道（镇）党委分管统战工作的领导干部的统一战线理论、方针、政策的轮训任务。围绕党的统一战线中心任务和区委重要部署，开展统战宣传、统战理论与工作实践的研究工作。

四、静安区社会主义学院

静安区社会主义学院建立于1960年初。"文化大革命"期间停办。1985年12月复院，实行院长负责制。1987年1月，事业人员编制2名。2008年6月，确定为参照公务员法管理的事业单位，机构级别相当于正处级，设1个科室，参照公务员法管理的人员编制5名，职工编制4名，其中，部门领导职数1名，内设科室领导职数1名。1987年11月成立院务委员会作为咨询机构。

建院初期，学院位于康定路759号。1995年，从康定路759号搬迁至康定路751弄2号401室。1999年，搬迁至胶州路358弄1号104室。2009年9月，搬迁至康定路950弄50号A504室。

静安区社会主义学院从1985年复院至2010年，共举办各类培训班、研讨班244期，培训学员约13 500人次；自2007年开设"社院大讲坛"至2010年，共举办讲座30期，听众近3 500人次。2004年，静安区社会主义学院与中共静安区委统战部联合撰写的《关于两新组织中民主党派组织发展问题的调查报告》获得中共上海市委统战部优秀调研论文一等奖。

五、普陀区社会主义学院

普陀区社会主义学院成立于1959年7月，设教务室、办公室。"文化大革命"期间停办。1984年10月复院。2007年3月，确定为参照公务员法管理的事业单位，机构级别为正处级，人员编制6名，内设教务科、调研科。2009年，人员编制增加为8名。院址位于上海市大渡河路1668号。

普陀区社会主义学院自2000年起每季度编印《理论学习资料》，作为区统战系统内部辅助性学习资料。2003年成立全区各街道、镇社会主义学院社区分院，2006年成立区新的社会阶层分院，2007年分别成立区教育系统分院和卫生系统分院，2008年和2009年分别成立各民主党派区委分院和侨联分院，2010年有分院20个。2001年，普陀区社会主义学院撰写的调研报告《加强党外干部思想政治教育和培训》获得上海市统战理论研究优秀成果三等奖。2003年，普陀区社会主义学院被上海市委统战部评为"上海市统一战线培训工作先进集体"。2006年，普陀区社会主义学院被普陀区干部教育工作领导小组评为普陀区2001—2005年干部教育培训工作先进集体。2009年，普陀区委统战部、区社会主义学院撰写的《延伸手臂，统战教育培训向基层延伸的探索与实践》一文被上海市委统战部评为2008年度上海市统战调查研究和理论研究优秀成果三等奖。

六、卢湾区社会主义学院

卢湾区社会主义学院创建于1960年，其前身是卢湾区工商界政治学校。建校初期校址在青浦朱家角镇万隆畜牧场内,后迁到卢湾区思南路35号。学校是在我国社会主义改造基本完成后,为适应工商界人士、无党派人士和民主党派成员学习马列主义、毛泽东思想,进行自我教育的需要而创办的。其间共举办8期学习班,学员2 000余人次。1966年"文化大革命"开始后,学院被迫停办。中共十一届三中全会以后,根据中共中央和市委的要求,中共卢湾区委于1987年7月作出复办卢湾区社会主义学院的决定。同年9月21日,卢湾区社会主义学院举办了复院后第1期学习班。自1987年复院至2010年底,共计办班218期,培训学员9 816人次。

七、黄浦区社会主义学院

黄浦区社会主义学院于2000年在原南市区社会主义学院和原黄浦区社会主义学院的基础上合并而成。原南市区社会主义学院于1960年建立,1968年停办,1988年12月复院。复院时,人员编制为3名事业编制,1991年4月增加2名,1991年7月增加1名,总共6名。原黄浦区社会主义学院成立于1959年,"文化大革命"期间停办,1986年3月复院。1988年,人员编制6名,1990年增加到8名。

2002年,黄浦区社会主义学院设办公室和教务科,人员编制10名,正副科级领导职数4名。2008年,人员编制8名,院长(兼职)1名,副院长1名,正副科级领导职数2名。

2003年,黄浦区社会主义学院被评为"上海市统一战线培训工作先进集体"。2008年,黄浦区社会主义学院创建了市区社院首家"黄浦区社会主义学院网站"。

黄浦区社会主义学院位于上海市陆家浜路500号,教学用房500多平方米,与中共黄浦区委党校、黄浦区行政学院、黄浦区团校共享教学资源。

八、闸北区社会主义学院

闸北区社会主义学院成立于1958年11月8日。初创时,学院为非常设机构,根据需要举办培训班,无专职人员。"文化大革命"期间停办。1989年4月6日复院,确定事业人员编制2名。1991年4月,确定事业人员编制7名,其中科级职数2名。1992年8月,设1名专职副院长(副处级)负责日常工作。2008年8月,明确为中共闸北区委领导、参照《中华人民共和国公务员法》管理的事业单位,内设教务科、宣传研究科,参照公务员法管理的事业人员编制8名,其中设院长1名(兼)、副院长2名、科级领导职数2名,机构级别相当于正处级。

建院初期,闸北区社会主义学院位于宝山县封溪镇。复院时,与区政协一起办公,地址为浙江北路118号。1998年,与中共区委统战部合署办公,地址为大统路480号。2006年4月,与中共区委党校合署办公,地址为闻喜路251弄20号。

1958年11月至"文化大革命",闸北区社会主义学院先后举办学习班11期,培训学员2 789人次。1989—2010年,共举办各类研讨班、培训班280余期,培训学员近14 000人次。举办专题报告会50余场,听众近8 000人次。

2005年,《关于在新形势下重视和加强中青年律师工作的思考和对策——闸北区中青年律师队伍现状的调查报告》获上海市统战调查研究和理论研究优秀成果一等奖。2006年,《不夜城地区商务楼宇新社会阶层人士情况调查与思考》获上海市统战调查研究和理论研究优秀成果三等奖。2007年,《加强党的领导、激发社会活力,发挥统一战线在建设和谐新闸北中的优势和作用——关于"新阶段加强统一战线工作"的调研报告》获上海市统战调查研究和理论研究优秀成果优秀奖。2008年,《关于完善民主党派民主监督机制的思考与建议》获上海市统战调查研究和理论研究优秀成果二等奖。2009年,《关于加强民主党派区级组织内部监督的思考与建议》获上海市统战调查研究和理论研究优秀成果二等奖。2010年,《提高民主党派区级组织参政议政能力和水平的研究》获上海市统战调查研究和理论研究优秀成果二等奖。

九、虹口区社会主义学院

虹口区社会主义学院创建于1960年7月,名称为虹口区社会主义学校,设校务委员会,下设校务办公室,校址在溧阳路125号。"文化大革命"期间停办。1988年1月复校,更名为虹口区社会主义学院,院址为溧阳路125号。2011年3月,搬迁至欧阳路415号2号楼2楼,教学设施与区委党校资源共享。学院为参照公务员法管理的事业单位,编制为8人,内设办公室和教务科。教师主要聘请高校、科研院所著名专家学者和党政部门以及各民主党派区委的领导担任。

1991年4月,虹口区社会主义学院建立院务委员会,主任由中共虹口区委副书记兼任。2003年3月,院务委员会主任改由中共虹口区委常委、统战部长兼任。

虹口区社会主义学院始终坚持"社院姓社"的办学方向,坚持"开门办院、创新立院、学习强院、服务兴院、活动聚院"的理念。自复院至2010年底,共举办各类培训班236期,培训学员近10 000人次。1999年被中共上海市委统战部评为"上海市统一战线干部教育工作先进集体"。学院编撰《统战理论研究论文集》22集,编印《虹口统战理论学习》《虹口统战理论学习资料》。

十、杨浦区社会主义学院

杨浦区社会主义学院成立于1960年6月26日,前身是1956年底成立的工商界政治学校。建院初期,院长由中共区委书记或区长兼任,校务委员会由中共区委组织部、宣传部、统战部以及各民主党派区委负责人组成,设政治处、教育处、总务处,人员编制10名,属县团级单位。"文化大革命"期间停办。1985年6月复院。1988年确定人员编制6名。1990年,确定学院机构级别为相当处级,并成立院务咨询委员会。2008年7月,学院列入参照《中华人民共和国公务员法》管理范围,设1个职能科室(办公室),人员编制8名,设常务副院长1名,内设机构科级领导职数2名。学院坐落于杨浦区江浦路1515号。

杨浦区社会主义学开辟有"团结讲坛",编印有《杨浦区社会主义学院学报》,1999—2000年和2001—2002年连续两次被中共上海市委统战部评为"上海市统一战线干部教育工作先进集体";2003年,《关于民主党派成员培训工作调研》获中共中央统战部宣传办和《中央社会主义学院学报》征文三等奖。

十一、宝山区社会主义学院

宝山区社会主义学院成立于1990年7月4日,院址位于宝山区友谊路2299号。2008年11月,列入参照《中华人民共和国公务员法》管理范围,机构级别为相当于正处级,设有办公室,人员编制7名。其中,设常务副院长1名(院长由区委领导兼任)、副院长1名、正科级领导职数1名。

宝山区社会主义学院主要职责是：负责对宝山区各民主党派和无党派人士、党外知识分子、民族宗教界人士、非公有制经济人士、新的社会阶层人士、港澳台侨海外人士、党外代表人士进行政治培训和能力培训；负责对宝山区统一战线系统的干部进行岗位培训；配合有关部门对学员在学习期间的学习态度和表现，掌握政治理论、政策法规、业务知识、文化知识和技能的程度以及解决实际问题的能力进行考核考察，为组织人事部门培养、选拔、使用党外干部和统战工作干部提供参考意见；承担宝山区统战理论研究工作以及统战理论论文征集、编辑、出版工作；围绕区委重要部署和中心任务，开展统战理论以及相关课题的研究工作，为区委和区府的决策提供参考；负责宝山社会主义学院基层分院的工作指导等。

十二、闵行区社会主义学院

闵行区社会主义学院成立于1994年10月，机构级别为相当于正处级，内设教务科、理论研究室，人员编制8名，其中，设院长1名（兼）、副院长1名、正副科级领导职数2名。为参公事业单位，与中共闵行区委统战部合署办公。学院位于沪闵路6558号。至2010年12月，共举办各类班次80多期，培训学员近万余人次。2008年4月，《探索党的基层统战工作新路径》获中共上海市委统战部调研成果二等奖。

十三、嘉定区社会主义学院

嘉定区社会主义学院1993年12月28日成立，机构级别为相当于正处级，设2个职能科（室），人员编制8名。学院位于嘉定区塔城路228号。建院初期，院长由中共嘉定区委书记兼任；2002年4月，改由中共嘉定区委副书记兼任；2009年2月，又改由中共嘉定区委常委、区委统战部部长兼任。

十四、金山区社会主义学院

金山区社会主义学院于1998年7月15日成立。机构级别相当于正处级，内设综合管理科。人员编制4名，设院长1名（中共金山区委统战部领导兼任）、常务副院长1名、科级领导干部职数1名。设有院务委员会。院务委员会由院长、区政协秘书长和各党派区委主委、工商联副会长组成，重要工作由院务委员会讨论通过再实施。院址位于金山区卫零路809号。

十五、松江区社会主义学院

松江区社会主义学院于2003年8月4日成立，人员编制1名，内设教务处。学院挂牌于中共松江区委党校，与区委党校资源共享。设有院务委员会，院长兼任主任，副院长兼任副主任，成员由区委统战部各副部长、民主党派主委兼任。2008年，明确人员编制8名，设院长1名、副院长1名，内设教务科和办公室。学院每年举办10—25个培训班，并负责松江区统战理论研究会日常事务工作、编辑《松江统战》杂志、维护管理松江统战网。

2003年至2009年，学院位于松江区中山东路27号。2010年，位于松江区文诚路60号中共松江区委党校,但学院所有工作人员与区委统战部合署办公,地址在松江区谷阳北路3号。

十六、青浦区社会主义学院

青浦区社会主义学院成立于2002年8月8日,办公地址位于青浦区公园路100号,机构级别为相当正处级。内设办公室和教务科。人员编制8名,设院长1名(由中共青浦区委统战部部长兼任)、副院长1名、科长(主任)2名。

青浦区社会主义学院自成立至2010年12月,共举办培训班80余期,培训3000余人次;举办讲座(报告会)40余场,听讲人数达5000余人次。

十七、奉贤区社会主义学院

奉贤区社会主义学院于2002年12月13日成立,为正处级事业单位,内设办公室,核定人员编制5名,院长由中共奉贤区委统战部部长兼任,副院长1名,科室领导职数1名,地址位于奉贤区宏伟路24号(租借奉贤区工业总公司办公楼)。2008年列入参照公务员法管理范围,内设办公室、教务科,核定人员编制为8名,其中副处1名、正科2名、副主任科员1名。2009年搬迁到奉贤区南奉公路9503号。

自2002年至2010年,奉贤区社会主义学院共培训学员近5000人次,编辑《奉贤统战》90期,社院课题组承担的《区域统战工作服务民营经济转型的实践研究》获2010年上海市统战课题调研优秀成果二等奖。

十八、崇明县社会主义学院

崇明县社会主义学院成立于2010年4月,核定事业编制5名,设院长1名、副院长1名,下设办公室和教务科。机构性质为参照公务员法管理的事业单位,机构级别相当于副处级。2010年,举办培训班19个,培训学员1685人次。

第二节 业务指导机制

1959年4月和9月,上海市社会主义学院召开关于举办市、区(县)社会主义学院的现场会议,当时11个区(县)的人员到学院参观、学习、交流工作。

1984年复院后,各区(县)社会主义学院先后恢复或建立。2003年11月,中共中央统战部颁发的《社会主义学院工作暂行条例》指出,上级社会主义学院指导下级社会主义学院的业务工作。2004年6月23日,上海市召开社会主义学院工作会议。10月20日,中共上海市委统战部印发的《关于贯彻〈社会主义学院工作暂行条例〉的实施意见》提出,市社会主义学院要加强对各区社会主义学院的业务指导。为此,上海市社会主义学院定期召开市、区(县)社会主义学院工作例会,定期组织教学研讨和学习考察活动,不定期召开各区(县)社会主义学院领导会议,交流研究业务工作。此外,还以简报、统战资料摘编、院刊等作为载体,交流市、区(县)社会主义学院的工作信息。

一、交流研讨

【工作例会】

定期召开市、区(县)社会主义学院工作例会,组织教学研讨和学习考察活动,是上海市社会主义学院指导各区(县)社会主义学院业务工作的一种重要形式。

市、区(县)社会主义学院季度工作例会制度建立于1987年6月。每年聚会2—3次,内容着重于交流教务工作信息。1990年10月起,基本上每季度活动一次,由上海市社会主义学院牵头主持,各区(县)社会主义学院轮流举办。例会内容包括教务、教研交流,社会主义学院工作情况交流,有关会议精神交流,以及专题研讨。

【学习研讨】

1992年,组织市、区社会主义学院干部教师赴四川省社会主义学院、重庆市社会主义学院交流学习。

1995年10月,上海市社会主义学院与宝山区社会主义学院联合举办华东地区暨全国部分省、地、市社会主义学院工作研讨会。

1997年10月31日至11月1日,上海市社会主义学院举办市、区社会主义学院贯彻中共十五大精神学习研讨会。

2003年10月9日,上海市社会主义学院召开市、区社会主义学院工作研讨会,各区社会主义学院院长参加会议。

2004年3月10日,上海市社会主义学院与黄浦区社会主义学院联合召开"当前的两岸关系"报告会,邀请台湾研究所副所长章念驰作报告。18日,在黄浦区社会主义学院召开市、区社会主义学院贯彻全国社会主义学院工作会议精神研讨班。5月21日,召开市、区社会主义学院院长研讨班,学习《社会主义学院工作暂行条例》,讨论上海贯彻实施意见。

2005年8月15日,上海市社会主义学院举办市、区社会主义学院工作研讨班,赴中央社会主义学院、北京市社会主义学院和天津市社会主义学院交流考察。

2006年7月26日,市社会主义学院组织各区社会主义学院举办社会主义学院工作研讨班,学习第20次统战工作会议精神。

2007年9月,上海市社会主义学院首次组团、区社会主义学院参团出国访问,先后与莫斯科国立大学、圣彼得堡大学、斯德哥尔摩市政厅和斯德哥尔摩大学孔子学院进行座谈交流。

2008年3月3日,上海市社会主义学院举行市、区社会主义学院工作研讨班,18个区社会主义学院的领导和教学骨干及市社会主义学院各处室负责人共26名学员参加研讨班,研讨班为期4天。

2008年7月10日,在虹口区社会主义学院举办市、区两级社会主义学院联动发展研讨会。

2009年,组织区社会主义学院主持工作的副院长赴中央社会主义学院学习培训。

二、教学指导与协作

【教学研讨】

20世纪90年代初,上海市社会主义学院召开统一战线基本理论与政策教学研讨会,上海市各区社会主义学院参加研讨。

1997年6月,上海市社会主义学院举办部分省、市社会主义学院统战理论教学研讨会,上海市各区社会主义学院参与研讨。

2007年,举办市、区社会主义学院教学改革和教学评估工作专题研讨班。

2010年,举办市、区(县)社会主义学院社会主义核心价值体系教学研讨班,组织市、区(县)社会主义学院教学科研人员赴浙江省社会主义学院交流考察。

【联合办学】

区社会主义学院负责招生和学员管理,市社会主义学院组织教学。

2003年4月18日,上海市社会主义学院与金山区社会主义学院联合举办金山区民主党派干部培训班。

2007年,上海市社会主义学院联合中共青浦区委统战部和中共崇明县委统战部举办4期培训班。

2009年3月,上海市社会主义学院举办各区社会主义学院统战培训工作研讨班。4月,上海市社会主义学院与卢湾、杨浦、青浦三区联合举办三区民主党派专职干部培训班。牵头建立社会主义学院系统授课专家学者师资库。

2010年,上海市社会主义学院协助奉贤区、嘉定区、崇明县、虹口区、青浦区等区(县)举办培训班,安排教学计划、提供教学资料、组织师资力量,完成培训班教学任务。

三、科研协作

【联合调研】

围绕统一战线和社会主义学院教学科研中的重大理论问题和实际问题,市、区社会主义学院共同开展调查研究、组织研讨。譬如,2007年,上海市社会主义学院研究室与虹口区社会主义学院、青浦区社会主义学院联合组织关于上海市民营企业家素质与和谐劳动关系的调研,共走访8家企业,召开10多次座谈会,发放700多份问卷。

【理论研究】

1993年6月,市、区社会主义学院联合编写教材《统一战线十二讲》,由同济大学出版社出版。

1993年12月,上海市社会主义学院与黄浦区社会主义学院合作编写《上海民主党派资料》一书,由华东理工大学出版社出版。

1994年7月,在市、区社会主义学院教学研讨会的基础上,将市、区社会主义学院干部、教师撰写的教学研究论文汇编成《社会主义学院教学研究文集》。

1996年8月,市、区社会主义学院干部教师共同编写《香港澳门概况》一书,由香港天马图书有限公司出版。

1996年12月,在市、区社会主义学院教学研讨会的基础上,将市、区社会主义学院干部、教师撰写的教学研究论文汇编成《社会主义学院教学研究文集》(第二集)。

2009年11月26日,在闸北区社会主义学院举办参政党基层建设理论研讨会。上海市统一战线各方面领导、专家和干部共90余人出席会议。中共上海市委常委、市委统战部部长、上海市社会主义学院党组书记及院长杨晓渡为研讨会书面致辞并为文集作序。

第三篇
理论研究与宣传

概　　述

　　上海市社会主义学院不仅是上海市党外代表人士和党内统一战线干部的学习培训基地,也是上海市党的统一战线理论的研究基地和上海市统一战线理论研究会的挂靠单位。复院以后,上海市社会主义学院在加强教育培训工作的同时,重视理论研究和宣传,倡导教学立院、科研兴院的办学思想,坚持教学科研一体化的工作目标。据统计,至2010年底,学院联系教学培训工作,共举办40余次科研活动;承担并完成20余项各级各类课题;发表论文和文章400余篇;公开出版著作20余部,内部编印资料10余部。由于资料不全,自建院至1992年的科研活动未统计在内。

第一章 理 论 研 究

第一节 学 术 委 员 会

1988年12月12日,中共上海市委统战部同意建立上海市社会主义学院学术委员会。王世豪任主任委员,委员有李振麟、丁日初、徐鹏、姜庆湘、邓伟志、俞云波、张重超、郑励志、顾岐山、洪大磷。

1994年2月26日,上海市社会主义学院院长办公会议讨论决定,重新成立学术委员会,成员由陈永嘉、冯婉菁、黄爱淳、阮金夫、方国澄组成,由陈永嘉任学术委员会主任,并通过《上海市社会主义学院学术委员会工作条例》。学术委员会在院长的领导下,履行对全院科研工作进行计划、管理、评议、推荐的职能,是对科学研究工作进行决策和规划的咨询机构,也是学院的最高学术机构。学术委员会的任务:对学院教学和科研的发展规划、学科的发展方向、教学计划、资料室建设、师资培养等工作中的重大问题进行咨询和评议,并提出建议;对各项科学研究基金的申请进行评审;对科学研究成果和学术论文进行评审并提出奖励建议;发扬学术民主,促进校内学术活动的开展和各学科间的学术交流,推进校际和国内的学术交流;关心学院图书馆及学报等工作。学术委员会人数为5人,由院长办公会议讨论通过并推选产生主任委员1人;委员任期两年。1997年6月以后,学术委员会活动停止。

第二节 科 研 活 动

1993年3月23日,召开主题为"提高中华民族文化素质,增强中华民族凝聚力"的学术研讨会。5月,应广东省中华民族凝聚力研究会邀请,上海市社会主义学院5位教师参加全国社会主义学院系统提高中华民族文化素质、增强中华民族凝聚力研讨会。12月25日,召开主题为"毛泽东统一战线思想研究"的学术研讨会。

1994年9月27日,召开主题为"邓小平统一战线理论研究"的学术研讨会。这是上海市社会主义学院复校十周年校庆活动的组成部分。10月11日,举行以"邓小平统战思想"为主题的学术研讨会。

1995年9月11日,举行以"提高教学质量、提高科研水平"为主题的茶话会,与会的干部、教师为教学科研"双提高"献计献策。11月22日,与上海市统一战线理论研究会联合举行以"邓小平统一战线思想科学体系"为主题的学术研讨会。12月5日,举行以"周恩来统战思想"为主题的学术研讨会。上海高校、上海社科院的专家学者,市、区社会主义学院和统战系统的教师干部出席研讨会,提交大会的部分文章发表在《上海统战理论研究》刊物上。

1996年6月13日,与上海市统一战线理论研究会联合举行以"参政党的理论与实践"为主题的学术研讨会。《上海统战理论研究》1996年第3、第4期以合刊的形式出版论文专辑。11月22日,与上海市统一战线理论研究会联合召开以"统一战线与精神文明建设"为主题的学术研讨会。部分论文刊登在《上海统战理论研究》1997年第1期。

1997年5月13日,与上海市统一战线理论研究会联合举行以"'一国两制'和香港回归"为主题的学术研讨会。6月3—7日,上海市社会主义学院邀请兄弟省市社会主义学院的专家学者,召开社会主义学院统战理论教学研讨会。6月,陈昌福、顾行超、王瑛参加由中共中央统战部和中央社会主义学院在湖南举行的全国民主党派自身建设理论与实践学术研讨会,并提交论文。7月16日,上海市社会主义学院邀请上海市统一战线理论研究方面的专家学者,召开统战理论疑难问题论证研讨会。11月28日,与市统战理论研究会联合举行以"第三代党中央领导集体对新时期统一战线理论的贡献与发展"为主题的学术研讨会。11月,胡公展、黄克庭参加由中共中央统战部和中央社会主义学院在南京举行的党外知识分子工作理论研讨会,并提交论文。12月,刘凤瑞出席在广州由中共中央统战部召开的"学习中共十五大精神、加强统战干部培训工作"座谈会,并在会上作"高举邓小平理论伟大旗帜,努力探索地方社会主义学院的办学道路"的发言。

1998年5月6日,联合上海市统一战线理论研究会、上海市欧美同学会共同举行"海外学人与统一战线"学术研讨会。5月27—31日,举办部分省市社院科研管理工作研讨会,出席会议的有中央社会主义学院副院长姜汝真,中央社会主义学院教师顾兆贵和湖南、山西、辽宁、山东、内蒙、贵州、云南、北京、本溪等省市社会主义学院的分管院长和科研部门负责人。

1999年1月14—16日,举办学习讨论会,学院各处室负责人及中心组成员参加学习。3月25—30日,学院处级以上干部和全体教师参加邓小平新时期统一战线理论学习纲要学习讨论会。

2000年1月26日,邀请理论工作者座谈,展望新世纪统一战线理论研究工作。3月8日,邀请上海高校、上海社科院和部分区委统战部部长研讨"国际国内形势与统一战线发展趋势"。6月9日,举行"世纪之交人民政协新情况"研讨会。6月15日,举行"国际国内形势与人民政协发展趋势"研讨会,上海各民主党派市委负责人和部分专家学者出席。11月2日,举行"三个代表"与统一战线学术思想研讨会。

2001年2月21日,邀请上海高校、上海社科院中青年专家学者座谈研讨"新世纪之初国际国内形势深刻变化的环境对统一战线的影响及对策"。12月5日,邀请上海社科院专家学者座谈"9·11"事件后国际国内形势的发展变化对上海及统一战线的影响。同年,开展中国特色政党制度的研究,主要围绕"进一步发挥民主党派的民主监督作用"展开研讨。

2004年6月4日,召开科研工作座谈会,邀请各民主党派市委分管领导,就如何全面贯彻落实全国社会主义学院工作会议精神,发挥"联合党校"的优势,进一步加强上海市社会主义学院统战理论研究基地建设进行讨论。

2007年,参与上海市社会科学界联合会和中共上海市委宣传部主办的"马克思主义中国化与上海改革发展"征文活动和理论研讨会,向大会提交论文。

2010年,与民盟上海市委联合主办社会主义核心价值体系理论研讨会,各民主党派市委秘书长、宣传部长、研究室主任和上海市社会主义学院领导、教师出席。

2010年,举办上海市、区(县)社会主义学院学习贯彻《2010—2020年党外代表人士教育培训改革和发展纲要》精神研讨会,研究讨论今后一个时期社会主义学院教育培训的目标、任务、重点工作和保障措施。

第三节 科研成果

一、课题

1996年之前,课题调研工作情况不详。

1996年,学院课题组完成《完善多党合作制,促进民主政治发展》的课题调研。

2000年,刘凤瑞、王瑛、苏海完成上海市政协《人民政协在我国社会主义民主政治建设中的地位和作用》的调研课题。

2001年,徐剑锋完成中共上海市委组织部《上海党员队伍学历构成情况及相关问题的调查报告》。调查报告分析认为:上海市党员队伍的学历结构逐年改善,整体学历水平的提高速度明显快于社会普遍学历水平的提高速度;党员的流动情况与党员的学历高低,基本上呈正比例关系;部分高学历党员在各自单位发挥作用的情况并不理想;学历越高,一般对党内民主生活要求也越高,相反,学历越低,对党内民主生活的要求也越低;高学历党员对党组织为党员提供的服务满意度相对较低;高学历党员对腐败现象犹为敏感;党员的业余学习情况,基本上与党员的文化程度密切相关。调研报告提出,有必要采取组织措施在党内深入持久地开展科技文化知识的学习;有必要继续注重在拔尖人才和高学历青年群体中发展党员的工作,适当控制低学历尤其是初中及以下学历的党员发展,并进一步有针对性地加强高学历党员的党性教育;有必要在制度上进一步探索党内"人尽其才"的新机制;有必要把更好地加强基层党组织的民主建设,作为组织建设下一阶段的重要任务。

2002年,蒋连华主持完成中共上海市委统战部《关于当前上海民族关系的调查研究》。课题报告获该年度上海市统战调研及理论研究优秀论文二等奖。报告认为:上海是我国各族人民流徙、聚散的中心城市之一。随着改革力度的加大,利益格局的调整,带来了社会关系的变化,城市的民族关系也面临新情况、新问题。报告从复杂敏感性、效应互动性、功能示范性分析了上海民族关系的特点。在此基础上从有关政策需要完善、流动人口少数民族的管理有待加强、境外敌对势力利用民族宗教渗透加剧三个方面,阐述了影响上海民族关系和谐的主要因素。最后,从抓紧做好上海少数民族群体的现状调查、积极促进各民族间的融合发展、加强少数民族代表人士和少数民族工作积极分子这两支队伍建设以及加大民族团结宣传力度等方面,提出构建上海和谐民族关系的对策建议。

2003年,蒋连华参与执笔上海市政协民族和宗教委员会《关于上海高校在校少数民族学生情况的调研报告》。报告旨在全面、深入、客观地了解本市高校在校少数民族学生(包括博士生、硕士生、本科生和专科生)的基本情况,总结上海市高校少数民族学生工作的经验、存在问题,就新形势下如何做好这项工作,提出充分认识做好高校少数民族学生工作的重要性、改进和完善预科教育和委托培养制度、加强学校管理三个大方面的意见和建议。

2004年,蒋连华参与完成上海市政协《关于加强本市宗教院校建设和宗教教职人员培养的建议》调研报告。报告提出必须把培养爱国爱教的宗教教职人员的接班人提到强基固本、抵御渗透的重要战略高度和全局高度来认识。此外,蒋连华主持和执笔上海市社会主义学院、上海市少数民族联合会"关于上海市少数民族干部队伍现状调查"课题报告。报告在分析上海市少数民族干部基本情况、主要特点、存在问题的基础上,提出:抓好本市少数民族干部队伍梯队建设,培养选拔年轻干部;加强对少数民族干部马克思主义民族观、宗教观、国家观的宣传教育等建议。

2005年，蒋连华参与执笔上海市政协民族和宗教委员会《巩固和发展社会主义民族关系，为构建和谐上海多作贡献——上海市民族关系状况课题调研报告》。报告提出：进一步完善民族工作属地化管理机制，为民族和谐提供坚实基础；抓紧修订《上海市少数民族权益保障条例》，为民族和谐提供法制保障；加强对党的民族理论和方针政策的宣传教育，为民族和谐提供舆论支持；重视少数民族干部和民族工作干部的培育、选拔和使用，为民族和谐提供组织保证；进一步加大对少数民族联合会的扶持力度，为民族和谐提供载体。

2006年，学院组成由张颖为组长，吴思敏、徐剑锋（执笔）参与的课题组，完成中央社会主义学院委托的2004年度国家课题"爱国宗教力量建设问题研究"（课题批准号为：04ZJ019）的子课题"上海市基督教爱国力量建设问题的调研"报告。报告提到，中共十一届三中全会以后，中共上海市委、市政府积极贯彻落实中共宗教政策，平反冤假错案，落实宗教房产。据统计，仅1992年至1997年，重建、扩建和新建教堂近30座，80%的教堂都是1979年以后建造的。2016年，上海市基督教受洗信徒18万7千多人，教职人员340多人，其中牧师56人；基督教堂及活动场所163处，其中开设涉外专场礼拜场所3处（2个英语专场礼拜，1个韩语专场礼拜）。报告分析上海市基督教爱国力量建设所面临的新情况、新问题主要是：（一）改革开放以来，信徒发展比较快，高素质的教职人员相对缺乏。（二）信徒结构出现了一些新的变化，相应地对教职人员的总体素质也提出了更高的要求。过去基督教信徒有"三多一少"特点，即文盲多、妇女多、老人多、高级知识分子少。改革开放以后，新发展的信徒呈现出"三多"特点，即年轻人多、知识分子多、留学回国的人员比较多。（三）要求在沪过宗教生活的外国人越来越多，如何满足他们的要求越来越成为上海市基督教爱国力量建设中的一个需要考虑的问题。（四）部分教职人员的待遇相对偏低，一些比较优秀的教职人员有流失之虞。报告建议：（一）加强基督教爱国力量的人才培养，全面提高教职人员队伍的总体素质。（二）加强神学思想建设，在实践中促进基督教爱国力量顺利成长。（三）加强两会组织建设，实现人才兴会、人才强会，以团结更广泛的信教群众。（四）适当提高教职人员的待遇，鼓励优秀的教职人员安心在爱国宗教团体工作。

2006年，蒋连华参与执笔上海市政协民族和宗教委员会《关于进一步加强来沪少数民族服务和管理的调研报告》。报告基于对上海市来沪少数民族的基本情况以及对来沪少数民族服务管理经验的调研和对存在问题的分析，提出：健全上海市居住证管理体制，准确掌握来沪少数民族人口信息，切实加强综合调控和管理工作；在社区建设中，进一步重视和加强来沪少数民族工作，积极探索社区民族和谐的方法和途径；加强市政府有关部门与少数民族输出地之间的联系和合作等意见与建议。

2007年，蒋连华参与执笔上海市政协民族和宗教委员会调研报告《坚定方向，创新机制，加大投入，进一步提高本市回民学校办校水平》。报告提出，坚持正确办学方向，不断提高学校的教育质量和教师的待遇水平；创新机制，扩大少数民族生源等意见和建议。此外，蒋连华还完成中共上海市委统战部"关于进一步加强本市宗教界代表人士队伍建设的思考和建议"的课题调研。

2007年，上海市社会主义学院研究室与虹口区社会主义学院、青浦区社会主义学院联合组织"关于上海市民营企业家素质与和谐劳动关系的调研"。课题组成员包括：徐剑锋、靳瑞华、诸福先、顾文浩、王启华、韩猛。课题组在上海市8家民营企业中进行调研。调查发现，民营企业劳动关系总体和谐但也有不和谐的因素，主要有两点：劳动报酬和职位升迁问题。调研认为，企业家素质包括法律素质、育人素质和能力素质，其是影响民营企业劳动关系和谐的决定性因素。

2008年，学院课题组完成全国社会主义学院系统重点科研项目"社会主义学院教学规律研究"。

2008年,蒋连华参与执笔上海市政协民族和宗教委员会课题报告《关于推进成立本市清真食品协会的若干建议》。报告认为,为推动上海市清真食品业的发展,规范清真食品的管理,满足少数民族群众生活需要,促进民族团结,上海市应尽快成立上海清真食品协会。该报告得到中共中央政治局委员、上海市委书记俞正声的肯定批示。

2009年,蒋连华完成中共上海市委统战部课题"科学发展观与新时期参政党能力建设"。报告认为:在中国共产党领导的多党合作和政治协商的制度框架下,参政党能力建设既是一项长期的政治任务,又是一个复杂的系统工程,以人为本,全面、协调、可持续的科学发展观,作为马克思主义与当代中国实际和时代特征相结合的产物,是科学回答新时期参政党能力建设问题的思想方法和创新理论,以科学发展观为指导,有利于明确参政党能力建设的主体要素,有利于把握参政党能力建设的基本内涵,有利于坚持参政党能力建设的基本原则,是新时期参政党能力建设的指导思想。

2010年,杨爱珍参与中共上海市委党校的国家课题"关于执政党建设中有关统一战线"部分的课题研究。

2010年,蒋连华主持完成上海市统战理论研究会课题"民主党派树立和践行社会主义核心价值体系问题研究"。该报告结合民主党派开展中国特色社会主义主题教育活动,从重大意义、主题教育活动的现状、存在问题与分析,提出增强政治共识,夯实多党合作的共同思想政治基础;坚持理论联系实际,把树立和践行社会主义核心价值体系内化于日常的履职行动中;积极探索,创新学习手段,建立完善主题教育活动的长效机制的意见和建议。此外,蒋连华还参与国家社会科学基金项目"上海合作组织成员国之间跨国民族问题研究"课题研究(课题批准号:10MB2041)。该研究从上海合作组织成员国跨国民族问题入手,以新疆"7·5"事件和内外蒙古文化异向发展为个案,从跨国民族历史和现状出发,运用民族学、社会学、人类学和历史学等相关学科的资源和方法,对成员国跨国民族间的关系和问题进行综合研究,研究跨国民族的理论和预防国家分裂的措施,从中找到处理跨国民族问题的正确途径。

二、论文

据不完全统计,至2010年底,学院教职工历年共发表论文或文章约400篇。

表3-1-1　上海市社会主义学院教职工在报纸上发表的文章一览表

作　者	题　　名	报　刊	时　间
杨承祈等	我国统一战线的由来与发展	人民政协报	1984.7.4
杨承祈	新时期统一战线的性质和当前的任务	人民政协报	1984.8.1
杨承祈 陈子康	符合中国国情的新型政党体制	解放日报	1990.3.21
吴思敏	略论宗教信仰自由的内涵及意义	人民政协报	1991.2.12
方国澄	中国共产党最早使用"统一战线"的时间	党史信息报	1991.2.16
吴思敏	整体把握　重点突出——学习邓小平民族统一战线思想的哲学方法概论	社会科学报	1994.11.24

(续表)

作　者	题　名	报　刊	时　间
陈昌福	"八字方针"和"十六字方针"	联合时报	1997.9.19
杨爱珍	统一战线与党的阶级基础和群众基础的关系	人民政协报	2002.1.23
吴思敏	爱国爱教前途明	联合时报	2002.2.22
胡公展	读书的"快""活"	科学大观园	2002.6.15
刘凤瑞	九届市政协的学习活动	联合时报	2003.1.31
王　瑛	以理论创新指导工作创新	联合时报	2004.1.9
蒋连华	闻一多与蒙自	上海盟讯	2006.4.30
蒋连华	我与民盟有缘	上海盟讯	2006.10.31
彭镇秋 陈昌福 蒋连华等	关于在人民政协中进一步发挥民主党派作用的研究(摘要)	联合时报	2007.4.13
蒋连华	全面把握和正确处理我国社会主义民族关系	上海盟讯	2007.4.27
顾行超等	和谐文化与统一战线	宁波日报	2007.7.2
蒋连华	梁漱溟其人其思其言	上海盟讯	2007.8.31
蒋连华	传承前辈风范,坚持党的领导	上海盟讯	2008.5.30
蒋连华	如何看待我国少数民族优惠政策	联合时报	2009.2.20
蒋连华	弘扬以爱国主义为核心的民族精神　增强中华民族凝聚力	上海盟讯	2010.9.30

表3-1-2　上海市社会主义学院教职工发表在公开出版物上的论文和文章一览表

作　者	题　名	报　刊	时　间
王世豪	试论统一战线的基本规律和原则	中央社会主义学院学报	1991年第2期
王世豪	一封信	中央社会主义学院学报	1991年第3期
胡公展	谈谈"中国意识"——兼谈"台湾意识"	中央社会主义学院学报	1991年第3期
方国澄	关于统战学中几个规律的研究	中央社会主义学院学报	1991年第4期
胡公展	论"本土化"对台湾社会的政治影响	中央社会主义学院学报	1991年第5期
王世豪	统一战线基本规律研讨综述	中央社会主义学院学报	1992年第1期
胡公展	评析民主进步党	中央社会主义学院学报	1992年第2期
范征夫	统战工作要自觉地为经济建设服务	中央社会主义学院学报	1992年第4期
方国澄	学习湖南经验抓好企业统战工作	湖南统一战线	1992年第9期
顾行超	横向比较刍议——对邓小平同志视察南方谈话的一点思考	中央社会主义学院学报	1993年第2期
顾行超	毛泽东统一战线思想中的自觉的矛盾意识	毛泽东思想论坛	1993年第3期

(续表)

作 者	题 名	报 刊	时 间
胡公展	论祖国统一进程中的民族凝聚力	中央社会主义学院学报	1993年第3期
顾行超	发展精神生产与增强中华民族凝聚力	真理的追求	1993年第5期
冯婉菁	关于社院教学工作的几点思考	中央社会主义学院学报	1994年第2期
刘凤瑞	邓小平统一战线理论是马克思主义的最新成果——学习《邓小平文选》第三卷	福建统战理论学刊	1994年第2期
方国澄	祖国统一颂——学习《台湾问题与中国的统一》白皮书有感	福建统战理论学刊	1994年第3期
胡公展	对"一国两制"构想的再认识——读《邓小平文选》第三卷笔记	中央社会主义学院学报	1995年第1期
陈昌福	毋忘国耻——台湾割让百年祭	世纪	1995年第2期
胡公展	对"一国两制"构想涵意的再认识——学习《邓小平文选》第三卷体会	统一论坛	1995年第2期
杨爱珍	当代职业女性角色冲突的原因和对策	理论建设	1995年第4期
刘凤瑞	抗日战争与中华民族凝聚力	中央社会主义学院学报	1995年第5期
陈昌福	在抗日烽火中锻造的中国致公党	中央社会主义学院学报	1995年第6期
杨爱珍	市场经济道德面面观	实与虚	1995年第11期
熊新亚	华东地区暨全国部分省地市社院工作研讨会在上海举行	中央社会主义学院学报	1996年第1期
胡公展	周恩来在统战工作中的政治领导艺术——纪念周恩来逝世20周年	中央社会主义学院学报	1996年第2期
黄爱淳	积极创造条件,改善民主党派基层活动	福建统战理论学刊	1996年第4期
刘凤瑞	论邓小平统一战线思想的科学体系	陕西社会主义学院院刊	1997年第1期
刘凤瑞	论邓小平统一战线思想的科学体系(续)	陕西社会主义学院院刊	1997年第2期
刘凤瑞	论邓小平统一战线思想的科学体系	中央社会主义学院学报	1997年第3期
胡公展	论"一个中国"的原则	中央社会主义学院学报	1997年第3期
顾行超	新时期共产党人的世界观、人生观、价值观	党课	1997年第4期
王瑛等	民主党派与精神文明建设	中央社会主义学院学报	1997年第9期
顾行超	人的全面发展与社会主义精神文明建设	毛泽东思想论坛	1997年增刊
刘凤瑞	要宣传和发扬民主党派老一辈形成的优良传统	内蒙古统战理论研究	1998年第3期
杨爱珍	邓小平领导艺术初探	中央社会主义学院学报	1998年第8期
胡公展 冯婉菁	社会主义学院的"治"学之本——关于如何提高社院教学水平和加强师资队伍建设	中央社会主义学院学报	1998年第9期
杨爱珍	十一届三中全会与党的知识分子理论的发展	安徽统一战线	1998年第11期

(续表)

作　者	题　名	报　刊	时　间
蒋连华	战后拉美国家工运概况及其特点	工会理论研究	1999年第1期
顾行超	"一国两制"与思想解放	贵州社会主义学院学报	1999年第1期
刘凤瑞	巩固和发展广泛的爱国统一战线——学习江泽民关于发展爱国统一战线的论述	上海社会科学院学术季刊	1999年第2期
顾行超	论邓小平新时期统战理论的时代精神	福建省社会主义学院学报	1999年第4期
刘凤瑞等	论"社会主义劳动者之间也有统一战线"	上海社会科学院学术季刊	1999年第4期
刘凤瑞	论邓小平新时期统一战线理论的时代特征	中央社会主义学院学报	1999年第11期
杨爱珍	共产党领导的多党合作制度是中国现代化进程中的必然选择	中央社会主义学院学报	1999年增刊
张　颖	论以江泽民为核心的第三代领导集体对中国特色政党制度的新贡献	中央社会主义学院学报	1999年增刊
刘凤瑞	坚持改革创新　加强社院的科学管理	山西社会主义学院学报	2000年第1期
刘凤瑞	论邓小平新时期统一战线理论的历史地位	广东省社会主义学院学报	2000年第1期
陈昌福	在《意见》指引下建设迈向新世纪的参政党	江苏省社会主义学院学报	2000年第1期
顾行超	以江泽民同志为核心的第三代党中央领导集体对统一战线理论的丰富和发展	陕西社会主义学院学报	2000年第2期
刘凤瑞	统一战线是一门专门科学	湖南省社会主义学院学报	2000年第4期
杨爱珍 黄克庭	知识分子在社会角色转换中的困惑及其对策	江苏省社会主义学院学报	2000年第4期
杨爱珍	"左"的路线是导致第五次反"围剿"失败的重要因素	福建省社会主义学院学报	2000年第4期
杨爱珍	周恩来统战工作的艺术特色初探	贵州省社会主义学院学报	2000年第4期
杨爱珍等	信任解放：企业管理新理念	上海管理科学	2000年第5期
顾行超	论邓小平统一战线理论的时代精神	中央社会主义学院学报	2000年增刊
张　颖 杨爱珍	构建面向21世纪的社会主义学院教学新体系	中央社会主义学院学报	2001年第1期
吴思敏	论宗教信仰者和无神论者的团结合作	中央社会主义学院学报	2001年第2期
徐剑锋	人民调解协议不等于合同	上海市政法管理干部学院学报	2001年第2期
王　瑛	新时期民主党派存在发展的客观依据	黑龙江省社会主义学院学报	2001年第3期
陈昌福	重要史实回眸——华侨留学人员在中国共产党建立过程中的作用	浦江纵横	2001年第3期
顾行超	邓小平对社会基本矛盾问题的思考	中央社会主义学院学报	2001年第4期
陈昌福	辛亥革命与中国民主党派的历史发展	江苏省社会主义学院学报	2001年第4期

(续表)

作者	题名	报刊	时间
顾行超	一个很硬的道理：发展最广泛的爱国统一战线	贵州社会主义学院学报	2001年第4期
蒋连华	"三个代表"与党对统一战线的领导	重庆社会主义学院学报	2001年第4期
张颖 杨爱珍	廉政道德建设在以德治国战略中的作用	河北省社会主义学院学报	2001年第4期
杨爱珍	从中国特色政党制度的发展中探讨知识分子参政的作用	社会主义研究	2001年第6期
徐剑锋	自由之辨与辩	书屋	2001年第11期
张颖	按"三个代表"的要求加强社会主义学院建设	中央社会主义学院学报	2001年第12期
陈昌福	关于"互相监督"	江苏省社会主义学院学报	2002年第1期
顾行超	对求同存异原则的再认识	山西社会主义学院学报	2002年第1期
顾行超	理论创新的光辉典范	黑龙江省社会主义学院学报	2002年第2期
顾行超	满足最大多数人的利益要求——纪念江泽民"七一"讲话发表一周年	江苏省社会主义学院学报	2002年第2期
顾行超	理论创新的光辉典范——纪念邓小平南方谈话发表十周年	湖北省社会主义学院学报	2002年第2期
顾行超	满足最大多数人的利益要求	广东省社会主义学院学报	2002年第2期
熊新亚	对社院党员实践"三个代表"的思考	河北省社会主义学院学报	2002年第2期
杨爱珍	对当前民主党派成员思想状况的调查与研究	中央社会主义学院学报	2002年第3期
王瑛	以与时俱进的精神，努力开拓统战理论研究工作的新局面	黑龙江省社会主义学院学报	2002年第3期
杨爱珍	信任，现代企业管理的重要原则	云南社会主义学院学报	2002年第3期
杨爱珍	论民主党派的参政党地位和职能	山西社会主义学院学报	2002年第3期
陈昌福	洪门述略	江苏省社会主义学院学报	2002年第4期
杨爱珍	浅谈华侨对国共两党第二次合作的贡献	江苏省社会主义学院学报	2002年第4期
顾行超	自觉消除激进主义思潮——对统一战线内部激进主义思潮的反思	中央社会主义学院学报	2002年第4期
熊新亚	第三代中央领导集体加强和改善党对统战工作领导的理论与实践	山西社会主义学院学报	2002年第4期
蒋连华	社会主义学说在中国的初期传播	河北省社会主义学院学报	2002年第4期
陈昌福	论"独特机遇"	浦江纵横	2002年第4期
胡公展	台湾的少数民族	统一论坛	2002年第4期

(续表)

作　者	题　　名	报　刊	时　间
胡公展	弦望台湾	海峡两岸	2002年第8—12期
徐剑锋	全国社院学习贯彻十六大精神理论研讨会在上海召开	中央社会主义学院学报	2003年第1期
顾行超	践行先进生产力的发展要求——关于统一战线对发展我国社会生产力作用的思考	中央社会主义学院学报	2003年第1期
顾行超	论邓小平新时期统战理论创新的突破口	黑龙江省社会主义学院学报	2003年第1期
顾行超	参政党组织建设三题	山西社会主义学院学报	2003年第1期
冯菊红	党的第三代领导集体对"一个中国"原则与内涵的战略性坚持与发展	重庆社会主义学院学报	2003年第1期
熊新亚	试论第三代领导集体对统战干部的素质要求	广东省社会主义学院学报	2003年第1期
杨爱珍	试论民主党派民主监督的路径选择	当代世界与社会主义	2003年第2期
熊新亚	试论"三个代表"与统一战线工作的关系	黑龙江省社会主义学院学报	2003年第2期
杨爱珍	《爱国主义和我国知识分子的使命》的现实意义	福建省社会主义学院学报	2003年第2期
顾行超	求同存异的嬗变及其启示	贵州社会主义学院学报	2003年第2期
杨爱珍	试论发展政治文明与完善中国特色政党制度的关系	上海市社会主义学院学报	2003年第3期
熊新亚	全面建设小康社会现状与奋斗目标的解读	湖北省社会主义学院学报	2003年第3期
杨爱珍	我国知识分子理论的新发展	广东省社会主义学院学报	2003年第3期
杨爱珍	试论政治文化中的冲突问题与完善中国特色政党制度的关系	河北省社会主义学院学报	2003年第3期
冯菊红	中共第三代领导人反"台独"斗争	江苏省社会主义学院学报	2003年第3期
顾行超	上海城市精神的要旨	毛泽东邓小平理论研究	2003年第3期
杨爱珍	民主党派政治交接与中国政治发展	中央社会主义学院学报	2003年第4期
胡公展	台湾的少数民族究竟应该怎么称呼	中央社会主义学院学报	2003年第4期
陈昌福	从新的实际出发　推进民主党派建设	上海市社会主义学院学报	2003年第4期
蒋连华	十六大与西部开发	上海市社会主义学院学报	2003年第4期
彭镇秋	参政党基层组织工作的思考	上海市社会主义学院学报	2003年第4期
熊新亚	执政为民,清晰而又坚定的执政理念——学习胡锦涛同志"七一"重要讲话	云南社会主义学院学报	2003年第4期
熊新亚	执政为民:清晰而又坚定的治国理念	江苏省社会主义学院学报	2003年第4期
胡公展	台北的市政建设	中外书摘	2003年第4期

(续表)

作 者	题 名	报 刊	时 间
王世豪	我的一段回忆	上海市社会主义学院学报	2003年第5期
刘凤瑞	统战理论学习与研究的重要基地——参加上海市统战理论研究会学术活动的回忆片断	上海市社会主义学院学报	2003年第5期
张 颖	求实与开拓——写在市统战理论研究会成立二十周年	上海市社会主义学院学报	2003年第5期
陈昌福	缘结"市统战理论研究会"	上海市社会主义学院学报	2003年第5期
杨承祈	创建的回忆——我与上海市统战理论研究会	上海市社会主义学院学报	2003年第5期
黄爱淳	青浦三日——对统战理论研究会一次理事会的追忆及思考	上海市社会主义学院学报	2003年第5期
王 瑛	因为奋斗而精彩	上海市社会主义学院学报	2003年第5期
吴思敏	统一战线是一门科学的遐想——上海市统战理论研究会成立二十周年抒怀	上海市社会主义学院学报	2003年第5期
顾行超	蒋介石之婿陆久之与中共：百年不变的情怀	统战月刊	2003年第5期
徐剑锋	闺中之事有甚于看"黄"者	书屋	2003年第9期
熊新亚	努力践行"三个代表" 始终保持共产党员先进性	毛泽东思想研究	2003年增刊
彭镇秋	积极履行参政党职能 努力推进政治文明建设	上海市社会主义学院学报	2004年第1期
杨 春	"社会主义政治文明与统一战线"学术研讨会观点综述	上海市社会主义学院学报	2004年第1期
顾行超	邓小平政治体制改革思想及其现实意义	山西社会主义学院学报	2004年第1期
张 颖	论江泽民统一战线理论的主要特征	中央社会主义学院学报	2004年第2期
蒋连华	完善政协社情民意的反馈机制	浦江纵横	2004年第2期
黄克庭	私营企业主群体心理探析	上海市社会主义学院学报	2004年第3期
熊新亚	努力践行"三个代表" 始终保持共产党员先进性	云南社会主义学院学报	2004年第3期
胡公展	"国退民进"——重振东北老工业基地的必由之路	吉林省社会主义学院学报	2004年第3期
顾行超	政治文明重在制度建设与创新	广东省社会主义学院学报	2004年第3期
黄克庭	私营企业主阶层群体心理探析	吉林省社会主义学院学报	2004年第3期
顾行超	振兴东北老工业基地的路径选择：发展"两个经济"	吉林省社会主义学院学报	2004年第3期
顾行超	政治文明的本质与多党合作的走向	团结	2004年第3期

(续表)

作者	题名	报刊	时间
曹海红 杨爱珍	论邓小平对统一战线理论的发展与创新	上海市社会主义学院学报	2004年第4期
刘凤瑞	邓小平统一战线思想的时代意义及其新发展	上海市社会主义学院学报	2004年第4期
顾行超	政治文明的本质与多党合作的走向	贵州社会主义学院学报	2004年第4期
张颖	自强不息二十载 奋发有为新征程	上海市社会主义学院学报	2004年第5期
张颖	深入贯彻全国社会主义学院工作会议精神 努力加强上海市社会主义学院正规化建设	上海市社会主义学院学报	2004年第5期
顾行超	对毛泽东私营经济思想的创新及其意义——纪念邓小平诞辰一百周年	上海市社会主义学院学报	2004年第5期
熊新亚	邓小平统战理论与"三个代表"重要思想	上海市社会主义学院学报	2004年第5期
顾行超	邓小平对毛泽东私营经济思想的创新	湖北省社会主义学院学报	2004年第5期
杨爱珍	发挥参政党作用,推进中国民主政治的发展	上海市社会主义学院学报	2004年第6期
蒋连华 张翼	第六次全国社院学报工作研讨会在上海举行	上海市社会主义学院学报	2004年第6期
徐剑锋	如何争取台湾民心	台声	2004年第8期
张颖 杨爱珍	政治文明的度量与多党合作制度的发展	中央社会主义学院学报	2004年增刊
顾行超	振兴东北老工业基地的路径选择:发展"两个经济"	中央社会主义学院学报	2005年第1期
张颖	团结和谐 共谋发展——第六次全国社院学报工作研讨会小结	上海市社会主义学院学报	2005年第1期
陈昌福	《中国致公党章程》的历次修改和完善	上海市社会主义学院学报	2005年第1期
彭镇秋	适应形势 围绕职能 不断提高参政议政能力与水平	上海市社会主义学院学报	2005年第1期
杨爱珍	在多党合作制度的视野中考量政治文明建设	湖北省社会主义学院学报	2005年第1期
胡公展	反独促统的强大武器——《反分裂国家法》	上海市社会主义学院学报	2005年第2期
蒋连华	上海社区民族工作探索——北新泾街道民族工作调研	上海市社会主义学院学报	2005年第2期
胡公展	拳拳爱心议港澳	吉林省社会主义学院学报	2005年第2期
徐剑锋	处理两岸关系应富有战略远见	中国评论	2005年第2期
熊新亚	努力践行"三个代表",始终保持共产党员先进性	内蒙古统战理论研究	2005年第2期
吴思敏	多党合作 和而不同——传统文化对中国共产党领导的多党合作政党制度的影响初探	中央社会主义学院学报	2005年第3期

(续表)

作者	题名	报刊	时间
杨爱珍	论多党合作制度视角下的执政党能力建设	中央社会主义学院学报	2005年第5期
胡公展	纪念抗日战争胜利60周年对海峡两岸走向和平统一的启示	中央社会主义学院学报	2005年第5期
陈昌福	抗日战争与中国致公党	上海市社会主义学院学报	2005年第5期
杨爱珍	试论"三三制"民主政权与政党制度的新视角	上海市社会主义学院学报	2005年第5期
蒋连华	抗日战争时期中国共产党的民族理论和政策	上海市社会主义学院学报	2005年第5期
熊新亚	党的抗日民族统一战线成功实践的几点启示	上海市社会主义学院学报	2005年第5期
吴思敏	满江红 抗日战争胜利60周年有感并贺中华和平号启航	上海市社会主义学院学报	2005年第5期
张颖	落实科学发展观 锻造优秀党外干部——发展我院教学特色课程的几点思考	上海市社会主义学院学报	2005年第6期
彭镇秋	我列席全国人大常委会	上海市社会主义学院学报	2005年第6期
蒋连华	论当前我国加强城市社区建设的理论和现实意义	浦江纵横	2005年第9期
蒋连华	加强民族团结,共建美好家园	浦江纵横	2005年第12期
陈昌福	海外华人与和谐社会	上海市社会主义学院学报	2006年第1期
杨爱珍	建设中国特色政党制度理论探析	江苏省社会主义学院学报	2006年第1期
胡公展	考察港澳四章	河北省社会主义学院学报	2006年第1期
胡公展	"一国"为体 "两制"为用	四川省社会主义学院学报	2006年第1期
杨爱珍	党的执政方式的创新推动我国政党制度建设	四川统一战线	2006年第1期
胡公展	党的新一届领导集体对台工作的新理念、新思维、新举措	中央社会主义学院学报	2006年第2期
彭镇秋	紧握总书记温暖的手 聆听总书记亲切的话	上海市社会主义学院学报	2006年第2期
蒋连华	城市少数民族流动人口与上海城市民族工作	上海市社会主义学院学报	2006年第2期
顾行超	新一届中央领导集体对祖国统一思想的新发展	上海市社会主义学院学报	2006年第2期
杨爱珍	论多党合作中的政治协商	湖北省社会主义学院学报	2006年第2期
顾行超	要有强烈的忧患意识	湖北省社会主义学院学报	2006年第2期
顾行超	新一届中央领导集体统一战线思想的两个显著特征	中央社会主义学院学报	2006年第4期

(续表)

作　者	题　　名	报　刊	时　间
杨爱珍	统一战线与民主执政	上海市社会主义学院学报	2006年第4期
顾行超	论统一战线在民主执政中的作用	上海市社会主义学院学报	2006年第4期
胡公展	论在两岸关系中大陆的"正面回应"	上海市社会主义学院学报	2006年第4期
杨爱珍	开拓当代中国政党制度理论研究的新角度	新视野	2006年第4期
蒋连华	中国共产党和谐民族观形成的客观基础和战略意义	探索	2006年第4期
杨爱珍	多党合作制度中的程序化建设	中央社会主义学院学报	2006年第5期
张　颖	贯彻全国统战工作会议精神　推动上海市社会主义学院教育培训工作新发展	上海市社会主义学院学报	2006年第5期
蒋连华	马克思主义民族理论中国化的最新成果——学习胡锦涛在第20次全国统战工作会议上的讲话	上海市社会主义学院学报	2006年第5期
顾行超	新世纪新阶段统一战线的地位作用	上海市社会主义学院学报	2006年第5期
张　颖 杨爱珍	整合：民主党派在构建和谐社会中的作用	上海市社会主义学院学报	2006年第6期
彭镇秋等	学习六中全会《决定》促进和谐社会建设	上海市社会主义学院学报	2006年第6期
顾行超	构建和谐社会需要倡导和弘扬利他精神	江苏省社会主义学院学报	2006年第6期
徐剑锋	法律的胜利，还是妥协	社会观察	2006年第7期
徐剑锋	法律的尴尬——从家乐福事件谈起	社会观察	2006年第8期
蒋连华	城市少数民族流动人口聚居区的形成及应对原则	社会科学	2006年第9期
彭镇秋 王　瑛等	潜心打磨　质量为先	中国人大	2006年第24期
陈昌福	陈其尤、黄鼎臣与中国致公党组织的恢复及历史方向的根本转变	上海市社会主义学院学报	2007年第1期
顾行超	论统一战线在构建和谐社会中的新使命	湖北省社会主义学院学报	2007年第1期
胡公展	用心亲近台湾	湖南省社会主义学院学报	2007年第1期
杨爱珍	"民主执政与统一战线"专题征文观点摘要	上海市社会主义学院学报	2007年第2期
顾文浩	略论我国的党际关系和谐	广东省社会主义学院学报	2007年第2期
顾文浩	中国政党制度合法性与安全性考察	广州社会主义学院学报	2007年第2期
彭镇秋	"两会"聚焦：关注民生　改善民生	上海市社会主义学院学报	2007年第3期
顾行超	论邓小平统战理论中的精神品格	上海市社会主义学院学报	2007年第3期
吴思敏	佛教文化的传播者——记中国佛教文化研究所特约研究员胡建宁居士	上海市社会主义学院学报	2007年第3期
顾文浩	政治文化建设与我国政党制度的巩固	湖北省社会主义学院学报	2007年第3期

(续表)

作　者	题　名	报　刊	时　间
胡公展	用心亲近台湾（连载）	湖南省社会主义学院学报	2007年第3期
蒋连华	别样的天空	浦江纵横	2007年第3期
陈昌福	关于民主党派在人民政协政治协商问题的思考	上海市社会主义学院学报	2007年第4期
罗莉芳	肩负重托　尽心履职　积极主动　真诚为民——记全国人大代表、上海市社会主义学院副院长彭镇秋	上海市社会主义学院学报	2007年第4期
胡公展	纠正对台工作中的三种失语状态	广州社会主义学院学报	2007年第4期
胡公展	用心亲近台湾（连载）	湖南省社会主义学院学报	2007年第4期
杨爱珍 顾文浩	当代中国政党互动模式研究	新视野	2007年第4期
杨爱珍 顾文浩	民主政治视野下的党际关系和谐	科学社会主义	2007年第4期
杨爱珍	民主党派民主监督与构建和谐社会	云南行政学院学报	2007年第4期
张　颖 杨爱珍	民主党派在促进党际关系和谐中的作用	中央社会主义学院学报	2007年第5期
张　颖 顾行超	弘扬中华传统和合思想　增强中华民族凝聚力	上海市社会主义学院学报	2007年第5期
蒋连华	关于我国少数民族散居城市多民族社区建设的思考	上海市社会主义学院学报	2007年第5期
胡公展	用心亲近台湾（连载）	湖南省社会主义学院学报	2007年第5期
胡公展	论党的新一届领导集体对"和平统一"理论的创新	探索	2007年第5期
顾行超	中华传统和合思想及其当代价值	中央社会主义学院学报	2007年第6期
胡公展	以胡锦涛同志为总书记的党中央对"和平统一"理论的创新	中央社会主义学院学报	2007年第6期
张　颖	深入贯彻十七大精神　努力促进社院新发展	上海市社会主义学院学报	2007年第6期
彭镇秋	学习贯彻党的十七大精神　完善人民政协民主监督机制	上海市社会主义学院学报	2007年第6期
蒋连华	解读"和谐是社会主义民族关系的本质"	中央社会主义学院学报	2008年第1期
杨爱珍 顾文浩	我国多党合作制度在现代化发展中的功能	上海市社会主义学院学报	2008年第1期
蒋连华	上海对多民族社区文化建设的探索	党政论坛	2008年第1期
陈昌福	民主党派在处理政党关系中面临的几个问题	上海市社会主义学院学报	2008年第2期

(续表)

作　者	题　名	报　刊	时　间
顾文浩 杨爱珍	社会主义政治文明视角下的民主党派民主监督	广东省社会主义学院学报	2008年第2期
顾文浩	合法性与安全性——中国政党制度的两个支点	重庆社会主义学院学报	2008年第2期
陈昌福等	不断探索和推进人民政协政治协商制度建设	中国人民政协理论研究会会刊	2008年第2期
陈昌福	薪火相传　生生不息——"五一口号"与民主党派的历史性转折	上海市社会主义学院学报	2008年第3期
彭镇秋	加深认识"五一口号"的重大意义	上海市社会主义学院学报	2008年第3期
杨爱珍	人民政协民主监督中的程序正义问题探析	中国人民政协理论研究会会刊	2008年第3期
蒋连华	十六大以来中国共产党对马克思主义民族理论的新发展	理论界	2008年第3期
张　颖	料得明年花更红——祝贺《中央社会主义学院学报》创刊20周年	中央社会主义学院学报	2008年第4期
张　颖 杨爱珍	改革开放三十年来我国多党合作制度的创新与发展	中央社会主义学院学报	2008年第4期
杨爱珍	中国多党合作制度的政治民主化功能探析	上海市社会主义学院学报	2008年第4期
杨爱珍	论民主党派的政治认同	天津市社会主义学院学报	2008年第4期
顾行超	悄然变化的民族精神——纪念改革开放三十周年	广州社会主义学院学报	2008年第4期
顾文浩	改革开放以来我国多党合作制度的理论发展	福建省社会主义学院学报	2008年第4期
张　颖	坚持科学发展　办好"联合党校"——改革开放三十周年与社会主义学院建设	上海市社会主义学院学报	2008年第5期
彭镇秋	提高参政议政能力是加强参政党建设的重要任务	上海市社会主义学院学报	2008年第5期
杨爱珍	多党合作制度的发展与公民意识的培育	江苏省社会主义学院学报	2008年第5期
顾行超	从沿袭模仿到开拓创新	浦江纵横	2008年第5期
蒋连华	改革开放与中国特色社会主义民族理论体系的形成	中央社会主义学院学报	2008年第6期
张　颖 杨爱珍	社会主义学院教学规律研究——对新一代党外代表人士的教育影响力	上海市社会主义学院学报	2008年第6期
顾行超	从求同存异到求同纳异	浦江纵横	2008年第10期
陈昌福	清末新政·咨议局·陈炯明	近代中国	2008年第18辑
吴思敏	宗教的健康发展是构建社会主义和谐社会的重要环节	中央社会主义学院学报	2009年第1期

(续表)

作 者	题 名	报 刊	时 间
陈昌福	时代特征鲜明 侨务内涵丰富——三十年来侨务工作的回顾	上海市社会主义学院学报	2009年第1期
顾行超	政治协商三题	上海市社会主义学院学报	2009年第1期
顾行超	初次分配和再分配都要处理好效率和公平的关系——十七大精神深度解读	贵州社会主义学院学报	2009年第1期
徐剑锋	公道自在人心	广东省社会主义学院学报	2009年第1期
顾文浩	论社会转型与中国共产党权威的互动关系	中央社会主义学院学报	2009年第2期
杨爱珍	解放思想与我国多党合作制度合法性分析	湖南省社会主义学院学报	2009年第2期
杨爱珍	民主党派政党文化建设的路径选择	新视野	2009年第2期
杨爱珍	民主党派的政党职能和政党功能分析	中央社会主义学院学报	2009年第3期
陈昌福	开创新时期侨务工作新局面的指针——解读廖承志副委员长在全国侨务会议、第二次全国归侨代表大会上的报告	上海市社会主义学院学报	2009年第3期
顾文浩	论中国共产党领导的多党合作制度的确立及其历史意义	江苏省社会主义学院学报	2009年第3期
顾文浩	党的现代化与合法性探析	云南行政学院学报	2009年第3期
陈昌福	上海"五祖祠"的建、拆与中国致公党的历史和现实的关联	世纪	2009年第3期
顾行超	论科学发展理念对中华传统文化的继承与创新	中央社会主义学院学报	2009年第4期
张 颖	五十年春华秋实 五十年继往开来	上海市社会主义学院学报	2009年第4期
顾行超	开辟中国历史的新纪元——解读《中国人民政治协商会议共同纲领》	上海市社会主义学院学报	2009年第4期
杨爱珍	多党合作制度是中国的,也是世界的——学习《中国的政党制度》(白皮书)的体会	上海市社会主义学院学报	2009年第5期
彭镇秋等	关于民主党派内部监督制度建设的思考	上海市社会主义学院学报	2009年第5期
顾行超	中国特色政党制度60年创新发展及其意义	上海市社会主义学院学报	2009年第6期
吴思敏	宗教工作的指路明灯——中共中央〔1982〕19号文件的现实意义	上海市社会主义学院学报	2009年第6期
陈昌福	肝胆相照 真诚合作——中国致公党与第一届中国人民政治协商会议	中国政协	2009年第10期
彭镇秋	知我人大 爱我人大 为我人大 想我人大	上海人大月刊	2009年第12期
蒋连华	关于我国少数民族散居城市多民族社区建设的思考	中央社会主义学院学报	2010年第1期
陈昌福	《中华人民共和国归侨侨眷权益保护法》简介	上海市社会主义学院学报	2010年第1期

(续表)

作 者	题 名	报 刊	时 间
蒋连华	解读《中国的民族区域自治》白皮书	上海市社会主义学院学报	2010年第1期
杨爱珍等	浦东新区坚持中国共产党领导的多党合作和政治协商制度的实践和思考	上海市社会主义学院学报	2010年第1期
蒋连华	科学发展观与参政党能力建设	中央盟讯	2010年第1期
杨爱珍	对构建中国特色社会主义政党制度理论体系的思考	上海市社会主义学院学报	2010年第2期
吴思敏	爱国爱教是共融的真谛	中国天主教	2010年第2期
杨爱珍 许家鹏等	多党合作制度的社会性价值——论多党合作制度在维护社会稳定中的作用	中央社会主义学院学报	2010年第3期
徐剑锋	两岸的统一 任重而道远	中央社会主义学院学报	2010年第3期
张 颖 杨爱珍	民主的发展 文明的进步——解读《中共中央关于进一步加强中国共产党领导的多党合作和政治协商制度建设的意见》	上海市社会主义学院学报	2010年第3期
顾文浩	中美政党制度之价值认知比较	上海市社会主义学院学报	2010年第3期
蒋连华	新时期加强我国宗教教职人员队伍建设的思考	浦江纵横	2010年第3期
陈昌福	20年来之"五缘文化"论	上海市社会主义学院学报	2010年第4期
彭镇秋	学习践行核心价值体系推动党派参政能力建设	上海市社会主义学院学报	2010年第4期
蒋连华 蒋莲芳	从汉族形成看我国"多元一体"的民族关系格局	上海市社会主义学院学报	2010年第4期
陈昌福	《中华人民共和国国籍法》简介——以华侨"双重国籍"问题为中心	上海市社会主义学院学报	2010年第6期

表3-1-3 上海市社会主义学院教职工载于研讨会文集的论文和文章一览表

作 者	题 名	出 处	时 间
杨承祈	论上海面粉交易所	旧上海交易所	1994年11月
杨承祈	论上海企业交易所始末	旧上海交易所	1994年11月
杨承祈	建国后史料集出版如何对本现政协文史资料"三性"的特点	建国后文史资料征集出版工作研讨会论文集	1996年5月
陈昌福	孙中山的革命活动与中国致公党建立的历史准备	孙中山与现代文明	1997年8月
胡公展	容闳一百年祭——兼论留住中华学人的根	《容闳与中国近代化》国际研讨会	1999年10月
陈昌福	共同构筑面向新世纪的中日关系	构筑面向未来的中日关系	2000年10月

(续表)

作 者	题 名	出 处	时 间
徐剑锋	发展党内民主,健全党内权力制约机制	风正帆悬——党的作风问题研讨论文集	2002年5月
王 瑛	建党80周年与统一战线历史经验——市统一战线理论研究会等举行研讨会	上海市社会科学界联合会2002年学术研讨会论文集	2002年6月
陈昌福	留日学人与华侨华人社会	亚太地区与中日关系	2002年8月
郭洪海	周恩来对我国宗教事业的伟大贡献	周恩来与中国先进文化	2003年3月
王 瑛	十六大与统一战线理论创新	上海市社会科学界联合会2003年学术研讨会论文集	2003年6月
蒋连华	文化民族主义的新认识	东亚学研究	2003年6月
陈昌福	近代上海日侨社会的形成及其异化	中日文化与政治经济论——依田熹家古稀之年纪念论文集	2003年11月
蒋连华	关于当前上海民族关系的调查研究	2002年上海统战优秀调研文选	2003年11月
熊新亚	艰苦奋斗与全面建设小康社会	毛泽东思想研究"三个代表"专集	2003年
陈昌福	辛亥革命时期社会思潮与洪门致公党"改堂为党"	《近代中国》第14辑	2004年8月
杨爱珍	开拓研究当代中国政党制度理论的新角度	当代政党制度与中国特色政治发展道路研讨会论文集	2005年11月
张 颖 顾行超	弘扬中华传统和合思想 增强中华民族凝聚力	和谐文化与统一战线——全国首次统战文化论坛论文集	2007年6月
杨爱珍 顾文浩	民主政治视野下的党际关系和谐	上海市社会科学界第五届学术年会文集(2007年度)	2007年6月
胡公展	中国走和平发展道路的三个路标	上海市社会科学界第五届学术年会文集(2007年度)	2007年6月
顾行超	我国和谐政党关系的构建及其启示——纪念改革开放30周年	上海市社会科学界第六届学术年会文集(2008年度)	2008年11月
顾文浩	改革开放以来我国多党合作制度的发展	改革开放30年统一战线理论与实践	2008年11月
杨爱珍 杨 春	执政党党内民主与党际合作民主的关系	上海市社会科学界第七届学术年会文集(2009年度)	2009年11月
顾行超	中国特色政党制度60年创新发展及其意义	上海市社会科学界第七届学术年会文集(2009年度)	2009年11月
蒋连华	新中国60年与上海城市民族关系	2009年上海统战优秀调研文选	2010年5月

(续表)

作　者	题　名	出　处	时　间
上海市社会主义学院	区域文化的人文价值——《海派文化概览》的编辑特点	区域文化与中华文化	2010年6月
蒋连华	解读费孝通中华民族多元化一体格局理论	纪念费孝通诞辰100周年学术研讨会	2010年10月
陈昌福	"敬老崇文"与统一战线	"敬老崇文"与现代社会论坛论文集	2010年10月
徐剑锋	论民主党派的政治责任	上海市社会科学界第八届学术年会文集（2010年度）	2010年11月
许家鹏 蒋连华	12字打破"代经租"侨房处置僵局	春风化雨——上海群众工作案例集锦	2010年12月
蒋连华 王俊华	拉面馆搬迁的争与辩	春风化雨——上海群众工作案例集锦	2010年12月

表3-1-4　上海市社会主义学院教职工发表于内刊的文章一览表

作　者	题　名	报　刊	时　间
杨承祈 陈子康	统一战线工作为对外开放服务的特点和作用	统战理论研究通讯	1985年第5期
杨承祈	对外开放与统一战线	统一战线理论	1987年7月
上海市社会主义学院	对教学与统战理论研究相结合的几点体会	统战理论教学	1989年第1期
杨承祈	如何表述马克思主义统一战线的基本含义	上海统战理论研究	1989年第1期
杨承祈 陈子康	坚持和发展共产党领导的多党合作制度的几点认识	上海统战理论研究	1989年第3—4期
杨承祈	大力加强大中型国营企业统战工作	上海统战理论研究	1990年第1期
杨承祈 陈子康	对执政党、参政党的认识	上海统战理论研究	1990年第3期
方国澄	十一届三中全会以来的三次全国统一战线工作会议	上海统战工作	1990年第6期
杨承祈 汪瑞田	努力发展爱国主义的大团结	上海统战理论研究	1991年第1期
杨承祈	民族企业家刘鸿生事略	工商史苑	1991年第2期
方国澄	关于"统一战线"一词的由来	上海统战理论研究	1991年第2期
胡公展	谈两种"化敌为友"	上海统战理论研究	1991年第8期
吴思敏	关于宗教和迷信的对话	上海统战理论研究	1991年第11期
熊新亚	以十四大精神为动力，开创社院工作新局面	上海统战理论研究	1992年第4期
杨承祈	论国资团体三篇	工商史苑	1993年第1期

(续表)

作　者	题　名	报　刊	时　间
杨承祈	论著名国货产品"三五牌"时钟	工商史苑	1993年第1期
吴思敏	更好地引导宗教与社会主义社会相适应的三点思考	上海统战理论研究	1993年第4期
熊新亚	关于社院教学管理的若干思考	上海统战理论研究	1994年第1期
刘凤瑞	关于邓小平统一战线研究的几个问题——从编写《邓小平统一战线理论概述》一书谈起	上海统战理论研究	1994年第4期
顾行超	略论邓小平统一战线理论的历史观基础	上海统战理论研究	1994年第4期
黄爱淳	艰难的一步——对邓小平论述知识分子是工人阶级的一部分的再认识	上海统战理论研究	1994年第4期
王　瑛	邓小平统战思想学术研讨会综述	上海统战理论研究	1994年第4期
顾行超	实事求是与邓小平统一战线思想	上海台盟	1994年9月
杨承祈	对"一国两制"科学构想的继承与新发展	上海统战理论研究	1995年第1期
方国澄	坚持一个中国原则,推动两岸关系的发展	上海统战理论研究	1995年第1期
胡公展	略谈三代领导人对台政策的传承	上海统战理论研究	1995年第1期
吴思敏	宗教文化在海峡两岸交流中的作用	上海统战理论研究	1995年第1期
方国澄	国共合作与祖国统一	上海统战理论研究	1995年第3期
顾行超	抗日战争时期毛泽东的国际统一战线思想	上海统战理论研究	1995年第3期
熊新亚	论抗日民族统一战线中华民族矛盾与阶级矛盾关系的正确处理	上海统战理论研究	1995年第3期
顾行超	邓小平关于社会主义本质的规定性	上海机关动态	1995年第9期
刘凤瑞	抗日战争与中华民族凝聚力	浦江同舟	1995年第10期
杨承祈	向"四行仓库抗日守军"献旗的史实	工商史苑	1995年
吴思敏	唯物论者和唯心论者在政治上可以合作	上海统战理论研究	1996年第2期
胡公展	邓小平理论与新时期爱国统一战线	上海统战理论研究	1999年第1期
杨承祈	党指引我迎接上海解放	上海统战理论研究	1999年第3期
顾行超	做先进生产力发展要求的代表	上海机关动态	2000年第10期
陈昌福	华侨华人与中国共产党——纪念中国共产党成立80周年	上海统战理论研究	2001年第2期
杨爱珍	试论实践"三个代表"与统一战线发展的辩证关系	浦江同舟	2001年第12期
顾行超	深化对劳动和劳动价值论的认识	上海机关动态	2001年第12期
顾行超 张　颖	访港三得	浦江同舟	2002年第9期

(续表)

作　者	题　名	报　刊	时　间
徐剑锋	关于诚信问题的政治学思考	炎黄子孙	2003年第1期
蒋连华	刍议巩固和发展社会主义民族关系	上海民族和宗教	2003年第4期
蒋连华	世博会：上海城市民族管理社会化的助推器	上海民族和宗教	2003年增刊
陈昌福	重温世纪伟人的谈话	海上宁波人	2004年第3期
徐剑锋	党的统战工作应体现执政时期的特点和要求	上海统战理论2003年研究文集	2004年4月
徐剑锋	坚持邓小平外交思想，低调务实地发展自己	上海炎黄文化研究会纪念邓小平同志诞辰100周年理论研讨论文集	2004年8月
徐剑锋	目前两岸关系的性质和形势	商旅之友	2005年第3期
徐剑锋	《反分裂国家法》能否维持两岸的"一中"关系？——《反分裂国家法》的立法意义和影响	商旅之友	2005年第4期
徐剑锋	毕竟是商人——有感于许文龙的退休感言	商旅之友	2005年第5期
顾行超	要有强烈的忧患意识	资料通讯	2006年第6期
顾行超	要有强烈的忧患意识	理论前沿	2006年第9期
徐剑锋	井冈山之哀	炎黄子孙	2007年第2期
徐剑锋	你不说，我不说，这话谁来说？	炎黄子孙	2008年第2期
徐剑锋	能说话的宪法才是活的宪法	炎黄子孙	2008年第4期
蒋连华	如何看待我国对少数民族优惠政策的社会学思考	上海市人民政协理论研究会	2008年6月
张　颖	社会主义学院教学规律研究——对新一代党外代表人士的教育影响力	统战理论内参	2009年第6期
蒋连华	为实现西藏教育事业跨越式发展作贡献	浦江同舟	2009年第7期
陈昌福	致公党上海地方组织的建立	浦江同舟	2010年第10期
徐剑锋	中国人的权宜意识	炎黄子孙	2010年第2期

三、著作

《当代中国政党制度研究》 2004年1月由学林出版社出版。杨爱珍著。该书论述中国近代政党产生的历史考察、两种不同类型的政党制度安排、民主革命时期对中国特色政党制度的探索、当代中国政党制度的初期发展和遭遇曲折等8章内容。

《用心亲近台湾》 2004年2月由上海人民出版社出版。胡公展著。该书是一本关于台湾当代社会生活的纪实作品。作者长期从事台湾问题的专职研究工作，并实地访问过台湾，以生动流畅的文笔、充沛深厚的感情撰写。

《中国共产党统一战线思想史》 2005年1月由上海人民出版社出版。顾行超著。该书对中国共产党统一战线思想形成、完善、发展的历史进行整体性的研究。从学术研究的层面揭示中国共产统一战线思想昂扬向上发展的运动轨迹,阐述统一战线思想对中国革命和建设的巨大作用。

《学术与政治——徐复观思想研究》 2006年2月由上海三联书店出版。蒋连华著。研究中国现代思想史,著者认为应该把"五四"至今的80多年,包括台湾、香港在内作为一个整体来考察,才能理清中国现代思想发展的线索和全面把握它的丰富内涵。徐复观除了留下数百万的学术论著外,还写了大量的政论文章和论文,字里行间渗透他对国家前途和中国文化的真挚的关怀,体现他的文化观和历史观,富有深沉的历史感和强烈的思想性。徐复观对封建专制政治的批判以及思想史研究的方法,对我们今天的文化建设仍有借鉴意义。

《两岸关系纵横论》 2006年12月由学林出版社出版。胡公展著。该书以崭新的视野,鸟瞰和着墨两岸关系历程中的重大问题,以两岸的统、"独"斗争的历史为切入点,坚持史论结合,揭露"台独"分裂势力是如何以历史的悲情操弄台湾民众,撕裂台湾神会,挑动族群争斗,制造省籍矛盾,离间台湾民众对祖国的认同,在"去中国化"的道路上渐行渐远。

《统一战线概论》 1987年7月由华东师范大学出版社出版。杨承祈参加第11章"对外开放与统一战线"的编写。主编林远,副主编丑立本。中共中央顾问委员会副主任宋任穷为该书题写书名。该书力求系统地阐述统一战线理论是一门科学,是科学社会主义学说的重要内容;阐述中国共产党对统一战线理论的贡献及其在实践中的基本经验,特别是在新的历史时期中统一战线理论的新发展及其在"四化"建设中的伟大作用,试图把统一战线实践中的主要方针政策进行理论性概括。

《统一战线工作应用手册》 1989年12月由上海人民出版社出版。主编张承宗,副主编范征夫、张耀忠。中共中央总书记江泽民题写书名。该书为从事实际工作的人士掌握统一战线理论政策知识的工具书。

《马克思主义统战学原理》 1993年5月由外文出版社出版。王世豪、刘庆祥、贾平安任主编。该书是我国第一部系统阐述马克思主义统战学原理的著作,在统一战线基础理论研究领域具有开创性。

《统一战线十二讲》 1993年6月由同济大学出版社出版,是上海市社会主义学院组织市、区社会主义学院合作编写的教材。刘凤瑞任主编,方兆海、陈永嘉、阮金夫任副主编。上海市社会主义学院以及宝山、普陀、虹口、长宁、闸北、杨浦、南市等区社会主义学院的有关教师参与编写。

《上海民主党派资料》 1993年12月由华东理工大学出版社出版。主编阮金夫,副主编汪卓中、姜吉来。该书汇集1992年全国和上海市各民主党派换届后的资料,是一本了解全国和上海市民主党派基本情况的简明工具书。

《邓小平统一战线理论概述》 1994年由上海社会科学院出版社出版。主编刘凤瑞,副主编束松林、张锡岭。

《香港澳门概况》 1996年8月由香港天马图书有限公司出版。主编刘凤瑞,副主编阮金夫、冯婉菁。该书分为"香港概况"和"澳门概况"两大部分,分述自然、历史、政治、经济、教育、文化、人物等,材料翔实、新颖,叙述明晰,并附有《中华人民共和国香港特别行政区基本法》和《中华人民共和国澳门特别行政区基本法》等。

《统一战线疑难问题研究》 1998年4月由上海社会科学院出版社出版。主编刘凤瑞,副主编王瑛。该书汇集上海市社会主义学院以及各区社会主义学院在教学中遇到的理论性强、疑难性大的问题进行研究,力求从理论与实践的结合上对这些问题予以回答。

《新中国统一战线50年》 1999年9月由台海出版社出版。王国成任主编,刘凤瑞任副主编,杨爱珍、黄爱淳、吴志红、胡公展、郭洪海、陈永嘉等参与编写。该书是由中央社会主义学院立项,联合湖南省社会主义学院、北京市社会主义学院、上海市社会主义学院和四川省社会主义学院共同完成的一项集体科研成果。

《社会主义市场经济理论与实践》 2000年2月由华文出版社出版。全国统一战线干部培训教材编审委员会编。姜汝真、吴昶新、刘凤瑞、韦丛材任主编。黄克庭参加第二章、刘凤瑞参加第三章的编写。

《中国共产党统一战线简史》 2000年2月由华文出版社出版。全国统一战线干部培训教材编审委员会编。罗湘民、朱真、尹世明、刘凤瑞任主编。陈永嘉、杨爱珍、胡公展分别承担其中第四章、第五章和第九章第四节的编写。

《智者的政治视野》 2001年8月由上海交通大学出版社出版。朱勤军、袁峰任主编,徐剑锋参与编著。该书精选一部分古今中外著名案例,从政治学的视角系统阐述政治角色、结构、制度、管理、规范、文化、环境以及政治发展和国际关系等理论。

《统一战线基本问题和疑难问题》 2002年4月由华文出版社出版。全国统一战线干部培训教材编审委员会编。刘凤瑞、姜汝真、胡德林、谭冰石、王瑛任主编。上海市社会主义学院、中央社会主义学院、湖北省社会主义学院、陕西省社会主义学院共同组织教师编写。

《延承与跨越——党的第三代领导集体统战理论与实践的新发展》 2004年1月由学林出版社出版。主编张颖,副主编杨爱珍,徐剑锋、苏海、顾行超、蒋连华、吴思敏、黄克庭、冯菊红、胡公展、熊新亚等参与编写。该书阐述以江泽民为主要代表的中国共产党人对邓小平统一战线理论作出的创造性的运用和发展,反映中共第三代领导集体与马列主义、毛泽东思想、邓小平理论中关于统一战线理论一脉相承而又与时俱进的关系。

《海派文化概览》 2008年9月由上海人民出版社出版。主编张颖,副主编彭镇秋、蒋连华。该书旨在反映上海历史地理特色,从人口、城市、语言、产业、建筑、民宅、文学艺术、传媒、教育、民俗、民间收藏11个领域,叙述海派文化的历史和特征。

第二章　院　　刊

第一节　内　部　刊　物

一、统战理论研究通讯

《统战理论研究通讯》创刊于1984年1月20日,由上海市统一战线理论研究会办公室负责编印,为不定期内部刊物。1984年4月上海市社会主义学院复院后,参与编辑《统战理论研究通讯》。共5期。

1985年起,《统战理论研究通讯》由中共上海市委统战部研究室与上海市统一战线理论研究会合编,并改为季刊。1985年3月21日出版第6期。

1988年,《统战理论研究通讯》由中共上海市委统战部、上海市统一战线理论研究会、上海市社会主义学院合编。1988年1月10日出版第19期。

1988年4月20日第20期起,经上海市新闻出版局批准,《统战理论研究通讯》由内部资料改为内部学术刊物,双月刊,16开(内部报刊准印证第057号)。

《统战理论研究通讯》编辑部的组成人员如下:

主　　编:范征夫
副 主 编:王世豪　闵孝思　杨承祈
编　　委:陈荣初　黄耀诚　马　贲
责任编辑:马　贲

二、上海统战理论研究

1989年1月,《统战理论研究通讯》更名为《上海统战理论研究》,由上海市统一战线理论研究会主办,刊物的内容由原来的通讯、信息、工作报道调整为统战工作研究、学术理论探讨。1989年3月30日出版第26期,1989年9月起改为季刊。

1992年2月27日,上海市社会主义学院召开院刊编辑工作会议,决定成立上海市社会主义学院院刊编辑室,隶属办公室领导,主要承担两方面任务:一是负责院刊的编辑工作;二是负责全院文稿及资料的撰写工作。会议指出,经上海市统一战线理论研究会领导同意,《上海统战理论研究》由研究会和学院合办,其性质为既是研究会会刊,也是学院院刊,并恢复为季刊。2002年底第81期编印后,《上海统战理论研究》停止编印。

《上海统战理论研究》编辑部的组成人员如下:

1991年8月,刊物编辑部人员为:

主　　编:范征夫
副 主 编:刘凤瑞　王世豪

编　　委：邓　亭　闵孝思　吴松茂　陈永嘉　杨承祈　胡贵孚　郭洪海　黄耀诚
责任编辑：邓　亭
1993年4月，刊物编辑部人员调整为：
主　　编：赵定玉
副 主 编：刘凤瑞
责任编辑：阮金夫　郭洪海
1995年8月，刊物编辑部人员调整为：
主　　编：王生洪
副 主 编：刘凤瑞
责任编辑：王　瑛　沈瑞风
2000年6月，刊物编辑部人员调整为：
顾　　问：黄跃金　吴汉民　金闽珠　周　箴　杨奇庆
主　　编：曹海红
副 主 编：徐海鹰　卞直忠　王　瑛　郑惠强
责任编辑：吴思敏　沈瑞风　冯菊红

第二节　上海市社会主义学院学报

2002年，国家新闻出版署批准同意上海市社会主义学院出版《上海市社会主义学院学报》。2002年8月，上海市新闻出版局批准同意，从2003年第1期起，《上海统战理论研究》更名为《上海市社会主义学院学报》，由内部学术双月刊改为公开季刊，16开，国内统一刊号为：CN31—1903/C。《上海市社会主义学院学报》由上海市社会主义学院主办、上海市统一战线理论研究会协办。

从2003年7月开始，《上海市社会主义学院学报》改为双月刊。2006年扩版为64页。国际标准刊号：ISSN 1672-0911。

一、编辑队伍

《上海市社会主义学院学报》编辑部由原《上海统战理论研究》编辑部人员组成。2004年12月，编辑部人员调整为：
顾　　问：黄跃金　沈红光　吴汉民　金闽珠　周　箴　杨奇庆　周富长　徐海鹰
主　　编：张　颖
副 主 编：高开云　王　瑛　张　化　郑惠强
责任编辑：吴思敏　沈瑞风　冯菊红
2006年9月，编辑部人员调整为：
顾　　问：黄跃金　沈红光　吴汉民　金闽珠　周　箴　杨奇庆　周富长　徐海鹰
主　　编：张　颖
副 主 编：高开云　张　化　郑惠强　徐剑锋
责任编辑：吴思敏　沈瑞风　冯菊红　顾文浩
2008年第3期，编辑部人员调整为：

顾　　问：黄跃金　沈红光　杨晓渡　吴汉民　金闽珠　周　箴　杨奇庆　周富长　徐海鹰
　　　　　徐　力
主　　编：张　颖
副 主 编：高开云　姚俭建　杨爱珍　张　化　杨　春
责任编辑：吴思敏　沈瑞风　顾文浩

2010年第3期,编辑部人员调整为:
顾　　问：黄跃金　沈红光　杨晓渡　吴汉民　金闽珠　周　箴　杨奇庆　周富长　徐海鹰
　　　　　徐　力
主　　编：张　颖
副 主 编：王庆洲　姚俭建　杨爱珍　张　化　曾昭斌　徐剑锋
责任编辑：吴思敏　沈瑞风　顾文浩

《上海市社会主义学院学报》编辑部坚持每月1—2次的例会制度,集中学习党的方针政策,学习编辑业务知识,交流情况,总结经验。2010年,编辑部所有人员均完成责任编辑职业资格登记注册。

二、编辑出版流程

学报逢双月25日出版。选题、组稿工作由执行副主编(一般为主持上海市社会主义学院研究室工作的负责人)负责。组稿完成以后,学报的编辑出版流程依次为:初审、复审、主编终审并签付印、排版、打印、一校对、印刷厂校改、二校对、印刷厂正式印刷,编辑部发行。

三、栏目内容

学报编辑的指导思想是:坚持以马列主义、毛泽东思想、邓小平理论、"三个代表"重要思想、科学发展观为指导,坚持党的基本路线,保持统战理论研究的正确方向;坚持理论联系实际,积极探索研究实践中的新情况、新问题;坚持解放思想,努力开创统战理论研究新局面;坚持团结统战理论工作者,注重作者队伍建设;充分发挥刊物宣传党的统一战线方针政策、交流统战理论研究成果、促进统战理论研究工作的作用,为社院教学服务,为统战工作服务。

2003年,学报选题包括:新的社会阶层、非公有制经济、国际化进程中的民族宗教工作等问题的研究。

2004年,学报选题包括:学习中共十六届三中全会、四中全会精神,邓小平统战理论,统一战线与政治文明,科学发展观与统一战线,构建和谐社会与统一战线,小康社会与统一战线,社会结构的变化与统一战线,新的社会阶层与非公有制经济发展,多党合作的制度化、规范化、程序化,国际化进程中的民族宗教工作等问题的研究。

2006年,第1期围绕"和谐社会与统一战线"专题,第4期围绕"民主执政与统一战线"专题进行组稿。

从2007年第1期开始,学报栏目相对固定如下:政治文明建设研究;参政党建设研究;政党理论研究;民族宗教问题研究;新的社会阶层问题研究;台港澳问题研究;中华文化研究;统战理论与实践;统战论坛等。

2009年,学报栏目调整为:统一战线理论前沿问题、统一战线经典文献研究、多党合作理论与实践、统战调查研究、统战各领域问题研究等栏目。

四、社会影响

【发行】

每期发行量3 000册。发行范围主要是:在沪的全国政协委员、上海市政协委员、市区统战系统的领导及机关干部、民主党派市委的领导及其成员、高校和社科院的专家学者、市区社会主义学院的干部教师以及外省市相关读者。

2006年7月,《上海市社会主义学院学报》加入中国期刊网,成为中国学术期刊(光盘版)全文收录期刊和中国学术期刊综合评价数据库来源期刊。

2008年1月,《上海市社会主义学院学报》加入万方数据期刊群。

2010年9月,《上海市社会主义学院学报》加入重庆维普资讯网。

【刊物转载情况】

表3-2-1 《上海市社会主义学院学报》论文被中国人民大学复印报刊资料转载情况一览表

作　者	论　文　题　目	学报期数
胡小君　朱昔群	构建和谐的政党关系	2007年第2期
童庆平	当代中国政党协商民主政治价值论	2007年第4期
齐卫平	制度界面的协商民主形式:多党合作和政治协商	2007年第5期
赵蕙兰	社会中介组织党外代表人士有序政治参与问题研究	2007年第6期
甄小英	关于增强我国政党制度包容力的几点思考	2008年第4期
任世红	参政党功能的历史考察	2008年第4期
杨　健	论改革开放三十年对参政党发展的意义	2008年第5期
贾小明	再论中国共产党的先进性和执政的必然性	2008年第6期
张献生	关于我国政治协商的主体问题	2009年第2期
章义和	新时期以来民盟参政方略的历史考察	2009年第2期
童庆平	近年来我国协商民主研究若干观点辨析	2009年第2期
贺善侃	新时期统战理论的发展逻辑——学习中国特色社会主义统战理论	2009年第3期
余源培	新时期统一战线的奠基之作——纪念邓小平《新时期的统一战线和人民政协的任务》发表30周年	2009年第3期
齐卫平	政治协商制度在当代中国民主政治发展中的品牌意义	2009年第6期
殷啸虎	论多党合作制度功能定位的演进	2010年第1期
杨爱珍	对构建中国特色社会主义政党制度理论体系的思考	2010年第2期

(续表)

作　者	论　文　题　目	学报期数
刘红凛	建构中国特色政党制度理论体系的三个基本问题	2010年第4期
姚小远	关于进一步提高人民政协参政议政实效的思考	2010年第5期

【主要荣誉】

2003年1月,《上海市社会主义学院学报》编辑部获"上海市统战调研工作先进集体"称号。

2003年12月,《上海市社会主义学院学报》编辑部获"上海市统一战线2000—2002年度先进集体"称号。

2006年12月,《上海市社会主义学院学报》编辑部获"上海市统一战线2003—2005年度先进集体"称号。

第三章　上海市统一战线理论研究会

第一节　组　织　设　置

一、组织沿革

【第一届理事会】

中共中央统战部遵照中共中央领导关于要加强统一战线理论、政策宣传教育的指示，于1983年4月14—20日召开十省市统战理论座谈会。

1983年12月14日，上海市统一战线理论研究会（以下简称"研究会"）宣告成立。

会　　长：张承宗

副 会 长：（按姓名笔画为序）

叶尚志　李佐长　张耀忠　陈铭珊　范征夫　赵超构　龚心瀚　蔡北华

顾　　问：靖任秋　刘人寿

常务理事：（按姓名笔画为序）

王世豪　叶尚志　寿进文　李佐长　李振麟　杨承祈　佘　英　闵孝思　张承宗
张耀忠　陈铭珊　范征夫　赵超构　胡贵孚　龚心瀚　蔡北华

理　　事：（按姓名笔画为序）

丁祯彦　王　维　王世豪　王亚夫　王伯昌　叶尚志　史　东　孙宗英　寿进文　严　政
李佐长　李振麟　李萍青　李赣驹　杨廷修　杨叔铭　杨承祈　杨增年　时　进　吴　康
佘　英　闵孝思　沈孝锟　张承宗　张持平　张震言　张耀忠　陈一鸣　陈玉生　陈铭珊
范征夫　茅志琼　林铮埇　周光远　周起渭　赵超构　胡贵孚　姜庆湘　顾歧山　徐常太
翁曙冠　浦　作　梅达君　龚心瀚　蒋家祥　谢光华　蔡北华　缪剑秋　颜迪明

秘书长：范征夫（兼）

副秘书长：（按姓名笔画为序）

寿进文　李振麟　杨承祈　佘　英　胡贵孚　闵孝思

1987年11月，上海市统一战线理论研究会在青浦石化招待所召开常务理事会会议。会议确定由上海市社会主义学院副院长王世豪任研究会副会长并代替范征夫兼任秘书长。

【第二届理事会】

1988年12月19日，研究会选举产生第二届理事会。

1991年4月10日上海市统一战线理论研究会经上海市民政局批准登记。

会　　长：张承宗

常务副会长：范征夫

副 会 长：（按姓名笔画为序）

王世豪　邓伟志　叶尚志　陈铭珊　罗冠宗　赵定玉　赵超构　俞云波　郭炤烈　龚心瀚

顾　　问：（按姓名笔画为序）
刘人寿　张耀忠　李佐长　郑励志　赵宪初　蔡北华　靖任秋
常务理事：（按姓名笔画为序）
王世豪　邓伟志　叶尚志　陈铭珊　张承宗　杨承祈　李振麟　闵孝思　寿进文　范征夫
林　远　罗冠宗　赵定玉　赵超构　胡贵孚　胡蔚英　俞云波　郭炤烈　龚心瀚
理　事：（按姓名笔画为序）
丁志坚　马　贡　马韫芳　王世豪　王志高　王宏杰　王宏遒　王海峤　王慎伯　毛均高
邓伟志　左茂松　石锡仁　叶仲若　叶尚志　朱元寅　朱伟品　刘述曾　许光顾　寿文进
李振麟　李铁玖　李赣驹　杨承祈　束松林　吴起燃　时　进　佘　英　闵孝恩　沈原梓
张公绰　张承宗　张德权　陆亿中　陈民权　陈荣初　陈祥元　陈铭珊　范征夫　范新发
林　远　罗冠宗　季鸿生　金小毛　周起渭　周惠民　郑善龙　赵定玉　赵超构　胡忠泽
胡贵孚　胡振麟　胡蔚英　俞云波　秦光裕　顾兴荣　顾歧山　翁曙冠　郭炤烈　黄耀诚
梅达君　龚心瀚　梁城涛　蒋洪斌　蒋家祥

【第三届理事会】

1993年9月2日，研究会选举产生第三届理事会。

会　　长：赵定玉（由于工作变动，王生洪、黄跃金先后继任）

名誉会长：张承宗

副会长：（按姓名笔画为序）
王世豪　邓伟志　刘凤瑞　吴汉民　吴敏华　俞云波　郭炤烈　陶人观　蒋澄澜

顾　　问：（按姓名笔画为序）
叶尚志　张耀忠　陈铭珊　范征夫　罗冠宗　郑励志　赵宪初　蔡北华

常务理事：（按姓名笔画为序）
王世豪　邓伟志　刘凤瑞　关汉贤　李杰华　吴汉民　吴敏华　张　颖　张锡岭　沈原梓
季鸿生　赵定玉　俞云波　郭炤烈　陶人观　蒋澄澜

理　事：（按姓名笔画为序）
马克烈　王　昌　王世豪　王宇平　石乃璋　毛均高　邓伟志　方宗伟　刘凤瑞　叶仲若
关汉贤　李杰华　吴敏华　吴汉民　吴孟庆　吴孟连　吴秋珍　束松林　严贵生　张　颖
张宗德　张锡岭　张汉章　陈平田　陈荣初　陈祥元　陈永嘉　陈观法　沈原梓　周元福
季鸿生　范新发　郑善龙　赵定玉　胡忠泽　俞云波　袁顺莲　夏明海　郭炤烈　高美琴
徐澄宇　陶人观　顾歧山　商继宗　韩大钟　蒋澄澜

秘书长：刘凤瑞（兼）

副秘书长：陈永嘉　徐海鹰

【第四届理事会】

2001年6月9日，研究会选举产生第四届理事会。

会　　长：黄跃金（由于工作变动，2003年沈红光继任）

副会长：（按姓名笔画为序）
邓伟志　左学金　刘凤瑞　吴汉民　张　颖　邵燮堂　陈昌福　俞云波　奚洁人　曹海红

蒋澄澜

顾　问：（按姓名笔画为序）

王世豪　王生洪　毛经权　赵定玉　郭炤烈

常务理事：（按姓名笔画为序）

| 王　瑛 | 尤俊意 | 卞直忠 | 邓伟志 | 左学金 | 刘凤瑞 | 吴汉民 | 余源培 | 张　颖 | 邵燮堂 |
| 陈昌福 | 周一平 | 郑惠强 | 俞云波 | 姚俭建 | 徐海鹰 | 奚洁人 | 黄跃金 | 曹海红 | 蒋澄澜 |

理　事：（按姓名笔画为序）

万国森	马克烈	王　中	王少普	王宇平	王　昌	王炳育	王美新	王　彪	王　瑛
王慧敏	尤俊意	毛荣发	卞直忠	孔繁云	邓伟志	邓　毅	左学金	叶连均	叶菁权
冯如杏	过传忠	成兆奎	朱富金	刘凤瑞	刘银芳	刘瀛萍	杜子炎	李昌道	李啸虎
李葳萍	李新福	杨宗强	吴汉民	吴孟庆	吴慧娟	余源培	沈原梓	宋秀英	张宏莲
张良仪	张宝妮	张　癸	张　颖	张锡岭	邵煜栋	邵燮堂	陈昌福	陈　靖	罗志林
季鸿生	金伟芬	周一平	周祖安	郑旭东	郑惠强	赵宇梓	俞云波	姜义华	姚顺兴
姚俭建	骆克任	秦　岭	顾　明	徐月英	徐海鹰	徐福生	殷啸虎	奚洁人	唐小军
唐金官	浦兴祖	黄企洲	黄跃金	黄森林	黄福寿	曹海红	章念驰	蒋一鸣	蒋澄澜
温秉权	谢遐龄	潘　光	潘明权	薛洪玉	瞿世镜				

秘书长：曹海红（兼）

副秘书长：（按姓名笔画为序）

王　瑛　卞直忠　郑惠强　徐海鹰

【第五届理事会】

2008年2月20日，研究会选举产生第五届理事会。

会　长：杨晓渡

副会长：（按姓名笔画为序）

| 邓伟志 | 左学金 | 吕　贵 | 李　琪 | 李　锐 | 吴汉民 | 张　颖 | 林尚立 | 郑惠强 | 徐海鹰 |
| 奚洁人 | 曹海红 | 章念驰 | 彭镇秋 | | | | | | |

顾　问：（按姓名笔画为序）

王生洪　毛经权　刘凤瑞　赵定玉　俞云波

常务理事：（按姓名笔画为序）

尤俊意	邓伟志	左学金	乐伯龙	吕　贵	刘　杰	李　琪	李　锐	杨晓渡	吴汉民
余源培	张　化	张　颖	范增胜	林尚立	郑惠强	姚俭建	夏斯德	晏可佳	徐剑锋
徐海鹰	殷之俊	奚洁人	高开云	曹海红	章念驰	商红日	彭镇秋		

理　事：（按姓名笔画为序）

王　中	王小干	王少普	王为群	王志华	王宏刚	王耕地	王雅萍	尤俊意	毛荣生
凤懋伦	邓伟志	左学金	石宝珍	卢汉龙	白同朔	乐伯龙	冯德康	吕　贵	刘　杰
刘仲苓	刘其龙	刘春景	刘银芳	刘瀛萍	齐卫平	李　琪	李　锐	李玉华	李关德
李祖望	李梦麟	李啸虎	杨晓渡	杨鲁民	吴汉民	吴建融	吴孟庆	何星海	余晓芳
余源培	张　化	张　癸	张　敏	张　颖	张　静	张元明	张金康	张慧珠	陆国珍
陆建铭	陈三弟	陈宏民	陈昌福	陈强努	范增胜	林尚立	季　平	金伟芬	金勤明

周德勋	郑惠强	房剑森	孟令方	施南昌	姜义华	姚俭建	贺善侃	骆克任	袁　立
夏斯德	顾延炜	顾建中	晏可佳	徐　枫	徐汝明	徐剑锋	徐海鹰	殷之俊	殷啸虎
奚洁人	高开云	唐　豪	唐小军	浦兴祖	陶飞亚	黄　鸣	黄福寿	黄霄鹰	曹海红
章念驰	商红日	阎嘉陵	寇桂星	彭镇秋	董　波	蒋连华	程云华	程伟礼	童西荣
曾　峻	谢遐龄	潘　光	瞿世镜

秘书长：张　颖（兼）
副秘书长：（按姓名笔画为序）
张　化　姚俭建　徐剑锋　殷之俊　高开云

二、党的工作小组

2001年6月，研究会第四届理事会选举产生以后，经中共上海市社会科学界联合会党组批准，建立上海市统一战线理论研究会党的工作小组，以加强中共对研究会的领导，设组长1名（一般由会长兼任）、副组长2名、小组成员3名。

三、组织分支

研究会下设各区（县）统战理论研究会、各级理论研究小组。
2008年2月，经登记确认，研究会有41个分会和研究小组。

四、会员

上海市统一战线理论研究会会员由个人会员和团体会员组成。个人会员是由上海市中共各级党委统战部门、各民主党派、人民团体、社会科学研究机构、大专院校、党校中有一定理论水平的人员组成。团体会员单位实行理事代表制，由现职分管统战理论研究的领导担任，如离开工作岗位，理事一职由继任者担任。

2008年6月，经登记确认，研究会有862名个人会员和82个团体会员。

第二节　重要学术活动

一、学会年会

1984—1995年，研究会的学术年会情况不详。

1996年12月19日，市统一战线理论研究会以"统一战线与精神文明"为题举行1996年学术年会。常务副会长吴汉民主持会议，会长王生洪，副会长刘凤瑞、郭炤烈、王世豪，及部分常务理事、理事出席，上海市社会科学界联合会（以下简称"市社联"）党组书记王邦佐，中共上海市委宣传部理论处副处长朱敏彦到会，各统战理论研究小组、各区（县）理论研究会等单位130余人参加会议。会议收到论文和调查报告47篇。副秘书长陈永嘉作会务报告，刘凤瑞、尤俊意、马克烈、关汉贤、李杰华等发言。王生洪作上海统战工作形势报告，并对1997年研究工作提出要求。

1998年2月20日,市统一战线理论研究会召开1997年度学术年会。常务副会长吴汉民主持会议。会长王生洪,副会长刘凤瑞、俞云波、邓伟志,名誉顾问范征夫,及常务理事、理事出席,上海市各级理论研究小组、各区(县)统战理论研究会及各高校、市社科院专家学者共170余人参加会议。刘凤瑞作会务工作报告,邓伟志、瞿世镜、沈原梓、徐莲子等发言,中共上海市委统战部副部长陶人观传达全国统战部长会议精神,王生洪作总结讲话。

1999年1月22日,市统一战线理论研究会召开1998年度学术年会。会议主题是深入学习中共十五大精神,纪念十一届三中全会20周年。副会长吴汉民主持会议,中共上海市委统战部副部长陶人观传达全国统战部长会议精神,副会长刘凤瑞作会务报告,余源培、张锡玲、张敬国发言,副会长郭炤烈、王世豪出席会议。会议收到论文75篇,108名会员参加会议。

2000年1月20日,市统一战线理论研究会召开1999年度学术年会。副会长吴汉民主持会议并传达全国统战部长会议精神,副会长刘凤瑞作会务报告,副会长陈昌福作专题发言,副会长郭炤烈、王世豪出席会议。会议收到论文31篇,81名会员参加会议。

2001年6月9日,市统一战线理论研究会召开2000年度学术年会并换届选举产生第四届理事会。会长黄跃金讲话。市社联党组书记施岳群出席会议。

2002年4月18日,市统一战线理论研究会举行2001年年会。副会长曹海红主持会议,副会长俞云波作2001年工作报告。副会长左学金和常务理事余源培作学术报告,市社联党组书记施岳群讲话,中共上海市委统战部副部长吴汉民代表会长黄跃金讲话。100多名会员出席。

2003年4月23日,市统一战线理论研究会以"十六大精神与统一战线"为主题举行2002年年会暨四届三次理事(扩大)会议。会长黄跃金出席会议并讲话。副会长俞云波作"上海市统一战线理论研究会2002年工作报告"。市社联副主席王邦佐和常务理事余源培分别作"中国政治文明与中国政党制度""全面建设小康社会与统一战线"的学术报告。市社联副主席武克全,市统战理论研究会副会长、理事、专家学者及会员代表120多人出席会议。

2004年4月29日,市统一战线理论研究会举行2003年年会暨四届四次理事(扩大)会议,专题研讨"社会结构与统一战线"。会长沈红光出席并讲话。副会长俞云波作工作报告。邓伟志作"中国社团发展趋势与统一战线"的学术报告,左学金、尤俊意、卢汉龙分别就"中国社团发展趋势与统一战线的拓展""社会结构与统一战线的宪法定位"等研究成果作大会交流发言。市社联党组书记潘世伟讲话。市统战理论研究会正副会长、顾问、常务理事、理事,民主党派市委分管领导、区(县)统战部长、专家学者等140多人出席会议。

2005年12月1日,市统一战线理论研究会召开2004—2005年年会暨四届六次理事(扩大)会议。会议主题是"构建社会主义和谐社会与统一战线"。会长沈红光出席会议并讲话。市统战理论研究会的会长、顾问、理事,统战系统、民主党派分管理论工作的领导干部,各区(县)研究会、社会主义学院干部、教师和会员代表共180多人出席会议。

2006年12月27日,市统一战线理论研究会举办以"巩固壮大统一战线,构建和谐社会"为主题的大型学术年会。杨洁勉、章念驰等六位专家分别就促进社会主义政党关系和谐、民族关系和谐、宗教关系和谐、阶层关系和谐、海内外同胞关系和谐以及构建和谐世界等六个专题进行交流发言。

2008年2月20日,市统一战线理论研究会召开第五届会员代表大会暨2007年度学术年会。张颖主持会议。崔明华、商红日、陶飞亚、李关德、殷啸虎教授分别就"新世纪新阶段的上海侨务工作""中国多党合作制度的几个重要特点""宗教在服务社会促进发展中的积极作用""新阶层人士统战工作方式方法的创新思考""新形势下有效发挥民主党派民主监督作用的几点思考"作交流发言。会长杨晓渡讲话。

2008年12月17日,市统一战线理论研究会召开2008年度学术年会暨五届二次理事(扩大)会议。会长杨晓渡讲话。副会长郑惠强作工作报告。会议增补徐力为副会长兼法人代表,王庆洲、杨春为常务理事。彭镇秋以"对改革开放以来我国多党合作制度基本理论的认识与思考",商红日以"改革开放以来统一战线的深刻变化",严安林以"改革开放三十年来的对台政策的回顾与总结",晏可佳以"改革开放三十年以来上海宗教事业的发展"为题作交流发言。

2010年1月21日,市统一战线理论研究会召开以"加强和改进党的建设与统一战线"为主题的2009年度学术年会。会长杨晓渡讲话。副会长郑惠强作工作报告。市社联党组副书记桑玉成应邀出席并讲话。余源培以"论坚持和完善党的领导制度中的统一战线",齐卫平以"党的建设新要求与统一战线的新任务",刘发林以"积极探索新形势下培养选拔党外干部的新载体",施南昌以"上海'两新'组织党建工作的实践和探索",邓伟志以"党内民主与社会民主",高美琴以"加强民主党派的监督作用,推进社会主义民主政治进程"为题,分别交流发言。

2011年2月24日,市统一战线理论研究会举行主题为"统一战线与社会主义核心价值体系"的2010年度学术年会。会长杨晓渡讲话。郑惠强作工作报告。市社联党组书记沈国明应邀出席并讲话。余源培、章义和分别以"新时期文化统一战线的形势、任务和原则""文化自觉与文化统战"为题,作专题发言。

二、专题报告会

2001年10月之前研究会举办的专题报告会情况不详。

2001年10月16日,上海市统战理论研究会、上海市社会主义学院举办学习江泽民在庆祝中国共产党成立八十周年大会上的重要讲话报告会,邀请中共上海市委宣传部副部长郝铁川作"三个代表"重要思想的报告。

2002年,以迎接中共十六大和学习贯彻中共十六大精神为主线,邀请市社联副主席王邦佐和复旦大学教授余源培作辅导报告。6月30日,举行学习江泽民"5·31"重要讲话座谈会,邀请中央党校副校长李君如作"学习5·31重要讲话"报告。

2003年1月17日,举办"小康社会与中国现代化建设"报告会,邀请上海社科院社会学研究所所长卢汉龙就全面建设小康社会的历史背景、理论依据和奋斗目标作报告。4月4日,举办"从伊拉克战争透视当前国际形势"报告会,邀请上海社科院欧亚所所长主任潘光作报告。8月11日,邀请中央社会主义学院副院长甄小英作"学习'三个代表'重要思想,以党内民主推进人民民主"的学术报告。

2004年12月,中央经济工作会议召开之后,为更好地学习领会会议精神,于15日组织"当前经济形势分析"报告会,邀请上海社科院部门经济研究所所长厉无畏作报告。

2005年,组织学习中发〔2005〕5号文件《中共中央关于进一步加强中国共产党领导的多党合作和政治协商制度建设的意见》,邀请中央社会主义学院副院长张峰和中共上海市委统战部副部长周箴作专题辅导报告。

2006年举办多场专题报告,学习宣传中共十六届六中全会精神以及第20次全国统战工作会议和上海市统战工作会议精神。

2007年12月11日,邀请中共上海市委常委、市委统战部部长杨晓渡作"高举中国特色社会主义的伟大旗帜"的辅导报告,学习、宣传和贯彻落实十七大精神。18日,邀请中共上海市委研究室副主任李琪作中共十七大精神的学习辅导报告。

三、学术研讨会

1985年,上海被国务院确定为沿海十四个开放城市之一时。面对如何开拓海外统战工作,上海市统战理论研究会与上海市社会主义学院分别联合召开海外统战工作研究会、对外友好合作研讨会、沪港合作研讨会,对开展海外统战工作的形势、意义、目的、途径和方法进行广泛探讨。

1995年7月11日,上海市社会主义学院与上海市统战理论研究会召开大型学术研讨会,纪念抗日战争胜利50周年。参加研讨会的有市统战理论研究会的领导,高校、民主党派、新闻单位以及市、区统战系统50余名理论工作者、统战工作者,共有16人在会上交流学术论文。会后,《上海统战理论研究》出专刊,发表提交会议的28篇文章,其中上海市社会主义学院干部教师撰写10篇。

1997年11月28日,上海市社会主义学院与上海市统战理论研究会联合举行主题为"第三代党中央领导集体对新时期统一战线理论的贡献与发展"的学术研讨会,上海市统战系统、高校、上海社科院近40人参加会议,12人发言。研讨会共收到论文21篇。

1998年6月11日,上海市社会主义学院与上海市统战理论研究会举行中共十五大精神与跨世纪的统一战线学术研讨会。来自市、区统战系统和高校、上海社科院的40多人出席会议。

1998年11月19日,中共上海市委统战部与上海市社会主义学院、上海市统战理论研究会联合召开中共十一届三中全会的历史功绩与统一战线发展的新阶段学术研讨会。厉无畏、刘恒椽、俞云波、邓伟志、武克全出席会议。厉无畏、汪卓中、彭镇秋、余源培、吴孟庆、张锡岭、顾行超、唐国俊、谈大正、武克全、郭焖烈、刘凤瑞等发言。

1999年9月15日,上海市社会主义学院与上海市统战理论研究会联合举行新中国50年与统一战线学术研讨会。吴汉民、刘凤瑞、邓伟志、郭焖烈、武克全,各民主党派市委负责人以及上海市各高校、上海社科院专家学者、市统战系统干部60余人出席会议。

1999年11月26日,上海市统战理论研究会与上海市社会主义学院联合举行"一国两制"与澳门回归学术研讨会。厉无畏、邓伟志等60多名专家学者出席会议。

2000年12月27日,上海市统战理论研究会与上海市社会主义学院联合举行"多党合作与民主党派建设"学术研讨会。俞云波、邓伟志、刘凤瑞、郭焖烈、张颖、陈昌福、曹海红等50多人出席会议。过传忠、马克烈、彭镇秋、陈昌福等11人作专题发言。

2001年6月29日,上海市统战理论研究会与上海市社会主义学院联合举行"建党80周年与统一战线的历史经验"学术研讨会,纪念中国共产党成立八十周年。刘凤瑞、张颖、陈昌福、曹海红等70余人出席会议。

2001年7月19日,上海市统战理论研究会组织理事和专家学者,学习江泽民《在庆祝中国共产党成立八十周年大会上的讲话》,着重学习领会"三个代表"重要思想的科学内涵。

2001年10月7日,上海市统战理论研究会、民革上海市委、上海师范大学、上海中山学社联合举办纪念辛亥革命90周年大型学术研讨会。黄跃金、厉无畏、王邦佐出席会议并讲话。副会长邓伟志、刘凤瑞、张颖、陈昌福、曹海红,民革市委副主委毛增滇、过传忠,中山学社副社长马克烈,以及上海各高校、上海社科院专家学者100余人出席会议。

2003年12月24日,上海市统战理论研究会举行社会主义政治文明与统一战线学术研讨会暨上海市统战理论研究会成立20周年纪念会。吴汉民代表中共上海市委统战部讲话,肯定上海市统战理论研究会的工作。齐卫平、林尚立、姚俭建、吴孟庆、唐豪、彭镇秋分别就"着眼政治文明建设,发展统一战线工作""人民政协的发展空间""新时期参政党自身建设与社会主义政治文明""政治文明与宗教信仰自由""在三个文明建设中,重视并发挥民营经济的作用""积极履行参政党职能,努力推进政治文明建设"作交流发言。140余人出席会议。

2003年,上海市统战理论研究会组织10次内部研讨会。主要有:3月25日,组织专题座谈会,对新形势下统战理论研究课题进行酝酿讨论;1月和5月分别就上海多党合作的特点,中国加入WTO对统战工作的影响,党外人士民主监督的内涵及在中国监督体系中的地位与作用,海外留学人士的现状、特点、发展趋势及工作思路,组织专家进行多次研讨;6月17日,组织专家就建设社会主义政治文明与坚持和完善中国的政治制度和政党制度进行研究;8月5日,配合中央社会主义学院常务副院长朱晓明来沪调研多党合作参政议政情况,召开专家学者座谈会,浦兴祖、齐卫平、姚俭建、殷啸虎等出席会议并发言;8月11日,配合中共中央统战部研究室副主任张献生来沪就社团与统一战线情况进行调研,组织专家学者座谈会,邓伟志、吴铎、武克全、方文进等出席会议并发言。

2004年5月24日,中共中央统战部研究室副主任张献生来沪就新社会阶层统战工作进行调研,研究会召开座谈会。邓伟志、瞿世镜、尤俊意、齐卫平、邵煜栋、王雅萍、夏斯德等出席会议。与会者认为:中共十六大报告提出的在社会变革中出现的新社会阶层,已经成为统一战线内部构成的一个基本部分,及时地把新社会阶层成员纳入到统一战线中,是非常必要和迫切的。新社会阶层纳入到统一战线后,做好凝聚人心的工作,是当前研究工作的重点。要从理论和实践两方面,探讨对新阶层开展统战工作的条件、手段、方法、载体、活动方式,把他们凝聚到中共周围;把他们的诉求、愿望、作为,纳入到社会主义民主法治中去,在全面建设小康社会中充分发挥其作用。

2004年7月15日,为纪念邓小平诞辰100周年,上海市统战理论研究会举行邓小平统一战线理论研讨会。沈红光、潘世伟出席会议并讲话。俞云波、李昌道、余源培、周一平、潘光、彭高成等就"进一步发扬我国多党合作和政治协商制度的特点和优势"、"'一国两制'是香港繁荣稳定的根本保证"、"论爱国统一战线理论的创新意义"、"邓小平在中国共产党统一战线理论发展史上的地位新论"、"邓小平的民族发展观与上海民族工作"、"中国反恐战略和中国在国际反恐统一战线中的作用"等专题作交流发言。上海市统战理论研究会100余名专家学者出席会议。

2005年7月6日,中共上海市委统战部与上海市统战理论研究会联合召开抗日战争胜利60周年与统一战线大型学术研讨会。沈红光、潘世伟出席会议并讲话。厉无畏、武克全、朱敏彦、潘光、王少普等专家学者作交流发言。

2006年4月30日,上海市统战理论研究会举行民主执政与统一战线专题研讨会。程伟礼、刘杰、凤懋伦、齐卫平、杨爱珍作交流发言。

2006年5月25日,上海市统战理论研究会举行新社会阶层专题研讨会。邓伟志、瞿世镜、姚俭建、徐觉哉、徐丽娜作交流发言。

2008年5月4日,上海市统战理论研究会与上海市政协、中共上海市委统战部联合举办"纪念中共中央发布'五一口号'60周年"大型理论研讨会。杨晓渡、冯国勤出席会议并讲话。郑惠强、姚俭建、王新奎、陈群、李锐、周箴、商红日、陈昌福等专家学者发言。收集征文64篇。其中部分论文发表在《上海市社会主义学院学报》第3期、第4期。200余人参加会议。

2009年6月24—25日,上海市统战理论研究会与上海市社会主义学院联合举办科学发展与多党合作论坛,中央社会主义学院常务副院长游洛屏、中国人民大学国际关系学院教授周淑真、复旦大学国际政治关系学院教授林尚立、中央社会主义学院副院长袁廷华分别作题为"民主党派的代表性研究""比较视野中的中西方政党制度""政党政治与协商民主""人民民主专政的国体与多党合作制度"的专题报告。

2009年9月19日,民进上海市委、上海市统战理论研究会联合举行纪念多党合作和政治协商制度确立60周年理论研讨会。赵丽宏、彭镇秋出席会议并讲话。邓伟志、余源培、齐卫平、殷啸虎分别作主题发言。民进上海市委老领导刘恒桢、蒋家祥、陈炳生等出席会议。

2010年5月28日,民盟上海市委与上海市社会主义学院联合主办,上海市统战理论研究会、民盟上海市委多党合作理论与盟史研究会协办的社会主义核心价值体系研讨会举行。

2010年11月24日,上海市统战理论研究会、上海市社会主义学院举办青年学者论坛。论坛主题为"统一战线与社会主义核心价值"。来自上海市各高校、上海社科院20多位青年学者参加会议。姚俭建、王庆洲出席论坛并对主题发言作点评。

四、课题调研

2001年,上海市统战理论研究会承担中共上海市委统战部3个重点课题调研,即"统战对象的结构变化、主要特点与工作思考""关于民主党派民主监督的制度化、规范化研究""新时期中国共产党的国际统一战线",形成10万余字的座谈纪要,10万余字的调研分报告。其中,前两项课题分别获中共中央统战部、中国统一战线理论研究会颁发的2001年全国统战理论调研优秀成果二等奖、三等奖。

2002年,上海市统战理论研究会承担中共上海市委统战部"坚持与实践'三个代表'与巩固和发展爱国统一战线关系""上海多党合作的特点""我国政党制度的特点""党外人士民主监督的内涵及在我国监督体系中的地位与作用"等6个调研课题。编印《上海市统战理论研究成果汇编》《回眸二十年——上海统战理论研究文萃》。后者辑录研究会成立20年来上海的统战理论专家发表的112篇论文。

2003年,上海市统战理论研究会承担中共中央统战部的"社团发展趋势与统一战线关系"的重点课题,由副会长邓伟志等人组成课题组。课题组先后召开9次座谈会进行研究分析。课题报告着眼于社团蓬勃兴起的新现象,着重研究统一战线的新变化,从拓展统战工作范围的需要出发,在政策、工作手段、载体上提出一些具有创新意义的建议,提出统战工作的一半应当在社团的论断。中共中央统战部领导在"社团发展趋势与统一战线"全国学术研讨会上,引用该课题的主要观点;中共中央统战部研究室认为该课题第一次系统地将社团研究与统一战线工作研究有机结合起来,对制定社团统战工作方针政策具有理论指导价值。课题组所撰写的《统战工作的一半应当在社团》一文获中共中央统战部颁发的2003年全国统战理论研究优秀成果一等奖。

2003年6—8月,上海市统战理论研究会组织齐卫平和其他会员组成课题组,从社会主义政治文明建设的高度,以及我国政党制度的特点出发,对多党合作和政治协商制度化、规范化、程序化问题进行深入研究,提出建设性的建议和意见,其中有的建议被中共上海市委和市委统战部采纳。编印《上海统战理论研究2003年论文集》,收录论文60篇。

2004年,上海市统战理论研究会以邓伟志为组长的课题组,在对统一战线的内部构成和相互关系发生新的阶段性变化分析的基础上,积极探讨统战工作的有效载体、途径和方法,完成"小康社会新阶段的统战工作方法"的研究成果,为推进统战工作的发展提供思路。以葛剑雄为课题组长的"中华民族凝聚力与统一战线"课题入选为中共中央统战部重点研究项目。研究报告围绕增强中华民族凝聚力的重要意义及其与统一战线的关系,统一战线增强中华民族凝聚力的主要内容、方式和途径等问题,进行深入分析。

2004年,根据中共十六届四中全会提出"构建社会主义和谐社会"的新命题,上海市统战理论研究会组织力量对"构建和谐社会与统一战线"开展研究。

2005年,上海市统战理论研究会委托左学金开展的"构建社会主义和谐社会与统一战线的关系研究"、委托王邦佐开展的"转型时期新的社会阶层研究"分别获中共中央统战部颁发的2005年全国统战理论研究优秀成果二等奖、三等奖。以姚俭建、丁健为组长的两个课题组开展"统一战线的基本理论问题"课题研究,对统一战线的性质、地位、任务、作用等基本理论问题进行研究,提出了有价值的观点和建议。

2006年,上海市统战理论研究会委托邓伟志为课题组组长,完成"增加律师在人大政协中的比重——上海市律师业执业环境及其维权状况调查"的课题调研。委托杨爱珍完成"民主执政与统一战线的辩证关系"的课题研究;委托齐卫平完成"统一战线在民主执政中的政治资源整合研究"的课题研究。

2007年,上海市统战理论研究会根据中共上海市委统战部的年度调研工作重点,组织4个课题调研。调研课题分别为"民主党派如何有效地发挥民主监督作用""上海市民营企业劳资关系问题的调研""新的社会阶层人士统战工作方式方法的创新""城区新的社会阶层人士统战工作的实践与探索",并分别由民盟上海市委、华东理工大学、中共普陀区委统战部、中共静安区委统战部承担完成。

2008年5月16日,上海市统一战线理论研究会邀请邓伟志、刘庆、卢汉龙、顾骏等专家学者就中共静安区委统战部所做课题"新的社会阶层人士统战工作方式方法的创新"、中共普陀区委统战部所做课题"上海市普陀区新的社会阶层人士统战工作调研"、华东理工大学教授李瑜青所做课题"上海市民营企业劳动关系"进行评审。5月29日,邀请邓伟志、凤懋伦、刘杰、杨爱珍就民盟上海市委所做课题"民主党派如何有效地发挥民主监督作用"进行评审。经过专家的认真审议,4项课题均达到结项要求。

2008年6月19日,上海市统战理论研究会举行"改革开放以来统一战线的深刻变化"课题座谈会。商红日等5名专家学者进行交流发言,对改革开放以来统一战线工作在社会基础、对象范围、作用任务、战略地位等方面的变化作深入探讨。会议确定由商红日担任该课题负责人。9月,商红日提交中期课题报告并参与中共中央统一战线理论研究会举办的课题会议。10月份该课题中期研究成果报送中共中央统战部,12月召开该课题评审会。

2009年5月25日,举行课题"新中国成立60年来统一战线基本理论研究"招标会。6月1日,与张忆军、袁峰签定委托协议书。9月中旬,该课题报送中共中央统战部。

2010年,上海市统战理论研究会承接中共上海市委统战部委托的"民主党派树立和践行社会主义核心价值体系问题研究"的课题调研。课题由上海市社会主义学院教研室课题组承担。

五、科普活动

2002年,上海市社会科学界联合会创办上海社联科普讲座。上海市统战理论研究会参加社会科学普及周活动。11月1日,研究会邀请邓伟志、葛剑雄分别作"家庭的变革与建设""上海的历史与变迁"的科普报告。10月26日,研究会常务理事尤俊意参加社会科普活动,向社会公众提供法律咨询。

2003年,上海市统战理论研究会向市社联推荐邓伟志、左学金、葛剑雄、潘光、过传忠、尤俊意等30位专家学者,作为东方论坛讲师,向各阶层市民广泛宣传科学文化知识。

2003年11月5日,上海市统战理论研究会邀请邓伟志、葛剑雄教授分别就"社会协调发展与教育""从非洲看历史文明"作科普报告。

2006年10月17日,上海市统战理论研究会邀请葛剑雄就"构建和谐社会、重视人口问题——中国的历史与发展"为题作科普报告。

2010年11月8—12日,上海市统战理论研究会为深入贯彻落实《中华人民共和国科普法》和《全民科学素质行动计划纲要(2006—2010—2020年)》,响应和配合市社联举办第九届上海市社会科学普及活动周的要求,联合上海市社会主义学院、徐汇区社会主义学院和徐汇区凌云街道举办统战理论、政策专题展览及现场咨询活动。活动采取展板展览、海报张贴、专家现场讲解和分发宣传手册等多种形式,向广大市民广泛宣传党的统战方针政策,普及统战工作知识。

第三节 主 要 荣 誉

一、评估达标获奖

2003年12月,上海市统战理论研究会被市社联评为"2000—2002年上海市优秀社会科学学会"。

2006年10月,上海市统战理论研究会被市社联评为"2003—2005年度上海市优秀社会科学学会"。

2009年,上海市统战理论研究会被市社联评为"2006—2008年度上海市优秀社会科学学会"。

2009年,经上海市社会组织评估委员会审定,上海市统战理论研究会被评为"AAAA级社会组织"。

2000—2010年,在市社联每年组织的社团年检工作中,上海市统战理论研究会均被评为"达标学会"。

二、组织征文获奖

2007年9月,在上海市社联"马克思主义中国化与上海改革发展"理论研讨会征文评选中,上海市统一战线理论研究会获优秀论文组织奖。

2008年,在上海市社联开展"纪念改革开放30周年"理论研讨征文活动中,上海市统战理论研究会组织征文73篇,占市社联征文总数489篇的14.9%,其中11篇论文被市社联评选为优秀论文,占其优秀论文总数90篇的12.2%,4篇论文被中共上海市委宣传部评选为优秀论文,占其优秀论文总数34篇的11.8%,在市社联所属学会征文总数和获奖篇数中均位列第一。上海市统一战线理论研究会获优秀组织奖。

2009年,在上海市社联举行的"纪念新中国成立60周年"理论研讨征文活动中,上海市统战理论研究会提交的论文有12篇被评选为优秀论文,占优秀论文的13%,蝉联获奖总数第一,上海市统战理论研究会获优秀组织奖。

第四篇
校园建设与后勤保障

概　　述

　　上海市社会主义学院校址几经搬迁,先后有过7个校区。1958年上海市社会主义学院建院时,位于上海市嘉定县外冈人民公社(今嘉定区外冈镇)。1984年复院后,学院暂借保定路257号航天局招待所办学。1985年9月1日,搬至镇宁路360号。1990年7月,搬至镇宁路405弄65号和67号。1997年1月,搬到陕西北路128号上海民主党派大厦。2003年3月,搬至徐汇区天等路465号上海新侨职业技术学院(今上海机械工业学校)。2009年1月,上海市社会主义学院新建落成的教学综合大楼投入使用,学院搬迁至徐汇区天等路469号。

　　上海市社会主义学院为上海市财政全额拨款单位。学院固定资产与财务资金依照有关法律法规、政策规定和制度进行管理。

第一章 校址变迁

第一节 外冈校区

1958年10月11日,上海市政协一届二十七次常委会会议原则通过《关于举办上海市社会主义学院的方案》和筹备工作组成员名单。根据《关于举办上海市社会主义学院的方案》提出的要求,上海市社会主义学院筹备工作组开始筹建工作。经中共上海市委同意,校址设在嘉定县外冈人民公社(今嘉定区外冈镇)。经与中共嘉定县委协商一致后,征用嘉松公路以东原外冈人民公社农地7.95公顷(119.2亩)。整个校园呈长方形,东西长约400米,南北长约200米。

先期建造礼堂兼食堂1幢,二层楼集体宿舍2幢等一批建筑。上海市各界代表人士积极参加建院劳动。1960年2月,经中共上海市委同意,上海市社会主义学院进行扩建,暂停办学一年。1961年4月,建成四层教学大楼1幢。至此,有可容纳400人的礼堂兼食堂1幢,面积为5711平方米的四层教学大楼1幢,总面积为3782平方米的二层宿舍2幢,另有总面积为1700平方米的其他辅助设施。上海市社会主义学院校舍初具规模,院内共有房屋19处(幢),总面积约12 000平方米,运动场1个,还有果园及绿化园林地30亩。1965年,完成供暖工程。1966年"文化大革命"开始后,上海市社会主义学院停办。1973年10月,上海市手工业管理局所属上海市工艺美术学校占用上海市社会主义学院外冈校舍办学。

第二节 保定路校区

1984年4月25日,上海市政协六届十二次主席扩大会议决定成立上海市社会主义学院复院筹备工作组,筹备上海市社会主义学院复院工作。上海市社会主义学院原外冈校舍被上海市工艺美术学校占用,复院后暂时借用上海市保定路257号航天局招待所办学,使用面积230平方米左右。

第三节 镇宁路校区

上海市社会主义学院搬迁到保定路校区后,教学培训工作走上正轨。但是由于房屋面积狭小,没有住宿条件,给教学培训工作带来困难。经中共上海市委统战部与各民主党派市委协商,将镇宁路360号民主党派市委办公楼的一部分租借给上海市社会主义学院办学,教室1间,讨论室2间,面积450平方米,租期3年。1985年9月1日,上海市社会主义学院大多数人员搬迁至镇宁路360号。保定路257号校区留做举办统一战线专修班(大专班)之用,1988年7月专修班毕业后退还。

1988年12月,市房产管理局将镇宁路405弄65号、67号2幢楼调配给上海市社会主义学院使用。原外冈校舍全部房屋和场地由上海市人民政府机关事务管理局接管。1989年,上海市社会主义学院接收新院址。1990年上海市财政局拨款100万用于镇宁路405弄65号改建装修。1990

年7月20日,上海市社会主义学院搬迁至新址办学办公。1991年国庆前新址修缮、扩建、改建工作全部完成。新址共有建筑面积2509平方米,比接收时扩大590平方米,可以作为教室、学习室的房间共有15间,新建成的大教室最多可容纳200人,中等的60人,小的20—30人。1993年完成增容100多千瓦的配电任务。

第四节　陕西北路校区

1996年初,为解决上海市社会主义学院校舍问题,中共上海市委同意,由市财政划拨上海市社会主义学院4000万元,市社会主义学院通过置换镇宁路校舍自筹资金1000万元,选址重建。但是,由于当时正在建设中的上海市民主党派大厦建设资金严重不足,中共上海市委统战部提出,将市财政划拨给上海市社会主义学院的4000万元资金投入民主党派大厦建设之用,市社会主义学院搬到民主党派大厦办公教学。1996年4月26日,上海市社会主义学院召开1996年第二次院务委员会会议。上海市政协副主席、中共上海市委统战部部长、上海市社会主义学院院长王生洪向院务委员会通报解决上海市社会主义学院校舍问题的方案:经中共上海市委办公会议讨论,同意市委统战部的意见,将市财政划拨给上海市社会主义学院的资金用于弥补上海市民主党派大厦建设,市社会主义学院搬到民主党派大厦办学,民主党派大厦的客房、会议厅确保为上海市社会主义学院学员住宿、学习讨论和教学活动提供服务,同时保留市社会主义学院的原有校舍。

1996年6月19日,中共上海市委召开统战工作会议。会议要求"社会主义学院要充分发挥在培训党外干部方面的重要作用"。会后,上海市政府专项拨款4000万元。这笔资金占民主党派大厦建设资金的三分之一。民主党派大厦划出3000多平方米即四个半楼面(第九、十、十一、十二层四个楼面以及第四层半个楼面)给上海市社会主义学院办学使用。

1997年1月12日,上海市社会主义学院搬迁到陕西北路128号民主党派大厦办公办学。上海市社会主义学院的办学条件有一定改善。镇宁路校舍属花园别墅式结构,闹中取静,环境幽雅,适合学员安心学习;陕西北路校舍设在民主党派大厦内,处于闹市中心。新校舍拥有装饰一新的会议室、教室、视听室、图书阅览室。

第五节　天等路校区

2003年春节,时任中共上海市委主要领导走访民主党派市委。民主党派市委领导提出改善民主党派市委办公条件的要求。中共上海市委主要领导同意这一要求,并指示中共上海市委统战部协调解决。2003年2月5日,上海市社会主义学院召开院长办公会议,传达中共上海市委常委、市委统战部部长、上海市社会主义学院党组书记及院长黄跃金关于上海市社会主义学院搬离民主党派大厦,为民主党派市委办公腾出空间的指示精神。3月17日,上海市社会主义学院从民主党派大厦搬出,迁至徐汇区天等路465号上海新侨职业技术学院(今上海机械工业学校)并租借该校一层楼面办公,同时着手筹建上海市社会主义学院的新校舍。

2009年1月,上海市社会主义学院搬迁到天等路469号。天等路校区位于上海市西南部,占地2.36公顷,建筑面积近17000平方米,拥有现代化的教学综合楼,可以同时容纳100余人住校学习,可以承担各类高层次的专业会议和培训业务。

一、工程立项

2003年5月18日,中共上海市委常委、市委统战部部长、上海市社会主义学院党组书记及院长黄跃金到上海新侨职业技术学院,视察拟建上海市社会主义学院综合大楼现场。6月23日,上海市社会主义学院召开新建综合大楼设计方案汇报会,同济、现代、高教三个设计院到会汇报设计思路,黄跃金到会听取汇报并作重要讲话。2004年2月18日,中共上海市委常委、市委统战部部长、上海市社会主义学院党组书记及院长沈红光到学院视察,对大楼建设等工作提出具体要求。2005年4月1日,上海市社会主义学院召开院务委员座谈会,邀请院务委员到学院听取新大楼设计方案等。

2005年4月14日,上海市发展和改革委员会批复上海市社会主义学院教学综合大楼项目可行性研究报告,原则同意上海市社会主义学院关于上海市社会主义学院教学综合大楼项目可行性研究报告;项目建设基地为天等路465号,划拨土地3 596平方米;建设内容为建造一幢教学综合大楼,建筑主体高九层,地下二层,项目建设总投资为9 012万元,其中建筑安装费7 157万元、信息系统工程713万元、其他建设费713万元、不可预见费429万元,资金由市财政安排。7月18日,上海市社会主义学院向上海市建设和交通委员会提出审核上海市社会主义学院教学办公综合大楼项目扩初申请函。

二、工程施工

2006年2月21日,上海市社会主义学院举行教学综合大楼项目开工典礼。中共上海市委统战部副部长金闵珠出席开工典礼。10月1日,中共上海市委常委、市委统战部部长、上海市社会主义学院党组书记及院长沈红光视察新大楼施工现场,指示要进一步抓好质量关,严格控制预算,大楼要突出联合党校的主题。10月31日,召开院务委员会议,听取综合楼建设情况的汇报。11月7日,中共上海市委常委、市委统战部部长,上海市社会主义学院党组书记、院长杨晓渡到学院调研,视察施工现场。

2007年是教学综合大楼地上基础建设的重要阶段。杨晓渡就抓好工程质量、处理好总包和分包关系、控制好投资预算、加强安全管理等作出专门批示,并到施工现场进行调研。院长办公会20多次专门研究工程情况。7月5日,完成土建结构封顶。9月18日,大楼结构封顶报告送交徐汇区规划局。

2008年,加强现场管理,加大对施工过程的管理力度,推动工程进展,保证施工质量。着手进行新大楼的管理制度建设,拟制教学综合楼办班保障、会务管理、计算机网络管理、接待工作等8项管理制度。

三、竣工验收

大楼于2009年1月竣工。地址编号为天等路469号。2009年1月15日,学院搬迁新大楼,大楼进入试运行阶段。

2010年12月28日,上海市社会主义学院教学综合大楼通过总体验收检查。

四、大楼布局

上海市社会主义学院教学综合大楼是一幢集教学、住宿、餐饮、办公于一体的综合性大楼,东临天等路,南临规划延伸的嘉川路,呈"L"形布局。教学综合楼的功能分区自上而下,以自然层分为五个部分,分别为办公、教学、宿舍、会议、餐饮。行政办公用房位于第九层,其中有办公室12间和小型会议室1间。教学用房位于七、八层,包括各种教室4间、讨论室7间、阶梯教室1间,可保障4个班200多人同时上课,阶梯教室可供90人听课;大小讨论室可以保障180名学员分组讨论。学员宿舍位于四至六层,参照四星级标准建设,学员宿舍66间(单人房28间,双人房36间,套房2间),可保障学员住宿102人。会议中心位于三层,其中大多功能厅1间,小多功能厅2间,可举行50—60人和100—200人的各种教学和会议活动。餐饮区域位于一、二层,其中二层可保障180人就餐的大餐厅1间,小餐厅9间,一层可保障60人的自助餐厅1间。另外,大楼中还设有健身房、图书阅览室、茶室等可供学员查阅资料、上网浏览信息、交流座谈等活动使用。

第二章　图书馆与信息化建设

第一节　图　书　馆

一、图书馆建设

【图书馆沿革】

1958年9月，上海市社会主义学院创建初期设立图书馆，隶属于办公室。1984年复院后，设有图书室并隶属于办公室。1989年3月，成立图书资料室，隶属于教务处。1995年，院办公会议决定成立统战资料室（暂时放在研究室，搜集并订阅各种有关资料80份）。1996年，院办公会议决定将图书资料室直属院领导。2003年，图书资料室归办公室管理。

学院创建初期，图书馆主要是为满足各界民主人士对政治学习和理论学习的需要，提供图书的借阅服务。

1984年复院后，图书室只有一间不足100平方米的藏书室。1987年底，图书室与图书资料室合并，有工作人员3名。每周3天对单位职工开放。

1990年，学院搬迁至镇宁路405弄65号，藏书室约60平方米，阅览室60平方米，资料室兼办公室80平方米，有工作人员3名。

1997年1月，学院搬迁至陕西北路128号民主党派大厦。1997年，争取到图书室设备专项资金17万元。1998年，图书室改善内部条件，设立专门的阅览室和资料室，所有设施都得到更新。2000年10月底，在图书馆设内部阅览室，将阅览室调整为第一阅览室和第二阅览室。2002年暑假期间，图书馆进行改建。

2005年4月，上海市发展和改革委员会批复上海市社会主义学院教学综合大楼项目可行性研究报告明确指出，新大楼中教室、图书室为2 760平方米。2009年1月，学院搬迁到天等路469号新大楼，图书资料整体搬入新的图书馆。

【数字图书馆】

2002年暑假期间，上海市社会主义学院进行信息化二期项目建设，建立电子阅览室，开通上网查阅资料、借书、阅读等一体化的图书借阅和管理系统。2004年，图书馆建立覆盖整个校园，传输数字、文字、声音、图形和图像等多媒体信息，并且实现和INTERNET互联的计算机网络。2010年，中央社会主义学院图书馆网站与国家图书馆网站链接，上海市社会主义学院图书馆网站因为与中央社会主义学院图书馆网站此前实现了链接，所以也相应得到升级。

二、图书馆工作

图书馆凡购买图书资料一次性经费超过3 000元，应事先将所购买的图书目录报分管院领导审阅。图书馆的采购、典藏工作突出社会主义学院性质,主要是采购马克思列宁主义、毛泽东思想、邓小平理论、"三个代表"重要思想、科学发展观的经典文献,宣传党的统一战线理论、方针、政策的图书资料,以及研究我国多党合作、民族、宗教、新社会阶层和港澳台海外统战工作等相关图书文献信息资料。

1992年3月31日,学院召开图书资料工作会议,明确图书资料工作的性质和任务。同年,建立健全图书资料室规章制度,清查催还图书,换发新的借书证;接受上海工业大学图书馆调拨旧书879册。这是学院自复院以来第三次接受调拨;全年图书使用经费2万元,采购图书1595册,订购报纸41种,期刊73种,资料36种。1993年,热门话题书籍改为以自采为主;编辑《新书目录》和《统战资料分类索引》;订购报纸38种,期刊89种、资料28种。1994年,阅览室中午开放,开始剪报工作。1997—1998年,为加强横向联系,中央社会主义学院牵头发起中央社会主义学院和全国各地社会主义学院征求馆藏图书目录,上海市社会主义学院系统编写馆藏书目,并寄到中央社会主义学院予以汇总。

1998年底,根据院务委员会决定,上海市社会主义学院贯彻统战图书资源共享原则,对图书资料室进行内部整理,向民主党派大楼内的各民主党派领导和有关人员开放。2000年9月27日,院务委员会决定,上海市社会主义学院的图书资料、内部报刊、录音录像(包括以后的电脑信息)要面向民主党派,做到资源共享,集中各党派和上海市社会主义学院的境外报纸、内部刊物,专门在上海市社会主义学院图书馆设内部阅览室,做到分层次有区别,边开放边完善。为此,10月底将阅览室调整为第一阅览室和第二阅览室。第一阅览室向民主党派市委机关全体人员开放,第二阅览室集中境外报刊和内部资料刊物,主要对民主党派市委秘书长以上领导及有关研究人员开放。2001年2月22日召开的院务委员会会议决定,图书资料室增加投入,多订些资料,为教学科研服务,为民主党派工作服务。2002年,采购新书422册,订阅47种报纸(包括4种港台报纸)、199种期刊(包括5种港台期刊)以及20多种各省市社会主义学院交换的统战刊物。

2003—2010年,港台报刊停止订阅,其他报刊在2002年的基础上,每年略有调整。新书每年都会根据教学科研需要,采购若干册。

第二节 信息化建设

2000年9月28日,上海市社会主义学院召开党组会议,讨论研究学院信息化建设规划等工作。

2001年初,开始信息化建设。4月,完成电脑室建设,用于计算机教学培训。6月,为全院教职工配备电脑,实现办公自动化。7月,进行信息化网络建设一期招投标等前期准备工作。9月25日开始施工建设。年底完成综合布线、机房装潢、计算机网络设备安装、VOD视频点播、非线性编辑等硬件建设,开通网络,进行基础应用,开发和试运行主要软件,基本上达到上海市社会主义学院信息化建设的要求。2002年2月5日,举行信息化建设一期项目鉴定验收会,并通过验收鉴定。3月4日,中央社会主义学院副院长王均广一行,到学院学习考察信息化建设工作。

2002年7月22日至9月1日,上海市社会主义学院进行信息化二期项目建设,投入经费175万元,主要是扩建电脑教室,新建电子会议室、电子阅览室,增加光盘库,增加内外网硬盘容量。至此,信息化建设被划分为五大部分:内网、外网、电子阅览室、电脑培训教室、电子会议室。内网是一个承载办公、教务、教研、科研、培训各方面工作的信息平台,主要由计算机网络系统、VOD点播系统、非线性编辑系统、内部E-MAIL系统、应用软件系统构成。其中应用软件包括教务管理系统、科研管理系统、教研管理系统、档案管理系统、办公管理系统、图书管理系统这六大组成部分。教务管理系统分为五个模块：教职员管理、学员学籍管理、培训班管理、培训教材管理、讲座录像管理。办公管理系统主要有以下几个模块：学院工作日程安排、学院内部通知公告、学院接待信息管理、学院教室、会议管理、学院车队管理、学院车辆维修。科研管理系统分为两个模块：上海市统战理论研究会会员管理、课题成果管理。教研管理系统系统主要分为四个模块：工作成果登记、公开成果查询、教师工作量查询、课题建设信息。档案管理系统由档案输入子模块、档案检索子模块、借阅历史子模块、光盘刻录子模块、档案扫描输入子模块、档案查询浏览子模块、报表统计子模块和系统管理子模块组成。图书管理系统提供内务管理、公共查询、浏览器这三种查询方式。外网与INTERNET相接，不仅安装杀毒软件，而且安装硬件防火墙华堂HT-3000。电子阅览室是连接INTERNET的开放的阅览室。电脑培训教室自成一个独立的局域网，共有培训操作用电脑58台。它集电脑教室、语音教室、视听教室于一体，提供全新丰富的网络教学功能。电子会议系统采用电子化、数字化和网络化的会议设施以及形象化、多元化和多媒体化的展示手段，将各类数据和图像等信息以图声并茂的视觉和听觉效果，传递给会议的出席者和领导决策者。2003年8月14日，信息化二期建设项目通过鉴定验收。2003年学院搬迁，这些信息化系统随同搬迁。

2003年底，进行公务网建设。2004年，信息化公务网建设基本完成。2005年，对原有办公、教学软件进行改进升级。2006年，完成信息化教务软件升级。2007年，进行公务网密码更换和调试。2008年，进行计算机网络和新大楼网络建设维护工作，完成计算机新旧网络设备和运行软件的优化设计。

第三章 资产与财务管理

第一节 资产管理

一、资产清查

从建院初期至1998年,学院资产清查情况不详。

1999年底,上海市社会主义学院有固定资产311万元,其中汽车87万元,一般设备207万元,图书17万元。当年,添置设备如电视机等14万元,减少10万元(汽车报废)。

2000年,根据上海市行政事业单位清产核资工作统一部署,上海市社会主义学院成立清产核资领导小组。2001年,对学院所有固定资产进行清点登记,做到账实相符,完成国有资产清查工作。年底,上海市社会主义学院固定资产总额已有251万元,其中汽车107万元,一般设备127万元,图书17万元。当年,添置依维柯轻型客车20万元,一般设备6万元,图书2万元。

2001年底,上海市社会主义学院固定资产总额479.8万,其中汽车144.5万,一般设备318.3万,图书17万元。当年新建电脑房,增加电脑51.4万元,其他设备172.2万元。

2003年,学院搬迁到新侨职业技术学院的实习工厂三楼,办公办学场地从原来的3000多平方米减少到1200平方米,许多物品无法安放。根据《上海市市级机关国有资产处置管理实施细则》精神,将1985年1月至1998年1月购置的计算机及附件等合计130件,价值349006.20元的相关设备,作报废处理。

2005年初,建立固定资产数据库。通过检查,发现有部分资产账物不符,一种是有实物未入账,一种是不属于固定资产的实物也列为固定资产(如500元/套以下的图书)。根据检查结果,重新进行补登、调整。当年办理一辆小车、一辆客车政府采购,保障各处室公务用车。

2008年,完成固定资产的清理和盘查工作,清理处置固定资产6批,总计290万元。

2010年,将依维柯面包车1辆(账面原值218100元,但车辆老化,排放不符合规定标准)作有偿转让处置;新增1辆小轿车,至年底,共有固定资产824.77万元,公务小车5辆。

二、物业管理

【镇宁路校舍】

镇宁路校舍物业管理,聘有1名清洁工和1名夜间保安。2007年初,引入社会化管理机制,镇宁路校舍改由上海东湖物业管理公司管理。学院每月组织检查。

【天等路教学综合大楼】

2008年天等路教学综合大楼建成后,上海市社会主义学院通过市场调研和学习借鉴兄弟省市社会主义学院的经验,委托上海东湖物业管理公司(以下简称东湖物业,地址:上海市威海路755

号)进行管理。在委托管理期间,东湖物业以上海尚苑宾馆有限公司(以下简称尚苑宾馆)的名义在双方合同规定的范围内对学院教学综合大楼独立实施全面经营管理工作,尚苑宾馆实行学院领导下的总经理负责制。尚苑宾馆总经理由东湖物业派出,对东湖物业负责,其人选由东湖物业与学院协商后任免。东湖物业以尚苑宾馆名义对外签署的文件、合同,都必须征得学院的同意。代表学院与东湖物业进行沟通洽商并对尚苑宾馆进行监督管理的部门是学院办公室。学院每年向东湖物业提供 6 520 878 元物业管理费(不足部分通过有偿服务弥补),用于支付人员费用、管理费用、服务成本、维修费用等,其中包括学院向东湖物业每年支付的 36 万元的报酬。东湖物业必须保证学院的教学培训和教学综合大楼的正常运行。

三、校办企业管理

1992 年 7 月 2 日,学院成立综合服务部,负责夜花园酒家和上海尚远贸易公司的管理、指导、协调工作。

2008 年 9 月,上海市社会主义学院全额出资成立上海尚苑宾馆有限公司,以利用上海市社会主义学院教学综合大楼餐饮住宿设施开展对外经营业务,弥补大楼运营管理费用的缺口。

【夜花园酒家】

1992 年,学院开办夜花园酒家,下有 3 个实体:酒家(晚上兼营舞厅)、西点社、门市部。属集体所有制性质,坚持"为教学服务,不影响教学"的经营宗旨。从 10 月 15 日起,酒家提供上海市社会主义学院职工、办班学员及来宾午餐。1993 年 3 月 5 日,酒家正式对外营业,3 月 15 日,西点社正式开炉生产。2000 年,夜花园酒家停业。

【上海尚远贸易公司】

1993 年 11 月,注册创办上海尚远贸易公司,郭洪海任总经理,陈维生任副总经理。1995 年 3 月 6 日,成立公司董事会,董事会由三人组成:郭洪海任董事长,童延山、徐嘉柱为董事,徐嘉柱任总经理,免去郭洪海的总经理职务。1995 年创收 2.62 万元,盈余 5 千多元。1997 年,上海尚远贸易公司注销。

【上海尚苑宾馆有限公司】

2008 年 9 月,上海市社会主义学院全额出资成立上海尚苑宾馆有限公司,注册资本 50 万元,注册地址为天等路 469 号 806 室,法人代表许家鹏,经营范围为酒店管理商务咨询,会展会务服务,日用百货、工艺礼品销售,卷烟、雪茄烟零售。天等路教学综合大楼交由东湖物业公司委托管理后,尚苑宾馆由东湖物业公司负责经营。

四、管理制度

2002 年 6 月,学院印发《上海市社会主义学院固定资产管理制度汇编》。内容包括:《关于成立国有资产管理领导小组的决定》《固定资产管理目标(暂行)》《上海市社会主义学院固定资产管理暂行规定》《上海市社会主义学院固定资产管理办法(暂行)》《岗位变动人员财产、证件移交表》《固定资产处置申报表》《购买办公用品申请单》。

《固定资产管理目标(暂行)》规定,固定资产购买、入库、领用、报废、报失、盘盈等均由办公室统一管理,有关手续须及时、齐全、无误。

《上海市社会主义学院固定资产管理暂行规定》规定,国有资产管理工作由院办公室分管负责;上海市社会主义学院国有资产由国家各种投资或财政拨款所形成的资产,无偿调拨的资产,赠送、捐赠、赞助等各种形式组成的资产三部分构成。

《上海市社会主义学院固定资产管理办法(暂行)》规定,凡单价在人民币500元以上的,使用年限在一年以上的设备、耐用品均属于固定资产;固定资产由办公室统一管理。

第二节 财务管理

一、经费预决算

上海市社会主义学院的经费来源为财政全额拨款。1984年至2000年决算项目内容包括工资、补助工资、职工福利费、离退休人员费用、公务费、设备购置费、房屋及设备修理费、业务费及其他费用等。2001年至2010年决算项目内容包括基本工资、津贴、奖金、社会保障费、其他工资、日常公用支出、对个人及家庭补助支出、固定资产支出和大修理支出、财政拨款收入、非财产拨款收入等。20世纪90年代初期,财政经费实行包干政策,下列预决算一览表中并不包括财政专项拨款数。自1993年至2010年,学院通过出租房产,主要是镇宁路房产,每年均有一些预算外收入,用于改善职工住房以及教职工内部津贴发放等。

表4-3-1　1984—2000年上海市社会主义学院预决算情况一览表　　　　单位:万元

年　份	预　算　数	决　算　数
1984	7	6.3
1985	20	15.4
1986	21	22.2
1987	19	15.3
1988	23.2	22.1
1989	35.8	24
1990	48	66.5
1991	47.2	46.7
1992	61.5	53.8
1993	56	69.8
1994	102	107.6
1995	150	106.5
1996	160	163.9
1997	288	322.7

(续表)

年　份	预　算　数	决　算　数
1998	188	205.7
1999	226.1	199.9
2000	262.5	224.5

表 4-3-2　2001—2010 年上海市社会主义学院预决算情况一览表　　　　　单位：万元

年份	预算数	决算数						
		日常公用支出	固定资产购置和大修理支出	支出合计	财政拨款收入	非财政拨款收入	收入合计	本年结余
2001	522.2	81.1	350	675.2	546.8	150.2	697	21.8
2002	578.7	157.1	290.1	784.8	636.7	148.5	785.2	0.4
2003	595	315.5	—	739.2	578	162	740	0.8
2004	595	422.4	—	801.4	651	151	802	0.6
2005	657.3	371.4	—	817.9	663.2	201.8	865	47.1
2006	724.5	235.7	—	682.6	723.1	155.5	878.6	196
2007	2 451	614.1	13	1 048.9	897.5	190	1 087.5	38.6
2008	1 402.1	2 155	404.1	3 107.7	3 022.9	153.8	3 176.7	69
2009	1 373.1	1 092	15.7	1 667	1 426	276.2	1 702.2	35.2
2010	1 420	1 215.2	43.2	1 864.3	1 484	383.7	1 867.7	3.4

说明：日常公用支出以及固定资产购置和大修理支出以外的其他支出项目未列入表格中。

二、专项经费管理

1991 年，上海市社会主义学院购置若干教学设备，用去费用近 12 万元，占全年包干经费 47 万元的 1/4。此外，市计委、市财政局拨给上海市社会主义学院基建经费 90 万元（其中计委拨款 57 万元，主要用于新建、扩建、改建；财政局拨款 33 万元，主要用于两座主楼的维修）。经审计部门审计，共用去 83 万元，余下 7 万元，其中 4 万元用作整治绿化带，3 万元购买设备。

1994 年，市财政局拨款 98 万元，比 1993 年增加 44%，用于开展院庆活动，以及增添电话、空调、汽车、复印机等设备。

1997 年，上海市社会主义学院日常经费增长 15% 左右，此外，大楼装修专项经费 130 万元，图书室专项经费 17 万元。

三、规章制度

2001 年，学院制定《财务管理暂行规定》。2003 年，上海市社会主义学院财政信用等级达到 B 级标准。2004 年 9 月，对财务方面的规章制度进行了修订。

第 五 篇
重要活动与对外交流

概　　述

中共中央统战部部长李维汉,中共上海市委书记处书记陈丕显、魏文伯,候补书记刘述周,曾为学习班学员作报告。复院以后,学院曾举办大型院庆活动。2009年4月22日,中共中央政治局委员、中共上海市委书记俞正声赴学院调研视察。6月24日,学院举行建院50周年庆祝大会,俞正声发来贺信。1998—2009年,学院每年均安排干部教师赴境外考察、交流或培训。

第一章 重 要 活 动

第一节 领 导 视 察

一、李维汉作报告

1960年2月25日至4月28日,中共上海市委同意,由上海市委统战部组织举办华东协作区统战干部训练班。来自华东五省一市209名统战系统党员干部参加历时64天的学习。3月17日,中共中央统战部部长李维汉来上海市社会主义学院为学员作报告。

二、俞正声到学院调研

2009年4月22日,中共中央政治局委员、中共上海市委书记俞正声,在市委常委、市委统战部部长、上海市社会主义学院党组书记及院长杨晓渡,市委常委、市委秘书长丁薛祥的陪同下,到上海市社会主义学院调研,听取上海市社会主义学院发展概况和教学培训工作情况汇报,对上海市社会主义学院坚持服务统战的办学方向,不断提升教学质量,发挥"三个基地"作用给予充分肯定,并对进一步做好社会主义学院工作提出具体要求。俞正声强调,社会主义学院党外人士教育培训要以服务统战工作、增强团结共识为目的,在培训中坚持"四个注重":第一,要注重政治认同。政治认同对于民主党派新成员来说是一个非常严肃的政治问题,要通过学习形成对坚持基本政治制度、坚持共产党的领导、发挥参政党作用等重大问题的基本政治认同。第二,要注重现实问题。教育培训不能回避现实问题。对现实问题的研究不同于政治认同,要允许保留不同看法,敞开思想,允许讨论,不扣帽子。第三,要注重思想交流。对于不同看法要通过深入讨论交流形成政治认同,对现实问题形成更清晰的认识。第四,要注重启发引导。澄清学员的模糊认识,达到共识教育的目的。

第二节 主 要 庆 典

一、第一期学习班开学典礼

1959年2月22日,上海市社会主义学院第一期学习班开学,学员为工商界、知识界的代表人士,如刘靖基、董寅初、徐以枋、沈志远、徐中玉、朱屺瞻、刘昌义等。主要学习内容为毛泽东著作《矛盾论》《实践论》。中共上海市委书记处书记、上海市政协主席陈丕显出席开学典礼,并在开学典礼上作"当前形势和1959年任务"的报告,鼓励学员们努力学习,加强自我改造,多读书,为社会主义建设和劳动人民服务,并代表中共上海市委祝贺上海市社会主义学院的创建。上海市各民主党派负责人赵祖康、苏步青、盛丕华、曹鸿翥、周谷城、卢于道和无党派民主人士舒新城等出席开学典礼并讲话。

二、复院后第一期民主党派干部培训班开学典礼

1984年9月1日,上海市社会主义学院在上海市政协大礼堂举办复院后第1期即第10期民主党派、工商联干部培训班。主要学习内容是中共十一届三中全会的政治路线、思想路线和组织路线。上海市政协副主席、中共上海市委统战部部长张承宗出席开学典礼,并作"上海市社会主义学院的历史、任务和办学方针"的报告。报告指出:到社会主义学院学习,过去是改造,今后是深造。上海市社会主义学院原院长魏文伯为上海市社会主义学院的恢复题词祝贺。民革上海市委主委赵祖康、民盟上海市委主委谈家桢、民建上海市委主委刘靖基等到会致词祝贺。9月2日,《解放日报》以"上海市社会主义学院正式复校"、《文汇报》以"上海市社会主义学院开学"为题,分别报道上海市社会主义学院复院的消息。

三、建院30周年纪念活动

1988年10月11日,上海市社会主义学院举行建院30周年纪念活动。学院邀请各民主党派市委负责人、各界知名人士举行社会主义学院工作研讨会。中共上海市委副书记、上海市社会主义学院院长杨堤出席会议并讲话。中共上海市委统战部副部长、上海市社会主义学院副院长张耀忠主持会议。上海市政协副主席王兴,市政协副秘书长李铁玖,民革市委副主委李赣驹、诸尚一,民进市委主委赵宪初,农工党市委副主委夏高阳,致公党市委副主委俞云波等到会讲话表示祝贺。上海市社会主义学院副院长王世豪汇报复院五年来的工作情况及存在的问题和困难。《文汇报》《联合时报》分别报道了该次纪念活动情况。

四、建院36周年暨复院10周年纪念活动

1994年9—10月期间,上海市社会主义学院举行纪念建院36周年、复院10周年院庆系列活动。9月,学院领导上门拜访建院和复院时期的老领导,汇报学院的工作情况。9月19—20日,召开新老校友座谈会。

9月27日、10月11日,举行邓小平统一战线思想学术研讨会,收到论文近40篇,全市各有关部门的近50名理论工作者和专家、学者参加研讨会。

10月5日,中共中央统战部、中央社会主义学院为上海市社会主义学院建院36周年暨复院10周年发来贺信。全国人大常委会副委员长、上海市社会主义学院原副院长周谷城,中央社会主义学院党组书记宋堃、中央社会主义学院院长杨纪珂等,为纪念活动题词。

10月14日,上海市社会主义学院建院36周年、复院10周年纪念大会在中共上海市委统战部礼堂举行。受中共上海市委领导委托代表中共上海市委的市委副秘书长刘国胜,市政协副主席石祝山,市政协副主席、市社会主义学院院长赵定玉,市政协副主席、市社会主义学院副院长赵宪初,副院长刘凤瑞、陈昌福,中共上海市委原副书记、市社会主义学院原院长杨堤,复院筹备组组长范征夫,以及各民主党派市委、市台办、市宗教局、市参事室、市委党校、统战系统各单位、各区县党委统战部、各区社会主义学院负责人,以及新老学员代表等160余人出席会议。刘国胜在讲话中肯定上海市社会主义学院建院以来,尤其是复院10年来所取得的成绩,并对进一步办好市社会主义学院

提出希望。刘凤瑞主持会议并致开幕词,民盟市委副主委江景波代表各民主党派、市工商联和无党派人士致词,交通银行浦东分行国外业务部经理冯雅芬代表新老学员致词,杨浦区社会主义学院副院长吴树香代表各区社会主义学院致词。赵定玉作题为"努力办出特色,把社院工作提高到一个新水平"的主题报告。上海市各新闻单位记者应邀参加大会,上海电视台、东方电视台,以及《解放日报》《文汇报》《新民晚报》《联合时报》等对纪念大会予以报道。

10月18日,上海市社会主义学院召开校庆联欢会,邀请文艺届知名人士演出文艺节目,全体教职工及长宁区有关单位人员应邀出席。

五、建院40周年庆祝大会

1998年10月29日,上海市社会主义学院举行建院40周年庆祝大会。中共中央政治局委员、中共上海市委书记黄菊向大会发来贺信。在贺信中,黄菊充分肯定上海市社会主义学院在发展爱国统一战线中做出大量卓有成效的工作。他希望上海市社会主义学院"在党的十五大精神指引下,高举邓小平理论伟大旗帜,坚定不移地全面贯彻党的基本路线,坚持正确的政治方向,发扬'爱国、团结、民主、求实'的校风,不断提高办学水平和学术研究水平,进一步规范办学体制,努力办出自己的特色,为上海的统一战线事业作出新的贡献"。全国政协副主席、中共中央统战部部长王兆国为上海市社会主义学院建院40周年题词:"坚持办学方针,发展统一战线。"中共中央统战部常务副部长刘延东题词:"迎新世纪曙光,创社院辉煌。"中共中央统战部、中央社会主义学院以及各省市社会主义学院发来贺信。

中共上海市委副书记、市政协主席王力平出席会议。市政协副主席、中共上海市委统战部部长、上海市社会主义学院党组书记及院长王生洪在讲话中回顾上海市社会主义学院建院40年的发展历程。市政协副主席、九三学社市委主委谢丽娟代表各民主党派市委、市工商联和无党派人士向上海市社会主义学院致贺词。区社会主义学院代表汪卓中、学员代表顾丽苹在会上发言。市政协副主席刘恒椽、陈灏珠、俞云波、郑励志等以及各民主党派市委负责人、市统战系统有关单位部门领导出席会议。出席会议共200余人。上海谢晋恒通学校的学员及文艺界的著名演员,应邀为大会进行精彩表演。

六、建院50周年庆祝大会

2009年6月24日,上海市社会主义学院举行建院50周年庆祝大会。中共中央政治局委员、中共上海市委书记俞正声发来贺信。贺信指出,50年来特别是1984年恢复办学以来,上海市社会主义学院始终坚持正确的办学方向,注重政治认同,注重现实问题,注重思想交流,注重启发引导,积极培养统一战线人才,大力开展统一战线理论研究,有效发挥民主党派和无党派人士联合党校的作用。俞正声希望,上海市社会主义学院高举中国特色社会主义伟大旗帜,坚持以邓小平理论和"三个代表"重要思想为指导,深入贯彻落实科学发展观,努力探索办学规律,不断提高教学科研水平,建设好人才培养基地、理论研究基地、方针政策宣传基地,为上海统一战线事业和经济社会发展作出更大贡献。

中央社会主义学院也发来贺信。中央社会主义学院常务副院长游洛屏代表中央社会主义学院致贺词。游洛屏在致贺词时说,50年来,上海市社会主义学院在中共上海市委领导和市委统战部的指导下,取得可喜成绩,为加强统一战线各领域代表人士的培养,促进上海市经济社会发展作出积极贡献,希望上海市社会主义学院以建院50周年和新校区投入使用为契机,深入贯彻胡锦涛同志致中央社会主义学院建院50周年贺信精神,全面加强上海市社会主义学院的各项建设,把上海市社会主义学院办成有鲜明特色和自身品牌的政治学院和联合党校,在推进多党合作事业、建设中国特色社会主义进程中作出新贡献。

全国人大常委会副委员长、民进中央主席、中央社会主义学院院长严隽琪为院庆题词:"五十春秋为统战,三个基地谱新篇"。

中共上海市委常委、市委统战部部长、上海市社会主义学院党组书记及院长杨晓渡出席会议,并代表中共上海市委向上海市社会主义学院表示热烈祝贺。杨晓渡说,上海市社会主义学院与上海的社会主义事业同前进,与上海的统一战线事业共发展,为培养一大批与中国共产党亲密合作的民主党派、无党派人士和统一战线其他方面的代表人士,促进上海统一战线事业和多党合作事业的发展,作出贡献。杨晓渡指出,在庆祝上海市社会主义学院建院50周年之际,俞正声同志专门发来贺信,体现中共上海市委对上海市社会主义学院工作的关怀和激励,将极大地促进上海市社会主义学院的健康发展。杨晓渡要求上海市、区两级社会主义学院认真贯彻俞正声贺信要求,坚持科学理论武装,坚持正确政治方向,坚持办学特色,坚持改革创新,发扬传统,总结经验,立足发展,开拓创新,努力做好上海市社会主义学院的各项工作,为巩固和发展新世纪统一战线发挥新的更大作用。

上海市社会主义学院副院长张颖在讲话中回顾了建院50年来的发展历程和取得的成就。全国政协常委、民建中央副主席、上海市政协副主席、民建上海市委主委周汉民,北京市社会主义学院副院长卢晓华,中共浦东新区区委常委、区委统战部部长、区社会主义学院院长张静,学员代表、上海市统计局局长王志雄分别发言致贺。大会由上海市社会主义学院副院长彭镇秋主持。

中共上海市委副秘书长、市委办公厅主任吴汉民,吴幼英、杨健等各民主党派市委主委,中央社会主义学院和全国各省市社会主义学院领导,中共上海市委统战部、各区(县)等统战部及部分大口、高校党委统战部领导,上海市社会主义学院院务委员,市、区社会主义学院干部教师及离退休老同志等150余人参加庆祝大会。

第二章 重要会议

第一节 理论研讨会

一、部分省市社会主义学院统战理论教学研讨会

1997年6月3—7日,由上海市社会主义学院邀请并筹备召开部分省市社会主义学院统战理论教学研讨会,共同研究统战理论教学中的疑难问题,交流各地社会主义学院在统战理论教学中的经验。1996年1月,上海市社会主义学院即开始组织研究统战理论教学中的疑难问题,并将有关研究成果汇编成《征求意见稿》。研讨会对《征求意见稿》进行认真讨论,并提出很多宝贵的意见和建议。

中央社会主义学院和广东、江苏、湖北、四川、山西、辽宁、贵州、云南、北京、广州、本溪等省市社会主义学院的领导和教师出席会议。

二、全国社会主义学院学习贯彻十六大精神理论研讨会

2002年12月17—20日,中央社会主义学院与上海市社会主义学院以"十六大精神与新世纪统一战线理论创新"为主题,在上海联合举办"全国社会主义学院学习贯彻十六大精神"理论研讨会。中共上海市委常委、市委统战部部长、上海市社会主义学院党组书记及院长黄跃金会见与会代表。中央社会主义学院党组副书记、常务副院长于泽荣,中共上海市委统战部副部长金闽珠,中央社会主义学院和黑龙江、吉林、辽宁、天津、河北、山西、山东、江苏、浙江、安徽、江西、湖北、湖南、广西、海南、青海、宁夏、甘肃、新疆、四川、贵州、云南、厦门和上海等地社会主义学院共54人出席研讨会。会议收到论文44篇。

中央社会主义学院副院长甄小英作题为"全面贯彻十六大精神,推动统战理论的创新"的学术报告。上海市社联副主席王邦佐、复旦大学教授林尚立、中共中央统战部研究室副主任张献生分别就"中国政治文明和中国政党制度""社会结构的变化与统一战线""统一战线理论研究工作的历史、现状和今年的重点"作主题发言。各地社会主义学院就"如何贯彻党的十六大精神,开拓统战理论研究的新局面""统战理论研究工作创新的意义、方向、重点、任务、方法""统战实践中的新情况、新问题"等作交流发言。

三、贯彻《2010—2020年党外代表人士教育培训改革和发展纲要》研讨会

2010年10月8—10日,全国社会主义学院贯彻《2010—2020年党外代表人士教育培训改革和发展纲要》精神研讨会在上海市社会主义学院举行。中共上海市委常委、市委统战部部长、上海市社会主义学院党组书记及院长杨晓渡在开幕式上致词。中央社会主义学院党组书记、第一副院长叶小文讲话。会议邀请中国浦东干部学院常务副院长冯俊作题为"干部教育培训如何提高教学质

量"的报告。来自各省市社会主义学院的领导共60余人参加会议。

会议就贯彻《2010—2020年党外代表人士教育培训改革和发展纲要》、落实全国党外代表人士教育培训工作会议暨全国社会主义学院工作会议精神、推进社会主义学院正规化建设开展交流发言和分组讨论。37家社会主义学院作大会发言。

第二节 工作会议与研讨会

一、华东地区暨全国部分省、地、市社会主义学院工作研讨会

1995年10月6—10日,由上海市社会主义学院和宝山区社会主义学院联合筹备的华东地区暨全国部分省、地、市社会主义学院工作研讨会在上海召开。华东六省一市社会主义学院,云南、湖南、吉林、广州、阿克苏、朝阳、四平、青岛、南通、汉中等省地市社会主义学院(校)代表,以及上海13个区级社会主义学院的负责人等50余人参加会议。中央社会主义学院副院长姜汝真、副教务长蔡福金应邀参加会议。

在为期5天的工作研讨会上,各地代表介绍社会主义学院建设和发展的信息,交流在教学改革中所取得的经验,讨论新形势下社会主义学院如何深化改革、办出特色,工作再上一个新台阶等问题。

会议期间,上海市政协副主席、中共上海市委统战部部长、上海市社会主义学院院长王生洪看望与会代表,并向代表们介绍上海统战工作情况。

二、社会主义学院科研管理工作研讨会

1998年5月27—31日,上海市社会主义学院组织召开社会主义学院科研管理工作研讨会,研讨交流社会主义学院科研工作的情况和经验。会议对加强社会主义学院科研管理工作提出五点意见:一要认识到位,工作才能到位。教学是中心,科研是基础,要培养一支高素质的研究队伍。二要明确科研方向,坚持理论联系实际,贯彻"双百"方针。明确以邓小平理论为指导,以统战理论为重点,联系统战系统各领域的工作,联系统战教学工作中的热点、难点、重点问题,联系改革开放中的新情况、新问题,开展科研工作。三要加强科研管理,提高科研管理水平。要建立负责科研的工作机构,建立科研管理制度,积极开展学术活动,狠抓项目落实。四要积极创造条件,逐年增加科研投入,配备电脑等硬件设施。五要很抓队伍建设,严格要求,建设一支高水平的教学科研队伍。

中央社会主义学院副院长姜汝真,以及北京、山西、内蒙、辽宁、山东、湖南、贵州、云南、本溪等省市自治区社会主义学院的分管院长和科研部门负责人参加会议。

三、上海社会主义学院工作会议

2004年6月23日,中共上海市委召开上海社会主义学院工作会议。中共上海市委副书记罗世谦出席会议并讲话。罗世谦指出,社会主义学院是党领导的统一战线性质的政治学院,是民主党派、无党派人士的联合党校,是开展统一战线工作的重要部门。加强统一战线人才培养,是贯彻落实中央有关精神和要求的需要,是上海实施科教兴市主战略的必然要求,是巩固和发展爱国统一战

线、坚持和完善党领导的多党合作和政治协商制度的必然要求。要按照中央和市委的要求,认真学习贯彻《社会主义学院工作暂行条例》,始终坚持正确的办学方向,发扬"爱国、团结、民主、求实"的校风,努力把社会主义学院建成统一战线人才培养基地、理论研究基地、思想教育基地和团结合作基地。罗世谦要求,各级党委要切实担负起应尽的责任,加强对社会主义学院的组织领导,加大对社会主义学院的支持力度,为社会主义学院更好地发挥作用创造条件。

中共上海市委常委、市委统战部部长、上海市社会主义学院党组书记及院长沈红光就发挥社会主义学院的优势和作用,做好统一战线的人才培养工作作出明确部署。

中共各区(县)党委分管书记和统战部、社会主义学院负责人,各民主党派市委、市工商联负责人,市社会主义学院院务委员,统战系统各单位负责人,各委办统战部门负责人以及市委、市政府有关部门负责人等150多人参加会议。

四、全国社会主义学院第六次学报工作研讨会

2004年10月18—22日,第六次全国社会主义学院学报工作研讨会在上海市社会主义学院召开。29个省市社会主义学院的领导和学报编辑人员,以及上海市专家学者共50余人出席会议。会议主题是认真学习贯彻中共十六届四中全会精神和全国社会主义学院工作会议精神,交流各省市社会主义学院办刊经验,提出新世纪新阶段社会主义学院办刊新任务,推动全国社会主义学院学报工作的发展,更好地为社会主义学院教学科研工作服务,为党的统一战线事业服务,为增强党的执政能力建设服务。

中央社会主义学院副院长甄小英作题为"办好社院学报,推进统战理论创新,为加强党的执政能力建设服务"的报告。上海市社联副主席潘世伟作"当前的理论动态和研究热点"的学术报告。《人民日报》原副总编周瑞金就"理论期刊的建设"作学术报告。会议进行了分组讨论和大会交流。

第三章 对外交流

第一节 出　访

20世纪90年代起,上海市社会主义学院组织领导及干部教师出国出境学习考察,以及赴外省市学习交流。

表 5-3-1　1998—2009年上海市社会主义学院出国出境学习考察情况一览表

时　间	交 流 内 容
1998.1	刘凤瑞赴香港参加由中央统战部举办的第四期开放建设研讨班
1999.4	杨爱珍赴香港参加由中央统战部举办的第五期香港特区区情讲座
1999.7	冯婉菁参加由市委统战部组织的海外统战干部培训班,赴香港、澳门学习考察
2000.1	张颖参加中央统战部举办的第三期党外领导干部出国培训班,赴美国学习研讨
2000.2	刘凤瑞随同市海外联谊会代表团赴澳大利亚学习
2000.6	郭洪海参加由中央统战部举办的第三期社会主义学院教师赴港培训班
2000.10	曹海红参加市政协组织的代表团赴欧洲学习考察
2000.10	陈昌福赴美国纽约参加"华族对美国社会的贡献"学术研讨会
2001.6	黄爱淳随同市工商业联合会代表团赴台湾访问
2001.7	曹海红参加中央统战部举办的第十一期领导干部出国研修班,赴德国学习考察
2001.7	阮金夫赴香港参加中央统战部举办的第七期香港特区区情讲座
2001.10	陈维生赴香港参加由中央统战部举办的第八期香港特区区情讲座
2002.1	胡公展随上海台湾研究会访问台湾
2002.2	张颖参加由市委组织部举办的干部培训班,赴澳大利亚学习考察
2002.6	苏海赴香港参加由中央统战部举办的第九期香港特区区情讲座
2002.6	张颖率第1期市、区社会主义学院干部、教师赴香港、澳门作以沪港综合竞争力比较为内容的学习考察。顾行超、彭洪博、黄克庭、吴思敏、邵秀芬参加该期赴港学习班
2002.11	冯婉菁参加中央统战部组织的继续教育培训班,赴澳大利亚学习考察
2002.11	曹海红随同市工商业联合会代表团赴南美巴西、智利等国家考察访问
2003.10	仝锦赴香港参加中央统战部举办的第十期香港特区区情讲座
2003.12	郭洪海参加中央社会主义学院举办的社会主义学院建设与发展研讨班,赴德国考察
2004.3	曹海红参加由中华职教社组团赴台湾的考察学习

(续表)

时间	交流内容
2004.11	彭镇秋带队,第2期市、区社会主义学院赴港培训班离沪赴香港、澳门学习考察
2005.1	张颖参加中央统战部组织的赴德国考察培训
2005.1	阮金夫、陈维生参加由中央社院组团赴法国等八个国家的访问
2005.5.14—26	蒋连华赴香港参加全国社会主义学院教师第10期香港特区区情讲座
2005.7	虹口区社会主义学院副院长靳瑞华带队,第3期市、区社会主义学院赴港培训班离沪赴港学习考察
2006.11.13—30	蒋连华参加上海对外经济交流基金会组织的赴加拿大"公共信息安全与法律规范"培训班
2006	黄克庭赴意大利、奥地利访问
2007.7	邵秀芬赴西班牙、意大利访问
2007.9	组团赴俄罗斯、瑞典考察,张颖、徐剑锋、缪力翔参加
2008.3	杨春参加由市委统战部组团赴德国、捷克、奥地利的培训21天
2008.11	顾行超参加上海市黄埔军校同学会组团访问加拿大
2009.9	组团赴美国考察,张颖带队,郭洪海、沈薇、黄克庭、杨爱珍参加
2009.11.7—27	蒋连华参加上海海外联谊会组织的赴美国培训班,考察政党制度
2009.11	吴志栋参加由市委统战部组团赴德国的培训21天

表5-3-2　1992—2009年上海市社会主义学院赴外省学习交流工作情况一览表

时间	交流内容
1992.3	刘凤瑞、陈昌福、王世豪赴北京,去中央社会主义学院汇报工作,并去北京市、天津市、山东省社会主义学院学习取经
1992.5	市、区社会主义学院工作研讨会赴四川省、重庆市社会主义学院学习取经
1993.5	刘凤瑞等赴福建省社会主义学院学习改革经验
1993.5	陈永嘉等赴广州参加广东省社会主义学院召集的全国社会主义学院系统提高中华民族文化素质,增强民主凝聚力学术研讨会
1993.8	刘凤瑞等赴甘肃兰州参加西北、华北社会主义学院工作研讨会
1993.9	郭洪海赴贵州参加全国社会主义学院系统后勤管理协作会议
1993.10	刘凤瑞等赴江苏省社会主义学院参加华东地区社会主义学院工作研讨会
1994.3	刘凤瑞带领嘉定区统战干部培训班赴福建省社会主义学院,并前经莆田、泉州、石狮、厦门学习考察
1994.4	刘凤瑞带领各民主党派市委组织处、宣传处处长工作研讨班赴江苏省社会主义学院学习考察,郭洪海、冯婉菁一起前往
1994.7	刘凤瑞赴北京参加第三次全国统战理论工作会议,并当选为中国统一战线理论研究会理事

(续表)

时　　间	交　流　内　容
1994.7	刘凤瑞等赴河北省社会主义学院,参加西北、华北地区社会主义学院工作研讨会
1994.10	刘凤瑞等赴浙江省社会主义学院参加华东地区社会主义学院工作研讨会
1994.11	郭洪海赴武汉参加全国部分地方社会主义学院后勤管理工作会议
1995.8	刘凤瑞等赴新疆维吾尔族自治区社会主义学院,参加西北、华北地区社会主义学院工作研讨会
1995.10	刘凤瑞率参加华东地区社会主义学院工作研讨会的全体人员赴江苏张家港、南通学习考察
1995.12	刘凤瑞赴北京参加中央社会主义学院专题教学提要讨论会,并参加中央统战部副部长刘延东召开的座谈会
1996.3	顾行超参加中央社会主义学院第四期师资培训班学习
1996.4	刘凤瑞等带领嘉定区统战干部班赴湖南省社会主义学院学习考察
1996.9	刘凤瑞等赴山西省社会主义学院,参加全国社会主义学院系统院刊工作会议
1996.9	刘凤瑞等赴江西省社会主义学院,参加华东地区社会主义学院工作研讨会
1996.9	刘凤瑞赴北京参加中央社会主义学院建院40周年纪念大会,并参加社会主义学院院长座谈会
1996.10	郭洪海赴福建省社会主义学院参加福建省社会主义学院复院15周年暨第四次省(区、市)社会主义学院行政工作会议
1996.11	刘凤瑞赴贵阳参加贵州省社会主义学院建院40周年校庆活动,并代表与会各地社会主义学院同志在会上致词
1997.7—2002.7	黄克庭参加北京中央党校科学社会主义研究生班学习,由中央社会主义学院负责筹办
1997.11	刘凤瑞等赴山东济南参加华东地区社会主义学院工作研讨会
1997.12	刘凤瑞赴广州参加中央统战部召开的学习党的十五大精神,加强统一战线两支干部队伍培训工作座谈会
1998.12	刘凤瑞等赴湖南省社会主义学院参加五省市社会主义学院联合举办的纪念十一届三中全会召开20周年教学研讨会
1999.8	顾行超赴吉林省参加全国邓小平新时期统一战线理论纲要学习研讨会
1999.8	刘凤瑞率市、区社会主义学院学习考察团一行18人,赴中央社会主义学院、北京市社会主义学院学习,并走访中央统战部,此后又前往内蒙古自治区社会主义学院学习考察
2000.11	张颖等赴安徽省社会主义学院参加华东地区社会主义学院工作研讨会
2000.12	曹海红等赴北京参加中央社会主义学院牵头召开的全国社会主义学院院刊编辑工作经验交流会
2001.4	曹海红等赴云南省社会主义学院参加社会主义学院培训暨行政研讨会
2001.7	陈昌福赴北京参加中国华侨历史协会第5次代表大会,并连任副会长
2001.8	张颖率市、区社会主义学院工作研讨会同志赴山东省、安徽省社会主义学院学习考察
2001.12	冯婉菁赴福建省社会主义学院参加华东地区社会主义学院工作会议

(续表)

时　　间	交　流　内　容
2002.12	吴思敏等赴江苏省社会主义学院参加由中央统战部宣传办、中央社会主义学院学报、江苏省社会主义学院联合举办的新世纪的统一战线行政颁奖暨理论研讨会
2003.8	彭镇秋等赴内蒙古自治区社会主义学院参加中华文化学院工作研讨会
2003.11	曹海红等赴北京参加中央社会主义学院召开的中央社会主义学院政党制度研究中心成立暨学术研讨会议
2004.3	彭镇秋赴京参加全国人大十届二次会议
2004.3	曹海红率有关人员赴四川省、重庆市、湖北省、武汉市社会主义学院学习考察
2004.4	彭镇秋率有关人员赴广东省、云南省社会主义学院学习考察
2004.6	曹海红等赴吉林省社会主义学院参加振兴东北研讨会
2004.7	张颖带领各区社会主义学院干部教师一行赴广西壮族自治区社会主义学院学习考察
2004.11	彭镇秋等赴福建省社会主义学院参加中华文化学院工作会议
2005.1	中央社会主义学院召开全国社会主义学院院长会议，彭镇秋参加
2005.10	中央社会主义学院后勤管理工作会议在中央社会主义学院召开，张颖、苏海参加会议
2006.10	张颖参加中央社会主义学院50周年庆典活动
2007.1	张颖等参加全国社会主义学院院长会议
2007.5	张颖赴湖南参加统战培训工作会议
2007.10	张颖赴北京参加中央社会主义学院组织的学习党的十七大精神学习班
2008.3	组织市、区社会主义学院赴浙江省社会主义学院学习考察
2008.7	张颖参加中央社会主义学院学报创刊20周年会议
2008.7	张颖等赴黑龙江省社会主义学院参加全国社会主义学院教学科研工作会议
2009.12	张颖赴北京参加全国社会主义学院院长会议

第二节　来　　访[*]

表5-3-3　1987—2010年中共中央统战部、中央社会主义学院、
外省市社会主义学院到学院考察交流情况一览表

时　　间	交　流　内　容
1987.5	中央统战部四局刘培东到学院进行调查研究
1987.5	中央社会主义学院秘书长朱真到学院进行工作交流
1988.6	新疆维吾尔族自治区社会主义学院党委书记兼副院长杨式衡等到学院学习交流办学经验

[*] 说明：本节以表代文。

(续表)

时　　间	交　流　内　容
1990.11	中央统战部干部局教育处处长胡洪宝到学院召开干部培训座谈会
1995.5	广州市社会主义学院到学院学习考察交流
1995.6	贵州省社会主义学院到学院考察交流
1995.11	广东省社会主义学院副院长卜鼎焕一行到学院考察交流，就教学培训、人事改革、后勤管理等工作进行座谈
1996.4	中央社会主义学院副院长何乃光、副教务长蔡福金到学院座谈交流
1999.1	中央统战部干教局胡洪宝、余敏安到学院调研各区社会主义学院干部配备、编制及办班情况
2000.4	青岛市社会主义学院到学院考察交流
2000.5	黑龙江省社会主义学院到学院考察交流
2000.9	中共辽宁省委副秘书长阎吉一行到学院考察建设情况
2001.1	贵州省社会主义学院到学院考察交流
2001.3	安徽省社会主义学院巡视员王善明一行到学院考察交流教学、科研、管理各项工作
2001.4	宁夏回族自治区社会主义学院到学院考察交流
2001.4	湖州市党校常务副校长杨玉林、副校长蔡缨等一行到学院交流办学工作经验
2001.4	天津市社会主义学院领导率党外领导干部和部分离退休老同志（处、局级）一行到学院参观考察
2001.7	广州市社会主义学院到学院考察交流
2001.11	山东省社会主义学院到学院考察交流
2001.11	云南省社会主义学院常务副院长舒毓锦率云南省社会主义学院赴南方学习考察团来院就教学科研、行政人事、建设规模和发展设想作考察交流
2001.11	接待四川省社会主义学院到学院考察交流
2001.12	浙江省社会主义学院副院长蔡馥生一行到学院参观考察校园信息化建设情况
2001.12	广西壮族自治区社会主义学院党组副书记、副院长吕池一行到学院交流干部培训和管理的工作情况
2001.12	内蒙古自治区社会主义学院到学院考察交流
2002.3	中央社会主义学院副院长汪均广一行来上海市社会主义学院、中共上海市委统战部参观了解信息化和会议室等设施建设情况
2002.4	湖北省社会主义学院副院长刘兰桂一行到学院参观了解基础设施建设情况
2002.10	哈尔滨市社会主义学院罗勤德一行到学院考察，并座谈交流
2003.4	福建省社会主义学院副院长林荣光一行来上海学习考察，并进行工作交流
2003.10	浙江省社会主义学院副院长蔡馥生一行来上海学习考察，并座谈交流
2004.3	中央社会主义学院副院长王京治到学院考察有关管理工作经验

(续表)

时 间	交 流 内 容
2004.4	广东省社会主义学院、重庆市社会主义学院来访
2004.5	江苏省社会主义学院一行到学院交流
2005.4	内蒙古自治区副院长钱灵犀率队到学院考察交流
2005.7	陕西省社会主义学院副院长张桂荣一行到学院考察交流
2007.6	浙江省社会主义学院副院长张惠康一行到学院交流考察
2007.6	河北省社会主义学院副院长郭玉明一行到学院交流考察
2008.3	广东省社会主义学院常务副院长卓汉容一行到学院交流考察
2009.3	广东省社会主义学院到学院考察交流
2009.5	江苏省社会主义学院院长赵龙一行到学院座谈交流
2010.4	云南省社会主义学院到学院交流
2010.10	湖北省社会主义学院到学院参观交流
2010.10	中央社会主义学院编辑部李仁质等到学院调研学报工作
2010.12	中央统战部干部局到学院调研学习贯彻《社会主义学院工作暂行条例》情况

第六篇

人物

概 述

　　自 1958 年至 2010 年底,担任上海市社会主义学院领导或者负责筹建、复院工作的,共有 27 人。据不完全统计,先后在上海市社会主义学院工作过的在编干部教师共 152 人。在上海市社会主义学院接受过教育培训的学员 2.2 万多人次。入选传略和简介的人物为建院或复院工作的筹备组组长、院长、副院长、党组书记、教授、副教授。

第一章 人物传略

李　文(1903—1970.6),汉族,曾用名李汉卿、唐昆山,山东寿光人,中共党员,1958年11月至1966年任上海市社会主义学院专职副院长。

1926年4月加入中国共产党。1927年2月任山东寿光县委宣传部长。1932年8月在山东临沂作党的恢复整理工作。1933年2月至1937年10月被捕,关押在山东省第一监狱。1937年11月任八路军山东游击队第八支队政治部副主任。历任山东清河特委组织部部长,山东寿昌淮中心县委书记,山东清河区委党委组织部副部长、党校校长,第一地委组织部部长,山东渤海区党委统战部部长,第四地委副书记,第四军分区书记兼政委,山东渤海行政公署副主任。1949年3月随军渡江南下,1949年7月历任华东人民革命大学组织处处长、教务处处长、秘书长、教育长。1953年任上海第一医学院党委书记兼副院长。1958年3月任上海市第三中级党校副校长。上海市政协第三、四届常委。

魏文伯(1905.3—1987.11),汉族,曾用名魏去非,湖北新洲人,中共党员,1958年11月至1966年兼任上海市社会主义学院院长。

1925年12月加入中国共产主义青年团,1926年8月加入中国共产党。中学毕业后回乡开办小学。任中共黄冈县阳逻区委委员、组织部部长兼共青团区委书记。1927年参加"八一"南昌起义,任革命委员会农工委员会宣传科科员。起义军南下失败后,转去鄂西任共青团宜昌县委常委、组织部部长。1928年春因组织遭破坏被迫转移到北平。1929年考入北平郁文大学政治科,任该校中共支部书记。1930年6月任中共北平市委秘书长,其间因组织游行示威曾两次被捕,未暴露身份被保释出狱。10月被中央北方局派往山西参与重建省委的工作,任中共山西省委委员、宣传部部长兼秘书长。1931年春山西省委改为山西特委,任组织部部长。6月赴上海,在途经北平时被捕,关押于草岚子监狱。同年11月因肺病恶化,经狱中难友斗争迫使当局同意假释就医。1933年到张家口参加察绥民众抗日同盟军,任军事委员会秘书、总司令部参议。同年冬同盟军失败后,回北平时再次被捕,参加狱中党支部领导的斗争。1935年底被组织营救获释。1936年秋到西安任中共东北军工作委员会宣传委员兼《西京民报》支部书记,以编辑身份进行抗日救国宣传和兵运工作。1937年春到陕西三原中学任教,任支部书记兼城区区委书记。抗日战争爆发后,调往河南商城开辟工作。1939年任中共湖北英山县委书记,中共英(山)、岳(西)、罗(田)、太(湖)四县中心县委书记,领导开展豫皖边群众抗日斗争。1940年任华中(江北)抗日根据地安徽定远县县长,后任津浦路西联防办事处副主任、中共皖东津浦路西区党委委员。1941年9月被选为津浦路西地区参议会议长。1943年后任津浦路东行政专员公署专员、皖中行政公署副主任等职。解放战争时期先后任皖江行政公署副主任、主任,皖南行政公署副主任,中共中央华东局民运部部长、秘书长等职。建国后,历任中共中央华东局秘书长,华东检察分署检察长,华东军政委员会政法委员会副主任、党组书记,华东政法学院院长。1953年任司法部副部长、党组书记,最高人民法院、司法部联合党组书记。1955年后,历任中共上海市委副书记、常委、书记处书记、监察委员会书记,市人民委员会委员,中共上海市委秘书长,中共中央华东局候补书记兼秘书长、书记,市政协副主席。1978年后,历任中共中央纪律检查委员会副书记兼秘书长,司法部部长、党组书记,中共中央政法委员会委员,中顾委委员。

胡厥文(1895.10—1989.4),汉族,原名保祥,江苏嘉定(今属上海市)人,中国民主建国会会员,1958年10月担任上海市社会主义学院建院筹备工作组召集人。

1918年北京高等工业专门学校机械科毕业。创办新民机器厂、合作五金厂,任总经理。"八一三"后,在重庆、桂林等地创办机器厂,任中南区工业协会理事长、迁川工厂联合会理事长。抗日战争胜利后,任上海新民机器厂总经理。参与发起并组织民主建国会。建国后,历任政务院财政经济委员会委员,华东军政委员会委员、财政经济委员会委员,上海市副市长。1949年9月作为中国民主建国会正式代表参加中国人民政治协商会议第一届全体会议,历任全国政协第一、二、三、四届委员,第五届常委,第二、三届全国人大常委会委员,第四、五、六届副委员长。1945年中国民主建国会成立后,历任民建上海临时工作委员会常委、民建上海市分会副主任委员(简称副主委)、民建上海市委第一、二届副主委,第三、四届主委,民建中央第一、二届副主委,第三届主委,第四届主席,第五届名誉主席。历任中华职业教育社理事长,上海市工商联副主委,全国工商联常委,市协商委员会第一、二、三届副主席,市政协第一、二届副主席。

吴若安(1890.3—1990.6),女,汉族,江苏金山(今属上海市)人,中国民主促进会会员,1964年11月至1966年兼任上海市社会主义学院副院长。

1908年务本女塾毕业留校任教,后在苏州景海女子学校肄业。1911年后,历任上海南洋女子中学、务本女子师范、同济大学教师。1937年任南洋女子中学校长。抗日战争胜利后,接受中共地下党组织教育,参加中共外围组织,积极投入各项爱国民主活动,先后担任上海中教研究会理事、小教进修会理事、校长互助会主席和上海教联主席,协助中共地下党团结教职员工,与国民党反动派斗争。上海解放后,历任民立女子中学、第十女子中学校长,1956年后历任上海市教育局副局长、顾问,中国红十字会上海分会名誉会长,市教育工会副主席,市妇女联合会常务执委,上海市政协第二届委员、第三届常委兼学习委员会副主任,第四、五届副主席,上海市第七、八届人大常委会副主任。1951年6月加入中国民主促进会,历任民进上海市理事会第三届副主任理事,民进上海市委第四、五、七、八、九届主委,第十届名誉主委,民进中央参议委员会第一、二届副主席,民进中央第四届委员,第五届常委,第六、七届副主席。

王致中(1909.1—1993.12),汉族,曾用名陆锦桓,浙江东阳人,中共党员,1962年8月至1966年5月兼任上海市社会主义学院副院长。

1928年9月加入中国共产主义青年团,任共青团桐乡县特别支部书记和中共地下交通员。1929年4月被捕,关押在杭州等地国民党监狱。1930年4月在狱中加入中国共产党,任狱中地下特别支部委员。西安事变后被党营救出狱,赴延安中央党校学习。1938年起历任中共湖北省委工人部干事,中共宜昌中心县委书记,中共川东省委工人部部长兼中共重庆市委书记,中共川康特委书记。上海解放后,任中共上海市委组织部组织处副处长,中共上海市徐汇、长宁、黄浦、卢湾区委书记,中共上海市委统战部副部长兼市政协第二、三届秘书长,第四、五届市政协副主席。为全国政协第三、四、五届委员。

周谷城(1898.9—1996.11),汉族,湖南益阳人,中国农工民主党党员,1962年8月至1966年兼任上海市社会主义学院副院长。

1921年起历任湖南长沙第一师范学校教员,湖南省农民协会顾问兼省农民运动讲习所讲师,全国农民协会筹备会秘书。1927年大革命失败后到上海为商务印书馆《东方杂志》《教育杂志》等撰稿译书,并在暨南大学及其他私立大学兼课。1930年后,历任中山大学教授、社会系主任,暨南大学教授、历史系主任,复旦大学教授、历史系主任、教务长。上海解放后,任复旦大学教授。1949年9月作为无党派民主人士候补代表参加中国人民政治协商会议第一届全体会议。历任第三、四、五届上海市政协副主席,第七届市人大常委会副主任兼文教委员会主任,第五届全国政协常委,第六、七届全国人大常委会副委员长。1930年加入中国国民党临时行动委员会(农工民主党前身),1952年加入中国农工民主党,历任农工民主党上海市委第一、二、三、四、五、六届主委,农工民主党中央第六届委员,第九届副主席、主席,第十届名誉主席。著有《中国通史》《世界通史》《中国社会史论》等。

白 彦(1911.11—1997.2),汉族,曾用名萧史培,广东大浦人,中共党员,1958年11月至1966年兼任上海市社会主义学院副院长。

1934年到南宁广西教育研究院学习和开展革命活动。1936年到上海从事进步文化活动。1937年5月在上海地下党领导的外围组织上海生活教育社、国难教育社参加革命工作,投身上海文化界的抗日救亡斗争。同年10月,离开上海奔赴延安,参加中国人民抗日军政大学第三期的学习。1938年5月在陕北瓦窑堡加入中国共产党,同年12月,随新组建的抗大一分校挺进晋东南。抗日战争和解放战争时期,历任抗大第四期五大队及庆阳抗大一分校教育干事,晋东南及山东抗大一分校政治教员、指导员、宣传干事,山东军区和华东军区干事、协理员、宣传股长、宣传科科长,第三野战军特种纵队榴弹炮团政治处主任、团政委等职。建国以后,长期在上海市宣传、教育战线担任领导工作。1950年5月任中共中央华东局宣传部教育处副处长。1950年12月,任中共上海市委宣传部副部长,直至1966年"文化大革命"。兼任过上海市出版局党组书记。1978年8月担任上海市人民政府教育卫生办公室副主任、党组成员。上海市政协第四、六届常委。享受副市长级待遇。

赵宪初(1907.10—1998.4),汉族,曾用名赵型,浙江嘉善人,中国民主促进会会员,1989年3月至1998年4月兼任上海市社会主义学院副院长。

1928年起任上海市南洋模范中学教师、教务主任、副教导主任、副校长、校长、名誉校长。1978年被评为上海市第一批特级教师。1981年5月至1983年4月任徐汇区副区长。历任市政协第三、四届委员,第五、六届常委,第七届副主席。1955年10月加入中国民主促进会,任民进上海市委第七、八、九届副主委,第十届主委,第十一届名誉主委,民进中央参议委员会第一、二届委员,第三、四届常委。著有《赵宪初教育文集》等。

韩去非(1913.6—1999.7),汉族,河南辉县人,中共党员,1965年8月至1966年任上海市社会主义学院专职副院长。

1935年在北平参加抗日救亡运动,并到农村发动抗日义勇军。1936年9月在北平参加中国共产党,并被组织派到东北军学兵队,参加西安事变,后为连队党支部书记、总支副书记。抗日战争期间历任山东临沂特支书记、县委书记、中心县委组织部部长、八路军临沂独立团政委、沂河地委书记兼临沂县委书记、沂河支队政委、中共鲁南区党委对敌斗争委员会书记、统战部部长、城工部部长、国军工作部部长,中共徐州市委书记、津浦铁路工委书记。解放战争中任中共华东局国军工作委员会副书记、中共济宁市委书记、特区警备司令部政委。建国后历任中共鲁中南区党委秘书长,中共济南市委秘书长、书记,山东黄台电厂工程总指挥兼厂长,中共山东省委交通工业部副部长。1980年3月任上海市政府参事室副主任。

第二章 人物简介

第一节 院领导

范征夫(1920.6—),汉族,江苏江都(今属扬州市)人,曾用名范光瑶、徐磊,中共党员。1984年4月任上海市社会主义学院复院筹备工作组组长。

1937年12月任抗日游击队宣传员。1940年参加新四军,任苏南《太湖报》编辑。1940年10月起历任苏南新四军战地服务团团员,苏南锡、宜、武三县行政委员会秘书,金坛县、丹阳县政府秘书,苏县太平区、溧高县安兴区区长、区大队长、区委书记,苏南溧阳县独立团二营营长兼教导员。1945年12月起历任华中野战军新纵队72团宣传股长,华中利丰棉业总公司人事部主任,华中行政干校行政系人事科负责人,山东省支前委员会政治部民管处代表,华东野战军供应总站副总站长、前方供给部供应处副处长,华东局土改工作团团员。1949年5月历任上海市常熟区副区长、统战部负责人,土产公司经理、总支书记,新城区纪委委员,市商业局政治部主任,上海市人委办公厅副主任、主任、副书记、书记、副秘书长兼主任。1978年6月任上海市航天局党委副书记(上海市机电二局党委副书记),1981年8月起历任中共上海市委统战部副部长,上海市政协秘书长、市政协机关党组副书记、市政协联合时报社副社长、区县联合委员会主任、上海市政务志编纂委员会主任。

杨 堤(1924.9—),汉族,江苏青浦(今属上海市)人,曾用名王上达、王敏,中共党员,1987年1月至1989年3月兼任上海市社会主义学院院长。

1938年9月参加新四军,在皖南新四军教导总队青年队学习并任排长,历任新四军政治部组织部科员、军法处科员。1941年起历任苏北解放区盐阜地区保安处科员,中共淮安县委、建阳县委社会部部长兼保安科科长,中共盐城市委社会部部长兼盐城县公安局局长。1946年起历任盐阜专署公安局科长,中共盐城县委敌工部部长、区委书记,华中公安处苏南行署公安局科长。1949年起历任苏南无锡市公安局副局长、局长。1952年起历任上海市公安局处长,中共上海市委政法工作部办公室主任。1960年任上海市外贸局党委副书记。"文化大革命"中受迫害。1976年起历任上海市副食品领导小组办公室负责人,上海市邮电管理局局长、党委书记。1979年12月至1981年7月任上海市副市长兼基本建设委员会主任、党组书记。1981年7月至1983年3月任上海市副市长兼公安局局长、党组书记。1983年3月至1985年5月任中共上海市委书记(设有第一书记、第二书记)。1985年6月至1989年8月任中共上海市委副书记。为第七、八届全国政协常委,中共第十二届中央委员、第十三次全国代表大会代表。

张耀忠(1925.7—),汉族,江苏太仓人,中共党员,1987年1月至1989年3月兼任上海市社会主义学院副院长。

1940年在上海沪江大学学习期间参加中国共产党,从事中共领导的上海学生抗日运动,担任过"学协"交通员,青年会中学党支部书记。1945年抗战胜利前夕,担任过策反汪伪保卫团、自卫团工作。1949年任虹口区接管会代理专员。1950年任虹口区副区长。1952年起历任中共虹口区委委员、常委、副书记、宣传部长、统战部长、工业部长。1956年起历任中共上海市干部文化学校副校长、党委书记。1966年靠边审查、干校劳动。1973年任华东师范大学物理系总支书记。为上海教育学院、上海师范学院复校筹备组领导成员。1978年起历任上海市人民政府宝钢地区办事处党组副书记兼副主任、吴淞区区长、区委副书记、区委书记、人大主任。1984年任中共上海市委统战部副部长。1988年任中共上海市委统战部副部长兼市工商联党组书记、副主委。

王世豪（1928.12— ），汉族，浙江奉化人，中共党员，1987年1月至1991年8月任上海市社会主义学院副院长。

1951年9月起历任中共上海市常熟区、徐汇区委组织部组织员、工业部青工科科长。1960年3月任中共徐汇区委科技办公室科长。1961年11月任徐汇区工会办事处副主任。1965年12月起历任徐汇区中心医院党总支书记、革命委员会副主任，吴泾医院业务组长、革命委员会副主任，赴贵州医院小分队指导员。1981年10月任徐汇区副区长。1982年11月起历任中共闵行区委副书记、区长、市查抄文物图书馆落实政策检查组副组长。上海市第八届人民代表大会代表。著有《马克思主义统战学原理》《实用自我保健》。

毛经权（1930.9— ），汉族，江苏嘉定（今属上海市）人，中共党员，1989年3月至1993年4月兼任上海市社会主义学院院长。

1951年起历任同济大学助教、讲师、教研室主任、副教授，上海铁道学院副教授、系主任、教授、副院长。1983年起历任上海市教卫工作党委副书记，市人民政府教卫办公室主任。1985年3月任中共上海市委统战部部长。1985年6月任中共上海市委常委。1985年7月后历任上海市第六、七、八届政协委员会副主席。第七、八届全国政协委员。

赵定玉（1933.3— ），汉族，江苏宝山（今属上海市）人，中共党员，1989年3月至1993年4月兼任上海市社会主义学院副院长，1993年4月至1995年8月兼任上海市社会主义学院院长。

1949年起先后为上海骆驼、联业、华孚金笔厂工人。1959年起先后为上海华孚金笔厂技术科科员、试验室副主任。1968年起历任上海英雄金笔厂技术组负责人、革委会负责人、党委书记。1983年起历任中共上海市委党风调查组组员，上海市工业党委副书记、书记。1988年10月后历任中共上海市委统战部副部长、中共上海市委统战部部长，政协上海市第八届委员会副主席、党组副书记，上海广电（集团）公司监事会主席。第八届全国政协委员。

陈昌福（1935.5— ），汉族，浙江鄞县（今属浙江宁波）人，中国致公党党员，1991年8月至2003年4月兼任上海市社会主义学院副院长。

1958年7月华东师范大学历史系毕业后在上海师范大学历史系任教，逐级晋升为教授，系副主任。20世纪80年代先后赴日本早稻田大学、大阪市立大学、大东文化大学进行访问研究、学术交流、短期讲学。1989年当选为致公党上海市委员会秘书长。1991年6月任致公党上海市委员会专职副主任委员。任致公党第十、十一届中央委员，上海市委第二、三、四届副主任委员；市政协第八届委员会委员、副秘书长、学习委员会副主任，第九届常委、学习委员会副主任。主要著作有《日本华侨研究》《中国致公党史论稿》《致公往事》等。

刘凤瑞（1939.11— ），汉族，河北沧县人，中共党员，1991年8月至2000年7月任上海市社会主义学院副院长，1998年7月至2000年7月任上海市社会主义学院党组成员。

1961年9月任上海工学院马列主义教研组助教。1969年2月在上海工学院革命委员会工作。1972年4月起历任上海机械学院政治理论教研组组长兼党总支副书记、革命委员会政宣组负责人。1979年1月起历任上海工业大学党委宣传部干事、德育教研室副主任、党委宣传部副部长、部长。第八届上海市政协学习委员会副主任，第九届上海市政协学习指导组常务副组长。主编《行为科学基础》《统一战线疑难问题研究》等。

王生洪(1942.6—),汉族,江苏南通人,中共党员,1995年8月至2000年1月任上海市社会主义学院院长,1998年6月至2000年6月任上海市社会主义学院党组书记。

1965年7月起历任上海科技大学精密机械系助教、副教授、教授,系副主任,副校长。1986年5月起历任上海市人民政府教卫办主任、中共上海市教卫工作委员会副书记,其间先后兼任上海大学校长,市高等教育局局长、党组书记。1994年9月起历任中共上海市委统战部部长,复旦大学校长,政协上海市第八、九、十届委员会副主席。第九、十届全国政协委员。

彭镇秋(1944.9—),汉族,浙江杭州人,中国民主建国会会员,2003年4月至2010年7月兼任上海市社会主义学院副院长。

1961年9月至1968年5月,在陆军92师服役。1968年5月至1991年6月,上海华光啤酒厂业务员、财务科副科长、科长、副总会计师、总会计师。1991年6月至1997年7月,历任民建上海市委经济研究处处长、副秘书长兼经济研究处处长。1997年7月起,任民建上海市委第九、十届副主委。历任市政协第八、九届常委,第十届全国人大代表,第七、八届民建中央委员,上海市政府参事,上海市监察委员会特邀监察员,上海市第一中级人民法院人民陪审员兼特约监督员,上海市高级人民法院特约监督员。上海市公安局、上海海关特约监察员。2010年被中央文明办评选为全国优秀志愿者。发表各类有关经济研究与统战理论研究方面论文30余篇。

曹海红(1949.12—),汉族,浙江宁波人,中共党员,2000年6月至2004年7月任上海市社会主义学院副院长、党组成员。

1968年9月为上海黄山茶林场职工。1975年2月起先后为江南造船厂动力科电工、厂报《江南通讯》编辑、宣传科干事、党办秘书、厂纪委干事。1987年6月起历任市政协办公厅秘书处干部、副处长、处长,市政协办公厅副主任。2004年8月任上海市民族宗教委员会副主任。

沈红光(1950.11—),汉族,浙江奉化人,中共党员,2004年1月至2006年10月任上海市社会主义学院党组书记、院长。

1968年12月为云南省西双版纳东风农场职工。1970年4月起为解放军0281部队战士、放映员、电影组组长,35218部队宣传科新闻干事。1979年11月起历任中共上海市南市区委宣传部干部、副科长、副部长、区委常委、组织部部长。1992年起历任上海市监察局副局长、市监察委员会委员、副主任,市纪委常委、副书记,市委副秘书长。2003年起任中共上海市委常委、中共上海市委统战部部长,政协上海市十届委员会副主席、党组副书记。2006年起历任中共上海市委常委、市委组织部部长,市委党校校长、校委会主任,市委党建领导小组副组长。第十届全国政协委员。

忻建国(1950.11—),汉族,浙江鄞县(今浙江宁波)人,中共党员,2004年7月起任上海市社会主义学院副院长、党组成员。

1968年11月为上海锅炉厂工具科工人。1975年1月在杨浦区人武部组织科、中共上海市委警卫处业务学习班学习、借调工作。1978年4月起先后为上海电站辅机厂工具科工人、劳资科科员。1986年7月起先后为上海市高教局办公室科员、副主任科员、主任科员、教学处副调研员、办公室副主任、政策研究室主任。1995年3月任上海市教委法规处副处长兼教卫委党委研究室副主任(正处级)。1995年6月起任中共上海市委统战部办公室副主任、主任。2001年4月任上海新侨职业技术学院党委书记、副院长(主持工作)。

黄跃金(1953.4—),汉族,辽宁凤城人,中共党员,2000年1月至2004年1月任上海市社会主义学院院长,2000年6月至2004年1月任上海市社会主义学院党组书记。

1968年10月起在黑龙江海林县密江"五七"干校插队,为海林县水泥厂工人、化验室主任。1972年入同济大学建材系学习。1975年8月起任同济大学团委副书记、书记、校党委青年工作部副部长,共青团上海市委副书记、市青联副主席、团市委书记,中共虹口区委副书记、区长。1995年7月起任上海市人民政府副秘书长、市建设工作党委副书记、市建委主任、市市政管理委员会副主任、市政府秘书长兼办公厅主任。2000年1月任中共上海市委常委、中共上海市委统战部部长。2000年2月起任政协上海市第九、十届委员会副主席,2003年9月任中共中央统战部副部长。为第九、十届全国政协委员。

杨晓渡(1953.10—),汉族,上海人,中共党员,2006年10月任上海市社会主义学院党组书记、院长。

1970年起在安徽省太和县宋集公社高庙大队插队。1976年起历任西藏自治区那曲地区医药公司副股长、党支部书记、副经理,人民医院党委书记,行署副专员。1992年任西藏自治区昌都地委副书记、行署副专员。1995年任西藏自治区财政厅厅长、党组书记。1998年任西藏自治区政府副主席。2001年起任上海市副市长、市政府党组成员,市文管委主任。2006年10月起任中共上海市委常委、中共上海市委统战部部长,市文管委主任。第十一届全国政协委员。

张　颖(1954.1—),女,汉族,浙江嘉兴人,中共党员,1998年5月起任上海市社会主义学院副院长,1998年7月起任上海市社会主义学院党组成员。

1971年1月至1976年8月在安徽省宣城县红星大队务农,任大队党支部副书记、团总支书记。1976年8月至1978年11月任安徽省宣城县卫生局副局长兼县医院党支部书记。1978年11月至1979年3月任安徽省宣城县朱桥公社党委副书记。1979年3月起历任上海市卢湾区建国中路小学、上海市卢湾区三好中学教师,上海市卢湾区教育局考核办干部、组织科科长。1985年任中共卢湾区委统战部副部长。1992年起历任中共上海市委统战部研究室副主任、研究室主任、宣传处处长、干部处处长、部机关党总支书记。中共上海市第七、八次代表大会代表,第十、十一届上海市政协委员,上海市公安局特邀监督员。发表论文30多篇,曾获得中共中央统战部论文调研二等奖。主编《延承与跨越》《海派文化概览》两本著作。

姚俭建(1958.9—),汉族,上海金山人,中国农工民主党党员,2010年7月任上海市社会主义学院副院长。

1974年4月参加工作,1986年获上海师范大学法学士学位,1989年获杭州大学哲学硕士学位。2003年9月至2007年4月,在上海大学文学院社会学专业研究生学习,获法学博士学位。1997年获哲学教授职称。1989年至1992年在华东化工学院基础部任教,1992年至2007年在上海交通大学社科系、人文社会科学学院、人文学院任教,其中2001年11月至2002年9月在美国哈佛大学做高级访问学者。任上海交通大学文科建设处处长、人文学院副院长,上海市学位委员会哲学学科评议组成员,上海慈善事业发展研究中心专家组成员。上海市第十三届人大常委,第九、十届上海市政协常委,农工党上海市第九、十、十一、十二届委员会副主委,闵行区第三届政协副主席。中国社会科学院研究生院博士生导师。上海高校优秀青年教师(1995年)、上海高校政治理论课优秀教师(1996年)、上海交通大学"一卡通"杰出青年教师(1999年)、上海市统一战线"两个文明建设"先进个人(2000年)等。主要研究方向为社会学,经济哲学,公共政策。著有《江泽民科学技术思想研究》《财富与身份:华村准中产阶层研究》《观念变革与观念现代化》等,论文《试论个体认识的社会效应》1994年获上海市哲学社会科学优秀成果论文三等奖等,课题项目有"浦东新区'小政府、大社会'行政管理体制模式研究"(上海市"八五"社科基金课题、1995年度上海市"建设有中国特色社主义理论与实践"重点课题)、"现代城市社区创新建设研究"(上海市"九五"社科基金课题)、"行政管理体制与现代化"(国家"九五"社科基金课题)、"美国地方非政府组织:一种比较视角"(哈佛-中国项目)等。

第二节 教授、副教授

陈永嘉(1937.6—),汉族,江苏苏州人,中共党员,副教授。

1960年9月至1962年11月,华东师范大学教育科学研究所见习助教、助教,1962年11月至1970年2月,上海市外岗工业学校政教科教师、辅导员,1970年2月至1974年8月,上海红星轴承厂、上海拖拉机汽车公司工人、干事,1974年8月至1980年4月,上海浦江轴承厂七·二一大学教师,1980年4月至1992年1月,上海市机械配件公司职工大学(1987年7月更名为上海机电职工大学轴承分校)教师、讲师、政工组长、党支部副书记、副教授、副校长(1989年2月被评为副教授)。1991年12月调入上海市社会主义学院,被聘为副教授,1992年11月任教研室副主任。1997年6月退休。著有《中国社会主义建设》(合著)等。

黄爱淳(1941.4—),汉族,浙江绍兴人,中共党员,副教授。

1964年12月至1978年10月,浙江绍兴红旗公社上灶大队插队落户,1978年10月至1981年12月,厦门大学历史系中国经济史专业研究生,1981年12月至1987年10月,中共浙江省委党校教师,1987年10月调入上海市社会主义学院担任讲师,1993年12月被聘为副教授。2001年5月退休。著有《统一战线十二讲》(合著)等。

胡公展(1948.7—),汉族,浙江乐清人,中国国民党革命委员会党员,副教授。

1968年10月至1976年10月,上海市宝山县罗泾公社新陆大队插队落户(其间:1974年2月至1976年10月在宝山县肖泾中学、白遗桥中学、江湾中学任代课教师),1976年10月至1982年9月,任宝山化工厂厂校教师,1982年9月至1985年7月,脱产参加上海电视大学学习,1985年7月至1986年3月,任上海电视大学虹口分校教师,1986年3月调入上海市社会主义学院工作担任助教,1991年9月至1994年7月在上海教育学院汉语言文学专业参加业余学习并毕业,1995年5月被聘为讲师,2000年6月被聘为副教授。2008年7月退休。主要从事海外统战、台港澳问题研究。公开发表论文七十余篇,其中《评析民主进步党》一文获上海市哲学社会科学优秀成果(1986.1—1993.12)论文类三等奖。著有《用心亲近台湾——访台纪实》《两岸关系纵横论》等。

顾行超(1950.3—),汉族,上海崇明人,中共党员,教授。

1970年1月至1977年在大连37208部队舰服役,1978年5月至1980年7月在上海师范学院学习,1980年9月起在上海市崇明县崇西中学任教,1986年7月调入上海市社会主义学院工作,先后担任主任科员、讲师,1993年7月获复旦大学哲学硕士学位,2000年被聘为副教授,2006年被聘为教授。2010年3月退休。著有《中国共产党统一战线思想史》等。

杨爱珍(1952.6—),女,汉族,上海人,中共党员,教授。

1977年7月安徽劳动大学哲学专业毕业,1977年7月至1995年3月担任中共安徽芜湖市委党校讲师、副教授,1995年3月,调入上海市社会主义学院工作,先后担任教研室负责人、副主任、主任等职,2005年被聘为教授。2008年5月兼任《上海市社会主义学院学报》副主编。著有《当代中国政党制度研究》等。

蒋连华(1966.3—),女,彝族,云南建水人,中共党员、中国民主同盟盟员,副教授。

1990年9月任上海市总工会工人运动研究所编辑、记者。1993年9月任上海工会管理干部学院助理研究员、副研究员。2001年7月调入上海市社会主义学院工作,被聘为副教授。2002年1月获华东师范大学历史学博士学位。2007年9月起,任上海市社会主义学院教研室副主任、副教授。上海市政协民族和宗教委员会第十、十一届特聘委员,长宁区政协第十一届政协委员。主要研究方向:统战理论政策、城市民族关系和现代思想文化。著有《学术与政治——徐复观思想研究》等。

第三章 教职工名录

第一节 建院初期在编人员

据不完全统计,自1958年建院至1969年先后在上海市社会主义学院工作过的教职工共64人。以下按姓名笔画为序。

王金钧　王登山　王德云　刘家鸿　刘燕如　刘德林　石锡仁　朱小定　朱江章　朱荣生
朱维扬　许福景　张　苇　张　扬　张信法　张寄痕　严叔蕴　严泉松　李　文　李　斐
吴兆洪　吴纪慎　吴宗骏　岑秉煜　宋关泉　沈　光　沈　强　沈阜如　沈继尧　沈福康
何永年　何国仁　杨树因　陆振祚　陈芝兰　陈宗衍　陈瑞镛　陈镇鏕　陈耀庭　茅连吉
林务生　林宗耀　欧阳维铸　罗丽春　周云鹤　周宝琳　赵良玉　胡嘉绅　洪大麟　郑梅欣
袁在余　顾林其　倪　韵　章文蕤　戚来盛　崔亨通　韩去非　程　越　甄惠明　蒯仲韦
寥淑群　翟亦清　潘子康　戴建华

第二节 复院后在编人员

据统计,自1984年复院至2010年12月,先后在上海市社会主义学院工作的教职工共88人(其中,蒯仲韦为建院初期老职工)。以下按姓名笔画为序。

卫　瑜　马　贲　王　瑛　王开峰　王世豪　王丽莉　王俊华　尤海澜　车祖岳　毛利生
方国澄　叶素珍　仝　锦　冯菊红　冯婉菁　任建明　刘凤瑞　刘允新　闫瑞前　米慧珠
许家鹏　阮金夫　孙大敫　苏　海　杜春潮　李庆华　李建光　李艳琴　李素珍　杨　军
杨　春　杨承祈　杨爱珍　吴志栋　吴思敏　吴爱月　吴福民　佘　盈　汪玲敏　汪瑞田
沙　莎　沈　薇　沈爱莲　沈瑞风　忻建国　张　岭　张　星　张　颖　张　翼　陈　炅
陈大伟　陈子康　陈永嘉　陈列民　陈治南　陈维生　陈裕国　邵秀芬　范天庆　罗莉芳
胡公展　胡文祥　胡志强　钟霞仙　俞惠丽　姚俭建　顾文浩　顾行超　徐信贵　徐剑锋
徐菲菲　徐嘉柱　郭电波　郭洪海　唐芳芳　曹海红　黄克庭　黄爱淳　龚建昌　彭洪博
蒋连华　韩福昌　童延山　蒯仲韦　熊新亚　缪力翔　潘　燕　潘爱琴

第四章 学员名录

第一节 建院初期学习班

第1期学习班(工商界和知识界人士)(424人)
(1959.2.22—7.19)

谢光华	李鸿寿	徐以枋	胡次威	孙作人	徐国懋	王裕光	张竞成	梅展翼	诸尚一
郝梦弼	周雅山	章文骐	刘子奇	王石风	龚张斧	潘伯鹰	沈志远	徐铸成	李楚材
马侣贤	俞 乐	朱伯康	丁济民	梁兆安	伍裕万	黄作燊	李春芬	吴朗西	陈南生
徐福民	杜春潮	朱镜清	陆 诒	许 杰	夏宗辉	方润霖	许应期	倪葆春	顾维熊
许士骐	陈澄宇	孙家谦	孙瑞琦	伍蠡甫	张世禄	林田烈	李炳焕	徐中玉	吴沈钇
刘靖基	史慕康	赵体润	唐志尧	季慕卿	李维棠	董春芳	孙照明	王家珍	姚思伟
韩志明	陈元钦	盛康年	杨锡山	杨拙夫	邓镇东	徐昭侯	吴企尧	王子建	徐梦华
宁思宏	洪福荣	徐昭隆	康际武	张锡潮	李宝森	李渭堂	翁敏如	黄山涛	蒋伯笙
褚荣生	诸德耀	姜庆湘	方子藩	姚梓良	谢润泉	冯文焯	朱企章	吴振珊	朱天民
吴国城	李宜椿	俞祖祺	施永顺	张莲夫	陆坤元	殷立城	苏伯勋	董寅初	李嘉源
毛啸岑	王载非	陈兆炳	陈 梁	李玉清	夏高波	方常海	钱爻坤	稽厚永	谢维训
聂光琦	苏文熙	周丹心	甘 渤	勾适生	张子泉	沃鼎臣	方椿才	唐宏源	叶德生
徐世雄	班珍山	高陟君	方士成	林荣锡	冯之盛	李俭吾	李季开	秦秉忠	沈云祥
陈林祥	鲍学仁	朱才根	乔守达	席振尧	沈瑞文	曹证祥	刘锦涛	韩成绪	王声扬
葛克信	邵之枢	费芝若	方开甲	柯德琼	俞学成	朱尔昌	周华银	陈渊康	顾志刚
范叔齐	徐 旭	朱吉卿	王东林	鲍金荣	程国华	潘克夷	张子甫	董云霆	华洪涛
张曙塘	贾炳炎	李志先	王伯雄	汤金声	田信耕	陈邦光	林辅华	徐启堂	刘哲民
戚叔玉	沈展鹏	赵乐事	董致和	李宏辅	蒋学文	徐志成	史宝康	李兆年	朱德和
周纪芳	唐守临	陈丰镐	傅伯扬	方殿章	郭少雄	李树森	曹懋鑫	严映皋	周昌汉
曹锡澄	陈庚金	施履仁	李平江	方耕莘	顾大义	陈仁炳	王中民	张元兆	吴晓敏
许方伯	梁建华	李冀东	陈立忠	顾德仁	陈德茂	叶享祥	邬玉刚	尚志馨	雷有谋
程应镠	林蔚如	顾卫丞	戴伦庠	张 钦	金昌诒	方天士	石镇定	徐瑞和	傅守朴
李道瑜	郑寿民	李也金	陈文松	朱文治	周宝书	朱双卿	胡湘荣	傅佳芳	徐厚植
吴志高	陈寄萍	梁仁寿	刘毅堂	朱 仁	许卜五	王国桢	胡宗光	严 克	胡乃豫
潘仁希	吴耀庭	徐俊仁	吴本善	顾守棠	张茂昌	张攸之	吴 谦	程步云	彭文应
吴赞廷	阮维国	邵墉傅	陈庆禄	董达谋	王家祥	郁炳涛	夏文达	林修康	吴志耿
李越韬	赵聪孙	杨惠新	黄瑞卿	潘世兹	胡世俊	郑昌明	黎尚曙	吕云鹤	马任全
何孟榕	徐鉴明	蔡君侠	周家桢	胡介峰	沈一飞	程伟民	曹开榜	胡为荩	李樾卿
庄鸣山	朱保洪	唐宗忠	干叔涵	沈 堃	张颂芳	戎嘉芳	苏祖尧	季震元	张叔文

朱雨三	薛铁纬	李明钧	郁仁昌	王造时	滕荣森	郑国让	俞伯康	沈庆渭	马福新
杨建章	洪沛然	金松生	徐通彪	卫永镇	季　新	郑方云	李植范	方冠新	张士德
樊海山	王源祥	董福章	张协吉	朱祖范	林天石	庄　晋	郁为文	闵绍樾	吴增谦
江志惠	赵铭彝	刘馥英	郭秀珍	王佩贞	徐会桥	陈善明	陈蜀琼	唐爱梅	高君哲
姚国芳	黄翠梅	盛雅贤	戴关雄	徐敏君	孙素英	陆晶清	朱立波	徐闻鹤	刘俊壁
江芷千	瞿佩琴	吴曼纹	姚楚英	钱　莺	周德珍	胡毓秀	盛淑英	伍崇懿	孙美英
陈维姜	吴　茵	张启琛	吴　雯	吴　湄	詹明珠	孙鸿霞	许静霞	郭傅棣	方之雄
陈韶明	李清畹	丁贞钦	卓碧玉	张敏智	吴慧英	汪葆华	周素琼	徐玲娴	许海秀
陈育三	孙　瑜	林　澜	王志学	沈德滋	童伯型	田　桓	朱屺瞻	吴邦藩	吴蕴瑞
车懋章	何显华	肖觉天	陈楚湘	胡桂庚	胡西园	曹寅甫	严谔声	樊崧甫	顾水如
瞿振华	沈祖域	李康年	李小峰	连瑞琦	梁俊青	杨荫溥	刘昌义	李子宽	富兴锐
丁方镇	王子平	平海澜	李元白	吴保丰	吴耀宗	肖纯锦	孙克基	周　铭	周伯敏
周锦水	金兆梓	陈朵如	陈书农	姚惠泉	张家树	黎锦晖	霍锡祥	薛笃弼	王乐明
吴艺五	周仲洁	周永德	钱瘦铁						

第2期学习班(工商界和知识界人士)(345人)

(1959.9.13—1960.1.24)

侯砚圃	吕若谦	武和轩	樊崧甫	高昌国	戴立庵	李之华	江海潮	涂卓如	曹寅甫
李　旭	张恒源	张曦明	张　锐	杨稼山	江文汉	陆薇读	钟朴生	郑揆一	王彼得
买哈木提	周幼墨	高浤涛	韩　鸣	梁其琛	边　澄	游来官	储一石	蒋德寿	许炳熙
屠修德	朱民声	陈联磐	朱百先	陆静孙	张伯箴	蒋公惠	覃汉川	吴永刚	吴藻溪
徐春霆	郑善忠	张佐周	陈宗贤	孙遂初	潘松园	林彻寿	苗迪青	丁光生	屠　达
夏高阳	鲁　莽	施丕基	沈梦熊	董涤尘	李春树	张晟哉	汪君浩	吴肇基	葛汝欣
屠允瑜	周家凤	姚昆群	周之芹	徐　甫	马之骕	郑伯山	张乃璇	何彦生	薛圭芳
周宏培	朱　权	应循之	曹　冈	张祖颐	傅东海	王文杰	王中成	许燮耕	刘焕文
李信慧	毛敏斐	俞秀乐	程约奉	屠　仪	顾祖敏	戴兆东	龚品珍	王　琰	姚惠若
贺　韫	蔡振东	徐德仙	朱舜之	戚逸影	汪　士	许一峰	缪崇光	沈济苍	汪殿华
瞿承方	陈克健	吴慕会	徐鹤松	曹仲衡	鲍光泽	戚海民	施家源	徐振梁	余泰峰
朱华谷	张敏照	陆济民	张义成	胡学训	周光远	沈宗吴	贺友智	施天三	欧阳旭明
范日新	汤春生	汪静懿	陈善祥	张孝骢	朱碧辉	胡珮芬	张祖华	蔡伟君	顾明慧
崔　平	鲁莎白	董益珠	陈夏珍	张世梅	荣君立	许　敏	陈雪屏	李宗蘽	刘学文
孙　鼎	魏　如	陈炳勋	顾志成	顾庆丰	许资新	王兼士	姚清德	陈恒昌	巴凌云
顾康瑞	叶炳祥	沈耀庭	苏祖圭	陈宗汉	虞贤法	吴中一	胡孝扬	陈清琤	宋保林
董叔英	乐嘉荣	陈发源	舒昭圣	彭汉恩	黄日骁	秦德芳	郭　杭	平文谦	项立民
袁丕烈	孙煜峰	胡治藩	高事恒	朱润生	姜镒秋	邹剑雄	曹者禧	陈协贞	张善章
金少华	钱书绅	司精一	周梦伯	朱监会	许兆谷	袁怡文	唐杏云	许淑贞	景俊士
荣毅珍	李文先	邓碧华	毛蕴珍	叶　萍	金瑾芝	周鸿英	沈若兰	李继璇	林文桂
赵体润	胡铁山	陈淦生	陈其德	周福庆	于宝昌	王定凯	张荫之	何锦堂	吴文彝
方子钧	范际平	王志轩	周永华	周永林	张兰祺	唐坚吾	许攸之	宋信善	肖嘉鳌

王雨桂	徐 樑	汪育春	徐曰琨	蔡尔模	林汝康	顾云凌	金圣培	徐承绪	朱伯勤
沈同章	周文奎	李坤泉	王存豪	陈必显	戴 凯	张汝欣	裴镒德	王士琛	徐学仁
李仁柳	王泰恒	厉长松	顾洪洲	张仁熙	徐定虎	黄继源	宋亦承	邱海良	盛慕杰
杨树勋	杨锡山	茅洪源	郑元恂	金子雄	吴瑞华	何增福	王尔锡	王兆峰	孙生德
鲍熙年	岑明斋	蒋学镛	任秉道	余雪康	桂 怙	陈天放	卫元声	周亚道	石培钧
马本度	叶兆熙	王耀庭	冯伯镛	顾南田	江龙顺	何宝士	孙惠堂	冯馥源	吴守仁
范家淦	施士林	朱文林	贺德哉	傅兆云	李良崧	王烈英	方彬川	章 鼎	佘正起
杨保俶	苏季泉	朱子夏	沈松荫	汪槐章	张尚达	张启贤	董燮临	徐续宇	王养冲
王义本	芦 斌	成祖荫	荣宝椿	章奉冈	沈孝明	张兆麟	张厚勤	孙璧威	卢明悦
秦祖诒	吴光明	戴秉彝	庄绪之	陈和坤	张稼夫	夏钦惠	包迪生	顾锡棠	陈松来
陈 薰	姚华峰	孙备明	孙宏道	詹守成	韩德慧	施家鸿	骆启荣	陆鼎傅	王 琦
顾魁元	顾兆清	赵其和	邹国芳	华耿初	陶颖祥	曹可表	曹修仁	江林生	李楚培
顾尹耕	陈伯仁	何元良	黄藻泾	王洲荪					

第3期学习班(知识界为主)(320人)

(1961.5.16—9.15)

李秉成	冯纪忠	程良生	程福秀	周志诚	罗君惕	宋紫裳	王燕生	袁天相	范宝江
范尚德	丁燮和	陶绍渊	黄云琛	阴士懋	王承明	徐锡衍	胡若思	陈 钟	吴玉昆
刘德超	宫万育	庞伯龙	柴作楫	金亚声	李春河	颜棣生	龙榆生	刘 咸	沈 英
徐仲钰	刘佩琪	赵渭人	施蛰存	范晓江	甘允寿	沈慎昌	徐振超	赵宪初	徐作民
陈邦炎	叶缘云	李之鹦	江原放	舒宗桥	许一成	范纯苏	顾艺芳	甘豫源	贾观棣
吴华炎	卢忠佩	项毓琳	樊 翔	余 森	陈 超	宋桂煌	肖从云	周百皆	陆文明
陈伯吹	徐美烈	金鲁如	刘伟通	范显栋	王表骐	范凤源	邹元杰	林飞卿	徐苏恩
诸葛文	徐嵩年	沈楚翘	潘纯娴	李诵弦	姜 衍	王怡昌	刘泰福	徐星庵	陈湘泉
薛 艺	顾恺时	郁 维	席应忠	田雪萍	章德馨	孙寿松	侯中高	章玉玲	孙骏八
杨邦服	高子谟	卢翼候	都康平	张天庆	陈 东	叶吉益	安震东	李宗尧	李叔鹏
李遵玉	孙傅翰	何其伟	薛映晖	彭丰根	逯振英	李智雁	兰 流	许铁生	王元美
吴大羽	张亮仁	周磐初	江寒汀	姚维动	俞子才	丁曼华	梁惠芳	张大钧	马国亮
姚荫梅	郭若愚	方若愚	叶家穗	吴 天	荣毓英	殷云泉	古大年	冯绍异	郑世夔
沈 珑	陈兆榜	李少卿	卞云程	梁其和	孙 誉	沈承福	沈仲山	庄静安	张忠言
钱昆滋	王恩济	张志模	胡世奎	郑 炽	周源桢	吴锦安	盛如南	胡汇泉	余光裕
张仁德	潘世通	龚钧陶	沈顺长	谢桐生	蒋承动	叶 策	何志刚	金志荣	张泽群
陈允煌	薛宜达	张鹏翮	张一民	魏梁猷	张 署	曾元长	王葆和	叶福年	周赞明
袁裕生	白午华	乐俊谞	田 原	邱建中	欧阳仁钧	秦志回	周 政	陈和卿	黄景昌
唐祖诏	王勇月	丁钟英	侯家煦	庄维会	秦德文	支秉彝	王之傅	刘金钟	许锡坤
宋毓琪	王世杰	夏王济	张主兴	梁树熹	邵规贤	高纯甫	祝爱德	郑有荣	俞蕴乾
李银山	费学铭	杨守余	宋怀岭	王佐卿	钱福南	顾松令	甘阶云	范盈资	杨逸卿
杨松涛	龚懋德	贝鸿昌	梁佐华	沈顺长	戴焕禧	吴胜遴	杨滇生	洪 政	丁维中
王安定	马锡授	李名岳	乐嗣良	王鸿文	曹慕瑾	朱兴仁	柳 荫	郑美修	徐又德

黄苗夫	苏振华	凌维熊	施之仁	邵鹤年	郑云翔	刘衡之	应祖华	冯　平	邬福康
陶鼎彝	华冠群	吴文荣	卞鸿宾	吴大明	陆印泉	周福庆	郭承斋	王天聪	唐汉宗
叶　艺	顾廷和	孙宏道	张光远	吴甲元	王人懋	蔡聿彪	陈一仁	刘明孙	马龙发
王明贤	王守孚	周希尧	陆冲鹏	龚恺元	华春辉	李乃昌	张道生	朱樟令	顾鸿翘
王义昌	吕三星	缪干廷	葛延韶	张汝励	傅玉楼	董杏荪	李悦康	吴栋森	周国泉
苏振华	陆考劲	周文麟	杨益章	石琇琴	罗德芳	薛桂馥	姜文英	沈　丽	邵佩清
杨实松	欧阳仙	盛天华	王顺康	盛宝元	刘效琨	丁仿廉	李立生	黄炎治	汪宏涛
庄前耀	蒋纯炽	黄耀实	黄藻泾	董祖鹤	李思德	张良贤	戚天才	孙彦理	苇　舫
富兴锐	改维德	陈失因	胡希孟	陈长捷	方福柜	肖英伯	孙铭九	马鹤岭	金幼云

第4期学习班（知识界为主）（254人）

(1961.10.16—1962.1.30)

陈　数	张振义	陈英康	周世述	黎书常	沈乃昌	李秉成	黄家骅	金　诺	吴云瑞
黄有恒	李震中	朱　元	王善彰	张通谟	梁有耀	周修齐	王志超	徐迂亭	孙鸣岐
卢季卿	陈济琳	蒋家祥	孙立民	林立华	周月泉	端木兰心	徐迂亭	江念劬	陈天国
祝慈寿	吴元坎	方仁麒	吴载耀	张向雪	方轶群	王引昌	魏书年	雷德成	孔另镜
邵家陵	李　兰	沈　晞	陆明廉	谢大业	唐士恒	杨顺英	乌爱菊	杨天籁	史博之
朱懋森	陈邦宪	张家瑜	黄钰家	王毓东	闻茂康	顾兆奎	凌耀星	吴智安	洪百年
董姗云	赵星如	屈春水	朱寿人	吴圣农	董德长	齐树功	赵　俊	林继元	张本华
孔禄卿	张　菁	宋　杰	黄　正	苏　夏	徐敦仁	安震东	赵体健	刘树德	屠莹洁
李博民	孙慰庭	刘克己	王毓奇	胡秉圭	沈锡元	顾焕昌	吴新锷	陆帮瑶	吴鸿开
施复嵩	刘慧忠	郁钟耀	张柏年	罗道生	黄吟生	胡鸣时	奚好奇	顾希亮	周　瑾
蔡秉钧	候穗生	方祖望	戴楚材	邬烈栕	陆今钟	程一康	周永年	吕崇朴	严　望
朱象诚	冯先荣	刘咸鼎	卢葆义	杨文熙	瞿保滋	吴式樛	楼止观	周永年	胡毓庆
张家生	周继健	沈鼎三	郑　芳	王勤来	王维三	吕师尧	许乃波	许懋动	夏德清
陈诉闻	孙克明	王兆藩	易克勋	陈梃桢	顾忠涛	陆筱丹	庄熙堂	曹鑫立	杨仁身
李国璆	董绎如	梁广桂	周焕校	蔡炳文	张宝书	张　云	张秉谦	龙时度	陆逢寅
柯庚中	胡可镛	舒子范	薛承庄	胡守身	张延伯	路绍怡	郁宗学	李乃容	吴大鼎
李德申	叶志元	张家瑾	陈　炎	章华生	邵丹卿	杨　馨	张嘉林	郁师翰	黄厚躬
谭虎门	魏天听	杨礼福	卢于旸	郝崇三	颜焕申	张孝镛	哈弼定	徐建安	王文彬
周孝达	顾初才	吴　灏	姚世濂	林　浤	钟开元	龚方本	陆会明	姚　舜	张邦维
吴仁甫	陈　参	蒋德馨	朱宗馨	张祖烈	薛友良	王季岳	赵恂章	王总善	荣鸿仁
董秉耕	李叔轩	朱希白	陈燮鑫	陈志新	杨正方	赵其富	徐炽裕	张孝荣	张俊财
李庆生	钱云飞	马德祥	丁俊直	杭琼璋	孙福康	庄桐生	钱家骠	鲁懋德	方廷荣
余少忠	施天和	金　迈	顾名汶	隋松瑞	仇畅宣	肖若水	唐茂春	经桴良	项泽楠
张进良	伍启惠	陈朝富	孙　惠	沈雄霖	任楚炎	张西林	周　骅	梁渭丁	顾祯祥
顾本立	邹云辉	白铭吾	张世堂	王德桢	丁修伯	张二铭	戴荣华	赵福田	甘稼禄
陈维德	卢大川	陆善良	曹石麟						

第5期学习班(知识界为主)(309人)
(1963.4.2—7.28)

魏东升	赵元良	杨祖贻	茅福谦	辛一行	林鲲荣	王青娥	张滨水	严秉淳	龚　罌
陈少新	张中楹	林焕章	陈忠诚	周善生	欧阳可庆	徐福基	王宏儒	沈杰飞	喻友信
赵志华	任　钧	李绍煌	朱延辉	莫祖桐	童一平	韩鸿达	金厚舜	刘俊壁	叶　岛
吴友芬	胡家华	吴宏修	钱企益	徐百平	高宗靖	陈　荃	赵鹤九	顾用中	丁　深
李融之	顾祖常	虞哲光	柳和清	郭学群	金素雯	富润生	林俊卿	黄　瑶	蔡汝栋
严大椿	刘淑香	胡安邦	沈鼎鸿	丁　霆	唐亿年	魏敦和	章叔赓	施玉华	许迺珊
范新孚	石光海	陈焕文	陈先达	张一飞	田宜孝	陆颂慈	颜和昌	陈景道	钟润先
贾维霖	魏剑影	周之德	傅钟骏	潘祖荫	骆思谨	林伯元	童　瑜	石纯农	赵金甲
甘智林	茅寿璋	朱立人	胡秉圭	程国树	许振东	陈春雯	程庸畴	陶仲序	吕维屏
蔡有兴	樊正枢	厉始章	费振茂	张宗渭	夏汉治	周国芳	张龙祥	雷　明	杨孔辰
王文成	宋超杰	叶克武	金能始	翁　超	陶亭豫	陈　琪	施建臣	江希张	芮往先
俞　广	喻荫椿	孙瑞珩	官知义	章树贤	高满丰	孙宝康	郑正镛	邹君乐	郑正伟
郑竞辉	吴隆葛	丁善昌	韩振华	马　谦	陈子庭	王兴蔚	朱国贤	陆阴嗣	袁之刚
费　铎	翁灏英	王祖泰	刘世梁	闵世俊	蒋本铺	章行方	吕廷荣	候文元	王天生
陶善庆	朱品耕	谢忠庭	陈一鹤	钱左荣	卢　斌	郑启鹤	杨洁如	王和祥	余如淦
俞子仁	曹誉周	华正中	方农耕	史久华	林成荣	冯良柏	王谋江	许荣根	杨仲兰
章松年	许国桢	阮廷衍	周惠臣	朱焕林	李坤林	钱宝珍	李锡骅	周永余	封诒生
闻志鑫	瞿思正	张庭谔	杨善甫	戴鹤鸣	吴元康	李祖燕	万守义	陆占江	王肇基
吴中瑜	施宗德	贝似铭	严钦荣	周家璋	陈忠耀	钟振民	郑文佐	马英豪	金同庆
叶维勤	鲍全林	解吉生	朱凤鸣	徐挹和	朱兰亭	倪孝达	杨福涛	徐文照	戴茂德
马维新	曹述雍	陈家祥	陈宝三	张蓉祥	俞之鸿	周妙才	鲍明新	周鹤奎	张继宗
李慰农	李恩庭	浦傅禄	娄尔正	郭斗照	程君颐	庞韦祥	郭　煜	史清和	沈荣馥
张秀峰	郑孝伦	顾洪洲	孙和贵	顾品涛	张福荣	林　斌	范德森	盛少清	施国森
戈瑞麟	张明道	吴子扬	简锡仁	刘鸿元	陈心洁	史景珍	沈克俊	顾访影	邱象彪
盛惠均	杨庆源	陆光祖	吴庆祥	李庭章	杜圣源	方　超	吴美卿	徐家璞	秦锡珍
曹素馨	秦蕴冰	奚国芬	朱福美	徐晟惠	凌　云	王文徵	诸静粹	周云凤	傅曼芸
祁醒华	陶振复	龚佩瑛	吴赛音	江维华	郭美息	孙维琦	朱鸣和	金　胤	胡世奋
汤雍华	张胞与	刘　方	连国邦	张心田	宋瑞珂	郑爱华	居红碧	林文桂	高毓馨
张兰青	徐绪典	杨德斋	李亚诺	尹章埔	马绪涛	陈端锱	陈志昌	黄润韶	蔡灵山
郭培凯	吴福藩	黄正中	胡方荣	徐　复	陈一鸣	吴常仁	张强邻	张家仁	黎国俊
徐启发	陈永健	林仕桂	汪受璋	禚继祖	邱富根	彭先荫	金大勇	陈大谟	

第6期学习班(知识界为主)(331人)
(1963.10.26—1964.2.2)

吴金堤	程鸿炳	汪书城	陈应星	冯柏青	郑重知	李立万	郭禄光	诸培南	柯振岗
徐炳声	邬性宏	沈灌群	宋成志	杨普豪	季平子	何海晏	劳景贤	金　峰	黄济材
张茂梁	吴诚云	徐人左	陆庭吉	何思翰	吴亚俊	焦佩榴	黄志澂	张亚莉	范敬美

黄兴道	奚宗沂	程仲铎	盛国栋	张增棍	赵南柔	黄尔修	杨嘉林	董天野	李昌允
谭玉培	孙世谔	成绳伯	叶 琼	沙 梅	陆洪恩	张楠森	陈寿椿	张兴华	夏廉堂
宋增明	李家耿	朱 烨	沈关祥	江绍基	赵锡庠	朱仲刚	王志清	郑怀美	沈韵华
朱汝功	郑佩华	王导先	吴培庭	夏少农	张沛霖	叶志成	刘震南	乐 璜	周 妍
汪文介	伍鹤年	蔡福祥	高国兴	蒋以楷	朱长民	盛今纯	曾光叔	曾大钧	俞惠民
张兰菴	缪培元	吴轶群	顾英浩	应 策	黄懋潭	瞿鸿杰	庄 达	朱世镖	李右军
张春申	金邦年	左 鉴	李斯达	张奉源	刘亚辉	严欣一	卢之鑫	鲍尔文	徐嘉俸
顾昌楣	张轩朗	黄文彪	奚祖桢	陈嘉寻	银尧城	董光弘	陈绍纲	罗国屏	徐国钧
陈 熙	张光杰	程承康	程与祥	黄金德	汪厚基	张 果	黄玉璞	蔡省友	刘 慈
周鸣峦	马肇鹤	周修和	张孟瑞	程祖贤	王堤诠	严似松	黄维敬	严怀恩	章则淮
孙 元	姜于淮	董言声	许文善	丁承显	夏定耀	顾 正	周家衍	汪 适	山晴甫
陈 鲲	顾仁湧	孙普化	袁鹏飞	赵建祥	马铭刚	潘德民	陶令熙	钟海筠	蔡 均
陈望隆	肖敬修	王嘉振	王书桢	吴培方	宋梦梅	史玉亭	瞿鸿琮	詹仰会	周 礼
孙瑞耕	廖皓龄	瞿竹贤	巫朝梁	杨缘乔	王宗炳	朱 珉	沈培荪	阙德荫	张 署
吕宗岱	程季贤	金永光	金知人	严纪方	江树德	高文赐	王定治	童 宁	瞿伟民
祝源钧	姚苗洁	陈鸿财	寿秉义	杨兴葵	徐鼎九	李衍民	曹秋声	周仁以	金守慎
史子权	许国桢	谢惠恩	赵汉颖	史达晴	董明华	陆维德	蒋本仿	孙炳蔚	戴士清
章绎唐	陈赓金	钱序葆	王继纯	王汝龙	胡养吾	马家骕	姚允智	余伟璞	王师俊
陈祖令	王经纹	徐祖令	王经纹	徐祖华	金立达	张兴国	戎嘉明	蔡永贵	马叔白
李 周	张领海	张德义	吴立群	谢杏江	顾培德	章文铖	郑泉荣	尚其亮	赵际云
许敖荣	吴信方	蔡和瑞	金海林	范良佐	庆 环	周盛康	吴中英	胡秀娣	蒋柔英
陈蕴芳	张仁铭	范式宏	张砚良	张芝生	杜媛贞	李珊梅	闵琴纯	张清华	周素贞
倪文仙	王慧妍	张慧香	吴芝英	金 琳	陈一露	甘贤贞	沈美君	梁爱华	冯秋萍
李辉汉	郑伯铭	鹿笃铮	侯维之	贾振华	李 铮	丘 捷	吴瑶章	王 强	史永龙
吴志华	余志华	胡豁咸	吴志仪	彭司勋	王维屏	高吉祥	何霖生	许之绘	傅宗翰
孙保恒	刘四柱	俞之方	王祖勋	赵士炯	林秉权	朱荣鼎	魏 忠	庄万鹏	张文华
裘启宇	钱康龄	李清华	石坚白	潭福勋	金厚本	蔡天沛	任 真	马鸣琴	李学鸿
黄 立	翟庆骏	韩春平	李名奎	单喆颖	徐 权	靳佩芬	彭凤谭	毕渊明	魏 方
殷傅焕	饶孝旭	孙善抡	俞惠隆	董子铭	李伯仙	牟济宽	温 瑞	朱仕期	林滋霖
林玉贞	张 南	董永年	周海元	叶于酋	张开荣	陈玉麟	张奕璋	康雄飞	吴文苑
陈阅明									

第7期学习班(知识界为主)(358人)

(1964.3.7—7.20)

杨汝楫	陈光清	陆子敬	王承达	华光浩	祝永年	周方白	黄钟琏	沈 间	马翼周
赵宏章	王蓉孙	沈嘉猷	朱寿祺	丁人英	朱绍泉	吴加安	周祖训	傅祥浩	韩家学
高鸿章	田汝康	吴辛安	李仲卿	汪尧田	钱培均	蒋士驹	施毓湘	吴 越	盛祖嘉
费以法	饶昌植	程之璞	杨惠文	王献嘉	王 震	刘培坤	向 颖	孙宗禹	庄静梅
张正扬	迟世恭	李伯龙	何 求	金云峰	钱君匋	刘若军	顾芷庵	蔡绍序	王 峰

杨庆璋	黄兰孙	顾汉颐	周欣华	方作平	吴大卫	孙济中	陈其三	李伊士	张孝秩
黄仁德	唐吉父	赵 琳	黄德芳	张引凤	王耆龄	周邓隆	许国祺	张惠珠	梅英石
王永令	徐仲才	章育正	王春德	孙铁勇	戚明德	黄群华	鲍观达	徐资生	单光圻
边定安	叶君平	马锦南	林 熙	鲁海范	沈耀先	王东林	冯仲谋	叶 同	周珊曼
张廷康	罗天华	段素宜	朱元斌	毕伯华	徐霖生	盛麟成	熊光桢	童逊懋	郭永洪
王傅康	黄昌麟	周德宝	张健民	张会卿	吴焕华	欧阳述	王恩荣	孙义昌	熊大纪
余为豹	周嘉鹏	葛国宝	田广文	陈玉岗	郭廉耿	张四维	李纯健	陈美大	曹剑南
王同辰	翁导尧	潘家来	陈显球	许顺生	朱 润	宋宝瑜	厉声树	郭坤一	余振时
樊养源	朱 琼	徐德新	张少勉	王群祜	陆润生	闵华璐	秦元动	温玉琦	张光远
洪嘉绚	达世雄	让铁群	叶尹中	李成普	张义举	张 淼	袁兰方	陈彦周	谢宏生
张与人	陈正望	刘维英	陈慕韩	杨君德	邓光祖	闻云章	陈德禄	许永成	林异遒
杜秉镛	吕庆澜	应启祥	魏子昂	沈庚余	徐光宇	朱政勤	李良栋	寿孚康	陈竹梅
董 英	杨继泉	顾曾保	吴良士	戴令奂	洪 诩	虞海水	袁湘镛	朱其培	屠 径
张子彤	王玺琪	曾尧相	邱源亨	黄甫庭	徐英纶	赵良国	何荣汉	肖丽明	金伯显
柳维生	陈黎衷	张应祥	李清华	白方谷	徐昭隆	宋耀章	沈再昌	张念椿	黄理中
包蔚然	岑扬华	李道生	贝焕章	程伊衡	方玉荣	刘家彦	王 淦	王今声	胡菊生
陈长明	郑宝棣	陆家莱	程泽济	季震元	孙备明	卢绥荣	孙世昌	沈云麟	贝竹溪
朱永年	毛用铗	赵庆涛	张汉亭	黄炎忠	吴明然	孙全峰	朱松令	傅福田	陈元钦
毛乾良	宝福康	李变彪	沈欣彦	张瑞杰	余叔川	周民春	檀树荼	王德理	张澍钧
马贤成	王作人	张增祯	牟 予	梁柏森	张秉书	郑柏林	李清岷	迟谦若	段劲荛
董祥庆	卓宝南	戴培玉	张奉先	贺艺民	殷成章	吴东儒	操震球	陈士铎	孙发增
王湘兰	姚家庆	储纯秋	段丰顺	倪壁怀	朱鲁宁	陈景虞	蔡景亨	王积悖	刘敏恒
王明濂	周玉山	蔡森雄	史大钧	金永康	肖昌璜	吴宗初	姚奇蔚	刘和理	刘锡三
汪 泱	王 珏	邢大春	周德范	王忠模	冯步享	曾广讯	舒秋舫	顾忠华	喻长林
吴 变	苗敏达	徐 恭	盖大红	张孝荣	翁文渊	陈祖流	杨家声	陈 泽	马启超
郝爱光	倪晓庚	邵锦缎	黄卫世	蒋美玉	黄泽盛	林桢藩	高不危	黄汝显	王家骧
薛天锡	许谷芬	黄长溪	芦姚吾	孙韶芳	李庆安	周文治	潘君拯	王辉明	叶日葵
宋鸿旦	胡玉章	杨国芬	李苏田	吴伯修	高善娟	蒋 仁	曹赤阳	陶国泰	濮青宇
刘本立	吴达璋	金锦仁	朱洪文	程 芝	周泰初	侯纯之	尤子平	陈 钟	钱景长
高 恺	朱杏荪	熊同和	王镇圭	朱 焱	胡士道	甘明道	黄宏熙	盛承楷	钟国义
冯嘉佑	曹鹤爵	邢宜湖	吴仲翔	宋汉梁	章 涛	钱孝昌	张赓棠		

第8期学习班(知识界为主)(311人)

(1964.9.19—1965.1.18)

曹国卿	朱 京	靳文翰	李锡恩	薛应龙	汪荫余	朱志荣	张文赓	陈邦圻	钱今昔
梁 达	丘日庆	韩述之	裘益健	刘 勤	居定一	张震旦	施亚钧	邓仕仁	李善道
赵清澄	吴一清	凌松年	张东祺	王承梁	李首春	罗小未	钱潺民	宋德辉	胡维予
刘厚甫	郑志芳	施邦范	达式奎	吕凤翔	顾邦基	胡赞平	张由枢	董益晋	谢兆龙
俞鸿模	何德鹤	商志馨	田多野	石 炎	朱傅茗	姚继新	钱 琪	高本乐	莫 凯

顾玉君	刁友道	何锦心	成言嘉	郑　岩	王椿荣	史鸿璋	陈惠兰	吴厚章	朱燕时
丁戴道	刘　献	任道性	徐惊伯	顾瑶荪	张鸿德	孙桐年	谭毓锦	张延龄	吴　珏
吴百生	郭元瀛	宗铁生	王惠芬	沈仲理	张连祺	刘仁麟	锡永康	陈维镛	顾振华
马莲生	贾霁光	王永杲	屈炳权	郑志远	倪桂堂	沙元铭	盛梅卿	康毓熙	余士能
彭瑞芳	何承志	朱品逸	汤建华	俞干宙	郁功瀛	陈永昌	茅定波	顾正中	施天三
寿如椿	陈甲暎	沈宗吴	浦世礽	沈家锡	冯增寿	黄克宏	杨衍麟	竺基梅	郑复宣
施镛年	金贤法	邹涤川	徐应炳	蒋正杰	赵兴业	朱积煊	张国誉	向　馨	孔广泰
项启恭	姜松潘	杨致中	张志贤	刘　谦	范熙人	陈世虓	王凤瑞	郭丰镐	嵇汝运
孙　册	孙钟礼	陆仁荣	卢延令	王幽兰	闵嗣桂	李金定	张永焜	沈之范	夏　熬
蒋广生	朱正铭	俞受谷	徐伊伯	张关鸣	俞百祥	杨家骏	兰师忠	赵朴澄	宓逸群
方叔贤	俞尔康	李存志	周世赓	马家骥	王引生	徐　琦	叶达孝	陈聚荣	陈德业
何伟照	凌斯骏	石　凯	王能武	管中平	翟丹生	高静娟	沈　杰	陈新民	顾正权
俞培均	俞佩芳	林天石	郑忠德	王文德	高明章	甘阶玺	孔明德	邱文铭	陈金根
王一策	李光炽	史济民	郭兆常	蒋学庸	娄尔品	曹森发	许鼎澄	梁根成	虞　龙
王刘根	金志亮	胡　磊	傅洪赓	张福祥	黄祖康	朱宝成	崔亨加	丁焕文	李少甫
李立侠	方志高	邵义彬	张善卿	黄国定	沈文鸿	丘庆炎	张霭庭	林　水	王国桢
王先进	王季中	于占之	殷孟伦	陈云章	汪经芳	吴承祉	张德瑞	齐仲彦	李嘉泳
张淑梅	魏启元	唐希尧	高振洲	陈鸿雪	陈懋镇	沈惠基	陈志远	杨朝升	李廷宋
张学义	钟昭华	王振鸿	许如琛	叶彦谦	苏应亮	周伯勋	杨可桢	王雅谷	李成蹊
平福增	杨树信	许植之	庄国华	张宇和	李应鸿	顾子政	潘祖麟	严玉麟	徐　杰
曹啸君	尹焕章	杨　修	敖自强	孙静如	杨光辉	熊来苏	邹铨魁	越惠民	马巨贤
马兴球	王时才	程二如	徐　明	苏寿承	赵幼辛	冯忠琦	万千民	陆　琦	祝家杰
乔关根	陈章芗	林永华	刘蕙孙	章嚣白	李家慎	周谨飞	柯咏仙	张维金	唐玉螺
沈炳炎	郝丙夏	刘隆祥	张云厚	章寿悟	张元正	王琨仑	葛勉仲	姜国恩	高宝明
徐季子	刘鸿文	冯大强	叶　仁	姚傅芗	邓慎康	李　蔼	史锡棠	蔡显丰	张宏绪
孟醒仁	常秀峰	李闻甫	徐远瑛	章心绰	卢村禾	施右甫	夏继诚	吴增奎	何领辉
龚震东									

第9期学习班(知识界为主)(328人)

(1965.3.1—7.20)

陈得华	陈铁云	赵介文	任有恒	陈本端	朱土立	魏墨盦	周念先	程守泽	居秉瑶
朱　雯	胡文华	徐时中	邵瑞珍	应义律	江德藩	齐乃宽	姜屏藩	王作求	唐颂三
冯成湜	宋　彬	张九垣	韩葆玄	林韵和	冯霁帆	伍丹戈	金有坤	董承良	梅家驹
任雨霖	黄洁纲	张和青	张隽伟	华传浩	应野平	吴宝恒	鲍维湘	李毓珍	周坦云
洪葭管	江　靖	叶　英	高骥千	施守义	朱元昌	曹裕丰	葛怀诚	李杏芳	黄锡璋
蒋钝儒	沈乃兰	孙淡云	殷国宝	邹　仲	吴善芳	孙凤冈	张炳瑞	项廷宣	钟润先
杨新史	唐崇基	余鼎新	叶自俊	马安权	刘宝珠	王鼎欧	应锡洪	章开平	郑曼云
周敏良	王进学	唐慎斋	谢秋声	汪云南	周善荪	陈德懋	徐眉邨	刘耀南	张公馥
李嘉康	陈身修	魏彤云	汪有高	程德延	顾友竹	周鹤年	蔡义仁	江俭君	孙毓良

王庭荪	王良标	葛瑞卿	周茂祥	华德辉	葛文焘	杨庆贤	刘颐屏	余扬清	梁祖厚
孔繁玉	顾里之	黄振禄	张世经	周光宇	钮经义	洪山海	蒋锡夔	吕家鸿	陈瑞铭
潘寅初	谭顺杲	熊大庆	顾家荣	李康年	陈均豪	孙凤林	周成梁	林培根	施惠民
王赞基	葛允三	江允栋	孙成煦	张 和	俞耀曾	府炳麟	徐世宴	张德润	冯寿浩
席与淦	黄厚锡	庄生明	刘怀瑜	崔文桥	曹家杰	颜叔屏	黄元钧	康 时	黄敦南
管致一	黄懋修	翁之颐	彭汉恩	胡叔卿	王振亚	钱仲华	章志鸿	吴国治	沈述纪
严振远	石奇为	刘椿森	洪明汉	徐顺锦	王祝良	马仲文	朱励衡	张 健	邱衡约
徐昭侯	胡诚安	陆筱昌	裘志敏	王雄飞	张颂芳	于国栋	石琇琴	印士生	程馥森
吴秀英	叶金龙	蔡宝源	杨维镳	茅子锦	刘文亭	姚筱轩	竺培农	吴俊康	金志朗
许志耕	樊海山	欧阳学锦	朱绍熹	陈华钧	王桂蕃	单跃箕	孟繁杰	孙思白	肖家茂
李永淑	孙桂毓	黄道农	王会芷	孙昭培	苗鹤庚	丁梧荪	罗建陶	李毅民	杨衍普
初忠远	罗立铭	洪恩涛	汪礼彪	莫永宽	方运承	徐明光	宋照铭	施天佑	姚企文
秦启泉	施孟胥	陆子权	洪石鲸	刘明遥	邢致平	孙 能	朱振苏	宛敏灏	黄丽生
郑启愚	褚一纯	李同济	陈铭汀	高春生	赵 翱	崔耀宗	许学受	魏琎玑	高德正
蒋起鹍	陈成舟	徐世德	林良根	滕茂桐	张伯康	孙 望	谭龙云	周维迅	张柔武
李崇德	何莘畔	王气中	邱第荣	樊祥华	蒋隽人	缪炎生	黎松祥	钱辉唐	叶厚畲
卓家信	杨蕊含	徐容民	郑金来	阮树长	屠揆先	严鹤鸣	张志澄	徐泰来	蒋协中
凤兆玄	孙贤铭	蔡壬候	丁正献	章朝宗	李 洸	沙国华	石怀玉	吴宏美	王剑星
屠钦桐	毛应骥	宋承铨	曹名飞	张二鹏	白金地	徐荫昌	黄贤汶	章瑞麟	刘俶麟
丁景和	沈一龙	胡 江	李志魁	周希敦	阮振先	万仁寿	胡镒堂	王 琪	陈谷凡
俞沼欧	孙 周	刘家鑫	游春频	詹龙生	陈本铭	陈万桢	陈富玉	林秀瑛	杜复钦
陈承德	李硕卿	杨树稼	陈 峰	林龚谋	吴秀鸿	陈碧笙	陈贤榕	林顶田	柳挺荣
郑贞锾	高孔瀛	黄 锐	孙浩铭	庄 劲	章杏仙	倪树春	黄宝珍	朱暑光	熊大连
叶天纯	金立强	王文超	郝鸿伦	聂济民	熊振球	林寿铿	吴秀珍		

第二节 复院后各类班次

一、党外代表人士培训班

(注：统计中含与政协联办的培训班，以及民主党派机关干部培训班)

民主党派、工商联干部培训班(55人)
(1984.9.1—1985.1.22)

欧国藩	王文璧	陆文彬	陶亚成	张宝琴	蔡根生	陈 克	张临湘	黄宁生	汤安华
张桂英	童祖坚	王崇贤	耿泰汉	仲志豪	陈伟立	朱德润	过蓓莉	毕克鲁	陆孟津
毛永龄	曹妙贞	殷龙彪	张大年	潘 兴	赵如管	经稼炎	杨竹卿	张汉文	史济民
丁宝华	蔡福鑫	糜震方	周惠民	俞继华	徐 正	王思远	毛礼智	胡正立	徐德荣
顾德岗	俞宪华	杨慧雯	李国钧	曾文忠	席蕊君	郑慰祖	童美琼	杨宗铭	沈凤鸣
徐平分	沈 沅	印润田	郑善龙	朱冰玲					

民主党派市委、市工商联副秘书长以上
开放城市统战工作研究班(一)(18人)

(1985.3.9—4.16)

张国魁	江　靖	翁曙冠	史久华	蒋家祥	盛士琛	王宣渭	归兰修	王大平	冯覃燕
马文华	赵书文	尚　丁	王嘉振	吴仲信	夏明海	陈德明	张荣仁		

民主党派市委、市工商联副秘书长以上
开放城市统战工作研究班(二)(14人)

(1985.5.15—6.20)

陆玉贻	陆咏德	陈　通	陈惠琴	陈穗九	张公绰	杨存裕	俞云波	费福泉	郭纲朴
李柏华	李宗尧	周光远	周起渭						

民主党派市委、市工商联副秘书长以上
开放城市统战工作研究班(三)(16人)

(1985.9.2—10.19)

王有章	朱子建	岑中坚	杨希铨	郑永庆	罗乃燕	胡如珊	须启道	黄茂福	黄松岗
黄崇武	寇　华	袁绍声	徐仲发	钱福南	高君珠				

民革第1期干部培训班(21人)

(1985.10.5—19)

方　蓉	沈安良	竺秀勤	陈树龙	胡庆植	沈迪庄	邢毅鹏	刘燕屏	吴　丰	秦　演
王祖扬	庄鸿钧	李福厚	涂光慈	李　河	徐仲敏	李文彩	许　庆	祝连元	陈冠宁
庄浣澜									

民主党派第1期新进干部培训班(34人)

(1986.2.14—27)

余鉴南	李玮颖	陆祥麟	金　伟	袁光耀	夏立军	王子昂	徐梦嘉	石朝英	袁　斌
李宝林	尚家清	胡坚和	邓国兴	王　红	王长云	刘晓云	杨时明	庄建华	陈少中
吴研露	应庸康	徐　威	马放南	郑华静	郑传伟	胡玮敏	蒋喆平	汤翠芳	沈增炜
周自翔	姚　珏	赵学慎	倪亦陶						

民革第2期干部培训班(20人)

(1986.5.8—28)

罗靖民	钱关坤	史　云	方黛眉	张洁琰	孙吉森	谢世德	秦乾华	刁幼良	龚德明
陆凤平	穆小文	窦荫棣	陈　慷	干学安	袁莹涛	周康德	李淑君	陈左权	吴　平

民主党派第2期新进干部培训班(34人)

(1986.6.9—7.5)

王　谦	王海波	王嘉良	吴鸣放	杨鸿庄	季保蕙	姜　英	俞智民	熊小泓	张静明

郁介伦　陈介方　陈延烈　陈振民　陆纪鸿　陆奕萍　吴锡耀　李文荣　洪　璐　庄昌泰
黄俊保　管国兴　吕培春　陈长宁　罗一静　林邦任　陈　洁　郁梅英　姜允爽　徐　萌
郑　绵　王昌范　何　韵　杜　鑫

促进"一国两制"实施研究班（民主党派高层）（22人）
（1986.6—7）

刘靖基　张耀忠　范征夫　李振麟　费福泉　徐国懋　李赣驹　陆玉贻　翁曙冠　陈铭珊
王洪昌　陈穗九　蒋家祥　黄器周　王宣渭　俞云波　林铮庸　赵安泰　张叔英　周光远
欧国藩　郭秀珍

民主党派贯彻中共中央十九号文件研讨班（19人）
（1986.10.28—11.19）

李赣骥　张润苏　武重年　郑西海　沈仁伟　冯德康　朱德瀛　彭迅雷　高令山　郑善龙
张白华　李金香　胡永槐　熊衍元　端木时夏　贺增华　李　丽　黄耀诚　林铮墉

民主党派推动"一国两制"方针实施研讨班（21人）
（1987.3.7—28）

项斯文　谢飞鹏　章念祖　李白江　袁　锷　叶筑生　陈植航　胡上融　邢长城　张应葆
任秉道　张邦纶　吴省三　林笃桢　蔡惠明　于　俊　陆美子　徐元春　刁会正　王思远
孙顺华

民革第3期干部培训班（31人）
（1987.3.30—4.18）

刘家仲　刘昌运　兰鸿浞　江礼旸　林　华　涂长龄　宁森林　姚克裘　左焕珠　董敬生
卞伯元　沙　白　焦尚义　黄铭权　孙兴衡　庞淑锦　向　玲　张有玲　马鸿萱　顾德兴
张轶华　杨道孙　周宏湖　史淑霞　沈剑清　杨永秋　熊南清　戚尧琪　李世汶　杜　毅
杜　颖

民主党派、工商联处级干部读书班（43人）
（1987.6.29—7.18）

汪尧昌　彭建康　吴江影　朱长青　朱德瀛　杨建猷　林妙卿　王纲怀　庄传霖　单琼香
方孟伟　盛焕发　吴惠源　徐德晓　胡永槐　周骏羽　郑善龙　张　午　唐国俊　罗华荣
许厚复　任学征　吴衡昌　臧　肃　丁宝华　周伟良　侯畹华　杨存义　金培基　归兰修
吴春妮　胡忠泽　董邦安　吴奇舫　马克烈　沈克俊　夏　擎　庄炳良　李金香　张白华
毛永龄　施钟鼎　李葆炎

民进"政治体制改革与党派工作"学习班（38人）
（1987.8.11—18）

印润田　苏金根　黄河澄　常干桢　张光辉　吴企尧　张联冠　马中岳　沈世明　邓伟志

朱镜清	郑雪怀	姚乃中	孙世龙	金大璋	王玲玲	陈哲吾	吴良斌	林瑞安	李道瑜
沈 沅	乐嘉基	夏炎文	蒋雅明	蒋 衍	孔耀洲	吴祖培	孙立军	汪杏茹	周 萍
陈剑芬	张 立	帅本华	凌云宝	黄 正	顾文迨	陆钟珏	张诗履		

九三学社"政治体制改革与党派工作"学习班(36人)

(1987.8.24—27)

沈德和	张则陆	王德孝	殷龙彪	王嘉善	颜志渊	段光贤	王加康	朱中州	蒸葆贞
黄素芳	段穆德	毛式薇	张良梅	王灿青	施秀珠	何克诚	张绍麟	陈 仪	周士琳
张锡年	高天华	李天标	殳家豪	刁新民	胡嘉增	何馥瑛	薛福元	高君珠	张友隽
陆晓民	黄伟民	郑 谏	江伟达	康味菊	余先玉				

民革第4期干部培训班(29人)

(1987.11.10—30)

邵红妹	胥尚贤	林 炜	杨同武	汤纪涛	李耀中	王胜豪	欧阳泽	周佳瑶	邵逸民
王 真	严震东	于 阳	陈天平	孙润霖	寿振福	李 斌	李 芳	李信娥	戴德生
卢理国	黄雅才	张竹君	胡建新	黄 玮	顾瑾玮	虞祖岳	何绍诗	钮廷琨	

民主党派、工商联领导干部中共十三大文件学习班(30人)

(1987.11.28—12.12)

徐以枋	诸尚一	李赣驹	陆玉贻	张国魁	陈铭珊	董幼娴	张元震	王洪昌	陈云涛
张兆桢	蒋家祥	黄器周	王宣渭	周骏羽	俞云波	林铮埔	杨 樧	张叔英	张重超
周光远	唐君远	郭秀珍	孙廷芳	王雪渔	诸德耀	刘鹤章	叶仲若	罗冠宗	陶敏之

农工党第1期基层干部学习班(38人)

(1987.12.7—12)

林自强	许国光	夏蕴秀	钟莎莉	任朴安	吴嗣洪	叶庆荣	王淑珠	莫雪琴	金义成
薛之祥	诸秋萍	汪希文	张时宜	谢锦生	陈梓元	方长生	叶裕春	谢志清	尹家宁
苏竹君	朱丽瑛	王伟侠	李芝华	李国雄	刘智根	朱邦翰	范显振	王惠芬	谢灿华
杨庆明	陶秋贞	周 钰	杨辰之	郑瑞芬	张德俭	吴君玉	谢振环		

市政协学习委员会中共十三大文件学习班(34人)

(1987.12.18—29)

赵宪初	王志德	富润生	陈德尊	熊大纪	夏宗辉	金幼云	孙彦理	沈倮智	王嘉振
张 锐	程之敏	雷传湛	林 亮	卢慈和	周 雯	张敏智	邓碧华	王祖骥	赵书文
郑竞辉	尹 襄	时宜新	高景仰	甘源涵	姚清德	李柏华	王之师	杨 肆	马人斌
李文先	陈曾荣	陆薇绥	顾梅青						

民主党派、工商联第1期处级干部中共十三大文件学习班(13人)

(1987.12.21—26)

| 彭建康 | 吴江影 | 盛焕发 | 杨存义 | 胡永槐 | 施仲鼎 | 杨建猷 | 庄炳良 | 夏 擎 | 胡嘉增 |

庄传霖　周伟良　单琼香

民主党派、工商联第2期处级干部中共十三大文件学习班(14人)
(1988.1.4—9)

董邦安　罗荣华　马克烈　许厚复　吴衡昌　吴惠源　张白华　沈克俊　朱德瀛　徐德晓
归兰修　郑善龙　方孟伟　侯畹华

民主党派、工商联第3期处级干部中共十三大文件学习班(13人)
(1988.1.11—16)

唐国俊　汪尧昌　黄茂福　朱长青　任学征　毛永龄　丁宝华　李金香　金培基　李葆炎
林妙卿　胡宗泽　王纲怀

农工党第2期基层干部学习班(38人)
(1988.3.16—19)

邵大钧　华贵义　屈余权　金佩文　高柱中　于文霞　张瑞林　高才伦　曲德桢　何华琛
达世雄　徐炳浩　陈芳森　何希浩　钱志昌　叶元春　姚庭杰　沈凤麟　李孝佛　顾振国
方济诚　张正宜　黄永生　陈景熹　强　华　陈百棠　张永民　王啸麟　郑亚庆　秦文莲
蔡炳才　欧阳云鹏　张源源　杨晓敏　王泰祺　徐燕芬　言荣发　梁谷音

区(县)政协领导干部培训班(19人)
(1988.3.28—4.9)

王　韫　王文壁　吴幼英　吴信方　魏荣成　吴厚成　陆晓民　徐　瑛　史久华　徐至正
盛土琰　吴仲信　吴志高　徐守如　黄崇武　徐国杰　梅凤池　程伊衡　钱绍忠

民进基层干部学习班(43人)
(1988.6.13—22)

马庆荣　董昭仪　史玉昌　任芝瑛　李　建　江孝渔　丁建业　尹达新　刘静芳　钟敬民
林黛文　任　震　杨锦文　赵述曾　张金德　张富启　周月良　张德元　明　浩　林春霖
吴治中　张静娴　梁撒苗　肖斌如　周清明　韩莲珍　徐欣蔚　曹一明　卜允台　韩关治
蒋家宝　王承珏　高治璆　孙　瑜　朱人烈　傅光凯　陈立群　夏秦涛　邬志星　奚永康
沈国宏　华英兰　徐志芳

民革第5期干部培训班(29人)
(1988.10.7—26)

徐永明　毛丽云　俞怀恩　吴西林　张冰天　王景慧　邱　鞾　陈兆奎　朱邦杰　胡企华
肖安美　张仁善　王　瑜　王丽霞　马建军　叶建生　马云清　吴耀忠　何秋英　顾太生
周师郑　潘飞华　史文熊　王义方　夏申路　吴新粹　郑忠伟　李世慈　王俊康

农工党党务工作研讨班(45人)

(1988.12.8—17)

王佐良	王广田	叶士雄	朱丽瑛	汤任高	朱冰玲	吴文丽	宋绍发	李庆麟	李国雄
李宗尧	李根渊	李葆炎	陈景熹	金佩文	袁保山	施仲鼎	姚 淇	高柱中	梁谷音
程乃珊	漆畹生	陈灏珠	王汝鹏	叶显纯	乐秀拔	朱明德	任炽刚	刘旦初	杨建猷
罗宝琛	金义成	郑善龙	姚中一	夏高阳	徐钟隽	郭天玲	陶秋贞	章瑞芝	蒋孔阳
谢一飞	谢锦生	潘富恩	蔡 琰	濮之珍

民主党派、工商联市委机关建设研讨班(29人)

(1989.2.21—24)

陆玉贻	诸尚一	程子敏	商继宗	汪尧昌	翁曙冠	尚 丁	黄茂福	时宜新	马克烈
周永康	王洪昌	顾宗棠	王鸿文	孙丕晋	蒋家祥	邵光宇	左焕琛	杨建猷	林铮墉
庄炳良	张重超	胡忠泽	胡嘉增	欧国藩	顾永熙	李家彰	张今华	张 丞

民进对台政策学习班(56人)

(1989.3.18—22)

钟 山	谭惟翰	朱荣丹	张媛美	姚昆群	谢光宇	刘克明	瞿怀瑜	梁柏藩	陈惠珠
许效梅	章 捷	张 立	朱成英	马金泉	顾国屏	江 迅	高治璆	许韵高	许松寿
张诗履	肖斌如	孙世龙	王文娣	许怀应	徐钦慰	吴友琦	蔡维友	陈学文	刘德容
林百举	吴省三	陈滋昌	孔祥芬	程日初	席秋霞	米安峻	周立成	李梦麟	朱兴源
马义林	丁建业	聂 云	陈治均	郁志超	张家柱	吕大华	陈延烈	周秋丽	陈家玄
徐志芳	管宝根	周月良	张 齐	林同华	林黛文

台盟第1期干部培训班(20人)

(1989.5.8—11)

钟明炫	欧国苏	梁素霞	王庚雄	林雅霜	李锡照	王鹤珠	周清樟	余碧娥	张志文
邓凤英	胡健清	张国风	刘黛妮	林俊雄	石朝俊	庄振文	杨健敏	孙荣华	陈文彬

民进多党合作理论研讨班(39人)

(1989.5.16—20)

熊衍元	邵西苓	邬志星	陈立群	陈 军	刘奕民	刘伟国	贺宛男	周 萍	夏文蕙
沈叶青	夏秦涛	梁撒茵	林瑞安	谭玉美	沈惠琴	陈庆峰	王玲玲	秦菊珍	许世远
王有为	张强辛	陈世中	叶孝慎	王 涓	蒋国秉	瞿 钧	杨明福	沈 沅	钟 山
邵公权	彭迅雷	季甄馥	刘克明	张申英	徐诒浩	徐福荣	杨亚力	谢明晖

工业系统党外中青年干部学习班(37人)

(1989.7.12—15)

邵敏望	叶鸿康	林遂荣	陈秉枢	王国定	俞士谔	应启良	屠铸宗	胡慧娟	阮于东
姚起莘	张应葆	郑健龄	冯兴根	陈式敬	沈国权	章念祖	张友隽	王珊娟	朱玉成

黄慧娟　汤兆基　赵国通　易良才　郭明发　徐美香　徐复伦　蒋至丰　何芹生　孙晶璋
庞学瑶　李光玲　许登堡　沈福贤　陶学渊　武霞玲　赵广仁

民主党派、工商联负责同志贯彻中共十三届四中全会精神学习班(24人)

(1989.8.23—26)

陆玉贻　诸尚一　毛增滇　厉无畏　黄茂福　马克烈　周永康　蒋达宁　王仁中　顾宗棠
毛智凤　盛士琰　刘恒橡　夏高阳　濮之珍　林铮镛　吴肇光　王天铎　孙曾一　赵安泰
范新发　许佩琴　刘鹤章　叶仲若

民主党派、工商联处级干部贯彻中共十三届四中全会精神学习班(20人)

(1989.8.28—9.2)

严森泰　彭建康　项斯文　许厚复　朱长青　常爱文　吴惠源　李金香　金培基　杨建猷
郑善龙　李葆炎　徐钟樽　庄炳良　胡嘉增　王润民　庄传霖　丁宝华　毛永龄　单琼香

民革第6期干部培训班(33人)

(1989.9.4—23)

张　力　王竹持　关文斌　马明义　杨瑞莉　韩光辉　顾钟琳　凌小明　盛翠芳　徐申生
冯婉华　倪汉扬　马　云　蒋孝良　赵伟敏　张绮莎　罗湘漪　陈应谦　吴柏钱　戴不群
吴启新　关森康　殷　俊　汪　杰　龚夏衡　高志强　顾吉辰　陈泽琦　丁大于　沈士杰
赵　勇　章明德　刘富礼

科技系统党外中青年干部学习班(16人)

(1989.9.11—15)

王健初　丁　悚　盛百正　黄宏波　朱道源　朱丽泽　刘善林　陈　垦　归寿造　徐君权
艾小白　江东亮　王　达　孙复川　杨振荃　王纯尧

台盟第2期干部培训班(21人)

(1989.11.6—11)

林　亮　杨丽华　王　中　潘镇南　郭绥芳　欧德海　蔡　瑜　王秀锭　钟明炫　陈　辉
唐若彪　张锦雀　刘文浩　姚小远　张莉莉　游　立　杨国楠　邓国兴　黄宝凤　林瑞彬
游景发

科技系统统战干部学习班(26人)

(1989.11.13—22)

王鹤山　杨益清　栾建勋　张玉瑛　邱健康　金晓鸣　曹雅琴　茅云妹　张敬智　刘满苍
魏克俭　李　萍　杨叙官　黄　玲　戴玉成　胡流仁　徐永伦　顾淑君　黄慈振　张　松
陆利民　符翠珍　曹子亭　李　云　杨思德　徐慧芳

民主党派第3期新进干部学习班(28人)

(1989.11.27—12.23)

张女欢	朱 珍	龚晓浩	沈海燕	程铮铮	周劼平	陆 琦	乔群慧	李 昂	张 震
解敬阳	刘 鸣	虞晓岚	王 毅	周卫平	赵 勇	潘 敏	罗湘漪	王伟国	陈 磊
忻 卫	徒敏卿	李 红	彭红文	张天成	赵 俊	钟 华	张 荣		

教卫系统党外干部学习班(25人)

(1989.11.27—12.2)

范承善	何克诚	彭国雄	潘 兴	喻怀仁	张坤茂	张志杰	王光增	陈明仪	朱承圹
管有章	周 正	张祖思	汪寿明	薛 平	瞿谷仁	唐保宁	李培栋	章宗穰	邵绥玲
吴汶麒	杨贤智	刘鏊龄	杨定亚	王 律					

民主党派、工商联领导成员贯彻中共中央〔1989〕14号文件学习班(23人)

(1990.2.28—3.3)

徐以枋	陆玉贻	毛增滇	翁曙冠	江景波	尚 丁	陈铭珊	董幼娴	蒋达宁	赵宪初
刘恒椽	陈灏珠	濮之珍	夏高阳	陈昌福	杨 榍	张重超	孙曾一	孟庆闻	郑励志
范新发	刘鹤章	孙廷芳							

民主党派、工商联组织工作研讨班(18人)

(1990.3.1—3)

严森泰	王文璧	邢毅鹏	邱志荣	任学征	董 平	吴志高	徐吉浣	朱德瀛	翁研因
邹光正	梁栋崑	邵光宇	熊珩元	沈 沅	杨建猷	方兆熊	李宗尧		

农工党市委委员学习中共中央〔1989〕14号文件学习班(30人)

(1990.3.5—6)

王广田	叶士雄	朱冰玲	汤任高	杨建猷	李庆龄	李宗尧	李国雄	金佩文	施钟鼎
袁保山	翁佩玲	漆畹生	张文刚	叶显纯	乐秀拔	刘旦初	朱明德	李葆炎	金义成
郑善龙	姚中一	谢一飞	谢锦生	徐迪三	徐钟隽	陶秋贞	蔡小苏	陈景熹	罗宝琛

农工党市属支部主任学习班(63人)

(1990.3.6—17)

徐迪三	左焕琛	高月芬	王岱明	梅人翊	朱明德	吴嗣洪	王淑珠	陈庆荣	陶 鄂
叶显纯	沈庆法	薛之祥	金义成	储维忠	吴绍德	邹菊生	谢一飞	刁会正	郑传锐
陆汝贞	刘兴荣	蔡小苏	丁载道	苏永庆	顾 淦	夏成庚	谢灿华	吴国芳	孔宝康
蒋孔阳	顾可权	乐秀拔	龚国芳	何恩光	郑瑞芬	谢锦生	王汝鹏	郑 滔	尤俊意
颜德馨	凌 云	王梦云	言荣发	吴君玉	欧阳云鹏	梁谷音	陈景熹	强 华	许德荣
王豫廉	周 钰	阮 煜	施南池	李葆炎	金光清	夏锦禄	蒋桂林	朱梅邦	姚勇儿
张正宜	蔡鸿祥	蔡炳才							

民主党派、工商联宣传工作研讨班(20人)

(1990.3.9—10)

| 董邦安 | 李玮颖 | 刘丽君 | 张光武 | 方　荣 | 吴惠源 | 张　乔 | 胡永槐 | 庄昌泰 | 郑善龙 |
| 张天成 | 李　红 | 庄炳良 | 方修仁 | 宓正明 | 刘长水 | 解敬阳 | 凤懋伦 | 朱长青 | 胡永槐 |

台盟第3期干部培训班(16人)

(1990.3.12—17)

| 刘黛莉 | 杨方刚 | 杜倩文 | 林真意 | 林　韦 | 李曼丽 | 许佩琪 | 陈碧娇 | 陈　辉 | 陈宽仁 |
| 张美伦 | 张弘毅 | 钟明炫 | 徐永昌 | 赖建忠 | 张　岚 | | | | |

九三学社基层干部学习中共中央〔1989〕14号文件研讨班(68人)

(1990.4.5—7)

沃联邦	郑　麟	谈谷铮	朱维薇	张春明	冯国光	周伟生	宓容钦	席蕊君	程　彤
康味菊	袁永生	高介祜	董允高	宋荣林	徐瑞鹏	唐国杰	薛铭暄	苏怀一	曹志英
陈绍元	周定中	王世欣	张　容	徐连达	刘若萍	徐良培	王振弟	俞纪伦	张正期
沈志屏	汪小鸿	凌明娟	邵胜定	姚崇永	汪宗禹	匡蛟勋	阮家栋	丁颂康	李增荣
张松寿	陈志森	高怀龙	王席溇	严隽猷	韩湘钧	郑钟学	戴贵根	金荣昌	刁新民
金慧聪	金其章	徐树云	吴定一	孙企贤	潘荣华	孙　鎧	徐锦引	沈馨亚	钱　琦
孙素钏	杨闰生	周云冲	金志成	陆际晨	凌　年	陈洪承	唐敏君		

民建市委委员第1期学习中共中央〔1989〕14号文件读书班(41人)

(1990.5.7—12)

朱克麟	钱英芝	唐齐千	张冠华	卢文漪	张廷谔	刘宝娣	贺志发	王宇平	叶仲书
朱乃佳	丁训静	连天峰	吴逸平	戎嘉明	陈庆樑	邢长城	史久华	金人仲	沈文祥
蔡尔模	董世骧	蒋大申	钱逢麟	徐谋宏	徐萱苏	张永沛	陈林祥	吴英莹	王汝耀
傅烈成	张善为	费仲潮	严崇萍	刘同钜	胡詠华	丁鹤年	傅天祥	裘果芬	罗莲珠
黄建清									

民主党派市委委员贯彻中共中央〔1989〕14号文件学习班(29人)

(1990.5.21—26)

林笃桢	朱子建	姜达育	张和豪	沈世明	蔡彩凤	黄慧娟	蒋见元	陶秋贞	徐学成
王德孝	邬显明	庄传霖	李进守	周国瑾	张　龄	杨　今	彭建康	俞继华	许　庆
尤振国	郭纲朴	沈志诚	张大年	萧　雷	余澄扬	袁保山	漆畹生	章瑞芝	

台盟第4期干部培训班(15人)

(1990.11.5—10)

| 石学耕 | 甘锦凯 | 石立衡 | 李玉枝 | 林荣祥 | 周俊良 | 杨玉渊 | 杨绮云 | 李伟文 | 潘圣造 |
| 郑南越 | 范志玫 | 姚小为 | 林蔚菁 | 蔡　静 | | | | | |

民革第7期干部培训班(29人)
(1990.11.12—12.1)

穆一平	夏墨手	王炳坤	邱志荣	孙吉琏	许宗煌	陈世龙	王志成	邵德葆	顾慰宁
高声扬	周君群	陈小燕	孙瑞星	唐梦玉	朱 泰	陆国斌	王国华	王祥秀	曾武成
邵锦文	杜锡南	沈伟涛	华之平	严曼伦	邓铁军	陈 炜	黄克孝	陆正琦	

农工党宣传干部研讨班(38人)
(1990.12.4—7)

刁会正	王子卿	王文海	叶志强	孙玉花	沈正敏	李芝华	张 琪	金名俊	顾铁民
顾炳鑫	荣丽荃	袁济民	程 度	谢培芝	漆畹生	胡振伦	徐克铸	徐福荣	张天成
王 琴	王立安	王崇贤	刘旦初	李宝蓉	武和平	周红宝	周建国	屈余权	顾介清
顾瑞文	赵克敏	俞伟民	董寿高	徐丽莹	蔡丽乔	顾淑仪	单勇毅		

民主党派社会主义理论研讨班(14人)
(1990.12.10—22)

吕兆康	夏双衡	刘志伟	胡上融	杨庆源	陆维莉	陈心田	谭玉美	方厚贤	何馥瑛
邬显明	王德孝	胡忠泽	欧国苏						

民建市委委员第2期学习中共中央〔1989〕14号文件读书班(28人)
(1990.12.17—26)

高陟君	桂祖光	黄丽泽	刘贤鹏	马鸿南	李 忠	符如耀	朱关兴	盛天华	殷善锷
王一川	施守仁	张泓铭	陈师玉	张 刚	史辛星	孙雪敏	叶鸿康	梁栋崑	汪兆昌
余梅林	吴才馨	唐申民	钱中强	裘为峰	孔庆源	殷宜初	陈敏华		

民主党派、工商联社会主义理论研讨班(第1期)(33人)
(1991.3.14—30)

宋大有	吴新粹	周师郑	薛慕煊	金义成	袁济民	胡锡琪	姚中一	潘富恩	朱泰隆
肖迪娜	胡承毅	马文华	李绍宽	顾安如	姜林宗	曹慕兰	凤懋伦	王守根	刘子枫
朱明道	杨柏林	黄伯尧	唐保宁	徐新远	周亚平	杨明福	王克健	朱镜清	萧文俊
钱康年	黄安健	李 基							

台盟第5期干部培训班(13人)
(1991.5.6—11)

王铿炜	孙顺华	邓施婴	林列扬	吴国宏	杨淑英	管秀华	巫雅红	徐梦嘉	柯丽珠
周美兰	樊天辉	何 洁							

民主党派、工商联社会主义理论研讨班(第2期)(25人)
(1991.5.16—6.1)

凌小明	徐复仑	穆一平	左淑贞	刘祖年	何宗海	韩正之	李辉贵	林 骐	崔建平

彭镇秋　王大器　马中岳　梁撒苗　周建国　陶　鄂　刘　军　陈仕意　刁新民　王灿青
王振第　林　亮　朱道亨　胡如珊　薛志强

党外中青年干部社会主义理论研讨班(第1期)(24人)
(1991.6.10—22)

匡蛟勋　洪碧荣　杨良骐　夏叶萍　李国振　林丙义　王意如　邵敬於　黄大刚　戴瑞国
荣正平　徐一鸣　黄　磊　王明彦　赵兴华　赵淮信　杨峻德　孙芝桂　华译钊　张兆阳
曾祥华　柴钊宇　卫　明　戴祥庆

民建市委委员第3期学习中共中央〔1989〕14号文件读书班(24人)
(1991.6.24—29)

刘效昆　励良龙　吴永年　吴洪年　丁燕春　董家贵　徐兴曾　宋关尧　胡祥龙　李开立
张德彪　俞鸿江　吴仁韬　陆孟津　陈品成　朱中元　吴成忠　吴　越　唐鹏千　陈家晔
周平之　江炳荣　金庆祥　郑国桢

党外中青年干部社会主义理论研讨班(第2期)(22人)
(1991.10.7—19)

李宝德　刘志伟　唐惟珩　高凯生　叶舜发　汪道彰　蒋至丰　蔡　森　许登堡　王廷弼
沈志文　冯永祥　阮康成　钱秀红　鲍均贤　杨代崴　阎　琎　吴立昌　章成企　范培钟
张方宜　徐本力

教卫系统党外中青年干部社会主义理论研讨班(22人)
(1991.10.21—11.2)

王信之　王静龙　叶益香　邓铁军　刘　植　刘式雍　刘俊杰　朱大年　许慕中　吴克平
陈马康　陈泽琦　金品莉　金建民　荣国斌　顾永棠　张一楚　张人骥　张圣坤　张良仪
张重华　屠梅曾

民革第8期中青年干部培训班(30人)
(1991.11.4—22)

陈培德　许　超　陶田凤　陈永亮　蒋孝珍　郑民光　张建平　吴明表　孙吉瑜　王宜秋
黄和平　张丽琴　薛非亚　潘长法　高庄龙　何镇枢　彭加华　周生泉　赵明有　汪森榕
文维理　江东发　王志群　程　抒　沈　宁　范义积　叶衍铭　蔡敏如　贺成杰　聂宜新

第1期民主党派中青年干部培训班(39人)
(1992.6.8—25)

俞　航　厉家俊　何声武　袁　群　丘仰东　许德明　严诚忠　徐为华　陈大慈　谢黎明
舒宝刚　宗经中　邱剑吟　贺成杰　姚克裘　陈博昌　倪慎强　沈培德　奚冉冉　蒋　凡
邓　康　孙叶才　吴永年　岳　鲁　白晓江　邵敏望　罗永祥　孔庆源　夏　平　张素贞
徐迪民　张德兴　徐在新　谢　林　邓国坤　陈寿鹏　毛　琦　李美丽　林瑞安

第1期中青年台胞培训班(27人)

(1992.6.10—20)

林　韦	王鹤珠	陈宽仁	林志明	刘纯德	王　平	陈娟君	陈佳君	黄宏昌	黄雪樱
林宏达	魏巧巧	许佩玲	胡健清	郑东良	许启荣	王庚雄	吴芝君	吴秀妹	杜正文
林瑞惠	王惠美	徐卫国	王金荣	黎　明	黄俊云	甘锦凯			

民革第9期中青年干部培训班(26人)

(1992.9.17—10.10)

俞康德	林　瑾	蒋礼达	吴雪华	胡丁英	朱　琦	韩玉诚	贺健敏	吴　煦	戴云江
张则其	顾洁奇	陈泽轰	陈文园	钱　蕴	王炎山	张杰民	诸慎绪	卢湘岳	沈国华
陈长兴	茅人杰	魏长琪	高富秋	孙尊沛	刘麟声				

民主党派领导干部读书班(28人)

(1992.10.5—31)

王洪昌	蒋家祥	毛增滇	张元震	蒋达宁	吴仲信	陈炳生	毛智凤	盛士琰	刘奕民
张庆龙	蔡维友	钱福南	蔡娅娜	翁曙冠	濮之珍	黄茂福	蔡　琰	李根渊	赵安泰
孙曾一	周光远	周国瑾	陈德川	倪映文	谢继民	张人凤	黄瑞霖		

第1期台盟市委台情研究培训班(18人)

(1992.10.27—11.6)

廖炯模	石学耕	胡健清	林真意	王庚雄	张志文	周清樟	李伟文	陈　辉	王铿炜
王铿民	张国凤	杜倩文	姚小远	林胜兴	张　岚	徐永昌	周美兰		

第2期民主党派中青年干部培训班(60人)

(1992.11.9—26)

严淼泰	胡宗正	黄丽泽	雍庆生	唐国俊	陈天平	竺秀勤	朱德瀛	李金香	朱关兴
张有愚	严崇萍	殷善锷	江　明	张泓铭	郭时平	梁素霞	沈传薪	顾世洊	范松年
郑　韶	林一帆	吕东发	许慕中	马尔奉	凤懋伦	石学耕	王　中	顾关林	刘顺发
陈康宁	张静娴	林庚金	吴德余	徐小鲁	潘妙兴	朱冰玲	周之英	朱忠立	秦汉英
胡耀明	马剑英	严厚薇	丁文魁	沈蓉芬	闻建勋	朱若兰	陆仕华	周振惠	徐麦玲
夏慧荣	戚盛豪	李定国	凌明娟	童文贤	张良梅	王安定	耿德荫	李小华	胡宝炎

第3期党外中青年干部培训班(16人)

(1992.11.14—26)

李大战	李念政	徐允人	朱　迈	周崇道	郭建华	冯永祥	黄　珹	王濂洪	于英川
韩太林	韦　林	王金才	曾纪骝	孙翠娣	甘兴发				

第3期民主党派中青年干部培训班(58人)

(1993.3.15—4.1)

邹德礼	李世耀	陈益梁	吴敦肃	陆澄逊	彭志一	顾文祥	耿海成	王庆之	沈敬言

陈一德	庄义成	周顺懿	周燮鹏	张静姚	俞怀恩	董德礼	周瑞仙	沈仲辉	陈　新
潘乐明	柳苇成	徐国峰	钱武军	施浩然	沃国兰	孙荣华	宫慧生	陆宗兴	单琼香
杨根祥	徐谋宏	张白华	李正正	余琦文	江信昌	杨永康	卢士梅	陆振东	王隆昌
严启人	王彝伟	蒋荣仙	陈兴桥	董允高	程大章	林正国	李华清	区志萍	程　彤
蒋瑞松	孙　玫	李炽章	钱大定	朱月珍	杨思远	王健瑚	赵德标		

第4期民主党派中青年干部培训班(38人)

(1993.4.12—29)

施培元	黄克孝	印永清	杨道孙	周宏湖	吴礼权	李孔怀	曹静萍	谢维俭	高亦馨
严　伟	蒋天纵	杨亚文	周秀蓝	成晓旭	严燕萍	陆惠秀	周　红	阮章云	朱鋆堃
施鸿瑞	顾速行	张建国	王家声	徐文都	吴国炎	周美娣	杨大钧	吴济益	王克敬
陈惠丽	唐长馥	周定中	吴宗麟	王克强	张礼士	周澄明	张鸿钧		

第2期中青年台胞培训班(23人)

(1993.5.27—6.6)

范瑞芬	石弥倩	温庆芳	王　甦	庄振文	卢金华	黄　申	蔡培丽	黎　杰	范志平
高文海	林志豪	沈明珠	钟台建	刘　静	庄慧丽	刘　军	沈志明	唐若云	吕明昌
陈克俐	钟玉春	王　平							

第2期台盟市委台情研究培训班(15人)

(1993.7.2—13)

| 叶　青 | 谢黎明 | 石学耕 | 石潮俊 | 周俊良 | 林俊雄 | 林列扬 | 廖本仁 | 徐梦嘉 | 林宏达 |
| 陈　辉 | 刘黛莉 | 刘黛妮 | 张莉莉 | 郭绥芳 | | | | | |

第5期民主党派中青年干部培训班(44人)

(1993.10.6—23)

陈　濂	毛文虎	葛　昕	卫建明	刘伟国	杨守铭	鲁光祖	成坤林	潘浩然	戚　华
叶文昌	黄福珍	倪夏宝	肖　雷	何靖华	常福禧	郑邦荣	刘豫阳	胡承凯	陈鸿德
田丽红	张冠华	杨大安	王　纯	王汉民	周文豪	吴文丽	尹亚洲	胡丁英	宋　鹏
何秋英	王纯尧	徐建行	王铿炜	陈锦桂	刘治裕	张淑贵	戚继舫	裴云天	金　珮
史定华	雷任湛	陈兴华	钱森申						

第4期党外中青年干部培训班(14人)

(1993.10.18—27)

| 毛时安 | 蒋　洪 | 邵嘉裕 | 凌小明 | 夏祖讽 | 黄炎华 | 梁恭杰 | 蔡俊澄 | 江辅舆 | 方人俊 |
| 吴启光 | 侯　仁 | 颜景霖 | 周爱农 | | | | | | |

民革第10期中青年干部培训班(29人)

(1993.10.25—11.6)

| 汪一仙 | 于大为 | 黄明珍 | 金善瑾 | 朱梧凤 | 凌曜钧 | 张志高 | 张启渝 | 莫慧欢 | 陈彬武 |

陈小华　朱瑞熙　赵基坚　贺乔奇　朱惠应　杭仁杰　周立新　魏　薇　王安娜　冯　杰
周光明　杨洪发　单志尧　李允新　金宝桢　秦裕涛　沈锦德　陈　艺　应义彪

第6期民主党派中青年干部培训班(40人)

(1993.11.1—18)

葛锡锐　许有强　徐本力　杨晋夫　沈叶青　朱治平　周以俭　蔡洒绳　张　辰　徐　奋
潘　波　徐启正　刘建华　张燕麟　汪　欣　张应葆　边狄平　符如耀　刘天华　李星敏
陈敏华　冯雅芬　庄子群　陈小珍　姜仲远　乐福媛　毛国隆　刘　鸣　卢大明　史介宁
徐竑俪　沈文伟　谷耕辛　周廷魁　李伟文　区美茹　戴玉琳　孙小铭　蔡丽乔　丁金宏

第5期党外中青年干部培训班(42人)

(1994.2.28—3.26)

陈卫平　徐乃庄　谢涵坤　杨兴权　顾　平　林慧军　韦龙生　郑修虹　王庚楚　徐　磊
陆海峰　朱道藩　高雪萍　戴　宝　方渡飞　严隽徽　周洪琪　沈世康　东懿心　陈华中
唐圣明　姜长湖　胡启论　秦来来　陈史中　尉传福　蒋鸿翼　瞿　良　吴光伟　李新洲
郑蕙田　张大弟　李建中　唐金荣　罗雪平　林志刚　顾亚民　戴佩琨　杨梅青　章虬家
周耀伟　赵昌平

第7期民主党派中青年干部培训班(34人)

(1994.4.1—21)

杨健敏　杨妹英　秦　峰　陆文燕　李兆良　阮芳菁　颜鸿生　李洪琛　许宗煌　丁美坚
苏竹君　沈冠群　何叔俭　华　强　钱森申　王祥荣　黎才焕　孙万彪　陶雪华　陈新元
卫志明　叶国樑　李忠铮　水新光　郑如恒　沈瑞康　卢振国　李　峙　倪以亭　周俊良
朱李澄　章树荣　马　骁　王以心

民主党派市委组宣部(处)长学习班(14人)

(1994.4.25—28)

严森泰　罗华荣　董　平　方　荣　张白华　翁妍因　金培基　钱武军　杨建猷　卢士梅
郑　强　胡忠泽　胡宝炎　凤懋伦

民盟基层宣传委员学习班(51人)

(1994.5.4—5)

李道相　赵连云　张家骥　邵建明　杜振凡　桑　和　杨润林　王泰石　张跃东　吴慧珍
彭嘉强　李月华　周　红　陈孟萍　周召亮　王义强　王博文　许承先　周化媛　王　晴
舒宝刚　刘建华　奚耀华　洪剑萍　韩忠镕　张佩兰　张信慧　贺文化　刘玉嘉　李锦坡
童亚男　腾成基　董　明　林维新　董国瑞　陈　珊　段元萍　朱志奎　徐海清　冯伟成
余　靖　王伯权　姚雄辉　郑　翔　张国根　胡孟浩　毛智溣　施之录　苏汀林　宋月珠
汤宝骥

台盟第 3 期台情研究培训班(15 人)

(1994.6.13—14)

王铿民	王庚雄	王鹤珠	林 韦	李韶东	张 岚	奈秀琴	徐永昌	蔡 瑜	潘镇南
吕碧幸	柯肇文	周清樟	潘孝彰	甘锦凯					

民进中青年会员学习班(40 人)

(1994.7.8—10)

陈胜庆	项秉健	王丽琴	王琪霞	冯一慧	朱顺和	刘贻莘	吴小静	沈建平	沈介平
沈华勤	陈世春	张惠民	肖克卫	周兴强	周炳权	胡国强	袁梅芳	黄天祖	黄山明
曹黎萍	徐大安	梁撒苗	卜允台	王元林	王维平	毛大军	毛炯炯	乐可虎	朱 文
朱红奇	孙家栋	江海雄	李露蕾	岑国桢	郁宓强	金慧萍	赵晓巍	傅 萍	蒋德海

第 6 期党外中青年干部培训班(35 人)

(1994.10.10—11.18)

项斯文	郑祖康	李其维	孙国元	施润身	张家骅	顾大僖	张相庆	周乐健	余 燕
陈庆樑	刘守祺	汪 庆	吴炳朝	程维明	沈月新	金义成	吕兆康	季春群	谈雄伟
叶 钧	蒋德海	张佩德	李 基	朱祖宁	彭 靖	李顺祺	于伟东	陆世伦	梅锡平
郭盛淇	周怀川	李言谨	吴显沪	张广仁					

民革第 11 期中青年干部培训班(26 人)

(1994.10.17—29)

胡伟中	吴文莽	伍泽珑	张文渝	顾尧樑	芮彭年	吴乃光	陶天青	郝 明	全拯邦
钱妙贵	倪申妹	张 玮	林 瑜	王拓静	顾百新	郭士征	陈 炜	武桂云	陈嘉敏
程汉迪	孙柏年	黄国强	王仁禹	陆象洲	唐啸谷				

民建第 5 期中青年会员读书班(21 人)

(1994.11.10—18)

徐宝山	周鸣秋	陈东风	孔幼蓉	顾胜林	曹国强	冯洪发	张志强	许锦国	沈建君
朱庆章	李相才	张 川	邹泉华	任源昌	徐定芳	姜妙根	郭 波	姚培清	李飞康
徐天圆									

第 8 期民主党派中青年干部培训班(37 人)

(1994.11.14—12.1)

张重华	石鉴玉	周根成	汪建玎	彭正元	姜玲珍	朱建民	林国庆	王满红	申 强
韦 清	薄维元	王玉华	徐大安	夏善晨	陆永兴	卜家栋	魏汝权	王 莼	吴彤霞
项秉健	康娴君	常 青	冯震中	鄢凤鸣	裴云天	毛时安	林富生	黄 道	张纪蔚
包铭新	曹者瑜	张骏华	许少甫	徐梦嘉	陈筠祥	施锡铨			

第9期民主党派中青年干部培训班(38人)

(1995.5.15—6.2)

秦乐平	傅　萍	夏文蕙	汤以烈	袁秀兰	朱立明	娄国彪	黄金堂	黄　奇	顾国柱
张　菁	祝墡珠	李啸虎	韩雪珍	邹蜜峰	胡伯鸿	吉孝本	王家诒	姜继森	张玉峰
吕　伟	唐永平	王月玲	邱光辉	石朝俊	高小峻	梁栋崑	陈永亮	缪新亚	侯方衍
曹国连	黄耀明	陈隆华	诸君浩	沈正英	朱兴族	徐美忠	顾力行		

第7期党外中青年干部培训班(21人)

(1995.5.16—25)

梁立群	刘　楷	郭　立	吴厚铭	杜元华	周小鸣	冉　峰	陈大钢	井　然	姚　明
许泽民	张伟平	庄恒光	葛世平	郦光耀	陈志金	刘国光	吴　毅	周文彪	陈　旭
李学礼									

台盟第4期台情研究培训班(20人)

(1995.6.19—7.1)

王铿民	石立衡	董家乐	吴丽萍	王惠芝	柯肇文	吴国宏	陈碧娇	杨玉渊	甘　舲
赖建国	郑健英	陈天章	陈　卫	李铭台	吕三潮	程红宇	黄国辉	李秋丽	洪万里

民进中青年会员学习班(35人)

(1995.8.23—26)

叶国樑	蔡达峰	马　申	齐　明	江继强	朱华良	师英强	陈绍恒	吴慧敏	张黎明
金伟生	林明昌	周　彪	周苏生	施　琨	高湘萍	葛　敏	潘志红	金良年	陈　江
卫　国	王国琴	陈　敖	张德樵	张鸣杰	张宝国	汪裕全	忻耀杰	张学海	沈忆秋
沈学康	周念迅	胡建华	殷永达	褚以琳					

民革第12期中青年干部培训班(29人)

(1995.10.16—25)

杨育新	杨　柳	高爱根	冯执中	施惠良	陈连根	冯　磊	过静钰	严志高	蔡　黎
孙桂英	董厚智	韩　曙	朱大刚	林益彬	黄福寿	张敷功	谭清心	沈罗亚	杨德钧
程暑霞	翁心远	张培纶	诸叔明	丘崇康	吴元民	金桂生	彭敏怀	秦　梦	

第8期党外中青年干部培训班(42人)

(1995.10.23—11.10)

袁振新	谢遐龄	顾国荣	孔祥羽	赵永年	任义彪	徐大振	李　原	杨　超	许宝铮
郑寅达	周建元	吴冲锋	江　敏	胡伟敏	顾关林	邵志勇	张　瑜	朱惟德	沈荣祥
严振申	刘晓刚	陈启伟	顾奎华	吴璆民	蓝　箭	郑东朝	周德源	王晓东	陈昌伟
马国辉	张喆人	武立华	罗幼华	夏德祥	胡嘉捷	刘玉坤	陈　挚	曹文宏	谭妙全
黄桐凯	张志恩								

农工党中青年干部培训班(19人)

(1995.10.28—11.2)

吴文丽	周廷魁	朱邦贤	商庆新	秦乐萍	陈鲁海	李启勇	石鉴玉	张广仁	吴礼权
魏　松	陆宗兴	朱玄璋	章继浩	朱玉庭	朱　洁	戴玉琳	申　强	张企良	

民建第6期中青年会员读书班(17人)

(1995.11.6—10)

刘明建	谢同安	盛时恩	盛全荣	方建民	周连荣	何振敏	陈史中	魏国强	陈苏林
李纪萍	殷金喜	吕克明	程茂源	徐志明	顾怡雯	仲晔骅			

九三学社中青年干部研讨班(27人)

(1995.11.13—17)

郑祖康	侯志俭	严隽薇	李新渊	陈东辉	李定国	郑华耀	徐静琳	李道季	梁恭杰
金　佩	曾纪骝	张一尘	戚继舫	倪以亭	许永年	刘小德	张荇云	薛大地	陈隆华
李硕平	蔡　琼	沈惠德	戴佩琨	任向阳	黄耀明	张邦荣			

第3期中青年台胞培训班(22人)

(1995.11.20—26)

韦　健	郑东明	庄文娟	刘锦梅	郑　岑	徐　莹	周骅程	林月美	包阿炳	石朝俊
林　立	柯丽珠	郑健英	庄慧瑛	梁　华	徐梅华	王丽凤	李淑慧	陈　旋	孙荣华
潘旭霞	徐梦梅								

第10期民主党派中青年干部培训班(37人)

(1995.11.20—12.8)

田伟生	张则其	李学礼	林　华	周克荣	陈大康	许龙成	方　荣	诸叔明	蒋　洪
姚小远	王汝刚	卢　萍	吴建明	黄建鸣	魏　松	朱　洁	张怀琼	李启勇	寿美娟
毛大军	明　浩	贺继红	高湘萍	李露蕾	沈湧严	王月玲	陆孝金	沈建君	封晓明
沈国伟	严定邦	马宗礼	蔡伟明	徐亚明	蔡　瑷	张培良			

农工党宣传骨干学习班(22人)

(1996.4.22—25)

李根渊	吴绍中	卢士梅	梁景惠	王彝伟	吴佩芳	勇国良	李传祐	江信昌	童美琼
钱海珊	王清慎	郭建建	许星官	顾瑞文	蔡丽乔	陈宏生	高月芬	伍　理	毛　瀛
赵粹英	朱家珍								

第11期民主党派中青年干部培训班(58人)

(1996.5.6—24)

任先正	王大灏	李栋梁	忻伟明	罗永祥	黄福寿	俞明健	陈益梁	郭　立	王培康
王　育	蔡一震	徐静琳	曹林奎	袁志伦	吴正平	柴虹耀	石蕴玉	吴慧立	蒋志伟

陈达明	张　文	龚学德	杨　杰	唐有为	陆健健	史　璨	金迪辛	孟志芳	杨荣辉
范丽君	郭　波	袁建鸿	汪金根	康泰新	沈永铭	张立仁	赵前进	赵剑萍	丁　纲
吴　越	徐国建	李明虎	李国其	严培明	李　嘉	陈　豪	顾明达	涂之远	沈　沅
周月琴	姚俭建	宋永建	谢灿华	朱总路	马蒙恩	梁音心	濮洪康		

民主党派区(县)主委研讨班(21人)

(1996.5.19—29)

蒋家祥	金培基	杨建猷	林　强	肖　雷	高小峻	俞智民	唐祖潮	朱乃佳	钱福南
盛金山	叶国梁	毛文虎	王佐良	陆家溪	蔡沫西	刁新民	陆晓民	项声伯	胡忠泽
杨健敏									

第9期党外中青年干部培训班(27人)

(1996.5.20—29)

戴　军	贺寿潜	许正民	丁晓枚	陈如江	李梦生	蒋大真	李援朝	陶夏芳	汪黎明
徐　煜	崔子筠	袁维佳	李　鸣	陈启杰	耿文秀	王亚新	虞启敏	杨丽敏	杜善金
季　铭	李惠娟	桂秋白	许政涛	金　亮	陶凤珍	张秀云			

第1期非公有制经济代表人士学习班(29人)

(1996.6.20—28)

顾胜林	陆乃翼	王元中	王平华	邢彦庭	刘　薇	施永章	刘　维	钱　进	范亦融
候凭乙	姚　宏	赵　震	王光明	张海峰	陆湘富	陈国梁	朱发忻	蔡伊强	孙怡群
殷彦芗	王文超	郑效东	牟惠明	李兰丽	黄顾玉	苏　玫	胡　平	王桂兰	

民进中青年干部学习班(42人)

(1996.8.21—24)

许政涛	陈卫平	王少俊	王粉青	倪闽景	李　岗	李文伯	何克力	张　辰	陆卫平
陈菊珏	邵仁兴	杭　燕	孟宪尧	周林祥	施乃安	钱德效	龚有容	程霄玉	樊一阳
魏葆霖	谢柏梁	董耀荣	王连明	叶伟成	冯季平	刘红萍	吴　波	闵若良	忻雅珍
张伟滨	陈　翔	赵自华	郑小路	胡海影	袁　毅	袁啸波	唐琦文	曹本娣	黄振谓
樊云开	戴逸如								

台盟第5期台情研究培训班(18人)

(1996.9.3—6)

| 范发镇 | 彭应中 | 吴国宏 | 陈　宁 | 陈碧娇 | 刘黛莉 | 魏巧巧 | 张莉莉 | 林丽菁 | 邹依群 |
| 张　岚 | 余骏文 | 郑健英 | 刘黛妮 | 叶珏玲 | 张美伦 | 王　中 | 程红宇 | | |

农工党新进直属支部主委学习班(16人)

(1996.9.9—13)

| 肖　斌 | 张怀琼 | 洪文君 | 谈万宝 | 胡跃明 | 王向群 | 舒绮青 | 周廷魁 | 陆金根 | 顾根发 |

王乃礼　石开泗　诸有明　刘葆瑶　叶培华　陈芳源

民建第7期中青年会员读书班(18人)
(1996.9.16—27)

桂祖达　陈　其　钱建忠　李忠德　李承烈　凌静音　王嘉定　方国强　姚永春　周滇山
朱锡铭　毛　韬　陈宏民　吴稼乐　李福康　查益群　凌敏贤　陈　坚

民革第13期中青年干部培训班(27人)
(1996.10.14—25)

陈统达　周小依　裴保真　刘大庸　虞　德　庄　铁　陈卫章　吴炳生　虞　锋　黄振耀
戴令怡　张晓鸽　许冀煌　谈　喆　范秀萍　杨智敏　奚佑功　王城宝　张跃群　陈家淙
吴大齐　乐之伟　陆志明　郑丽天　庄蔓菁　杨丽星　周　还

第12期民主党派中青年干部培训班(48人)
(1996.10.14—11.1)

翁敏华　谢钧言　周　康　陶光宙　詹　丹　蔡建国　李吉成　张跃东　缪有刚　夏希纳
周志超　朱耀良　姚经建　杨云珠　余立星　王宇绥　陈鸿德　杨　容　黄建清　潘慧雯
桂祖达　赵前进　王幼新　涂之远　马惠生　彭为成　程霄玉　柯丽珠　李　明　周建军
尹　华　孙　珏　王令仪　李硕平　许永年　王守德　吴春云　奚　健　曹　伟　武　斌
金忠贤　郭　晴　吴召平　朱汉威　洪文君　黄　曾　丁汉民　曾文忠

第10期党外中青年干部培训班(35人)
(1996.11.4—22)

吴炯明　金如颖　沈一基　王志雄　许政涛　王彝伟　汪叔阳　陈　杰　陈海波　范　杰
王濂洪　李星敏　朱玉华　潘久文　乐进杰　余文杰　林大钧　邵瑞庆　许芳梅　叶胜龙
郭　力　朱守正　曹　旭　陈红专　蒋智铭　吴良辰　黄自萍　黄宏伟　冯正权　郭　建
陆孝民　林丽成　汤天浩　王伟中　屠天民

农工党中青年干部培训班(28人)
(1997.3.11—14)

丁灵珠　石鉴玉　叶建农　杨祉雷　苏竹君　李君蕙　沈荣祥　宋文莘　宋炳荣　张仲超
张怀琼　张定国　陆　豪　陈宏生　林尧武　金如颖　周泰仁　胡锡琪　姜义华　姚经建
姚俭建　顾国柱　徐建玉　徐耀芳　曹新妹　韩生廉　蔡　庄　瞿晓竹

第1期宗教界人士学习班(28人)
(1997.4.21—26)

龚伟国　童克勤　何　为　姚冬生　蔡建国　陈德宝　杜维娟　梁月琴　赵怀巍　陆　一
张蔚伦　徐卿华　刘凤宝　秦　霞　谈　靖　慧　明　觉　醒　光　慧　吉宏忠　王贵荣
袁　锴　张振国　姚树良　马淑贞　刘圣道　郭绪勤　沙启亮　王建政

第11期党外中青年干部培训班(24人)

(1997.7.7—18)

邹德礼	沈贻初	陈宏民	杨以雄	吕　元	唐佗俊	李兆雄	陆志江	杨　燕	屠天恩
何苏友	戴岳贤	刘福康	易　静	严爱平	蒋川群	朱　威	方怀瑾	蒋正平	吴念农
朱　弘	叶银忠	吴长福	金　焘						

民盟市委委员学习班(23人)

(1997.8.6—9)

邹蜜蜂	龚学德	李海量	董德利	冯德康	孔祥羽	李葵南	汪　欣	杨　杰	林　华
李　涵	陶雪华	郑开慧	周一芬	吴炳朝	王恒道	朱　齐	李泽耀	张京羊	陈文虎
钱平雷	徐　虹	戴小萍							

民进第15期中青年会员学习班(44人)

(1997.8.19—21)

毛文虎	邓国坤	沈瑞康	竺建伟	陈冠文	许蓓蓉	吴　俊	吴　群	杨　燕	于传珠
苏季平	劳晓翔	薛迪伟	余　敏	马中岳	赵　燕	曹维臻	奚雪明	陈纪平	黄振渭
宋苏彭	李　崎	陈子康	杨晋夫	陈　军	王祥荣	徐根新	汪华忠	李康南	杨建芳
陈　翔	许伟国	方　勇	郭毓卿	沈继敏	杨　巍	俞素琴	张强辛	张洪林	徐　威
孙艳青	陈巍峰	陈晓雄	王鼎辉						

致公党第1期中青年干部(基层组织骨干)培训班(30人)

(1997.9.22—26)

劳爱娜	刘　超	胡麦俐	霍达仁	王文成	林　建	忻元龙	沈晓红	陆　骏	张惠群
王　晓	俞金娣	支　敏	陈　皓	邱龙美	许燕玲	黄惠敏	陆国和	朱　昌	黄一冬
王榴根	方宇清	马瑞霞	薛竹平	陈国呈	郑树亮	刘颖瑾	朱铭伟	胡卡生	林　海

台盟第1期参政议政骨干培训班(39人)

(1997.10.6—10)

林列扬	林胜兴	林瑞彬	陈　卫	游景发	郭绥芳	韦　建	廖本海	李玉枝	黄宝凤
甘锦凯	林宏达	朱文丽	杨绮云	张美伦	张昕初	张　岚	田　禾	蔡培丽	邓国兴
张　炜	刘亚伟	张国风	林雅霜	吕三潮	蔡　静	庄慧华	邓施婴	管海蛟	洪万里
徐永昌	包阿炳	魏巧巧	李铭台	吴　敏	蔡　瑜	李伟文	黄鹤珠	陈　焰	

九三学社、农工党新进市委委员学习班(46人)

(1997.10.13—17)

朱玄璋	李启勇	李君蕙	宋炳荣	张定国	张企良	陈康宁	林自强	沈　东	沈文玮
周廷魁	胡耀明	姚俭建	徐建玉	徐耀芳	章继浩	马剑英	罗国豪	吴礼权	宋文莘
姚经建	王廷弼	叶建荣	叶舜发	朱守正	刘小德	江伟达	许政恺	吴乃川	张纪蔚
陈代杰	陈绍行	郑东朝	郑华耀	郑祖康	钱筱琪	徐迪民	徐瑞鹏	凌明娟	黄建德

曹　旭　戚继舫　曾文忠　曾纪骝　蔡　琼　管伟康

民建第 8 期中青年会员读书班(21 人)

(1997.10.20—26)

张先裕	叶肇恺	黄　方	胡大邦	宋皓军	沈　弘	张　政	朱贞莹	薛　倩	王家强
胡文华	黄正杰	黄天佑	陆建国	陈　晔	杨毓清	张立红	王克中	何吉欢	蒋竞元
刘天鸣

民革第 14 期中青年干部培训班(28 人)

(1997.10.27—11.7)

解　放	蔡　峥	周乙平	李铁栓	马　克	程彝良	姜桂英	吴德福	倪连福	胡公展
沈忠良	吴家平	林品品	倪云珠	仇红英	赵学勇	朱伟军	黄锦海	潘　敏	孔令德
任道真	李吴华	张经宇	张晓平	邱　弘	连雨青	钱　骏	冯　强

第 13 期民主党派中青年干部培训班(30 人)

(1997.11.17—28)

李世耀	徐复仑	唐安国	许章荣	陈君伟	余祖平	孙春美	徐　虹	唐祖德	方光华
施之录	唐　侃	杨祉雷	赵辞英	杨云珠	邢长城	鲍沫西	张浩光	陆永兴	朱乃佳
顾国强	汤以烈	钟景凯	刘伟国	毛炯炯	沈　灏	方禄寿	林富生	张伟立	袁　钢

第 14 期民主党派中青年干部培训班

(上海市、江苏省民主党派骨干培训班)(38 人)

(1998.4.14—25)

郭　立	鲍凯歌	石印玉	朱德华	朱德瀛	李　基	蔡达峰	金培基	吴绍中	宋炳荣
吴建生	王宗尧	徐腾岗	封亚培	石学耕	张继德	熊庆民	李振华	徐明伟	金光复
韩福林	蒋尚鸿	李传仁	陈松灿	薛蓓儿	李荣桂	宋治平	高克柔	杨展里	季润东
姚立新	李　奇	程耀寰	徐守铭	张大炎	虞介昌	肖　渡	马大安

民建第 9 期中青年会员读书班(41 人)

(1998.5.11—.17)

张启诚	梅培元	谢毓敏	张国光	黄靖宇	毕卫萍	刘永豪	陈小寅	姚祖尧	朱根宝
孔繁玉	章国瑛	郭文毅	钱耀琴	吴　冈	李道清	范秋闽	殷惠芬	顾孟迪	沈志义
黄　男	张浩光	汪世龙	祝志新	王耀林	沈　弘	雍　杰	王育中	成敏敏	凌静音
荣亚君	朱蔚莲	徐伟华	吴慧群	戴　军	朱大鸣	陆雄华	张国强	马旭鸣	赵金良
吴永辉

台盟第 2 期参政议政骨干培训班(21 人)

(1998.6.15—25)

叶珏玲	张忠文	庄传霖	张　岚	朱文丽	李淑慧	吴代殷	陈　宁	韦　建	林蔚菁

张　锜　陈　焗　杜倩文　谢黎明　魏巧巧　石重明　王为林　毛阿炳　黄　晔　林荣祥
梁素霞

第4期中青年台胞培训班(22人)

(1998.7.7—11)

叶淑美　沈宝梅　林蔚菁　兰海凤　王丽凤　潘洪红　庄文娟　林丽珠　丁　毅　兰海勤
程红宇　钟荣宝　邱和美　黄佩华　姚小充　蔡台山　刘雪芬　甘　舲　王　玮　蔡富华
林思惠　邓施婴

第12期党外中青年干部培训班(23人)

(1998.7.13—24)

周育民　胡昌奇　陈竞先　徐益超　王国俭　赵国华　张小敏　钱森申　陈万荣　李栋梁
张人利　张京军　李中亮　李锦善　高小峻　陈菊珏　徐训仁　朱全忠　郑嘉德　戴维宁
蔡　慧　卢辅圣　全康康

民盟暑期干部学习班(79人)

(1998.7.28—8.1)

徐海清　徐　奋　袁志伦　王润华　张国斌　李英泽　朱开元　项守信　左淑贞　彭志一
许睿沁　陶海喜　苏　骅　马　驰　宋　健　李葵南　张明康　张玉峰　钟伟鉴　毛雁冰
王伟兰　许尊岱　王　勇　张培兴　陆建仁　范小伦　林维新　朱兆明　唐　侃　唐友波
王　正　柴虹耀　孔祥羽　陈　濂　李　原　顾丽苹　闻继宁　蔡永平　朱伟琴　吴慧立
钱静江　耿海成　张文均　朱锡泉　顾建光　施秋平　汪　欣　陆　勤　马尔奉　陆费汉幼
陆　逐　姚荣涛　钱宇平　刘念椿　朱建育　崔月华　查文端　钱　虹　殷啸虎　陈关云
顾文祥　盛云秋　季春群　袁灿兴　叶德泳　韩忠华　李赫林　窦卫霖　彭嘉强　吴信法
詹　丹　肖　蓉　周以俭　瞿谷仁　马继光　潘　兴　丁纪凯　黄安健　宓志钧

民进第16期中青年会员学习班(41人)

(1998.8.12—15)

张　群　赵海云　胡立德　孙育文　刘　敏　汪　溶　钟瑞玲　王国伟　李　颖　徐以宏
陈家昌　孙培初　黄慧琴　陆宏弟　王华英　于颖彦　冯佩丽　王宗义　尤培基　罗允和
张云霞　龚晓平　王　震　鲍英菁　金之然　陆进生　霍斯徇　徐　臻　马慰亲　钟林芸
庄　丽　陈家珠　宋　凡　何培新　黄　瑾　秦　雷　许　杰　郑明宝　陆福明　刘爱武
彭为成

第13期党外中青年干部培训班(41人)

(1998.9.14—22)

许冀煌　任先正　顾丽苹　计镇华　郑开慧　吉永华　刘　杰　杨景懋　丁　山　邓华龙
李　涵　李　静　张广仁　江小民　杨大安　金良年　岑国桢　丁金宏　郑建中　蒋泗良
张　彤　陆嘉明　金由辛　葛锡锐　金熙杰　邹蜜蜂　童培华　丁美坚　褚君浩　叶舜发

林真意　陈　荣　武剑华　欧国苏　马雪萍　韩生廉　邵士信　张　渊　韩正之　翁思庆
章继浩

第 2 期非公有制经济代表人士学习班(34 人)

(1998.9.25—26)

宋长根　丁敏娣　俞文刚　陈国平　许伟根　张雪雄　倪　越　武剑华　陈国梁　王文超
张亮英　陈志龙　沈德君　姜鹤龙　周金福　林　鑫　吴惠民　高伟明　陈海汶　傅正建
鞠世明　郑　捷　江云清　薛　渊　王耀敏　童锦泉　王有刚　李维德　朱明歧　蔡品杰
邱伟章　陶南开　施永章　郁建强

第 2 期宗教界人士学习班(31 人)

(1998.10.12—20)

觉　醒　周富根　慧　明　定　慧　光　慧　王春云　史孝进　吉宏忠　丁常云　姚树良
金宏伟　白润生　马燕诚　刘　健　杜维娟　艾祖炯　杨心平　邢文之　赵桂其　马达钦
傅先伟　王建华　陈志民　张家敏　周蓉敏　孙定武　张剑民　周　飞　宁国敏　刘兆晋
余　江

民革第 15 期中青年干部培训班(19 人)

(1998.10.12—23)

陈波云　丁　娟　沈永明　黄国伟　虞　婕　吴　蘅　林妙才　贺镇海　何　迈　胡小萍
孙　云　陈　欢　刘帼芬　倪　郁　周克义　严　威　颜　伟　冯纪康　邵自红

民建第 10 期中青年会员读书班(41 人)

(1998.10.19—25)

孙忠鸣　曹　莹　徐训仁　丁燮尧　周钧明　殷蔚曙　郑　杰　刘兴宗　顾仁源　王建军
刘建新　钟慧敏　柳伟钧　何宪铭　赵增川　王　滔　毛奇林　朱守惠　沈　军　赵立行
张　顺　蔡国强　王伟国　傅正建　邹伟良　沈建伟　陆孝民　郁风英　施建文　龙建远
朱　萍　赖辰声　张筱芳　张宇飞　王正乙　吴宗上　樊志高　陈卓明　张新海　阎祖康
张翊宇

致公党第 2 期中青年干部培训班(27 人)

(1998.10.19—24)

沈舜义　胡麦琍　沈一基　张心愉　谢　喆　谢　颖　谢超英　龚似星　黄惠敏　戎济方
林开明　金迎珠　姜新荣　沈坤荣　张贵和　陈晓云　陆志江　林洪钟　臧朝平　杨润朱
桂宁来　郭鲁申　戴雪荣　陈　洁　宋一雷　刘芳瑛　王　跃

九三学社第 3 期中青年干部学习班(48 人)

(1998.11.3—7)

费　俭　林象平　李兆雄　陈代杰　宁　奇　林金芳　左　伋　王高潮　吕　宁　张晓鹏

林　青	姚纪花	宋克勤	陈丹萍	余晓明	范明辉	庄俊倩	沈　钢	刘振鸿	印　飞
王艳生	郁建强	周昺路	杜　伟	周　平	邱英浩	曹　伟	马　耘	李建国	郑金英
张奚东	顾　达	张友娣	吴乾瑜	王训国	吴力坚	德　珍	谭文绮	刘雅芬	季晓烨
王明春	王学伟	闻克勤	朱　弘	金登男	李长毅	许　利	唐生林		

第14期党外中青年干部培训班(36人)

(1998.11.9—20)

孙柏年	林庚金	郑华耀	钱　苑	周　梁	周洪琪	唐志祥	陶顺根	罗幼华	钟政用
翟世强	陈　旭	胡刚毅	张　文	吕冬发	周燮鹏	郑开慧	吴冲锋	夏祖讽	周廷魁
刘旦初	唐仡俊	黄建清	李　忠	贾伟平	张　晢	葛永乐	邹　申	徐建融	周振惠
侯志俭	宣维刚	吴厚铭	胡大邦	张泓铭	廖骏德				

第15期党外中青年干部培训班(43人)

(1999.4.12—23)

罗华荣	李世耀	忻元龙	吴建生	郁为泽	原所聚	汤志平	杨祖德	任美君	张大同
顾大僖	吴立昌	赵宇梓	卫　明	龚学德	严定邦	陈　坚	邵光宇	朱冰玲	姚俭建
林　华	杨思远	倪语星	沈祖炜	顾国安	张臣吉	陆嘉明	董建顺	古　晓	蔡根发
张良仪	管伟康	郑祖康	连天峰	曾纪骝	顾友直	张　益	姜　标	顾鸿达	马　骁
孔祥羽	张立仁	孙兴旺							

科技系统民主党派中青年干部学习班(39人)

(1999.4.26—29)

张培志	蔡宏伟	王雅萍	胡如舟	周兆康	倪迪安	苏维埃	王凌健	彭晓峰	鲁玫丽
秦聿昌	刘金涛	周旭丹	任国浩	周保春	张富强	王伟兰	包于洪	谷　鸣	吴　冈
蒋华良	胡国渊	礼　斌	吴小平	陆慧庆	孙　越	丁星兆	章伟华	梁贤振	崔解放
张尚权	张铁峰	王志祥	陈韵能	谢伟军	余　玮	陈行华	陈德华	倪福弟	

民建第11期中青年会员读书班(40人)

(1999.5.12—23)

李梦甦	陆亚蒙	周恩华	陈沈良	谢　毅	张　黎	金国建	李华芳	陈瀚波	谢榕榕
赵伟馨	朱忠达	沈淑云	朱霞红	周小弟	张美霞	曹　丹	冯　铮	应建华	蔡大伟
钱君律	张　伟	毛奇林	赵　旭	张　华	骆解民	孙　红	朱　涛	马德英	管宝龙
葛以礼	马建平	卢　畋	毕建新	赵　琴	王建军	高裕宗	刘耿大	严　朴	冯　娟

第16期党外中青年干部培训班(41人)

(1999.6.7—18)

马鄂云	郑　韶	沈月新	赵丽宏	贺　林	林亚生	叶增基	蒋天纵	薛京伦	赵兴华
徐小迅	黄　城	陈志龙	陈庭贤	吴景平	陈　荣	郑淑贤	郑承志	郭耀平	董文贤
袁震东	吴大器	张　全	蒋德海	曹耶南	徐瑞平	石重明	陆宗兴	朱邦贤	金　瑜

曹正文　顾亚平　段祺华　徐允正　俞辛樵　朱锡铭　虞启敖　赵国通　李　鸣　叶建农
杨素英

民盟暑期干部学习班(83人)

(1999.8.3—6)

林建红	朱清清	杨德妹	王立南	杨　华	鲍敏中	顾　健	汤友强	石　芸	王　菁
姚卓匀	徐雍安	汤云霞	张　扬	周敏华	唐祖德	范建荣	张　婷	黄　跃	王文丽
孟　俊	赵素霞	吕兆康	周　竞	徐海清	胥智芬	陈　崎	刘保华	金由辛	吉永华
吴雪菁	罗仙永	陶海宁	梁克炳	徐孝远	叶　穗	潘世伟	苏幼玲	戴荣海	康　健
张　平	王　勇	王敬友	林　坚	吴　斌	林荣泉	詹学贵	周　南	陈　鹤	奚　青
张社英	钱学宁	王根生	李国恩	金　麟	邱益中	郭　建	黄自萍	左雯君	胡海鸥
徐彦宁	董必荣	黄发荣	曹蓓娟	施利毅	张慕蓉	熊思东	丁年青	李　昊	邓方模
唐建民	姚秀平	连　琏	由文辉	沈琳琳	张建华	刘慧娟	蔡则平	朱仲康	谈大正
吴建平	朱建育	张赛芳							

第5期中青年台胞培训班(25人)

(1999.8.16—21)

陈金花	徐明珠	李　静	李碧影	李　曼	杜倩文	黄宪英	魏卫台	孙　莉	王闽兰
谢晓峰	李建浩	张　锜	黄　桢	杨康艺	陈　凯	莫　平	吴丽萍	林德红	林泽春
洪万里	黄　倩	莫　军	邱建伟	蔡明晃					

民进第17期中青年干部培训班(47人)

(1999.8.18—21)

古　晓	喻碧波	柯碧华	韩美群	陈青芸	陆　键	毛爱群	姚红卫	方英范	沈涌杰
席　恒	陈　象	祝　銎	徐宏春	徐以宏	张孜燕	姚文济	王志强	谭一宁	田建荣
钱浔亭	张学清	施　俭	戴立益	沈　雁	王　文	李宝福	许　实	李　丹	郑丽华
沈维藩	沈　扬	汤智勇	毛家亮	徐建敏	曹燕萍	徐　跃	郁放炼	陈美英	沈华勤
柳进耀	刘海玲	张伟玉	凌索菲	徐玉祥	李　凡	洪　涛			

第3期宗教界人士学习班(29人)

(1999.9.6—13)

照　诚	陈伟国	张国铭	益　华	悟　端	永　觉	刘巧林	张开华	李　纪	方忠雪
叶有桂	韩法营	马　勇	定光立	韩同河	贾晟永	顾连群	常　云	李俊忠	沈宗熙
陆裕春	黄逸冰	李雅各	沈学彬	姜茜莉	尹善新	陈爱敏	寿静贞	陈美金	

致公党第3期中青年干部培训班(45人)

(1999.10.11—16)

严健军	肖　毅	唐丽娟	姜鹤龙	徐增增	桑　玫	徐锦鑫	张成峰	谢亚明	万勤官
吴　敏	曹丽标	许云生	张锦标	朱建新	杨百根	孙鸿祖	施有毅	王家强	姚晓华

郭大洪	周章平	舒宏瑞	沈林根	周和平	王家梁	徐海琳	邵东明	徐　强	蔡智平
傅月琴	肖怀平	刘勤俭	钱君友	俞文刚	樊建刚	江国丰	陈秋明	翟玉珍	潘玉明
尹文元	李　绥	俞建新	顾铁泉	吕焕皋					

民革第16期中青年干部培训班(39人)

(1999.10.11—22)

孙文捷	宋继国	李　筠	杨振文	张　健	朱　俊	刘文勤	唐德文	葛金科	张李勤
胡圣尧	郝铭华	张彦生	方　方	许建民	顾　瑾	江天熙	许遵鸣	周小珍	王丕易
樊芷萌	蔡宏伟	王　靖	潘慧琴	赵正余	吴志勇	冯鞍钢	王　牧	叶　健	周忠杰
刘　雄	陈玉屏	张耀利	赵　计	崔　平	沈伯明	韩通浩	兰　勇	涂象融	

九三学社第4期中青年干部培训班(35人)

(1999.10.26—30)

陆铸今	陈敏怡	韩　忠	李佩娟	张卫兴	李庭琛	施国新	雷雨成	陈心懋	张莲群
叶匀分	陈有亮	田兆元	郭其一	徐丹令	徐大振	朱伟伟	王如春	邬宇飞	周伟鸣
王　力	陈隆华	李忠涌	杨存虎	陈　钧	沈　音	王亚雯	郑贡达	邵印麟	张启琴
钱湘绮	成建华	罗伟璋	高德明	孔　华					

民建第12期中青年会员读书班(33人)

(1999.11.1—6)

徐志远	钟　滨	钱水兔	方卫平	程隆棣	宋　波	程裕东	郭永辉	杨志祥	董宇启
沈建伟	潘　华	李德辉	陆建国	李　淳	周胜天	王　健	许锦国	金泽民	胡可一
卜尔东	王红顺	钱伟明	叶俊菁	郑亚萍	黄仲美	叶维琪	徐　洁	杨　民	马伟忠
秦文忠	陈　笋	冯　迁							

台盟第3期参政议政骨干培训班(23人)

(1999.11.1—8)

陈　宁	梁　杰	王铿民	姜观富	张莉菁	张国风	张莉莉	欧德海	邹依群	吴丽萍
周雪怡	杨健敏	黄雪樱	林瑞彬	王鹤珠	兰海凤	江东山	张　岚	吕碧幸	赖建国
黄国辉	潘镇南	张志文							

第17期党外中青年干部培训班(53人)

(1999.11.8—19)

郭士征	胡国胜	陈龙武	陈　荣	顾维民	桂秋白	陈庭贤	傅坚敏	江　明	周光炎
尹达新	邹培昌	黄莉萍	马百龄	吴念农	邓国坤	叶建英	乐胜利	周一芬	何　俊
徐维铭	王有刚	李维德	段祺华	俞　航	吴文源	陈绍行	于英川	张功镀	鲍沫西
吕美顺	姚　基	徐海清	封亚培	王志雄	褚君浩	胡学超	李定国	乔光生	张健民
邹德礼	张　磊	汪叔阳	薛京伦	顾晓鸣	张定国	施福恢	王纯尧	劳爱娜	朱曼芳
钱　杭	徐小迅	刘明建							

民建第13期中青年会员读书班(32人)

(2000.4.17—22)

朱 达	钟元秋	高 萍	张厚伟	孙晓屏	戚华杰	曹雪琴	李国伟	李秀清	徐建平
刘古亮	黄 杨	侯日煌	袁柏山	金 阳	严 朴	万海英	姚伟量	王继成	顾伟群
吴 虹	叶家骏	杨琪婕	高文红	张耀华	常建芳	张 琼	胡朝振	余冠中	胡志凤
嵇人风	张艺军								

第15期民主党派中青年干部培训班(22人)

(2000.5.15—26)

蔡 襄	田伟生	沈敬言	张伟荣	王 力	缪建鹤	陈 均	王学伟	陈舜胜	石重明
李飞康	王善庆	朱 佳	管 梁	吴礼权	顾 浩	钱 程	葛 敏	毛奇凰	陈强努
叶伟成	黄惠敏								

台盟第4期参政议政骨干培训班(21人)

(2000.6.22—29)

余碧蛾	何 洁	甘 舲	魏卫台	范瑞芬	郑 岑	李进守	陈宽仁	庄传霖	张贵华
沈源华	左培文	黄 鸣	郑南越	陈碧娇	田 禾	叶 青	江东山	王铿炜	邓国兴
李 芳									

民盟暑期干部学习班(高校)(45人)

(2000.8.2—5)

朱保华	徐 斌	张克俭	张京海	边建超	吴 芬	周蓓华	朱建国	杨 茱	霍玉兰
管相忠	李学礼	朱务诚	李 昊	蒋志伟	叶春芳	陈英南	李大芬	李春忠	张伟荣
秦春荣	徐东来	沈志刚	朱本华	沈恒根	查文瑞	徐伟德	高俊芳	祁 群	周薇倩
刘海澜	周 梁	韩天权	陈元美	王树云	郁忠勤	李 玮	邓可京	丁光宏	常 青
周克荣	吕兆康	朱国庆	周 红	朱惟德					

民盟暑期干部学习班(市属、区县)(79人)

(2000.8.8—11)

闻富国	蒋泗良	张嘉安	吴小平	王家祥	章 健	吴道刚	孙超才	王敬友	沈 谲
李旭东	鲍一冰	郑 翔	严宪彪	宁伟巍	欧海燕	钱耀明	秦家麒	范丽君	周保春
董 锋	任建瑾	张首军	朱 齐	王伟民	丁 平	王爱华	吴观仁	崔月明	乐家珍
鲁光祖	孙昌立	商淑华	荣德扬	杨旅军	张瑞洪	廖大伟	严 伟	褚大为	石达平
洪立勇	徐信立	舒 悦	钱峻崖	张康源	朱素珍	符杰普	孙亚明	忻皓明	纪筱华
王 刚	倪华耀	丁杰冲	闻继宁	张福存	张 扬	阮 元	秦国庆	常 清	高晓生
周敏华	蔡建国	郭 军	黄立坚	范莲萍	张一东	孙 琪	朱星琪	卢久红	王家诒
陈 红	孙金明	黄建初	顾 燕	谈 华	马园根	陆勤华	陆 勤	曹凌燕	

致公党第4期中青年干部培训班(30人)

(2000.8.21—26)

罗 娟	缪丽华	余志成	张慧娟	彭玉飞	严大有	李 巧	邹福松	李 诚	张宝全
杭 晓	林 琳	董薇红	傅 雷	汪兆军	倪培玉	王 俭	朱胜林	都毅联	王鸿均
王德辉	谢 颖	陈 力	吕良环	刘芳瑛	陈邦国	周又玲	孙锐杰	邱公南	归莉玲

民进第18期中青年干部培训班(43人)

(2000.8.23—26)

陈振楼	严健康	朱杰江	叶文博	张小红	吴长福	熊学亮	李枯青	曹德铃	解永健
马楚华	孙 青	陈 健	王 杰	王运津	姚 革	倪兆慧	屠蕊泌	陈金隆	许惠芳
陈强努	冯莲芹	姜培民	张少波	张 骥	杨乃澄	贺 峥	穆绮芸	黄 芸	冯树梅
何海鸥	胡 英	吴 月	杜国英	孙 晔	朱鸽翔	李 雷	任栋梁	陈一平	陈明华
温炳义	陆 星	叶惠星							

2000年党外中青年干部培训班(29人)

(2000.9.4—12.1)

陈国华	蔡 威	徐 虹	郑惠强	金 达	田永波	吉永华	王克利	季 铭	张志恩
花 蓓	方伟忠	王 菁	杨德妹	游 伟	汪黎明	陈 濂	傅新华	忻伟明	周文玉
陈大康	郭 建	寿子琪	江小民	许龙成	杨 燕	杨祉雷	赵剑萍	洪 涛	

九三学社第5期中青年干部培训班(37人)

(2000.9.18—22)

殷晓蓉	吴 东	高怀龙	董亚明	毛立民	鲁叔媛	郑敏宇	孟 杰	施国新	韩国玲
姚中平	李青峰	仇志根	曹阳根	潘裕柏	熊蔚霞	袁 钢	朱丽华	王福俊	朱小敏
孙海明	徐国华	孙重春	詹 咏	李宝林	徐益超	夏天赞	许佩琰	徐玉明	翁晓定
李 宁	黄卫星	孙政华	徐廉方	韩擎天	乐嘉靖	张 颖			

民建第14期中青年会员读书班(31人)

(2000.10.16—21)

魏国强	郭欣裔	苏剑波	马 峥	陈国民	陈妹新	陆建芳	郑 琼	蔡文青	黄 杨
封玉蓓	帅月珍	居晓方	石平程	韦志良	叶 虹	刘祖辰	毛军青	茅声华	陆稚娟
徐金龙	倪怀宝	许建生	姚 新	喻建源	何晓俭	虞国琴	王无疾	金琼玲	沐雅萍
杨 喆									

民革第17期中青年干部培训班(34人)

(2000.10.16—29)

翁伟芳	陈国雄	张建民	李 蓝	邱跃芬	张承萍	陈 琪	周 彦	张 凌	赵雄麟
吕 琍	袁 立	李 瑶	杜海云	计燕云	周佩春	张丽华	叶剑标	钱伟国	张佩娣
杨雪明	顾纯国	沈健彪	马士薇	武丕宏	周懋彬	李益明	戴建国	赵时旻	贺跃进

黄　灏　袁柱棠　陈永刚　马铭德

第6期台湾省籍中青年干部培训班(29人)
(2000.10.23—28)

黄宪英　蔡培丽　吴珍美　林蔚菁　殷剑琴　周雪怡　王　珺　周燕珍　陈　维　张莉菁
蔡　冰　李　威　吴　坚　邓秀雄　杜正文　甘　平　黄　斌　杨　健　林志荣　王巨成
王　虎　严泽辉　杨元哲　庄振文　刘纯德　丁　毅　黄宏昌　许启荣　吴　蕾

第4期非公有制经济代表人士学习班(60人)
(2000.10.25—27)

童锦泉　邹新民　张　伟　王以德　姚晓华　潘玉明　李　绥　吴桂明　刘　齐　樊为中
陆海天　梁立人　刘吉毅　刘　星　杨咏时　杨　政　陈志龙　周小弟　沈德君　蔡银龙
潘其昌　戚国林　沈国良　吴振来　鲍来娣　刘仁达　屠仲其　周跃进　吕焕皋　宋长根
王有刚　金福音　张玉祥　鲍炳新　姚　源　刘幸偕　陈秋明　姚中宜　肖　毅　陈中良
王岳祥　张立军　金纯鸣　苏庆庆　杨方军　孟明荣　林凯文　舒宏瑞　宋伯康　胡成国
周福生　潘跃进　郑华生　张连文　杨永国　许云生　张胜飞　费其兵　杨惠如　张　刚

第4期宗教界人士学习班(20人)
(2000.11.15—21)

觉　醒　慧　明　照　诚　定　慧　周富根　史孝进　丁常云　刘巧林　白润生　金宏伟
郭绪勤　马达钦　王景茂　李俊忠　龚国伟　傅先伟　宁国敏　周蓉敏　张剑民　刘　斌

台盟第5期参政议政骨干培训班(18人)
(2001.3.19—24)

廖志豪　郑健英　王惠芝　石　威　庄峻斐　洪筱蓉　陈红宇　余骏文　张　岚　蔡明晃
黄　倩　黄少芳　胡　希　谢晓峰　顾　煜　钟台敏　陈凯声　程江宇

科技系统第3期民主党派中青年干部培训班(24人)
(2001.3.27—30)

张雨龙　赵丽英　王向朝　钦　佩　吴　铸　张宝林　李国荣　曾尚瑾　杨智化　殷海生
郑慧琼　王六发　沈美娟　胡筱荷　沈学仁　舒雪琴　蒋华良　王军林　张　俊　宗梅康
张丽丽　周保春　王胜昌　徐永林

民建第15期中青年会员读书班(30人)
(2001.4.16—21)

靖学青　胡　明　凌敏贤　高秋生　奚子龙　李宝玉　王音平　杨豪杰　朱丽琴　汪国钧
朱丽萍　王　敏　戴　宁　刑培儒　王爱国　顾晓敏　秦辉东　过振华　李七华　陈向峰
梅小蒙　陈　明　陈　奕　黄天红　毛关兴　樊静平　郭　宏　徐　群　吴　冈　周　辉

九三学社第6期中青年干部培训班(46人)

(2001.4.16—28)

李筱明	徐爱娣	李培勇	王世慧	齐 聪	杜建秀	高炜华	杨 翀	施嘉霖	周文海
郭大伟	陈雅珠	王 琦	曹 良	管继平	何涤亚	邱伟利	崔冬吉	李 健	周佩芬
张惠良	郑恒武	任建兴	申静龙	黄建冰	陆建华	许 奇	朱国建	佟艳华	黄 鸣
潭洁琼	王 立	周 峰	刘廷章	陈义汉	阎卫军	严南南	冯 蔚	方 芳	范柏乃
叶以富	马 洪	李名尧	沈荣瀛	陈乃蔚	黄 晨				

第7期台湾省籍中青年干部(联络员)培训班(24人)

(2001.5.14—18)

庄传霖	黄锦绣	钟荣宝	邱和美	黄宪英	许启荣	黄雪樱	王鹤珠	林蔚青	陈佳君
周燕珍	黄宏昌	蔡富华	沈宝梅	柯肇文	刘纯德	林庆美	陈怡静	许佩玲	黄佩华
张琪文	管秀文	林宏达	张志文						

邓小平新时期统一战线理论专题研讨班(市人大代表、市政协委员)(32人)

(2001.5.14—20)

徐荣江	李 正	汤兆基	汪道彰	李新洲	张京羊	严壮志	鲍均贤	姚 政	葛剑雄
杨代葳	李昌本	彭镇秋	陈秋芳	王以忠	方怀瑾	顾国挂	张莉菁	乔志刚	范 铠
马宗礼	王新奎	石印玉	严诚忠	查蓓莉	陈 瑜	张先林	周允中	赵增川	汪孝安
尤继舜	魏 松								

第16期民主党派中青年干部培训班(34人)

(2001.5.14—25)

居玲妹	沈贻初	汪 庆	万文娟	李道清	倪怀宝	梁立群	冯希平	胡国胜	王 嘱
冷培恩	肖 萍	罗宗洛	陈 英	朱是忠	董敏华	孙 康	廖大伟	吴 冕	芮 佥
许睿泌	蔡永平	俞智民	陈红专	周银忠	张伟滨	朱振安	余绍锋	王 杰	吴玉雷
顾鸣敏	王亚雯	敬忠良	许 奇						

致公党第5期中青年干部培训班(27人)

(2001.5.16—26)

梁 英	叶 纹	汪敏生	郑志麟	薛晓莺	王好平	叶 宁	章根宝	何建华	严柳青
陈福明	杨明棣	张 炯	叶超雄	任忠鸣	方宇清	华 欣	徐玉梅	张培莉	王元麟
戴作为	黄绳忠	黄惠华	陈 悦	张 睿	邓廷毅	徐建新			

民主党派机关干部培训班(28人)

(2001.6.13—19)

陈以同	李玮颖	吴风举	徐爱娣	庄子群	邵 荣	陈海平	蔡泉源	明 浩	蒋 彭
胡耀明	彭红文	单永毅	丁腊梅	陈小珍	王黎云	凤懋伦	王铿炜	沈清怡	刘长水
徐谋红	邴 悦	彭红文	张光武	马铭德	顾怡雯	喻森海	胡玮敏		

民盟暑期干部培训班(一)(19人)

(2001.7.25—28)

周家贤	唐　明	於建雄	韩　迅	徐建荣	郭家钢	舒雪琴	邵文萍	张瑞洪	张　跃
周裕金	王家祥	王润华	钱紫奋	鲍一冰	夏先平	钱海谷	任建瑾	冯伟成	

民盟暑期干部培训班(二)(65人)

(2001.8.7—10)

李振中	黄大路	施桂东	汤宝骥	张　扬	王家诒	李光明	王贤鸿	张建华	徐国民
赵素霞	陈慧芳	郁　平	蔡建国	杨荣辉	蔡建敏	高雷平	王海青	黄　晨	朱永庆
方　芳	张淑平	李　昊	樊建开	王家东	洪　兵	江　峰	胡耀城	林建红	袁晓英
沈金美	钱　旻	王海英	傅耀祖	张锦华	孙槐园	夏小玲	王立南	陈　磊	宋庆平
顾稚浓	吕　焱	钱秋平	戴小云	赵伟伟	金　堤	徐维焱	董　铭	杨国鸣	陶　冶
巫志南	钱开鲁	褚大为	毛裕俭	黄　蔚	万友明	江洪涛	潘建萍	顾红英	黄奇龙
吴道刚	李荣荣	吴粹萌	袁卫平	潘兴华					

民进第19期中青年会员学习班(49人)

(2001.8.21—24)

马　良	青　春	王文平	朱振安	董耀荣	封玉琳	樊　愉	黄义敏	陈　苏	郝亦民
吴范宏	殷寄明	倪韶红	陈克勤	毛　震	蒲根祥	徐惠新	吕贤丽	胡金良	王　静
邓　萤	郑　苏	施蔷生	张鸣伟	石　涛	邵志勇	周小密	李惠琴	李雅芬	袁　园
孟戈鸣	刘世漪	齐卫国	祝　鋆	王国伟	徐桂芳	潘伟平	童自强	朱　芳	俞文静
马华栋	刘会强	杨家强	金惠珍	赵金海	蔡惠铭	范金丽	朱东勋	孙国莉	

2001年党外中青年干部培训班(35人)

(2001.9.3—11.30)

朱成钢	解　放	王志雄	张先林	金　亮	周新卫	周星增	朱建民	陈　良	朱　芳
沈红慧	倪向军	封亚培	丁美坚	冯德康	张恩迪	曹国强	叶建英	李栋梁	徐伟人
薛伟星	林丽成	金如颖	王　涓	任向阳	朱邦贤	陈　群	冯洪发	周志超	林富生
高庆迁	刘　杰	许复新	刘桂香	程霄玉					

民革第18期中青年干部培训班(30人)

(2001.10.22—11.4)

黄静华	俞继新	罗　莹	张亚峰	韦来强	蒋　森	金志浩	郭文月	黄昌发	陆　军
李　伟	王国芳	戚敏娟	陆桂芳	唐　巍	赵国靖	季昌如	林求慧	李　韦	戴胜利
刘　玲	龚俭青	孙文美	王霞玲	戴　敏	储华群	陈兴旺	朱元东	董　皓	周卫平

民建第16期中青年会员读书班(22人)

(2001.11.5—12)

黄　方	张启诚	梅培元	郭文毅	张　顺	李梦甦	周恩华	钱君律	曹　丹	徐志远

钟　滨　许锦国　金泽民　徐　洁　朱　达　常建芳　魏国强　苏剑波　刘祖辰　靖学青
顾晓敏　秦辉东

民建第17期中青年会员读书班(42人)
(2002.3.4—9)

宣正荣　姚　远　沈　家　王　琴　吴稼乐　杭爱明　林大钧　项明洁　王如忠　钱　进
陆荣斌　史琪敏　时　勇　顾　睁　杨泽苓　吴广海　席培菊　尉迟宁　秦伟华　刘　奇
傅春辉　方建民　刘文昌　应建国　刘　勇　蔡仲曦　黄臻辉　卢卫民　姜东莉　叶静芬
孙敏卿　徐兴曾　沈家国　张泉泉　万雯娟　姚爱棣　贺子祥　宋永星　周旭丹　龙景慧
姜秀峰　严雷举

第17期民主党派中青年干部培训班(40人)
(2002.4.8—20)

朱全忠　李　蓝　赵国靖　朱伟琴　高雷平　施秋平　蒋华良　曹声良　顾大丰　王国世
秦浩正　张谢定　钟　滨　徐志远　柯碧华　桂继生　王　文　徐　榕　殷寄明　郑有慧
钟　勤　赵　强　金忠贤　姜治忠　路达仁　金　佩　张国炎　吕　宁　郭建建　杨云珠
钟育琦　姚经建　王平培　许　荣　孙　康　杨明棣　王向朝　邹福松　叶　纹　梁　杰

民主党派第1期新任市委委员培训班
(民建第18期中青年会员读书班)(111人)
(2002.8.12—14)

吴长福　张小红　殷寄明　方亚芬　张文龙　沈维藩　季建林　张伟滨　叶伟成　王　杰
屠　杰　张大同　樊汉彬　洪　涛　程霄玉　唐建民　张伟荣　施利毅　蔡建敏　丁光宏
叶德泳　周克荣　陈红专　韩天权　朱建育　奚君羊　李郝林　姚秀平　施秋平　王立南
常　清　张显平　陈　濂　周星增　耿海成　张康源　杨德妹　张谢定　蔡永平　邹德礼
陶伟民　吉永华　夏希纳　王东彦　严燕萍　马　驰　章贤伟　孙超才　陈良亚　乐家珍
王　勇　薄海豹　吴　晁　丁美坚　王仁禹　朱全忠　李玮颖　李惠萍　杨振文　蔡　黎
蒋　健　马铭德　冯　强　张蓉伟　李裕祥　李殿文　杨德钧　胡丁英　沈贻初　陈　艺
林益彬　高小玫　韩通浩　黄　飚　解　放　方　方　戴建国　陈益梁　赵国靖　龚俭青
黄仁浩　蔡　峥　程　抒　韩　曙　宋皓军　姜　韧　张　政　周鸣秋　祝志新　方怀瑾
叶杭生　万雯娟　吴　虹　李道清　顾晓敏　钟　滨　张厚伟　陈　其　陈鸿德　毕诗浩
庞廷惠　沈国伟　顾国强　鲍沫西　朱锡铭　张　健　查锡良　倪语星　黄　方　方惠平
许爱芸

民进第20期中青年干部培训班(46人)
(2002.8.21—24)

梅其春　胡传海　许庆祥　蒋碧艳　许仲毅　华怡青　俞传芳　胡超苏　孙姝艺　陆建梅
曾　云　高少平　傅　松　郑卫星　马鸿祥　乐燎原　倪怀玉　刘亦武　王开泰　芮　鹰
唐剑影　茅　斌　沈迎春　单福良　李雅芬　张学龙　刘　学　章　纯　沈卫东　吴诗华

| 杜 勤 | 胡 萍 | 王 宏 | 顾金其 | 万 苇 | 伍平群 | 杨 玲 | 施瑞一 | 龚耀昌 | 陈艳芝 |
| 徐佑民 | 贾 辉 | 吴骏德 | 郝达洪 | 桑 嫣 | 陆国民 | | | | |

各区(县)工商联专职领导培训班(54人)

(2002.8.26—9.1)

李人俊	邹德礼	丁义正	陈 荣	梁植芳	张志刚	王含芳	姜静勇	关松荫	陈 建
张建国	金志荣	经廉义	姜建军	陈志金	梁 旗	曹国强	王继烈	薛 建	桂秋白
张炜华	沈伟茵	刘福康	王志超	郑淑贤	许扣宝	赵才根	王于堃	辛一凡	张幼南
栾国强	黄兑菊	姚金泉	龚仁德	胡伯鸿	戴思福	周建国	倪向军	张定良	李金林
赵仁娟	祝明道	余祖平	杨友良	王建章	吴复安	周建华	姜卫忠	蔡福康	王林祥
吴金国	陈祖明	徐关明	韩 康						

2002年党外中青年干部培训班(30人)

(2002.9.2—11.29)

李郝林	蒯大申	杨慧敏	李 原	李忠铮	杨云珠	沈 洁	程维明	吴家睿	风懋伦
程裕东	王 静	邵永飞	陶夏芳	刘毛伢	陈东辉	夏 红	王训国	许政涛	施 俭
张广仁	张显平	吴克源	武申申	倪 秉	罗 达	蔡永平	郑 龙	方 荣	蔡达峰

民主党派第2期新任市委委员培训班
(致公党第6期中青年干部培训班)(92人)

(2002.9.16—20)

金文男	徐 威	陈小群	严健康	陈国强	沈建青	姜培民	柯碧华	邵志勇	张少波
鲍英菁	郑惠萍	王 静	吴范宏	钱武军	王平培	邓 康	江信昌	朱建民	朱 洁
许 荣	刘一闻	孟庆刚	卢士梅	胡耀明	陈芳源	陈晶莹	冷培恩	杨祉雷	宋永建
周 康	范林元	范 荧	赵 强	洪建国	顾国柱	徐伟人	徐澜波	凌桂馥	梁 鸿
蔡 威	陆 豪	张怀琼	吴向阳	朱家文	马 洪	金立鑫	赵 雯	夏以群	黄 鸣
金 亮	林富生	徐益超	王 力	沈红慧	尹 介	缪建鹤	李丽英	陈敏怡	谢雅芬
张荇云	周万椿	郭大伟	张培志	王维凯	张立军	陈汝作	朱传琪	沈一基	方 里
方厚贤	叶 纹	吴 敏	吴念农	沈坤荣	周又玲	孟国庆	袁 雯	顾益鸣	黄 振
谢维俭	蔡沫西	石学耕	吴 敏	张莉菁	孙荣华	余碧蛾	陈 宁	李伟文	林真意
姚小远	柯丽珠								

民革第19期中青年干部培训班(31人)

(2002.10.14—25)

王晓燕	朱 瑛	黄伟建	周 俊	侯光华	傅海萍	孙洪林	凌 燕	张 俊	杨政华
盛 翔	洪耀顺	刘海清	蒋歆韵	季祝华	施宇箭	张史敏	连其明	庄志研	朱佩香
刘祖康	顾晓平	林 涛	施胜今	方伟敏	钟慧萍	钱 炜	任雄平	凌思惠	蒋亚霖
傅旭升									

金山区民主党派负责人培训班(45人)

(2003.4.18—20)

沈园东	谢钧言	朱元东	何英斋	罗向军	陆费汉幼	徐泽辉	黄　跃	蔡建国	阮章云
邵宝勤	徐　虹	袁晓英	许爱芸	刘　勇	陈骏良	朱建国	邱昌年	张鸣伟	樊汉彬
彭为成	叶丁元	周福民	伍平群	陈　豪	陈一平	徐玉祥	周　康	陈增荣	何奇观
钱益明	胡统理	沈燕珍	吴　敏	许欣壮	沈龙章	黄玉珍	黄惠华	邹福松	李　诚
江　林	郑东朝	闻克勤	殷伯贤	张　颖					

民建第19期中青年会员读书班(36人)

(2003.4.21—26)

陈建华	梁卫彬	李　奋	丁少华	方立新	关保英	孙　立	张　琦	陆　腾	高海菁
金　缨	胡耀清	钟跃其	诸荣芳	顾　清	董力耘	董仲棣	瞿大炜	徐玉春	陈一鸣
沈　群	王继峰	刘小菡	朱军勇	吴前进	张剑光	张铧平	李　明	邱昌年	林　佳
金建椿	柳　晓	赵晓峰	袁　园	顾新达	黄冬梅				

民盟第11期基层骨干培训班(42人)

(2003.8.18—22)

厉震林	王幼敏	徐　斌	张一和	陈毅华	杨燕迪	袁和法	潘　瑾	陈　磊	安　琦
陈中华	屠友祥	章守宇	唐　沛	郑少华	李学礼	郁　平	钟明康	王树云	范丽珠
廖粤新	姚　雷	许建成	焦　娇	黄阿忠	王隆天	丁　明	王志斌	叶　纲	徐银龙
宋晓岚	邵宝勤	杜育敏	钟国定	许海峰	陆　建	高晓生	邱　瑜	鲍云峰	沈　利
王　红	徐希勒								

第1期新任党外市人大代表、政协委员培训班(46人)

(2003.8.18—28)

董　波	邱华云	孙超才	王家东	倪闽景	邵志勇	袁　园	吴　敏	朱传琪	庄振文
孔利明	桂水发	周崇道	张庆华	朱树英	张琳琳	赵国靖	蒋　健	张文龙	黄山明
南　民	麦永懿	黄　振	王宗尧	朱守正	林正国	贺鹤勇	梁海鹏	周培君	章桂红
常兆华	李亮佐	王绍华	张兆安	陈　军	钱　程	蒋伟忠	丁汉明	陈晶莹	任　进
任忠鸣	李松坚	金荣得	汪崇建	陈伟峰	黄　文				

民进第21期中青年骨干学习班(45人)

(2003.8.20—23)

王云康	李正建	曹　清	杨　晓	马　加	丁家宝	吴　瓯	苏　晓	杨荣华	姚　忻
沈永倩	方正龙	吴焕淦	江　蕾	王永齐	茅兰萍	秦雅芳	曾如亭	于海波	陈玉华
魏玉梅	钱勇伟	谢延风	夏静寅	祝真真	赵雪萍	金晓萍	陈　兵	陈　勇	傅　松
陈　宏	崔雁屏	汤银才	胡　卫	过仲阳	余　俊	陈　川	鲁亚宏	钱思剑	张　峰
应国英	顾铮无	胡　任	陆　斌	徐　敏					

2003年党外中青年干部培训班(34人)

(2003.9.1—30)

姚俭建	蔡建国	李　林	陈振楼	钱　锋	钱君律	董茂云	刘小禾	严壮志	吕　元
曹　清	范林元	徐雍安	宋运堂	陈　继	钱　宏	杨建敏	汤芷萍	秦　朗	史领空
严　威	董正宇	刘伟国	吴建平	吴妍露	戴红勤	马　驰	朱守惠	王立南	杨怀志
吴文芳	吴铭忠	洪　璐	朱琴芳						

民盟第12期基层骨干学习班(41人)

(2003.9.17—21)

徐海清	董福光	俞祖强	缪有刚	江旭东	黄金铭	乌永谦	徐　峰	赵建谷	李剑瑜
何平显	龚　文	金雪均	朱　剑	周伟良	刘建华	秦营康	汪志平	袁宗平	何宇平
刘荣成	唐　捷	孙昌立	于日新	邱建新	周玲琴	胥智芬	陈　珏	张浩菲	叶　菁
高芳君	邬慧芸	刘云霞	张　铭	陆　颖	左　玫	张定娟	郁　庆	王伟兰	李伟芳
陈　筠									

民建第20期中青年会员读书班(33人)

(2003.10.13—18)

魏　建	陈　琪	王以群	张德远	张饮江	王培光	刘伟宝	黄慧娟	楼长春	陈润莉
蒋晓东	王海国	朱宗敏	邹国慰	孙婧麟	张小英	王　幼	束颖诚	张嘉白	施忠道
吴春平	司秀丽	金慧羚	尤佳秋	刘　艺	杨如增	李　伟	沈天珉	马　民	朱震华
周培娟	王健为	陶　钧							

民革第20期中青年干部培训班(28人)

(2003.10.13—25)

赵时旻	陈筱玲	陈少峰	吴　芳	陈　斌	徐　敏	沈培明	刘玉军	钟国祥	张　燕
蔡志明	洪　岗	刘丽华	王志坚	张　敏	赵　彤	胡群林	凌　旭	姚　婷	邵　江
金　雷	黄志达	张先若	应雅芳	周纯剑	李贻民	曹亦萍	姚　坚		

致公党第7期中青年干部培训班(32人)

(2003.10.20—11.7)

刘　超	曹慧敏	宋天余	金　娣	王承云	徐　玲	陆善祥	郭佳田	叶　江	石　炯
林　恒	徐树人	徐　敏	曹英川	顾爱华	都毅联	宋辉旺	陆惠芳	陆　玫	李矜盈
李凤鸣	李　巧	张　颖	阙之玫	鲍吾英	方斌良	汪　辉	臧金玉	李成梅	胡奇敏
许继东	姚　薇								

第2期新任党外市人大代表、政协委员培训班(33人)

(2003.10.28—11.6)

陈益梁	田伟生	丁光宏	张曦仑	张怀琼	陈克权	邢　普	王跃林	李　菁	张　敏
许丽萍	黄仁浩	吴　毅	陈强努	王圣民	葛均波	陈国余	李松坚	尚　健	王小耘

田　耘　鲁　华　邹军利　陈鸿德　倪闽景　徐惠新　沈建青　胡忠泽　余丹红　张琳琳
唐　豪　宋长根　常兆华

台盟第16期青年骨干培训班(17人)
(2003.11.13—17)

石学耕　张　岚　魏巧巧　石朝俊　洪万里　黄国辉　殷剑琴　余骏文　包阿炳　黄宏昌
廖本海　何　洁　蔡培丽　陈　凯　张　锜　吴丽萍　顾　煜

九三学社第7期中青年干部培训班(44人)
(2003.11.25—29)

康　青　张其林　汪慧嫣　罗衍俭　陶思聪　孙政华　陈顺娥　于伟东　范燕美　廖　斌
干杏娣　李筱明　胡洲震　蔡生力　高雅珍　施大伟　董丽华　杨陆燕　张　华　艾晓杰
陈有亮　邵建利　夏晓龙　薛煜嵩　莫卫军　翁慧珺　杨培明　杨健娣　沈剑华　王　茵
陈　慧　杨仙花　蔡文琪　阮凯基　郑敏谊　孙　庆　吴雅君　班东升　朱云仙　洪秀时
费　刚　陈　冰　邹乾林　万　青

农工党第8期中青年干部培训班(41人)
(2003.11.26—30)

徐斌燕　郑元者　黄林鹏　蓝闽波　傅建钦　赵建勇　许剑民　沈　伟　高鸿云　徐丛剑
范竹萍　阙华发　马兆鑫　谢春毅　尚　健　沈建华　吴　强　潘存武　许维生　胡国胜
韦　蕾　梁晓华　陈　刚　许　燕　毛奇凰　黄　勃　陈　炼　张　翠　王　彦　王学民
陈　良　鲍　炯　诸　军　常生龙　程　琳　李爱红　梁　东　王正荣　黄郑明　黎晓桃
薛建萍

第3期新任党外市人大代表、政协委员培训班(34人)
(2003.12.1—9)

薄海豹　谢　卫　陶雪华　傅正建　孙敏卿　葛俊杰　沈　灏　华　峰　杨　钢　李克欣
蒋学明　朱政平　张建华　庄子群　尹京苑　顾国强　施有毅　沈建华　姚志展　余碧娥
白建颖　傅舒昆　王　华　常　清　杨长琐　曾乐才　陈建安　吴国庆　屠　杰　陈　江
张启华　史　敏　何　红　江　敏

民主党派市委、市工商联领导学习"三个代表"专题研讨班(20人)
(2003.12.26—30)

项斯文　汪卓贤　罗华荣　鲍敏中　冯德康　朱德赢　朱易安　彭镇秋　吴惠源　王慧敏
陈强努　朱冰玲　刘仲苓　李定国　张良仪　胡忠泽　张立军　高美琴　李念政　邵光宇

新任党外市人大代表、政协委员培训班(一)(42人)
(2004.4.5—14)

陈博昌　陈永亮　解　放　黄发荣　沈恒根　李韶平　周小弟　程霄玉　吴长福　郭建华

龚　诚　　张　峰　　陈惠琴　　姚金泉　　陈大康　　吴建荣　　蔡金萍　　钟元秋　　谭文松　　刘仲苓
洪建国　　吴力坚　　张金仓　　李亚虹　　张　帆　　胡成国　　魏中浩　　臧广陵　　吴惠源　　徐雪峰
张曦仑　　谢春毅　　何建华　　张恩迪　　沈一基　　徐葵君　　陈海文　　谢　毅　　雷国芬　　喇端端
钱世超　　孙鉴政

区(县)党外代表人士培训班(45人)
(2004.4.5—9)

韩海斌　　金　亮　　秦伟华　　汪敏生　　徐伟人　　李玲娣　　姜培民　　罗宗洛　　金　缨　　沈舜义
朱忠达　　李礼刚　　张　政　　杨明棣　　门　峰　　汤云霞　　宋皓军　　徐玉梅　　李吉成　　沙启亮
徐益忠　　沈贻初　　徐国民　　常生龙　　陆　豪　　陈向峰　　冯鞍钢　　郁宓强　　庄璇娟　　杨延辉
赵剑萍　　钟　敏　　唐　瑛　　张一东　　顾德平　　杨德妹　　胡松春　　吴志明　　余祖平　　周敏华
盛玲芳　　周新卫　　吴忠华　　汤学峰　　张成刚

台盟第17期盟员骨干学习班(22人)
(2004.4.18—24)

张莉菁　　王铿华　　邹依群　　林蔚菁　　柯丽珠　　郭绥芳　　魏巧巧　　梁素霞　　蔡明晃　　杨绮星
张　炜　　杜倩文　　魏卫台　　左培文　　叶　青　　潘洪红　　范瑞芬　　甘　舲　　林真意　　刘黛莉
王亦峰　　刘　艳

民建第21期中青年会员读书班(35人)
(2004.4.19—24)

吴春宁　　章　引　　宋汉文　　朱旭东　　周　方　　桑建萍　　朱培华　　韩　發　　钱　珏　　吴文伟
唐微韵　　陆春娟　　曹　炜　　闻　俊　　吴　燕　　韩　磊　　沈　强　　陈毓琳　　徐　兰　　顾美珍
朱　骏　　金冬云　　王　峻　　陶全芳　　姚丽云　　朱　明　　郑天桥　　赵林元　　李　麟　　沈丽君
宋伟荣　　虞钟华　　李　莉　　管华东　　汪　东

第18期民主党派中青年干部培训班(44人)
(2004.5.20—31)

孔林德　　赵雄麟　　金志浩　　武丕宏　　钱　锐　　陈　峻　　杨德钧　　陆　军　　尹庆荣　　常建芳
孙玉莲　　李　新　　李秀清　　朱林娟　　朱本华　　管相忠　　仲伟鉴　　郁　平　　闵　翀　　戴荣海
施惠聪　　何少华　　张德樵　　唐琦文　　许庆祥　　吴范宏　　秦　雷　　陈　宁　　周　康　　严志骏
许维胜　　秦高荣　　夏金华　　董敏华　　傅　雷　　马　进　　刘庆华　　陶励强　　董丽华　　汪妙祖
徐益超　　周国民　　王　坚　　朱丽华

新任党外市人大代表、政协委员培训班(二)(41人)
(2004.6.7—15)

陈建华　　查　波　　朱　维　　杨爱华　　尚　云　　施有毅　　周鸣方　　洛　秦　　杨燕迪　　茅关兴
丁晓枚　　吴慧明　　马　玲　　武俊青　　杨云珠　　卢丽安　　赵　强　　翁新楚　　游　伟　　吕　元
李建颖　　程　东　　刘　茜　　夏希纳　　杨展业　　陈英南　　高境梅　　王向朝　　王　育　　夏大智

梁　鸿　曹　丁　吴　敏　肖沪卫　洪　涛　杨荣华　李惠萍　沈志平　冯德康　唐海根
沈荣祥

民盟第13期基层骨干盟员培训班(46人)

(2004.8.16—20)

翁敏华　范志康　施震东　胡仁昱　朱同玉　黄　晨　陆　雄　赵燕玉　张介明　杨　沫
周　晶　洛　秦　韩兴勇　谈儒勇　郑少华　陈　俊　张宗原　叶春芳　郁　平　孙　健
余逸男　曾　鸣　朱纪东　蒋跃庆　刁云璋　赵晓群　范健行　上官晓文　徐列峰　阮章云
杨　华　罗　云　杨冀军　陆以农　唐文红　谬　夏　郑　洁　蔡文钢　张福存　杨小琴
顾　斌　尤婉丽　张　磊　秦梅娟　李啸瑜　郭维忠

民进第22期中青年会员学习班(33人)

(2004.8.23—26)

王　浩　吴　玲　陈　洁　余觉良　刘　芳　俞　婕　王利平　姜伟忠　姚安宝　姜　琤
王　沛　郑鹭宾　朱陈培　龚　容　任　奔　杨大庆　王　蓓　倪韶红　杨　辉　李　凡
韩立芬　刘亦武　王卫华　杨　斐　王桂芳　万建飞　杨　蓉　龚雨萍　陆秉熙　符凤珑
殷江静　丁翔华　张逸馨

九三学社第8期中青年干部培训班(62人)

(2004.8.24—27)

唐　展　何序新　王　勤　曹庆德　朱国建　吴凤娟　陈　伟　鲍晓荣　闻克勤　肖　震
郭　峰　孔庆健　王晓萍　杨建中　王明萌　方向明　张璐侠　垄纪伟　王志刚　余　敏
朱二亮　乐伶辉　吴寿勇　吴青蜂　孔庆芳　叶　新　杨建瑛　吴根娣　苏　谔　周　航
陆　林　桑　标　袁志斌　武　斌　赵梗明　金国山　庄　良　王莉贤　李　青　黄建忠
林水珍　杨江波　乔清理　杨永明　孙红英　郑华俊　闫卫军　韩国玲　沈学宁　李青峰
朱　莺　杨树晨　胡洲震　赵　刚　顾理德　方　方　李　蘅　张学山　陈敏怡　佟艳华
金　佩　朱丽华

2004年党外中青年干部培训班(49人)

(2004.9.1—30)

倪福弟　程　东　张怀琼　唐石青　刘以华　陈志军　吴玉雷　李国华　邱英浩　辛丽丽
应质峰　徐爱娣　杭　侃　林富生　孙　康　邢　普　陈　进　周　锋　单福良　张正翔
李　基　时筠仑　林　红　朱　青　张　磊　徐澜波　毛精华　陈小鸿　赵宏卫　郑民华
曾　云　刘玉彬　苏惠波　张　峰　何国富　谢毓敏　朱伟琴　俞　飚　唐　宁　由文辉
蔡　黎　陆　斌　张开明　刘幸偕　王　琛　赵　强　杨光忠　朱建国　姚卓云

民盟第14期基层骨干盟员培训班(39人)

(2004.9.20—23)

周瑞芳　恽友江　刘家桢　陈　崎　吴培民　杨　格　谢同妙　吴圣麟　徐川山　胡永昌

曹穉予	朱宇红	朱莉芳	陈 瑜	张瑞铮	傅仁谊	沈传薪	徐建亚	邵益山	王润华
朱 丹	陈吟忆	丑幸辉	陈 钢	郁 锋	吴剑桥	周家贤	刘 红	罗仙永	周 卫
赵君实	陈幼源	王 颖	潘建萍	茅勤英	储小英	王爱华	唐 滢	周烨刚	

新任党外市人大代表、政协委员培训班（三）（48人）
（2004.10.11—19）

周和平	朱建国	郭家钢	曹欣渊	张 扬	邓 康	冯希平	吴健生	谢荣兴	许吉鸣
武申申	陈 群	高承勇	江海洋	季 琦	潘玉明	方 方	周忠菲	王 勇	李海量
许中伟	宣正荣	马晓辉	张启琴	金 佩	季晓烨	郑 龙	王如路	史 敏	李蓉蓉
吴复安	陈伟峰	常 青	殷啸虎	陈 琪	蔡 佳	寿子琪	戴伟钟	何序新	阮康成
俞力航	印 杰	陈 清	任自中	尚 健	董增平	王秀美	金石琦		

第8期台湾省籍中青年干部培训班（30人）
（2004.10.13—16）

张企龙	杨 健	王 虎	王滨瑜	孙 超	庄文娟	许启荣	吴珍美	吴清云	张 林
张 锜	张泰清	李建浩	杜倩文	汪海林	邱宜正	陈 瑜	周 铿	周燕珍	林竹音
林丽平	林德红	林慧军	欧佳琦	柯台华	唐海容	莫 平	蔡富华	潘旭霞	朱海伦

民革第21期中青年干部培训班（36人）
（2004.10.18—23）

陈富强	张燕洁	夏爱兵	张立敏	王 蕴	王宏力	林子勤	胡以海	孙 云	陈鸿宁
郑晓远	郑 芸	俞 悦	钱 锐	陶潘才	王跃芳	严敏伟	王 峰	周 强	陆祥麟
余 慧	屠正彦	沈文革	赵 钢	蔡 华	贺雪斐	丁又双	从 群	李文娟	沈延兵
周艾钧	张明洁	周震华	杨 薇	干上游	王永坤				

民建第22期中青年会员读书班（36人）
（2004.10.25—30）

倪 涛	陈静怡	崔广庆	顾春荣	闾子南	任纪良	王 琼	周宗佑	王丹英	张华国
董海湧	张士仁	赵镇岭	吴建中	邹国慰	孙惠星	陈 亮	周立群	曾乐才	姜 琦
茅 芳	陈燕敏	邹国良	土建明	闵安果	张 宇	吴卫萍	陆维勤	刘 蕾	李 鹏
林 喻	林纪南	贾兴龙	夏新林	徐国建	殷克勤				

致公党第8期中青年干部培训班（39人）
（2004.10.25—30）

张建权	袁 虹	唐海英	郭 建	顾宏伟	邵 峥	厉 军	瞿卫国	陈国英	徐 皓
梁 洁	姚 蓁	胡克宇	邬敏浩	张 行	张敏德	陆新亮	许志国	戴璐蓉	金钧捷
徐 慧	蓝海燕	顾 斌	刘丽华	贺宝根	朱胜林	朱铭伟	朱若萍	陈冠玲	贺向阳
谢超英	李文侠	高建宝	黄光团	郑丽芳	谭子龙	张濂人	钟祥财	金 延	

农工党第9期中青年骨干培训班(54人)

(2004.11.30—12.3)

吴建平	许兴莉	朱如安	杨晨敏	别 宗	潘时炜	赵长虹	张鲁南	王进进	何伟民
王宏强	姚 红	孙明荣	姚海娟	顾怡华	齐海涛	于宁妮	顾建钧	李礼刚	李雅华
戴红勤	王保钢	陈鸣智	倪建平	范 薇	张小健	徐 珂	葛宏波	李诗敏	顾丽君
刘建平	朱 淳	包于勤	熊丽蓓	王 彦	李国瑞	陆惟华	朱丽新	陈云飞	陈晓宏
杨燕华	朱立明	陈 骁	刘慕方	邓 旭	沈建华	颜静兰	王小砖	方 琼	高照宇
苗 戟	徐爱娣	陶世圣	沈 杰						

民建第23期中青年会员读书班(40人)

(2005.4.11—16)

王光东	刘承初	朱 音	魏 红	王 刚	孙寅海	朱 勇	张 峰	何 俊	陈丽琼
周志高	周海峰	金丽君	洪冬英	胡国明	章道彪	黄 弘	黄鸿云	蒋建平	虞敏洁
谈建华	李 新	严文洪	史润友	吕 彤	曲延英	吴幼波	杨少帆	杨月美	汪 亮
陆巧根	陈红霞	陈易力	林 似	罗 凡	唐剑清	徐 植	徐 雷	顾润润	鞠荣华

台盟第18期盟员骨干培训班(30人)

(2005.4.13—17)

孙荣华	韦 建	邓施婴	蓝海凤	李淑慧	朱文丽	张 菊	程红宇	林 坚	谢雪涛
姚小为	姜观富	郭毓华	石朝英	林 怡	金 轶	蔡 冰	郑南越	廖本海	王惠芝
魏卫台	田 禾	陈宽仁	叶 青	邓国兴	林宏达	王鹤珠	王庚雄	庄慧华	李曼丽

致公党市委领导干部理论研讨班(致公党第9期中青年干部培训班)(35人)

(2005.5.16—20)

张立军	王向朝	陈汝作	沈一基	方 里	方厚贤	吴 敏	杨明棣	沈坤荣	周又玲
孟国庆	袁 雯	顾益鸣	黄 振	蔡沫西	方修仁	吴建明	李 嘉	杨 容	肖迪娜
朱 磊	杨 旸	邱公南	罗 娟	温耀庆	董敏华	俞存党	张连官	汪敏生	陈建国
薄维元	郭佳田	袁 刚	张女欢	俞亚琴					

第14期统战干部理论进修班(36人)

(2005.5.16—6.12)

王家骏	陆 琦	谢文澜	洪 峰	周 俭	陈海林	邹开伟	王鸿祥	吕苏宁	朱红梅
方振敏	王锦达	李松林	程暑霞	庄昌泰	季 萍	王丙光	周新刚	张 杰	李美娟
姜少章	廖学梅	金尧本	杜倩文	潘 敏	朱言敏	诸福先	汪 怡	陆剑英	徐 才
杨鲁民	陈 虹	刘一攻	金 霞	干建达	胡玮敏				

民建第24期中青年会员读书班(98人)

(2005.6.3—26)

秦 方	吴稼乐	钱丽珍	殷金喜	何林华	朱德庆	杨增义	马继明	黄亚君	方立新

陈万章	缪一华	蒋静芳	陶嘉泳	沈 琦	邢培儒	郑卫星	张士鑫	韩伯荣	曹海林
朱根宝	顾 玮	郑苏莉	徐志红	谢平男	何继平	陈建国	熊 琦	王晓虹	谢金明
阮丽光	瞿志刚	施志刚	蔡国强	王伟力	储小娟	汪 庆	俞 瑛	王培光	汤 骏
王金桃	张 敏	黄伟忠	张志娟	巢亚文	蒋 琦	崔广庆	周宗佑	张 毅	姚丽云
张云妹	李葆慈	金 宁	陈海生	汪庭瑶	唐荣喜	吴安祖	崔 胜	王荣熙	严慧明
叶菊芬	金 灵	郑仲仪	陈妙水	甘惠民	苏 蔚	李海云	刘立清	包伟国	詹志萍
万正昌	施卫平	邱孜学	钱明生	陈奕健	杨明辉	叶银娟	顾伟松	戴善清	朱春香
郑 勇	屠俊元	舒宁国	褚俐英	徐 伟	黄 琛	桑建萍	夏 梅	张惠玲	邵晓峰
蔡 军	虞金麟	高惠珍	姚 成	董秋雁	沈秀兰	金梅基	陆春娟		

农工党第10期中青年骨干(双高)培训班(43人)

(2005.7.8—12)

许维胜	卢德生	童晓文	吴强华	王 荣	常兆华	李燕芹	陈云飞	李克勇	胡雪梅
孙筱清	胡梅洁	韩 清	施兵超	符全胜	毛奇凰	张云崖	金周慧	蒋伟忠	林叶云
施 文	孙 姣	张秀云	高照宇	王晓红	杨 光	王 方	曹慧芳	王晓东	黄东平
张 慧	左秀娣	赵 金	卫 英	孙万驹	张 超	赵奕文	朱渭萍	陈晓平	李艳萍
尉敏菊	刘 菲	奚云斐							

九三学社第9期中青年骨干培训班(64人)

(2005.7.19—22)

翟淑华	许丽萍	罗旻泓	高 峻	潘依纳	焦雪梅	李慧民	周任远	胡卫平	李庆华
王志麟	黄钢祥	王普祥	张玉红	张宏鸣	金 岩	荷芳华	朱晓强	龚纪伟	童天中
严国钧	顾雪富	何 敏	俞国林	周礼华	陈晓玲	陈 伟	胡 谊	李员根	庄新庆
俞慰刚	张 华	闫卫军	吴 怡	田中旭	蔡泖华	吴文艳	陈义汉	周伟国	郑亚群
许 粤	卜丽萍	魏安奎	廖颖林	高 歌	郎铁成	刘英学	彭 丽	郑 燕	熊新佳
曹继云	陈 琰	尤年华	瞿小莲	童玲玲	梁淑萍	陈文莱	陆 林	朱 红	范 洁
郑 瑛	冯 怡	李 悦	蔡静萍						

民进第23期中青年会员学习班(55人)

(2005.8.3—6)

陆文婕	郁 红	顾晓彦	朱 瑾	许伟康	曹海红	李 皑	席 恒	林燕峰	李 梁
杜小东	罗继瑛	胡劲松	瞿志军	葛 伟	朱 琰	黄 溪	李春红	李 岷	李 虹
李 荣	张 蕾	奚剑鑫	陆富官	王秀美	曹启利	卞玉美	阮晓明	张 哗	周 培
李诗文	江晓军	郑月娟	詹华康	胡 刚	罗予奋	郭建辉	陈世福	田 丰	季菊星
张建良	冯燕华	殷岫绮	唐新安	黄 清	杜 勤	凌 伟	孙福康	谭 帆	林逢春
范秀敏	平悦玲	郑达安	叶春明	苏 彬					

民盟第15期骨干盟员培训班(54人)

(2005.8.14—18)

| 梅 洁 | 施 蕾 | 于东航 | 王 桦 | 陈洪波 | 王征雄 | 杨明哲 | 张 卫 | 王爱莉 | 袁和法 |

毛晓初	苏 勇	刘习赟	郑 洁	蒋连华	郑建国	蔡永平	沈 伟	毛履国	冯德康
方 荣	杨鸿庄	王伟国	吴鸣放	王 轶	朱本华	应淑仪	韩忠华	任建瑾	曾淑芳
徐世爱	韩天权	徐 蔚	邵建华	曾晓洋	奚 青	陶 研	郑莆燕	黄意明	黄聚云
魏栓成	夏昭林	洪永成	邵 磊	杨建文	许建成	葛建光	胡小萍	佘碧平	秦浩正
唐思贤	陈 磊	刘海澜	贾裕民						

2005年党外中青年干部培训班（32人）

（2005.8.31—9.30）

吴力坚	苏晓宏	章玉宇	阮忠良	王晓东	常 江	陈永亮	梁立群	徐国民	王 璐
金 佩	谢毓敏	黄 文	邱益中	张国炎	鲁 华	安维复	邱华云	胡 卫	张 峰
李惠萍	张 琪	鲍英菁	曹文宏	常 青	周少云	任忠鸣	沃伟东	余卓平	高亮全
任 进	黄 鸣								

党外人士多党合作、政治协商理论与实践研讨班（市人大、政协常委学习班）（21人）

（2005.9.12—17）

吴冲锋	韩正之	耿海成	严定邦	胡大邦	王 中	李 正	李 鸣	黄 珹	陈志龙
陈 荣	吴光伟	张泓铭	高凯生	李名慈	祝墡珠	徐益超	范 铠	邵嘉裕	林凯文
丁建勇									

民盟第16期骨干盟员培训班（40人）

（2005.9.19—24）

孙兴旺	范文成	王润华	倪文芳	李 莉	陈关明	张 磊	李 强	潘步恩	周保春
施 辛	张培强	朱国勋	罗 英	刘家祯	朱津津	杨 璐	王克平	蒋惠雍	梅俊杰
曹秋根	俞亮鑫	梁文琰	曹阿民	尚光伟	闻人飞鸣	陆新苇	郭 华	李磁泉	薛榜荣
孙方红	黄天印	蒋爱丽	曹建文	吴寒松	陈琳琳	马舜华	杨 格	钱震华	温学钧

民建第25期中青年会员读书班（提高班）（30人）

（2005.10.17—23）

沈永铭	王亦鸣	吴春宁	孙敏卿	魏 建	童建华	曾乐才	常建芳	胡 明	陈 岗
李海云	张 琦	许中伟	朱 文	王如忠	李 伟	陈静怡	田晓红	蔡仲曦	谢识予
章 引	顾晓敏	谈建华	倪怀宝	茅关兴	陈一鸣	汪洪涛	宋皓军	朱军勇	尤佳秋

民革第22期中青年骨干培训班（34人）

（2005.10.17—24）

戴月明	杨逢珉	吴宣德	诸伊诺	刘应征	陈 涛	刘国慧	田建强	秦文莉	龙 勋
袁保诚	汤志芸	韩曦煌	刘金玲	潘 清	徐明松	张 缨	俞志康	李 芊	牟淑艳
张 静	熊兆罡	朱国君	冯永求	龚 兰	王纯红	顾华军	陈世祥	张蓉伟	俞 峰
王彝敏	黄 韬	周 磊	傅旭升						

致公党第10期中青年干部培训班(37人)

(2005.11.1—5)

任明慧	江 波	熊樱菲	刘强华	胡龙青	毛志钢	林 昉	杨飞飞	张 蕾	马 纬
杨 旸	诸季寒	倪 平	詹 念	朱 岱	李 镔	耿 晖	任永康	谷 勇	余和平
赵胜士	李 洋	汪根龙	姚瑞华	吴金芳	殷静华	郭盘林	潘利群	倪 立	徐根兴
马瑞霞	吴存雷	何 健	朱碧泓	陈冠玲	吴海霞	罗爱玲			

农工党第11期中青年干部培训班(39人)

(2005.11.28—30)

张毓涛	季萍萍	刘学良	邵 华	杨丹萍	沈 红	许雄国	王余民	曾 明	张圣翠
陈华新	俞国凤	林仪煌	卜 俊	金志明	李庆华	陈尚送	蔡 骏	张慧蘋	周兆熊
范劲松	沙 灵	邢志坚	舒 东	宋慧君	倪云华	翁蓓军	马菁雯	周远航	潘志明
戚建豪	柳林青	沈月琼	陆竍清	奚明珍	许鸿蕨	徐玉萍	余 彬	潘春方	

无党派人士学习班(24人)

(2006.4.10—16)

姚兴涛	薛飒飒	周 亮	陈素珍	许晓昀	胡定祥	梁东红	贾继锋	胡 军	陈 刚
刘 雁	金红卫	王 淳	邵 琼	吕生权	吴横宇	黄峰平	胡翊群	翁新楚	徐建国
黄红蓝	施利华	缪江红	包亚明						

第19期民主党派中青年干部培训班(41人)

(2006.4.10—19)

王 康	郑建国	彭颖红	黄自萍	王慧敏	钱 旻	陈 瑶	陈耀琪	陈幼源	张锦华
刘燕刚	陆 建	陈 崎	魏 建	徐丛剑	章树德	顾建平	金冬云	王光东	杨永年
常生龙	徐 锋	王余民	周红萍	许兴莉	徐黎黎	曹惠芳	李 颖	孙 青	陈晓玲
方 云	龚耀昌	张伟滨	梁治安	左 伋	曹 挺	阮凯基	陆富官	李建国	任玉杰
张伟敏									

民建第26期中青年骨干会员学习班(41人)

(2006.4.24—29)

殷 红	翟 翔	赵 亮	仇国华	池晓彬	姚伟立	工荣华	张 军	龚希明	卜蔚文
陈 强	史 伟	周 怡	蔡建国	庄 昱	钱小薇	金斌梁	李文莉	季佩瑾	孙 平
朱招龙	吕步云	秦榛旻	叶跃新	张冬桂	胡 好	郑亚九	陈树全	黄一伟	黄海晨
张宝凤	周颖越	张莲峰	殷梅静	徐玉春	朱子晏	黄勇钢	钱轶珺	贺国华	薛树贤
邢 星									

党外处级干部培训班(27人)

(2006.5.15—20)

沈志刚	林 晶	屠大为	钟茂军	袁家勤	俞颂勤	孙玉莲	顾德平	褚 军	黄锦海

江天熙	张卫杰	张维兴	张丽莉	贾晓峰	张培莉	龚新高	李培勇	张国光	赵伟馨
李长毅	郑建国	乐理	钟国定	邵惠平	顾钱菊	舒畅			

民建第27期中青年会员培训班(38人)

(2006.6.10—13)

吴明玲	刘奇	居晓方	王敏	蒋静芳	楼文杰	王怀明	王建军	邢晓芸	毛筱康
潘旭平	姜一冉	陈军	华元淇	杨薇	柴小雪	王承荣	邹春来	王昌范	蔡夏水
吴冬云	杨冰	王刚	茅声华	陈建军	赵海金	王根娣	郑莎莎	瞿汉庆	顾若卿
胡孝渊	赵镇岭	周恩华	姚静	沈倩	李峰	干建根	林纪楠		

民进第24期中青年会员学习班(57人)

(2006.8.9—12)

陈宗祐	黄嘉	李丹	卜平	黄世荣	卢民	徐敏	张庆文	李勤裕	邹爱华
陈勇	徐耀琦	羊凯江	安莉	岑建强	黄虚锋	李进龙	杨文彪	陈豪	倪玉美
凌伟	吕文芳	张民	奚俊贤	吴良	孙继奋	许实	林杰	赵强	周敬山
吴美华	沈禹	吴非	叶仁光	黄剑	丁芸	张梅	蒋敏敏	龚利	叶军
黄晓霞	虞锋	柳栋	王健	徐晓燕	诸春梅	朱琰	吴季杨	朱慧	何佩军
张卫刚	张明	吴卫青	杨倩	王开明	朱恩军	石玉英			

2006年党外中青年干部培训班(32人)

(2006.9.4—10.20)

熊思东	杨健	贾伟平	沈志刚	袁雯	邵志清	崔昳旸	顾晓敏	魏蕊	翁华建
龙婉丽	杨延辉	李玮颖	宓泳	陈宏民	洛秦	张兆安	金芳	黄山明	徐钧健
吴景平	陈芳源	门峰	姚俭建	周康	高承勇	厉明	李碧影	冯洪发	凤懋伦
黄鸣	金如颖								

民革第23期中青年骨干培训班(32人)

(2006.10.16—21)

彭劲松	梁朝晖	吕建中	万华	钟彪云	陈伟	李鲁群	侯莹云	汤在超	张琼
王维敏	李松皓	刘玲	舒建川	李新建	寿春燕	顾洪涛	何映红	王宇晗	宋伟洁
于雪梅	庄建红	傅朝辉	尹庆荣	李强	金燕	洪波	沈美玲	王汝伟	俞超
张小红	李刚								

民盟第17期基层骨干盟员培训班(43人)

(2006.10.23—28)

任建瑾	薄海豹	陈筠	张社英	孙超才	廖瑛	唐滢	林维新	闻富国	蒋振贤
邱益中	郭家钢	周裕金	戚纪良	戴芳芳	厉震林	陈崎	胥智芬	曹欣渊	刘家祯
张首军	冯元海	安维复	蔡永平	周秀芬	周旭东	陈瑶	龙婉丽	施秋平	王卫平
张一东	花蓓	陈濂	张谢定	姚卓匀	张铭	杨德妹	邹蜜蜂	高雷平	徐虹

王　菁　宋庆平　徐国民

民建第28期中青年会员培训班(35人)
(2006.11.6—11)

陈志毅	陆玉林	方　靖	林挺庆	刘　晨	袁晓华	吴安祖	陈大宏	林响中	赵剑英
杨铁刚	吴咏梅	张建新	杨靖悦	陈　江	夏海英	王召英	朱　钢	姜东莉	俞永斌
杜智强	蔡建中	李　啸	洪依萍	徐吉良	张红玲	陈宇晖	吴　海	叶　凡	钱明生
吴红艳	顾　琪	吴忠华	朱理东	施　伟					

九三学社第10期中青年骨干培训班(47人)
(2006.11.24—28)

黄妙莉	陈　勇	陈忠新	程　寅	余建军	吴　越	章冀龙	王绍博	陈志伟	袁永坤
金国平	孙建萍	曹　挺	徐　凤	赵中平	李向东	张新生	李继扬	曹珍富	方　芳
是俊风	贺　樑	周晓东	方　敏	尹静波	方　芸	张永庆	张立柱	林士玮	陈彦新
杜　葩	项永兵	黄　蔚	黄萍萍	孙　林	詹　咏	秦　绮	胡韶萍	邱　海	楼均辉
邵永伟	顾国明	蔡荣欣	管　梅	毛晓峰	宋洁青	梁仁坚			

区(县)民主党派新任主委培训班(42人)
(2006.11.26—12.6)

谢毓敏	张怀琼	李伟文	杨逢珉	周秀芬	陈　其	李　颖	刘燕刚	徐益超	廖志豪
邱华云	张谢定	魏　建	王训国	高亮全	梁立群	安维复	鲍英菁	任忠鸣	景　芸
郭其一	杜善金	徐爱娣	高庆迁	徐国民	任建兴	王尊民	沈建青	马　进	朱　弘
刘兴宗	许政涛	陈向峰	朱　芳	刘　杰	张一东	顾德平	尚　云	郭　建	叶　明
尤佳秋	褚以琳								

台盟第19期盟员骨干培训班(20人)
(2006.11.29—12.3)

陈　旭	许静之	柯丽珠	王巨成	魏巧巧	王　亮	沈白杨	谈祖敏	陈炫兆	黄俊保
张　蓁	李　斌	林慧军	孙　磊	邓国兴	陈　勇	黄　晔	董瑞雯	张　鹳	谢黎明

民盟第18期基层骨干盟员培训班(45人)
(2006.12.11—16)

管相忠	周克荣	刘民钢	范健行	程祖毅	胡中柱	姜继森	张　伟	郑少华	汤天浩
杨以雄	刘慧娟	吴建萍	张介明	姚　雷	吉永华	魏景赋	章守宇	朱建育	李　珺
曹秋根	江旭东	陈　珏	周　伟	俞亮鑫	倪文芳	蒋华良	刘云霞	刘保华	丘建新
马　驰	吴圣麟	郑小芸	夏希纳	李　强	钱　平	安　琦	张伟荣	奚君羊	丁光宏
叶德泳	吴剑桥	乐家珍	孙　健	狄　文					

民进基层负责人学习班(34人)

(2006.12.15—16)

沈建青	鲍英菁	叶国樑	李 颖	程霄玉	姜培民	许政涛	朱 芳	张少波	樊汉彬
奚雪明	王 浩	张诗履	吴长福	吴焕淦	汪耀华	殷寄明	唐琦文	沈维藩	吴范宏
蒋德海	郑鹭宾	万 苇	张建良	沈华勤	殷江静	张 涛	王宗义	王 蓓	孔明珠
李京红	龚晓平	周 彪	范仲兴						

民建第29期中青年会员培训班(38人)

(2007.4.9—14)

顾 滨	平海兵	金建海	杨姮冰	毛峻韬	周淑卿	凌轶亲	朱春香	朱晓青	黄美丽
陆 缨	李 琦	薛建新	陈 鹏	吴建国	朱震国	郑少萍	叶 寅	卫 荣	杨志明
骆解民	沈天珉	张 惠	蒋学杰	马文苑	姜美森	管敏杰	杨谷湧	顾建平	孙代豫
马扎根	徐旭初	刘娜嘉	沈 家	王 琴	韦志良	杨 柏	曹寿康		

民进上海市第14届委员会委员学习班(75人)

(2007.6.12—7.31)

马 良	王 杰	叶文博	刘伟国	吴 毅	张 辰	李名慈	邵志勇	陈振楼	范仲兴
姚 忻	胡传海	殷寄明	龚晓平	鲍英菁	孔明珠	王 静	叶伟成	朱 芳	吴长福
张少波	汪耀华	陈 江	陈菊珏	郁建生	姜培民	赵丽宏	袁 园	程霄玉	管更新
方亚芬	王宗义	叶国樑	许政涛	吴玉雷	张文龙	沈华勤	陈小群	陈强努	郑惠萍
柯碧华	倪闽景	屠 杰	蒋德海	蔡达峰	毛爱群	王祥荣	叶蕙星	何少华	吴范宏
张伟滨	沈建青	陈国强	季建林	金良年	洪 涛	徐 威	黄 震	谢柏梁	樊汉彬
王 文	邓 莹	刘亦武	何培新	吴焕淦	李 颖	沈维藩	陈金隆	竺建伟	金哲民
胡 卫	徐惠新	黄山明	褚以琳	戴立益					

农工党上海市第11届委员会新进委员学习班(21人)

(2007.6.14—15)

门 峰	马国华	王 琴	王家成	刘建平	孙小铭	李玲娣	肖 萍	何立群	陈 英
郑有慧	罗宗洛	胡大佑	胡伟康	高照宇	徐爱娣	黄林鹏	黄峰平	蒋伟忠	阙华发
蓝闽波									

农工党区(县)委组织基层委员会新进委员学习班(88人)

(2007.6.14—15)

沈 伟	奉典旭	蒋玲玲	许鸿蕨	曹惠芳	龚 晓	王汝刚	王 方	李 坚	闵肖岚
林彤辉	李立强	戚建豪	沈德海	张鲁南	柳林青	杨祥棣	漏德宝	顾怡华	朱银堂
宗文红	毛奇凰	陈晓平	李惠娟	孙万驹	吴龙海	于宁妮	叶 强	许兴莉	赵 金
关 薇	李 蕾	刘 栋	吴晓童	陈永生	方 骏	葛宏波	贺雪文	孙宏伟	马菁雯
田小艳	沈 丰	周 远	许雄国	韩震辉	孙明荣	严 荣	高忠连	钱益明	陆子龙
郭 震	陆 斌	张 莉	尚 云	奚明珍	汪百松	陈跃宇	朱振炎	孙卫平	刘铁梅

潘 江	赵 强	许剑民	张宏伟	高鸿云	黄 洋	邵新华	杨 群	夏 蓉	吴卫华
李克勇	周家俊	仇 伟	吴九伟	许慧慧	储怡星	李艳红	陈云飞	刘 多	吴瑞君
徐斌艳	朱杰军	许维胜	俞国凤	田红菊	严 敏	张毓涛	陈建文		

崇明县党外干部培训班(76人)

(2007.6.25—27)

周洪生	施 蕾	施惠聪	顾 斌	袁 斌	徐希勒	黄宗逵	任忠平	赵素平	朱锡平
朱举纲	黄立坚	蔡健丽	陆敏凤	孙 卫	顾红梅	谢国艳	张 虹	王 菁	张诗履
姚安宝	龚耀昌	施 俭	石 涛	施文忠	曹启利	陆 星	龚 健	陆在智	钮 平
茅 斌	沈 禹	刘富云	倪 健	顾阿根	褚以琳	姜 琤	吴美华	卞玉美	施 俭
丁汉明	陈子龙	季 惠	郭 震	陆 斌	陈治泉	陆新华	尹建章	黄永存	施 捷
龚家政	沈惠玲	苏 琴	李 冬	沈乐娟	施建华	张广暄	施亚周	陈 伟	赵中平
张 健	施 凯	朱宏培	李敬高	黄 英	吴 英	施菊萍	吴忠华	施 伟	朱理东
高惠珍	陆水琴	王为群	周建华	施 斌	邱存昌				

民进第25期中青年会员学习班(56人)

(2007.8.8—11)

王 峻	平智炜	孙 岗	邢国芳	何 峥	吴 文	张忠连	李正茂	李宪法	李春红
陈明华	孟 迪	施慧慧	唐 骏	夏文红	康 锐	梁 岗	焦继尧	葛 伟	孔宇玮
王 磊	石 昆	石永泽	伍佩英	孙 冲	孙莉莉	朱林强	吴 敏	张 缨	沈静怡
陈 钰	岳 婧	祝培德	徐 竑	徐 强	徐君蔚	顾红春	朱文婕	许 婷	余 耀
吴宵红	杜红梅	杨建忠	杨明明	沈 琦	沈利敏	陈 莉	周 文	孟 涛	姚 瑛
柳 文	胡祖鹏	赵 岚	钮 平	顾小林	董文博				

民盟第19期骨干盟员培训班(参政议政专题)(40人)

(2007.8.8—12)

姚秀平	连 琏	严壮志	程祖毅	杨 杰	朱怡华	孔令毅	杨长锁	戴荣海	徐雪红
高瀛东	郑 韶	吕 萍	张 平	常 清	谈德彬	赵如松	郑少华	张谢定	王 勇
冯元海	尧金仁	奚君羊	唐 滢	林小红	朱继强	范志海	乐家珍	吴冲锋	罗 旭
时筠仑	吴建荣	廖 瑛	林建红	郑乐平	陆健健	夏希纳	祁红卫	应乐悍	陈 钢

台盟上海市第10届委员会委员培训班(17人)

(2007.8.11—12)

杨 健	李碧影	庄振文	郑南越	林真意	王 中	石 威	李伟文	姚小远	高美琴
刘 艳	陈 宁	廖志豪	吴 敏	孙荣华	林慧军	欧国苏			

致公党第11期中青年干部培训班(37人)

(2007.8.20—24)

汪敏生	顾益鸣	陈汝作	张培莉	戴作为	袁 刚	吴 月	杨明棣	徐廉芳	谷 勇

陈　玲	方　里	朱　磊	董敏华	刘　杰	黄　振	吴建明	张建权	郭　建	方厚贤
龚新高	孙　康	王　璐	李　嘉	陈冠玲	金国伟	郭佳田	宋继高	钟祥财	沈舜义
吴存雷	陈国余	方修仁	凤懋伦	蔡沫西	张女欢	俞亚琴			

民盟第20期骨干盟员培训班(宣传骨干)(39人)

(2007.8.21—24)

王树云	薛榜荣	夏花英	林国强	潘步恩	王幼敏	刘慕如	王菊娣	梅运清	卢慧芳
钟海谷	赵小红	朱本华	朱同玉	鲍一冰	王克平	康兆敏	黄大路	韩昭庆	刘友梅
薛利军	戴立波	胡菊芳	丁杰冲	葛建芳	张　卫	陆惠萍	汤国新	周敏华	卢崇刚
徐颖倩	翁杰峰	何坚红	庞惠宇	王　红	张　虹	陈洪波	罗　云	钱熹瑗	

九三学社第11期中青年骨干培训班(52人)

(2007.8.21—25)

王国玲	郑贡达	郑棣华	龚明红	金清山	崔　钢	罗　采	吴依娜	王　华	翁文达
曹葆红	俞春燕	张国玲	朱小波	胡　云	王雪龙	费　佳	高　铭	戴维林	黄　敏
袁景淇	张敏红	奚　菁	丁国伟	任玉杰	孙志宏	程　扬	沈振军	王澧华	张卫兴
温　昊	姬卫东	王　伟	刘业凤	赵　成	蒋碧娟	林　琳	匡江红	吴兆春	王少华
陈　琰	陈明良	唐　蕾	包世洪	瞿　洁	李　明	马晓雯	施嘉霖	初　敏	李　悦
韩一如	陈培昶								

2007年党外中青年干部培训班(28人)

(2007.9.13—10.19)

陈红专	顾亚平	董　波	李伟文	薄海豹	张少波	陈晶莹	王　珏	钱世超	敬忠良
王跃林	吴　敏	龚新高	吴冲锋	屠大维	章义和	刘　樱	黄峰平	干建达	易　静
喻森海	梁　鸿	林卫青	黄　震	林益彬	安　琦	包亚明	陈义汉		

民革第24期中青年骨干培训班(41人)

(2007.10.22—25)

杨晓敏	钱　刚	杨　乐	蔡东升	揭　冰	刘　辉	何晓红	钟晓鸣	马也青	席文捷
周依蒙	陈卫中	李雪华	施美芳	章　浩	梁波澜	夏　明	陈伟志	刘义平	姜建如
张海恭	孙立钧	魏　枢	严峻海	任晓涛	陈利明	孙承兴	罗争鸣	俞建平	吴　育
蔡卓然	蔡晓峰	刘雅丽	倪寒峰	叶　清	汪增荣	胡亚明	宋虹霞	桑叶清	刘晓苹
章　敏									

民盟第21期中青年骨干盟员培训班(38人)

(2007.11.7—11)

丁光宏	安　琦	花　蓓	薄海豹	亓发芝	王旭峰	邢彦军	刘　洪	朱剑虹	米丽娟
吴磊明	宋晓岚	张治豫	李世强	杨　璐	沈　矿	林　燕	胡良剑	徐　欣	钱泽红
傅建平	时筠仓	朱战备	仓　平	王国清	郑莉燕	邵惠平	王　琛	徐世爱	李正云

倪宇君　成忠伟　张　琳　潘步恩　沈　伟　韩大巍　刘　清　杨文悦

区(县)民主党派主委研讨班(35人)
(2007.11.12—17)

解　放	汪敏生	朱建民	吴玉雷	徐伟人	姜培民	李玲娣	严定邦	张广仁	张志恩
施秋平	叶国樑	杨明棣	杨祉雷	祝志新	李　基	刘桂香	邹蜜蜂	陈国华	张　辰
姚经建	林富生	赵学勇	刘伟国	陆　豪	徐静琳	高雷平	周　康	钟育琦	沈红慧
邵自红	陆永兴	汤芷萍	张开明	施　俭					

致公党第12期中青年干部培训班(37人)
(2007.11.20—21)

顾　斌	李海林	何文意	曲立新	应　琳	浦　江	金　怡	陈　骉	江　波	崔世平
宋丽捐	朱　岱	马　跃	汪兆军	邬敏浩	林海萍	唐　韵	徐　静	黄绳忠	黎　辉
朱志浩	唐晓华	章文杰	李　莉	陆华琴	陈　光	王益宇	李建奎	梁日忠	田红炯
蔡海文	陈　冲	倪　立	刘　超	戎文立	何　健	孙锐杰			

民建第30期中青年骨干会员培训班(33人)
(2007.12.10—15)

王晓宇	龙　婷	陈　亮	王雪佩	沈晓冬	严佩敏	陆永芳	蒋大全	沈玉红	邢　伟
陈影影	褚俐英	王　臻	范忠山	郑　蕾	胡远露	陈　伟	黄晓明	张铧平	宋汉文
杨卫国	张　骏	吴婴珺	黄　娟	郑雷飞	常　洁	李光宇	裘敏燕	王　琤	唐军青
张　磊	蒋　婵	彭　夯							

上海市科教党委党外高级知识分子研讨班(51人)
(2007.12.18—20)

童卫旗	陈沈良	董美娣	潘裕柏	严培明	秦津昌	杨光辉	陈　楠	林建华	黄宏伟
李　新	张　华	洪冬英	蔡生力	叶文博	王若文	孙建琴	杨志刚	范　荧	仇　伟
黄勇平	赵镇岭	张云飞	徐丛剑	姚　雷	李毅刚	王艳芹	刘小兵	王　云	周笑绿
于丽英	张海蒙	楼一峰	王　杰	朱家文	宓一鸣	项永兵	何序新	曾尚瑾	王　琛
黄林鹏	于颖彦	姜继森	方建安	毛奇凰	苏　彬	张云崖	管相忠	王澧华	赵燕玉
邱建新									

农工党第12期中青年骨干培训班(78人)
(2007.12.25—28)

罗文杰	胡　炯	高鸿云	朱慧敏	夏　蓉	程爵浩	管冬元	周继忠	杨长青	胡振东
姜秀珍	祝宁宁	张佩国	左开井	宓现强	许慧慧	赵　澐	须　欣	毛佳琳	聂苑霞
唐倩如	钟　岭	刘　卫	有　军	杨黎明	欧阳玲	储　琼	周庆文	张云霞	李立强
王佳懿	岑舒远	左丹聆	李　蕾	刘　栋	关　薇	沈　丰	陈　明	潘　江	刘朝晖
曹振健	魏　琪	杨开宇	顾春明	姚　萍	叶　耘	顾海琼	苏红梅	张　娣	田增瑞

姚玉君	周灯学	施 燕	丁 怡	于 青	吴义全	俞惠琴	赵 斌	邵新华	常 青
方 炜	林 昊	朱新光	施美莲	朱杰军	刘 菲	王 波	阳建云	宋玉刚	张晏平
许永华	刘大林	孙诗豪	罗天白	王 玲	庄祥弟	张红梅	钱 寅		

区(县)民主党派主委研讨班(119人)

(2008.3.24—25)

杨逢珉	周秀芬	陈 其	李 颖	朱建民	刘燕刚	徐益超	杨润娣	邱华云	张谢定
魏 建	吴玉雷	徐伟人	张培莉	王训国	周旭东	李玲娣	袁 雯	江天熙	花 蓓
严定邦	鲍英菁	张广仁	任忠鸣	郭具一	施 东	张志恩	施秋平	杜善金	叶国梁
徐爱娣	杨明棣	高庆迁	卜 健	俞丹秋	沈贻初	徐国民	陆孝民	邵志勇	陈 玲
任建兴	郑斯鹰	孟海明	姚卓匀	祝志新	程霄玉	吴赛阳	姚小远	周仲青	邵 泉
陈 濂	李 基	沈建青	朱 弘	李 蓝	刘兴宗	刘桂香	董敏华	王 力	叶蕙星
王国世	赵 洁	张则其	邹蜜蜂	陈国华	柯碧华	姚经建	林富生	赵学勇	陈向峰
刘伟国	陆 豪	徐静琳	高雷平	朱 芳	夏以群	宋虹霞	李正秀	秦高荣	江海平
徐 虹	吴铭忠	朱建国	樊汉彬	周 康	刘 杰	陶励强	潘海英	龙婉丽	尤佳秋
钟育琦	沈红慧	陆永兴	尚 云	郭 建	陈晓玲	朱卫国	朱全忠	张一东	汤芷萍
顾德平	张建权	张开明	周晓春	蔡培红	孔林德	宋庆平	顾晓敏	杨云珠	杨怀志
夏银弟	徐崎峰	王 菁	褚以琳	施 俭	施亚周	吴忠华	周建华	刘 静	

民建第31期中青年会员培训班(38人)

(2008.4.21—27)

陈 珉	孙燕平	吴家毅	张 玮	夏明亮	吴益亮	胥峻高	吴为民	林惠瑶	范晨芳
杜 雯	姜海涛	朱 文	张 鸿	俞信华	曾斯逸	李耀文	季伟芳	周忠官	黄 玮
郭来法	马 宁	陆国平	张秀红	张 颖	相旭东	沈定勇	朱敏鸣	张宇峰	吕剑轩
谢 骋	郭加宏	黎 江	徐志明	谢 欣	高艳骅	由延浩	蔡 骏		

第20期民主党派中青年干部培训班(39人)

(2008.5.19—28)

洪 涛	胡 炯	汪皓俊	脱 宁	白永成	倪嘉琦	陈云飞	吴晓童	吴咏梅	陆林华
李 昊	奚云斐	孙 武	李建奎	郭文毅	张 缨	林 晶	韩汉君	金国伟	龙 婷
陈 清	唐 巍	刘廷章	傅 松	洪 垒	黄宗遴	朱国健	吴青峰	杨 蓉	孙文捷
陈金隆	刘 勇	林 涛	王 桦	孙万驹	邢培儒	徐 凤	李爱红	陆惠萍	

第1期新的社会阶层人士理论研修班(31人)

(2008.6.3—6)

卢 荣	杨 峰	丁伟晓	方伊峰	王福明	邓 卫	吕 敏	孙 勇	程坚玉	刘顺明
李 丹	李 瑶	汤芷诺	吴卫平	宋 扬	张国恩	李月华	杨云林	沈 刚	余 飞
辛春华	谈德彬	郑经纬	胡 亮	秦 曦	康金梅	黄 旭	黄春华	裴 索	蔡文青
潘久文									

民革基层组织党员学习班(60人)
(2008.6.27—28)

周立新	彭 曦	崔 平	周 怡	包信炯	费 军	高强华	王建峰	杨丹军	徐君海
陈瑞华	张 琼	王跃芳	王祥修	王志坚	宋彩萍	孙 维	郑晓岚	祝华伟	梁 红
郁文英	沈 敬	倪晓芳	方 杰	费弘艳	黄秋华	黄 玮	陆静弟	丁元宏	姚鸿全
许 洁	徐 炯	顾华军	王黎新	蒋黎峰	陈 进	陈之晞	陈桂林	黄佩凤	王霞玲
孙文美	雷宝珠	朱律维	梁维纯	张明洁	孙仁登	唐忠伟	郑鸿增	薛东伟	傅旭升
姚 坚	吕建中	屠正彦	梁波澜	高明廉	顾礼铭	马 越	俞建平	项 越	董红光

民盟第22期骨干盟员(实职干部)培训班(32人)
(2008.7.16—18)

姚卓匀	林 晶	杨文悦	潘成英	沈海燕	唐 瑛	袁宏燕	成忠伟	朱伟琴	高雷平
邵惠平	黄晓梅	江旭东	王立南	王海青	沈 伟	陈 盛	陆朝阳	施利毅	徐世爱
陈红专	富冀枫	黄宏伟	林 芳	魏景赋	仓 平	孔令毅	林小红	钱 彬	袁晓英
王 钢	张 琳								

民进第26期中青年会员学习班(67人)
(2008.8.4—7)

仇庭荣	王清科	刘世敏	孙 力	朱晓红	吴炜红	吴耀辉	张成姝	李旭东	杨先金
苏伟群	陆 莹	陈文明	陈闵梁	周 军	俞伟瑾	姚 蔚	施海云	段丽珍	郝 民
徐士龙	郭清梅	孙 岚	庄星良	朱红兵	何冬英	励 颖	吴 坚	张 珺	李 骏
沈嘉华	邵金华	陆毅群	陈子雷	季文俊	欧阳苬	娄奕懿	施建华	徐 萍	徐晓瑾
葛 越	管国忠	蔡永洁	薛 钢	丁亚平	马学斌	仇 琴	白 萍	孙方镭	吴 勇
吴晓伟	李惜仪	沈琳玲	陆 杰	陈 绮	周志红	周国清	罗鄂湘	金京泽	姚 戎
姚伟明	徐继平	钱雅萍	黄 啸	韩建宏	雷 焱	戴 兮			

民盟第23期中青年骨干盟员培训班(40人)
(2008.8.12—16)

储 强	黄宗遬	陆 建	李 瑾	朱洪芳	吴权威	章健文	薛 军	韩 强	熊红丽
归德兴	工思群	吕长虹	葛盛芳	张惠娟	王 勇	孔令锋	杨寅春	严 伟	赵爱光
郎美东	刘家雄	王恒安	黄俊革	杨 俭	刘卓敏	郭 笙	吴 巍	徐晓东	郭秀丽
王 程	谈德彬	郁 庆	刘 翔	程奇斌	刘 影	王吉良	陈琳琳	曹 琪	成 键

台盟第20期骨干盟员培训班(29人)
(2008.8.16—17)

王 舟	魏 正	顾金华	吴琰宇	胡惠婷	林 元	潘莉娟	王振达	张 鹎	张 林
王 玮	王 圣	杭 明	黄 旭	姜 琦	林海春	胡 燕	包赟敏	管晓贤	王为华
吴 昊	杨隽晔	张 蓁	赵 欣	夏叶斐	张 茹	朱鹤洋	陈 乐	谈佩文	

九三学社第12期中青年骨干培训班(52人)

(2008.8.19—23)

张 鑫	赵纯东	汪 峻	刘明明	张 琦	戴顺康	程 芳	方玉明	许光明	王志刚
庄丽红	王 洵	顾馥凝	蔡朋朋	王敢峰	龚 旻	徐建军	蒋 丹	王小芳	徐卓明
赵小虎	周 岭	刘海峰	毛志平	沈海荣	朱文华	杜海清	罗清泉	郭忠慧	马 聪
周皓淳	戴欣倍	纪汉霖	朱 东	堵玉敏	肖 达	江 敏	蔡颖玲	李国娟	鲍 俊
程 莉	吴君毅	童 霞	张 云	陈 梅	丛立庆	鲁巧慧	潘士华	赵敏荣	周 瑜
邵玉芳	罗贤竟

2008年党外中青年干部培训班(35人)

(2008.9.1—10.17)

丁光宏	刘燕刚	朱 红	徐 红	常 清	庄子群	张道方	顾 牡	晏 波	杨 菁
余丹红	陈 琦	李秀清	戴立益	于雪梅	柏国强	魏景赋	张女欢	刘 艳	解 冬
施利毅	李 民	俞慰刚	李昕欣	汤 亮	赵 强	王 敏	袁 园	彭红文	童 静
彭颖红	张建华	孙 立	叶银忠	任建兴

民建第32期中青年骨干(基层支部主任)培训班(35人)

(2008.9.16—21)

任崇光	潘天志	李怀成	周国庆	岳培锋	王黎达	吴建华	邱 冰	王乙辉	孙剑峰
李道清	钱珊靖	朱震国	曹 莹	张 媛	金耀华	叶文娣	吴智伟	陈 岗	魏 红
周 颖	马文苑	顾 斌	孙汉强	吴梅华	万正昌	王 磊	许雪琼	徐胤杰	唐军青
董力耘	王 杰	乔群慧	陈 华	黄跃华

民革第25期中青年骨干培训班(49人)

(2008.10.20—25)

盛 军	徐跃文	史燕君	林 英	倪世海	李江东	陈 明	王松涛	王志紘	畅秀平
陈 雷	蔡之榕	李勇军	孙 蔚	丁兴才	夏 昕	郑晓岚	陈 明	钱建峰	李红华
黄 磊	朱建忠	刘 群	罗 青	盛海云	蔡 宁	张 乐	顾俊军	梅山标	吴新源
孙国伟	俞建平	周 鑑	殷宁萍	朱 民	钱 沁	谢晓凤	王光贤	陈 军	曹嘉宁
周 伟	赵祥荣	钱明丹	朱 江	赵 钢	阮金辉	陈 柽	蒋一愚	刘宇辉

民盟市委参政议政工作培训班(70人)

(2008.10.28—30)

李 珺	罗 英	黄金铭	李 琪	石达平	屠际春	鲍 韵	俞 忠	朱国勋	刘 影
江洪涛	傅志强	吴 斌	顾 宏	范丽君	李炳奕	冯德奎	顾 萍	周 卫	戴贝纳
罗仙永	薄海豹	张 晨	李泽耀	周建华	许 健	侯 平	殷朝青	潘步恩	张 磊
潘丽惠	黄 蕊	李 莉	许舟华	凌 慧	周 琴	姚韵萍	钟海谷	林维新	薛榜荣
康 健	于日新	居 莉	高清清	尧金仁	余鸣鸿	许 春	占旭东	陈淑琅	郑夕振
徐海清	李桂花	范志海	夏昭林	曾令奇	丁凤楚	管相忠	秦 钠	朱晓锦	王幼敏

林　磊　　胡宪华　　高俊芳　　朱　翔　　戴芳芳　　徐　蔚　　黄俊革　　杨益群　　张淑平　　孙锡红

民进直属基层组织负责人培训班(39人)
(2008.11.13—14)

王文平　　谭　帆　　李　丹　　顾建明　　张学龙　　毛家亮　　吴焕淦　　唐琦文　　沈维藩　　胡传海
汪耀华　　冯莲芹　　吴范宏　　蒋德海　　王　文　　杨　辉　　郑鹭宾　　马凤良　　苏　彬　　龚有容
唐庆银　　万　苇　　张建良　　石永泽　　沈华勤　　殷江静　　张　涛　　丁建勤　　王　蓓　　孔明珠
吴兴强　　李京红　　沙　蓉　　徐　跃　　冯季平　　周　彪　　范仲兴　　郑　苏　　洪　璐

致公党第13期中青年干部培训班(43人)
(2008.11.24—28)

肖家运　　汤　澜　　夏卫红　　章　骞　　郑英姿　　李　煜　　杨靖雄　　江　峰　　徐云霞　　陈　瑜
王　琦　　陈　煜　　高　荣　　李世伟　　戚峥嵘　　汤芷诺　　张　燕　　朱秋平　　宋　放　　顾熠路
胡雅华　　王伟红　　徐　红　　包天伟　　任　成　　刘　倩　　孙立坚　　施　旻　　张玎苑　　邓卫平
肖学山　　方文强　　田　英　　龙　翔　　周艳军　　李　平　　张美兰　　王静文　　谈文伟　　韩亚男
吴月娥　　肖洪钧　　邓　侃

农工党第13期中青年骨干培训班(44人)
(2008.11.25—28)

罗　维　　高　颖　　潘勤聪　　江宁东　　盛向红　　吴建东　　叶　酸　　张宇扬　　陈　薇　　任嘉懿
陆　勇　　尹建章　　陈继源　　陆伟群　　叶　璐　　潘卫兵　　刘　强　　王　华　　苏红梅　　胡宝华
张　蓉　　龚　萍　　柏玥萍　　徐佳亮　　黄　彬　　陈史蓉　　余　雷　　陆永妹　　胡昌东　　张　英
胡　德　　徐　鉴　　郑迎飞　　王学成　　杨　弋　　宓现强　　李晓红　　周　莹　　董丽敏　　何振娟
姚　捷　　曹晓卫　　张　华　　高　进

民建第33期中青年会员培训班(34人)
(2008.12.1—6)

冯　立　　侯青松　　王卫红　　张俊宏　　陈　飞　　肖　熹　　陈海峰　　黄秀丽　　魏雪飞　　陆　雷
陆民恺　　朱文洁　　陈国成　　张海燕　　薛博仁　　王永林　　王　燕　　陈　枫　　陈　红　　施永雷
赵　炜　　朱利明　　施　强　　王国良　　张耀华　　江凤娣　　沈玉平　　王长元　　吴冬云　　汪宏忠
卫春回　　郑建明　　赵　震　　孙家靖

市黄埔军校同学会亲属联谊会中青年骨干培训班(19人)
(2009.3.25—28)

叶　倩　　边　涯　　孙高勇　　朱　齐　　朱　瑛　　李季平　　阮金辉　　苏　文　　张　慧　　陈　晶
陈鸿宁　　杨逢珉　　姚素妹　　徐福生　　戚婧斐　　蒋容之　　蒋心星　　蒋雪梅　　管跃建

台盟第21期盟员骨干培训班(34人)
(2009.3.27—28)

王巨成　　王铿华　　邓国兴　　兰海凤　　叶　青　　石　威　　石学耕　　刘　艳　　刘亚伟　　刘黛莉

孙荣华	庄峻斐	吴　敏	张　锜	李伟文	李碧影	杨　健	杨健敏	陈　宁	林丽平
林真意	林慧军	郑南越	姚小远	柯丽珠	高美琴	梁　杰	黄　旭	谢黎明	廖志豪
魏巧巧	刘　炜	谈祖敏	黄俊保						

民建第34期中青年骨干会员培训班(38人)

(2009.4.13—18)

陆晓明	龙　建	姚　忆	陈凤鸣	俞　欣	黄　喆	左建成	史立秀	张卫东	许晓昀
蔡云龙	周天浩	潘鸣镝	徐　端	董力新	陈　坚	罗　雁	黄晔军	钟荣华	朱永东
袁　卫	王　漫	陈　贵	陈欣欣	周钧明	倪斌伟	卜蔚然	钟薇薇	陈　江	常松林
傅蓉蓉	赵金良	欧　杰	赵高翔	孟　薇	李宁辰	童文磊	吴亦雯		

无党派人士理论研修班(33人)

(2009.4.13—19)

叶　倩	胡里清	骆　新	郑民华	王如路	杨志刚	李亮佐	李建颖	杨展业	朱自强
王艳芹	刘琼瑜	徐　清	沈金良	胡　钧	陆嘉明	王明弹	顾伟青	毛祥东	邵正中
齐　青	吴　凡	张　宏	汪小帆	苏惠波	桂水发	郭朝晖	速　达	潘常青	裴　建
钱　宏	邓廉夫	姜逸青							

区级民主党派专职干部培训班(24人)

(2009.4.22—24)

吴　骁	王　琦	严志骏	刘筱莉	张秋萍	倪怀宝	周学鲁	胡善胜	高晓生	沈　俐
徐　华	王淑娟	沈秀芳	冯　杰	秦丽萍	戴立波	陆孝民	沈　英	张德樵	徐　敏
任嘉懿	嵇振颉	崔世平	周　晶						

第21期民主党派中青年干部培训班(41人)

(2009.5.11—20)

方伟敏	王　萍	冯　立	刘宣勇	吴忠华	陆以农	陆雄华	苗雪霞	郑英姿	诸春梅
彭　怒	潘士华	戴荣海	钱　炜	杨泽苓	王　幼	孙伟华	高忠连	王　臻	潘成英
岑建强	张　芹	何培新	李宝林	杨光辉	赵　旭	顾晓彦	石　威	戴立波	王志坚
余长勇	盛　芳	田惠敏	赵镇岭	曹慧敏	张文明	董力耘	李向东	张雪云	顾　斌
李月玲									

民进各区(县)主委学习班(41人)

(2009.5.19—20)

郑卫星	姚安宝	樊汉彬	孟宪尧	许政涛	王秀美	朱　芳	叶蕙星	金哲民	钟林芸
叶冠峰	吴耀辉	沈建青	鲍英菁	毛爱群	吴　玲	袁　园	霍斯循	劳晓翔	奚剑鑫
杨　燕	刘亦武	顾小林	邱佩芬	黄　嘉	李　颖	袁　毅	何少华	郝　民	郑　苏
顾建华	奚雪明	郭南凯	吴玉雷	陆卫平	黄晓霞	管更新	褚以琳	柯碧华	陈予励
戴哲民									

民盟第 25 期骨干盟员(实职干部)培训班(30 人)

(2009.5.19—24)

钟国定	陈 瑛	陈 凯	黄公宇	郑莆燕	闵玮蓉	龚万里	黄 凯	张金龙	王 群
吴金森	于文勇	张雅云	钟杰华	陈安妳	姚韵萍	薛 军	常玉辉	杨 杰	夏 倩
金啸华	梁文琰	唐钰敏	朱晓锦	厉震林	张惠娟	朱星琦	王 蕴	王国清	戴之易

宝山区新阶层人士学习培训班(31 人)

(2009.5.21—22)

王秀春	吴蓓琪	范仲兴	王 卫	全先国	杨 刚	杨国庆	杨振荣	吴建国	姜庆旺
钱宝卫	王 斓	田汉明	刘晓秋	杨清汉	邱 健	汪国维	陆 勇	陈 江	陈 明
陈伟锋	陈德上	林立通	范向东	郁永清	季亚军	周汉康	郑晓远	赵仙明	高 桦
滕根泉									

金山区民主党派工商联负责人培训班(54 人)

(2009.5.24—25)

徐 虹	杨延辉	倪向军	吴铭忠	朱建国	樊汉彬	周 康	刘 杰	陶励强	何绍军
谢钧言	沈园东	沈文达	朱元东	罗向军	苏 勇	袁晓英	黄 跃	阮章云	邵宝勤
蔡建国	徐泽辉	孙玉莲	刘 勇	王永法	陆富官	王秀美	陈 豪	伍平群	胡统理
余 雷	陆永妹	钱益明	吴 敏	黄 振	方斌良	黄惠华	朱白云	鲍晓荣	郑东朝
殷伯贤	童天中	陆秋生	王 立	胡 军	陶 寅	裴雄卿	刘新宇	沈 锋	高忠连
陆惠萍	潘海英	汤 艳	孙 浩						

民盟第 26 期青年骨干盟员(新社会阶层)培训班(35 人)

(2009.6.30—7.4)

汪文杰	张成刚	李 鋆	佘玉亮	鲍伟民	朱永达	孙金钵	刘东华	龚 明	盛文军
王新楣	朱慧菁	王 程	陈 燕	翟德平	吴东桓	钟伟芳	钱国维	严亚非	戴铭川
项 菁	乐立斌	葛舜卿	陈鑫森	张 艳	赵磊剑	魏志勇	蔡钦生	刘志雄	肖世明
施云松	刘卓敏	顾文华	寇宏刚	董良坤					

九三学社市委中青年后备干部培训班(99 人)

(2009.7.8)

严俊瑛	许 利	卢蕴华	朱新红	沈根详	周梅婴	夏 敏	黄妙莉	许 军	龚明红
董正宇	王学伟	王志麟	吴 煜	张伟立	石明红	王卫东	张 琦	王普祥	李 岩
鲍晓荣	孙 武	刘庆华	边秦翌	周 宁	吴凤娟	王 洵	张国玲	吴 越	罗 莉
江 泉	陈 伟	张玉红	邱向荣	谭 靖	张宏鸣	曲海音	陆 逊	陈志伟	唐吉文
朱国健	徐 凤	施菊萍	陈 伟	施 敏	王 纲	周佳海	龚继明	王 萍	戴维林
王明贵	钟春玖	钱菊英	卓维海	卜丽萍	曹珍富	蒋 丹	林建华	李培勇	谢 青
张敏红	沈 钢	辜 翔	杨修春	龚 凯	赵小虎	桑 标	任玉杰	徐玉芳	周兴贵
周晓东	孙 静	孙志宏	毛志平	董丽华	庄佳芳	朱玉斌	沈振军	刘延章	匡江红

张永庆	邵建利	堵玉敏	张春华	朱　东	赵　成	张　悦	程　立	郭忠惠	罗清泉
郑　瑛	王　伟	张启琴	常久鹏	施嘉霖	孔庆芳	梁淑萍	潘士华	池杏珍	

民盟直属基层宣传骨干盟员培训班(37人)
（2009.7.13—17）

卢颂刚	范志海	尹　毅	孙亚民	单玉飞	金翠妹	肖建莉	谷　雨	严晓宏	张　蕾
董爱华	赵君实	张　虹	夏花英	谈　文	李桂长	陆玉琴	王更新	张宗源	侯宽纪
翁巍巍	冯德奎	葛剑芳	何坚红	冯雪俊	孙亚民	严晓宏	沈　培	邵宝勤	张　铿
赵小红	亓发芝	孙锡红	王鑫印	沈颂华	袁和法	王腾飞			

民进第27期中青年会员学习班(54人)
（2009.8.4—7）

马　军	王　刚	王　毅	王晓梅	卢慧文	吴雅萍	李　敏	杨正波	沈　柳	沈志芳
林国瑜	咸　辉	奚宏剑	郭文军	顾秦红	曹志正	程　皓	温　静	王　珏	王春琪
田盛强	朱秀芳	张　婷	张皓华	李　毅	李上一	肖　进	邱　敏	陈志芬	林静容
郑湘竹	赵传义	谈永康	龚　萍	董溯战	缪　婵	王利平	关　平	张云立	张志高
李维海	陆一颖	沈建红	苏仰锋	陈　燕	周光明	金静静	侯云频	施宇红	贾永春
崔　萍	黄清俊	潘　剑	潘敏虹						

崇明县党外干部培训班(53人)
（2009.8.12—14）

施　俭	周洪生	施　蕾	施惠聪	顾　斌	蔡健丽	任忠平	施荣明	徐希勤	赵素平
朱锡平	黄春凤	黄宗遂	方一燕	张　虹	姚安宝	龚耀昌	施　俭	范金丽	石　涛
施文忠	曹启利	吴美华	陆　星	秦雅芳	王　震	施海云	钮　平	施　隽	刘富云
丁汉明	陈子龙	季　惠	郭　震	陆　斌	尹建章	黄永存	苏　琴	沈俊娴	凡　飞
顾德昌	沈　竑	郭　艳	施利华	施菊萍	赵中平	黄　英	吴忠华	施　伟	朱理东
刘金华	黄　玲	缪冬英							

民盟第28期盟员骨干参政议政工作专题培训班(93人)
（2009.8.24—29）

夏昭林	李玉红	张　勇	沃　田	俞宝英	黄大路	王幼敏	曹　萍	杨　俭	范志海
张善根	张鉴惢	张淑平	段元萍	陈中华	付海明	赵红军	孙方红	郭建民	吴庭毅
王志敏	尧金仁	吴　斌	陈关明	王　凯	宋　杨	王克平	冯德奎	施　新	贺佩君
凌　梅	陈忠于	徐　晨	胡宗果	张仁彪	陈　燕	黄意明	李泽耀	薛榜荣	周俊峰
潘宏伟	周洪生	储　强	陆云峰	陆惠萍	黄旻祺	张治豫	丁杰锋	韩　敏	苏胜颖
刘家臻	何坚红	吴晓慧	陈　瑶	唐祎敏	张　煜	沈　岚	邱　瑜	吴敏华	曹涓涓
仇璋瑛	熊红丽	张　华	田　地	朱继强	周　忆	毛欣之	周　南	吴金森	王旭峰
戴皓民	佘玉亮	崔山辉	李　鋆	曹　晖	宋淑光	陈国平	王　萍	邵　岚	滕永勤
吴　伟	翁纪军	王　颖	许　宏	傅秀萍	李东薇	舒力强	任　俐	莫惠玉	罗　云

龚世俊　宋华荣　王敬友

农工党上海市宣传干部培训班(36人)

(2009.8.27)

严　宁	朱永娣	王文华	嵇振颉	凡　飞	黄　滔	戴屹东	张晏萍	张　戬	吴　凯
经　雷	李　君	江宁东	陆伟群	朱海峰	华维一	马蒙恩	吴龙海	吴江海	郭思敏
郑有慧	陈　洁	梁富伟	王　荣	李晓红	陆晨兮	梅　艳	杨立华	周俭辛	李国瑞
李　翠	高　峰	储怡星	范基农	单勇毅	陈国强				

2009年党外中青年干部培训班(37人)

(2009.9.1—10.16)

刘小兵	关保英	林　晶	史琪敏	陈斐利	蓝闽波	徐廉芳	徐　羢	方　芳	朱云仙
李　煜	沈金良	樊　芸	刘云霞	朱同玉	程国樑	黄冬梅	陈春兰	谭　帆	周继忠
黄林鹏	马　进	宓一鸣	李洁卿	郭　牧	袁立群	胡乃静	许晓昀	胡翊群	张培志
黄　晨	林丽平	葛均波	邓　卫	严　伟	陈　磊	罗怀臻			

九三学社第13期中青年社员骨干培训班(57人)

(2009.9.2—6)

孟　静	鲍小敏	姚益兵	戴　青	石　森	刘　瑾	石明红	杨　杰	陆　琼	姚　文
沈勇民	翁羽飞	黄建中	黄海华	李　一	阙荣萍	方　峻	朱国健	施　凯	郑列华
王　萍	霍永忠	卓维海	孙　坚	汪　俊	沈　钢	王加祥	徐玉芳	黄雅萍	郑　飞
李晓峰	郭亚军	王　艺	范玉兰	朱　华	陈　军	姬卫东	郝　勇	刘向军	张春华
董民强	徐莲薇	鲍　俊	梁　峰	张　炜	周　冰	童　霞	李卫东	吴明玺	田　辰
熊　匕	汪　原	孙文劼	池杏珍	虞　军	梁德明	许以诚			

民建第35期中青年骨干会员(基层支部主任)培训班(30人)

(2009.9.14—19)

林挺庆	秦　方	郭　伟	严忠容	彭安臻	周淑卿	徐金宝	沈晓冬	王　霞	王海国
项　明	沈建玲	张伟忠	柯璇娟	张　彤	王昌范	陈　珮	张晏维	钱小薇	沈　军
薛博仁	沈　倩	秦莉莉	胡佩芳	彭　峰	陈贤鸿	李小敏	程茂源	凌治文	王　琼

民革第26期中青年骨干培训班(40人)

(2009.10.27—30)

周少白	王　晶	聂世永	蓝　天	陆文曦	杨顺发	颜海燕	张　慧	顾育红	于雷雄
周　辉	沈　熊	苏鼎国	袁希蓓	邹俊忠	王时芬	沈斐靖	俞娜华	刘　昱	连志英
陈景欣	徐　疆	魏建平	林明贞	俞　梅	袁剑平	刘伟龙	夏　晶	郁文英	罗向军
沈晨宾	张　馨	陆　镭	石元奇	尹　薇	陶乐仁	王　亮	王　萍	钱晓明	杨　薇

民进基层宣传报道骨干、信息员培训班(48人)

(2009.10)

徐曼庆	李玉兴	张文萱	姜晓悦	杜国英	周炳权	戴哲民	温　静	赵新锋	陈延烈

吴 非	张 婷	邱佩芬	薛伟霞	葛 华	李文荣	杜永念	黄关桢	张蒙蒙	沈志芳
黄惠琴	孙 伟	盛国秀	金晓萍	王 珏	顾小林	胡 晶	张 颖	严 峻	陈 蕾
高忠连	刘富云	施海云	顾阿根	程 婕	何凤萍	陆 杰	吴耀辉	方 勇	陆宏弟
王恋华	倪惠丽	张卫刚	杜伟英	史兴伟	冯莲芹	徐鸿玉	吴 文		

党外人士统一战线理论与实践研讨班(27人)

(2009.11.2)

赵国靖	郑 韶	陈宏民	尹京苑	钟元秋	褚以琳	陈强努	郑 龙	翁新楚	杨志刚
黄 绮	吴 毅	袁 园	梁 鸿	沃伟东	李迅雷	施 雷	王如路	钱君律	胡 卫
何建华	封亚培	徐静琳	高美琴	钱世超	廖新浩	钱耀忠			

致公党第14期中青年干部培训班(48人)

(2009.11.2—6)

陈利云	马晨光	张 珺	许 超	余国海	俞 漪	王娟娟	陈 炜	王新桥	姚华生
于 巍	王少平	俞永为	张伟国	胡 可	陈红春	王 健	余 海	舒 红	钟志越
陈兴华	武 奔	吴 坚	吴宝余	冯伟明	赵 婕	王小兰	杨森平	周敏华	薛军工
朱国泓	李麟学	黄 欣	吕树光	陈沛然	王均安	李小英	王幼军	乔 炜	徐建平
刘丽华	杜雅蕊	任 虹	陈 冰	张 倩	冯 杰	李 伟	黄小燕		

农工党第14期中青年骨干培训班(40人)

(2009.11.4—7)

刘红联	赵文穗	陈 宇	周 劲	朱英杰	钟 岭	倪建华	孙晓亮	杨 光	俞惠琴
许 东	许 沁	俞玲玲	李月华	王梅芳	吴玉霞	叶 强	黄永存	苏 琴	盖红梅
郎思旭	沈红艳	王 伟	蒋伟文	杨 玲	周正申	刘 畅	许慧慧	张修龙	尹大强
陆 镕	曹建国	李照国	粟 莹	姜秀珍	雷作胜	杨其绛	张云飞	高 峰	刘蕴莹

卢湾区民主党派领导班子学习研讨班(24人)

(2009.11.11—12)

陈 濂	李 基	沈建青	罗宗洛	朱 弘	王 康	洪 垒	俞智民	潘兴富	马园根
李飞康	盛时恩	李承烈	金 缨	顾晓彦	戚建豪	张贵和	朱 磊	李 健	孙 峰
倪怀宝	霍斯循	严志骏	张秋萍						

民建第36期中青年骨干会员培训班(40人)

(2009.11.16—21)

王新宏	王 斌	金 艳	韩田之	郑 颖	黄挽澜	郭嫣洁	杜伟平	杨 曦	李 强
俞 芳	金升峻	陈光丽	朱 婕	孙首文	董卫华	谭士清	章 婷	刘龙富	何国良
马晓岚	陆高昶	陈 玮	方 芳	丁鸿康	王新宏	胡海平	徐子颉	张 弦	尤 华
康苏宏	史 永	廖文俊	雍阳东	刘金华	顾继英	张军华	吴 霁	殷 红	沈和定

第9期台湾省籍中青年干部培训班(40人)

(2009.11.21—24)

林明月	张企龙	张　雄	江国强	林慧军	陈　旭	林伟华	陈春子	李碧影	邱小圳
林　戎	郑东良	刘　艳	郑健英	石学耕	孙荣华	吴珍美	朱海伦	陈福兴	徐国华
李　芳	周燕珍	庄振文	谢晓峰	潘　红	莊文娟	刘纯德	徐伟国	杜倩文	张　錡
周　铿	颜庆浩	王　正	邱宜正	罗　卫	潘坚红	陈　乐	张　菊	唐海容	邓金珠

第2期新的社会阶层人士(外企高管)理论研修班(30人)

(2009.11.23)

雷熙文	方卫东	江　泓	兰　蓉	姚　坚	陈　莹	彭发魁	周　靳	蒋　颖	伍海辉
卢卫民	刘　斌	黄　华	朱战备	刘银华	黄一清	张岳鹏	王晓忠	吕新河	孙玉萍
王军文	汪　洁	罗剑威	孟凡华	钱　方	栾江红	王保才	张　新	宛　晨	周剑波

市黄埔军校同学会亲属联谊会中青年新会员及各区工委会专职干部培训班(14人)

(2010.3.15—16)

| 何　彬 | 蒋　劢 | 李　强 | 李季平 | 杨　煜 | 谈祖敏 | 张　力 | 蒋　静 | 王丽华 | 李培芳 |
| 陆　非 | 方普和 | 汪伯彦 | 张培伦 | | | | | | |

农工党新一届市属支部主委学习班(28人)

(2010.3.24—26)

赵立平	王晓东	张国恩	邓　康	江　静	蒋伟忠	刘学良	范莉萍	徐澜波	张慧茹
陆全根	黄　慧	潘志明	李伟民	胡国胜	盛向红	凌　云	梁　东	胡伟康	刘全福
杨其绛	陆存华	王文政	薛晓雁	张云座	王斐斐	郁建强	于宁妮		

台盟第22期盟员骨干培训班(42人)

(2010.4.6—10)

蔡　冰	陈　凯	陈　乐	陈　旭	陈　宁	高美琴	何　洁	黄　旭	姜　琦	柯丽珠
兰海凤	李碧影	李伟文	梁　杰	梁素霞	廖本海	林丽平	林晓敏	林真意	刘　艳
刘亚伟	罗　卫	石　威	石学耕	孙荣华	王　中	王巨成	王铿华	王愫怡	魏巧巧
吴　敏	杨　健	叶　青	张　菊	郑南越	庄振文	廖志豪	邓国兴	谢黎明	黄俊保
刘　炜	张玲妹								

第3期新的社会阶层人士理论研修班(33人)

(2010.4.6—11)

钟　颖	唐天林	王恒忠	夏　涛	蒋海江	陆永华	卓　越	狄芸馨	竺际斌	严义明
陈雪娇	陈　继	蓝红波	刘方生	蒋文德	陈海波	张亚平	郝　青	陆　雷	陆　强
周　静	赵忠敏	吴　冬	杨国庆	顾洪涛	李剑瑜	张意心	陈　健	高　骐	康陈禄
费　峰	沈　弘	林彤辉							

民建第37期中青年骨干会员培训班(63人)

(2010.4.12—14)

陈 濂	李 基	沈建青	罗宗洛	朱 弘	王 康	洪 垒	俞智民	潘兴富	马园根
李飞康	盛时恩	李承烈	金 缨	顾晓彦	戚建豪	张贵和	朱 磊	李 健	孙 峰
倪怀宝	霍斯循	严志骏	张秋萍	毛国平	武剑平	沈 昕	杜云峰	鞠荣华	车建芳
张士伟	王军萍	陆维丽	熊列林	徐 勇	惠国荣	王国辉	张婷婷	薛 莉	刘强宝
颜利华	张雪云	王彦博	宋景宁	周炜星	邹国良	宗 媛	姚觉苓	黄错生	沈 明
何红娟	陆 炜	朱思敏	蒋伟亮	强 华	洪 宣	刘天西	郭振华	陆 佳	庄佩珍
石文龙	王志珍	王传悦							

第22期民主党派中青年干部培训班(46人)

(2010.4.12—19)

史燕君	王 蔷	于东航	俞 强	陈 筠	孙玉莲	李红词	蒋碧艳	王 浩	姚 捷
雷新军	边秦翌	庄建红	蔡 宁	杨 杰	吴亚明	刘友梅	张 琦	姚伟明	张 蕾
肖家运	龙亚秋	宋园园	洪耀顺	许 昉	林国强	居 莉	谈儒勇	钟茂军	董溯战
盛向红	王幼军	刘明明	彭 峰	陈 旭	顾德昌	潘 瑾	徐铭安	费元洪	朱 明
张 慧	黄一文	王小兰	吴 坚	黄妙莉	王学伟				

民进基层组织学习班(39人)

(2010.4.15—16)

郭坤宇	顾建明	吴长福	叶文博	吴焕淦	张伟滨	张学龙	张文龙	冯莲芹	许伟国
沈维藩	唐琦文	郑丽华	杨 辉	黄晓霞	殷江静	祁 瑶	庄羡祥	蒋德海	王 文
朱兆维	郑鑫尧	张建良	冯季平	徐 跃	周 彪	沙 蓉	沈华勤	陈 军	李京红
范仲兴	吴兴强	万 蒂	张 涛	钱思剑	徐耀琦	王宗义	孔明珠	洪 璐	

民盟第29期盟员骨干参政议政课题调研专题培训班(98人)

(2010.5.24)

邵建华	孙锡红	沈知明	丁 妍	陈 云	俞美莲	孙方红	侯爱芹	曾 鸣	戴立波
李 湧	倪宇君	肖 英	周洪生	范志海	王茜茜	黄 晨	施惠聪	桂 森	张治豫
朱建育	林 珺	徐 晨	谢凤玲	侯宽纪	王鹏程	施 辛	徐 欣	武家国	常 珂
黄金铭	顾 阳	万传法	高晓生	寇宏刚	魏 岗	杨 振	张力华	吴 斌	徐雅琴
支秋林	沈 培	顾 宏	马舜华	段元萍	陈建华	管相忠	戴芳芳	朱宇红	尧金仁
陆 建	阎 敏	孙 璐	刘凡丰	赵素平	商志刚	葛文城	谭 晖	方一燕	韩国庆
张 蕾	梁建英	沈 健	马伟民	苏 勇	刘邦忠	张 虹	王 伟	屠际春	胡 红
王卫平	辛桂耀	蔡钦生	王奕俊	谈 文	黄忻光	韩大巍	姚 远	余恩秀	沈 强
张 晨	朱小燕	薛利军	吕红红	薛榜荣	陈广洁	吴晓慧	桑凤英	冯德奎	王国清
刘友梅	詹华清	尹继文	张淑平	吴幸敏	徐启政	冉 峰	钱紫奋		

民盟第30期骨干盟员培训班(38人)

(2010.6.8—12)

方　军	许舟华	龚　敏	陈烈红	陈林华	陈忠于	王新楣	翟德平	于　俊	严　敏
朱　娟	富　萍	王　微	肖世明	徐晓东	沈　侃	高蓓兰	李　云	王志敏	凌　梅
李羽岷	祁　波	顾　峻	朱立萌	周　涛	赵　颖	谷　雨	倪　泓	任　杰	裘丹莉
钱泽红	费元洪	张宇飞	缪文泉	郭　笙	郭　华	许榕真	程　臻		

第3期宗教界人士培训班(67人)

(2010.6.21—24)

吴建荣	申利民	演　峰	智　慧	妙　华	果　明	张荣敏	张伯泉	孙雪芬	陆　佳
张泽燕	李文英	叶静瑛	稽龙英	陈国英	魏特选	广　德	善　忍	法　定	妙　悟
续　建	法　能	万水祥	顾海英	张金花	沈在英	赵国芳	陈静华	何春金	赵奉献
史振江	韦红星	玄　光	玄　洪	见　华	正　兴	惟　觉	仁　来	羡　圣	恒　寂
妙　一	星　源	演　煊	乘　一	隆　飞	惟　因	星　觉	陈美金	周　静	蔡建国
陈锐兰	顾秀兰	沈玉萍	郁菊萍	徐杏英	茅卫珍	周建中	徐贵昌	浦海育	陈　美
陆春红	宋建立	范亚强	俞　建	申旭东	张永正	贾少宇			

民革基层党务工作学习班(31人)

(2010.7.5—6)

项　亮	唐　磊	陈昊峰	徐云蔚	刘　薇	王　靖	宋田斌	俞　超	王　峰	郑　芸
张　琼	赵　彤	屠正彦	袁希蓓	刘少伟	干上游	刘海凌	张　林	刘　炜	祝华伟
张　菊	杨振熙	赵　璃	葛翌雷	杨积广	郭　滨	陈　龙	刘宇辉	陈　进	朱律维
李鲁群									

民盟第31期骨干盟员(宣传)培训班(43人)

(2010.7.5—8)

刘友梅	施恬逸	张盈颖	秦　红	林维新	仓　平	鲍云峰	赖　静	熊　玲	朱　翔
孙锡红	刘春梅	张玉刚	史　倩	苏　静	万传法	孙　琦	平　瑛	丁　新	陆惠萍
陈　军	李歌歌	刘冬梅	洪奕茜	戴立波	韩　敏	方一燕	王鹏程	陈　尧	孔　源
蒋　勇	盛　芳	谈　文	袁和法	吴永和	孙　岚	金啸华	黄聚云	董　云	王　红
夏小燕	陈吟忆	程夕琦							

民盟第32期(高校、区县)骨干盟员培训班(41人)

(2010.7.12—16)

卢　晓	余优成	陆　洪	孔向阳	王建华	徐连明	常雅宁	郁进明	金洪飞	邓　婷
颜　蔚	钱义明	李伟芳	罗华荣	石林祥	严　伟	张　芳	高　亮	周平凡	丁小云
赵红军	王　芳	龚明晓	徐　蔚	万传法	赵素平	许　清	潘跃进	徐　翔	宋　曦
邢洁皓	陈博武	许　宏	李　新	齐秋生	余群英	黄晓梅	张金华	计红清	黄敏华
费　俭									

民进基层宣传思想骨干、信息员培训班(58人)

(2010.7.21—22)

杜国英	顾小林	陈强努	干建达	杨云庆	丁秀娟	夏胜浩	张蒙蒙	霍斯循	崔　晋
彭　怒	施俊明	顾阿根	杨明明	顾琴英	潘婷婷	孙　冲	方　勇	朱林强	田盛强
庄建英	赵新峰	卢慧敏	孙继奋	王宇虹	柳东梅	马　加	郑月林	陆　杰	黄关桢
李文荣	许政涛	季国进	周晓蕾	徐曼庆	沈志芳	张忠复	陈　蕾	胡　晶	刘富云
王恋华	姜晓悦	冯莲芹	王旭艳	陈延烈	杜永念	王　珏	吴耀辉	徐鸿玉	陆宏弟
唐　骏	史兴伟	倪惠丽	周炳权	张卫刚	程　婕	朱正芳	张　莉		

民进第28期中青年会员学习班(59人)

(2010.8.3—6)

周娟娟	田　力	欧阳芳芳	赵　敏	吴晓燕	刘秋雁	李　皑	王　英	郑陵珏	王霞红
喻华胜	康　燕	钱美莉	叶倪康	韩海晓	张家美	张智勇	夏　民	聂　丹	桂　标
汪永华	陆其英	潘　峰	杨锦英	朱文华	祁　敏	王舜璭	潘婷婷	钱海斌	曹大苏
王春华	封连华	袁金凤	裴德荣	顾琴英	陈　斌	梁春敏	朱邦尚	方从启	阎　华
金荣华	方　芳	王海强	叶　旻	黄　剑	徐　璟	邱立红	傅勤慧	吴　棉	张婕姝
康　锐	许轶超	吴心宏	戎　缨	薛　晔	沈琦华	张君兰	王　亮	张　颖	

九三学社第14期中青年骨干培训班(57人)

(2010.8.11—13)

苏基杰	黄忠平	成贵学	陈俊峰	刘　军	王寒梅	郑之蓉	蔡赋慰	朱　虹	杨　红
全先国	陆　斌	金银淑	刘路辕	胡　斌	孙　健	金　炜	黄　英	魏诚哲	郭景春
陈　迪	刘俊岭	马云龙	柯　政	骆守俭	孟卫东	赵　炎	赵治国	王　龚	潘健民
饶艳超	耿锁奎	杨建锋	陆海英	谭小雯	安子良	蒋文蓉	邓立丽	王志娴	许佳年
梅　聪	马　醒	赵雅琴	王　亮	胡　勇	梅　林	方　群	王如生	赵　竞	汪宇新
张中祥	王瑞云	李秀华	张冰冰	尤叶明	贺智华	何　聪			

致公党第15期中青年干部培训班(45人)

(2010.8.23—24)

潘伟春	姚峻峰	谢　颖	徐志萍	司　雷	主力军	王　赟	徐选福	黄　海	周　俊
吴　伟	沈　莉	张　辉	彭忠青	邓伟民	邵　良	汤芷诺	冯亚平	陆继静	戴继烈
华　宜	陈亚萍	王　薇	何曙光	郭作鹏	沈卫星	闵宏伟	庄丽中	莫晓芬	陆华琴
陈　皓	刘朝顺	李　平	高剑明	郑　涵	马晶钰	聂开锦	罗国芬	陈狄岚	张婧延
蔡海文	陶益民	王　玲	赵永红	虞嘉娜					

2010年党外中青年干部培训班(38人)

(2010.9.1—10.16)

陈　昶	陶伟民	杨阿国	谈　兵	吴向阳	华桂樑	王　育	李亚虹	倪闽景	陆　铭
汪小帆	邓廉夫	杨　蓉	丁金宏	赵　玲	孙　建	方建安	胡良剑	徐大振	高富平

第4期宗教界人士培训班(73人)

(2010.12.6—13)

大 熙	戒 宝	灵 宏	戒 持	安 法	慧 觉	妙 觉	克 莲	慧 泽	万 恒
仿 古	印 杰	通 志	宏 明	学 达	能 戒	叶有贵	邵志强	王 进	葛乃君
戚右飞	徐炳林	陆华平	刘喜宏	钟再虎	夏光荣	金鹏飞	蔡汉祥	龚寿萱	吴福妹
黄 辉	向少麟	高养宏	解建明	刘智伟	赵世杰	秦文伯	周建青	唐林雄	王金楼
严育英	徐庆华	林闽加	翁碧玲	刘意涛	吴心爱	曹勤勤	丁黎明	丁文莲	周银芳
朱兰芳	倪雪娟	董金锭	陆顺芳	张士明	顾春华	金卫敏	张琴妹	王而萍	瞿凤娟
唐彩霞	陈惠娟	沈凤新	张秋娟	朱兰娟	周春芳	卫 军	付凤明	东爱妹	顾正芳
朱小妹	秦 妹	杨美英							

农工党第15期中青班骨干学习班(57人)

(2010.12.15—18)

刘宗军	黄 燕	高晓华	单迎春	徐威毅	周建华	刘 芸	周 赟	奚 峻	黄玉伟
方麒林	武明玲	劳国强	张 素	李伟民	蔡蓓琪	顾钧青	杨乐瑾	顾敏晔	张青雷
黄 滔	岳 英	贾万程	丁春龙	朱 斌	侯晓岚	沈秀芳	邬碧波	彭德荣	王 芳
倪 锋	覃黎明	胡 平	李 卓	沈俊娴	施 捷	沈惠玲	殷 荣	薛晓雁	陈 军
张彩凰	邵 静	荆志成	付剑亮	许 鑫	钟梅芳	范凤琴	周洛华	曾 川	沈学军
姚锦元	陆晨兮	仲怀琴	李文涛	顾群浩	费鸿萍	唐 昱			

民进新任支部主委培训班(121人)

(2010.12.21—22)

张文萱	时宇力	张志杰	范晓彧	朱 华	刘秋雁	王 英	邵国珍	刘冬梅	许伟康
李 奕	吴 敏	马 军	胡耀辉	任春英	徐中伟	陈 莉	杨 虹	杭 燕	龚燕霞
曹凤莲	薛 钢	蔡 田	陈思静	韩海晓	王泽香	陆晓雨	欧阳芳芳	朱征华	钱靳戚
苏发银	霍存月	周慧香	周雅丽	席蓓莉	蔡 玮	黄序仑	顾晓谷	苏 泓	卫 荣
田 力	黄 虹	祁 敏	王清科	潘婷婷	罗勇军	滕红青	沈泰岳	郁耀昌	宋韵华
朱悦茗	夏胜浩	陆 琼	高 泓	吴卓明	赵仕力	仇 琴	穆剑菁	范丽珠	任白薇
施元亮	朱林辉	崔雁屏	冯玉兰	石庆初	卢慧文	张 晔	董燕萍	盛国秀	王春琪
傅秋萍	陈 敏	杜天一	钱雅萍	董 捷	潘 剑	杨 斐	吕唐华	严 峻	张 颖
桂 标	陆慧琼	万建飞	陆金其	李 凡	陈路珍	何佩军	王丽萍	钱 芳	潘建平
李 响	李 明	陈明华	裘 雯	李 燕	金荣华	姚振均	梁春敏	陈 鑫	范秀敏
龚航军	殷岫琦	柳 文	曹大叔	顾永兵	沈 禹	胡金河	赵传义	蒋惠娟	张智勇
蒋伟宏	周 洁	许伟国	许蓓蓓	鲁星燧	吴宵红	岑建强	沈文昊	陈亚成	王利平
吴 文									

二、统战干部培训班

第1期区(县)统战领导干部进修班(23人)
(1987.5.18—6.27)

陈民权　张　颖　左茂松　毛均高　郑荣柏　孙　镇　姚金梧　郑树基　陈　敏　杨士祥
潘正华　蔡一鸣　庄德润　张新宇　丁德兴　潘顺康　金小毛　金兆云　沈原梓　冯婉菁
黄锦林　石奇学　徐美玉

第2期区(县)统战领导干部进修班(22人)
(1987.9.1—10.17)

徐仲发　章东平　龚德庆　洪永清　方春申　王宏杰　徐秋福　秦光裕　任国章　张汝良
施慧丽　江上昭　丁志坚　陈玉焘　胡蔚英　胡天盛　吴慧娟　邬桂凤　刘树印　徐可式
邵永录　叶建锋

高等院校统战干部培训班(33人)
(1988.10.17—29)

金文英　李绪桂　许玉山　赵安邦　童炳坤　张竹安　孟继春　潘向群　刘曙刚　汪玉芬
陆兰珍　刘海庆　卜月芳　黎巧珠　韩俊瑞　顾祖怡　董海明　郁华祥　滕镠民　杜静淑
杨昭华　费月刚　束松林　施锦才　祝庭骏　刘积章　钟　雨　姚　霈　季碧霞　史　方
罗　军　鲁江印　周广耀

区(县)经济统战工作研讨班(37人)
(1989.3.6—16)

梁城涛　夏尚钧　王开发　陆祖渊　朱荣生　工志超　姜静勇　徐为民　王顺昌　刘宝明
沈立新　张永福　庄炎兴　顾兴荣　龚达明　金祖森　杨春荣　屠海英　曹松伟　王泰顺
岳国柱　朱缉熙　顾德岗　蒲成海　周以炤　奚金鑫　林双仁　沈安良　陶连云　黄益新
庞鸿源　储幼生　吴根官　喻德晖　王佩珍　钱晓华　葛贤方

海外联络工作干部学习班(28人)
(1990.1.8—13)

吴秋珍　朱荣生　刘庆宪　陈一红　李培文　蒋佩华　姜静勇　严贵生　韦　敏　赵金华
葛贤方　夏尚钧　奚福明　施　波　杨炳涛　尹永顺　华柔铮　张荣华　龚达明　杨昭华
齐森林　沈高尧　莫柏增　秦瑾升　马金娣　张华英　孙　佳　胡锦华

第1期宗教干部学习马列主义和专业知识培训班(22人)
(1990.10.22—11.24)

项夏英　易　浪　陈小琴　刘秋定　朱尔新　王新华　苏杏人　顾荣泉　汪丽红　潘　静
蒋悦新　董寿权　赵奇英　王四妹　仇士达　张志刚　徐　葵　吴幼甫　崔秀红　王洁钰

刘成秀　王新萼

第1期处级统战干部进修班(47人)
(1991.9.2—10.4)

陈观法	季晓东	邱梅仙	高向东	张　颖	曹松伟	丁志坚	吴秋珍	谢文骥	王正甫
张慧珠	姜静勇	吴孟连	董　熙	朱希伊	胡寿堃	徐可式	刘亚池	胡剑勇	徐关泉
方俊元	陈坤元	邱京民	唐菊荣	应志德	施福康	周桂芳	陈如璧	郑　强	叶建锋
费月刚	李杰华	居春猛	俞瑞华	孙红云	胡振康	应爱勤	钱敏皓	张儒强	虞承洲
关汉贤	严伟俭	张骅善	徐爱娣	张正惠	戚爱华	冯幼乾				

第2期处级统战干部进修班(35人)
(1992.5.18—6.27)

龚德庆	张效和	钱学民	顾妙凤	杜庆余	傅燕君	郁汝新	徐安康	顾惠民	裘和鸣
郭洪海	韩福昌	周兆熊	石乃璋	姚永靖	徐锐校	潘正华	李连桢	金宏仁	林　放
娄文礼	潘明权	陈福兴	赵安邦	王爱国	吴寿珍	陆亿中	潘德嵩	王海林	赵林根
黄定奎	沈介定	凌佩云	费金林	王宝伟						

第2期宗教干部专业知识培训班(22人)
(1992.10.19—11.7)

夏秀英	朱　军	杨　文	朱　江	杨玉文	蒋丽华	章　伟	潘向群	孙静芳	胡祥明
朱富金	梁三杰	陆　健	盛亚娣	张织文	王小兰	张来祥	张秀英	吴勤秀	顾　修
朱宝娣	李鲜明								

第3期处级统战干部进修班(36人)
(1993.5.5—6.3)

袁自力	侯正余	张立军	戴　华	阮新玲	任万祥	童永祥	徐国华	蔡群英	徐月英
喻德晖	陈永嘉	刘庆年	蔡建华	于时鸣	杨国梁	姜吉来	杜子炎	裘筱卿	吴慧娟
高美琴	施维桃	徐澄宇	潘祥余	陈金龙	沈保泉	诸连观	吴秀琴	宋秀英	童清仁
施新土	龚达明	吴根官	卞直忠	施永祥	董粉弟				

第4期处级统战干部(民族宗教专题)进修班(38人)
(1994.5.4—31)

阮汝行	顾锡铃	于　明	刘庆宪	杨　峥	韩乃华	陆正明	陆禹萍	毛均高	杨金根
田春宏	蒋炎良	蔡汉臣	丁兴生	陈叔骐	曹平江	王正甫	许方仁	倪鼎仁	葛秋栋
袁顺莲	徐可式	高木全	李金龙	张圣童	吴忠仁	俞建虹	蔡群英	胡新荣	戴　华
刘秋定	冯根妹	潘明权	朱良锏	冯婉菁	童延山	解白桦	李科达		

第5期处级统战干部(民主党派工作专题)进修班(40人)
(1995.4.17—5.12)

吴寿珍	陆亿中	邱京民	柏汝玮	曹松伟	庄佩芹	费绍康	邬国新	吴树香	龚达明

卢天琳　张陈方　虞钰惠　李鲁川　陆正明　林天泗　陈　燕　王家骏　刘庆年　经廉义
黄建国　梁明尔　金冰瑶　郑　强　刘汉秀　王依文　王虎峰　阮金夫　司徒美琴　高照永
顾迪光　徐为民　李　坚　杨国梁　吴　梅　朱雁红　王健全　张向阳　史国明　吴有德

第6期处级统战干部进修班(31人)
(1996.4.15—5.10)

林　涛　王仁义　吴树香　陈福兴　陈文佳　杨学军　邱　敏　冯菊英　王雅珍　刘一玫
方兆海　王家骏　李正国　刘庆宪　王莉萍　柏汝玮　陈根娣　张丽珍　陆　美　王顺裕
毛仁浩　王稼真　顾廷芳　华文义　韩福昌　厉治平　顾新成　陈和清　李培文　徐新霞
贾丽敏

第4期大型企业统战部长培训班(40人)
(1996.4.22—26)

刘素华　刘　莉　陈　燕　龙远国　黄乃兵　林翠云　罗　保　朱湘敏　束云秋　陆裕湘
陆建模　周志祥　戎梅芬　张福英　沈鸿才　杨志坚　金亚平　沈月明　朱月琴　诸国钧
赵敏花　杨祉凡　葛国华　高和建　钱友仁　费维岸　梅健航　张渭清　王济斌　叶维龙
马芬连　沈四妹　叶伟娟　高维新　戴宝林　陆善良　王齐福　吕昌国　尤伟发　潘荣章

第3期宗教干部专业知识培训班(23人)
(1996.9.16—10.12)

朱尔新　容永泰　汪瑞康　孙国权　包开正　苏　勤　伍贤民　仇士达　诸福先　陶鑫奎
邹国贤　程渡江　俞一德　施连根　朱泽源　刘建平　施建国　沈伟青　马如馨　赵林妹
陈品芳　程志红　徐　葵

第5期大型企业统战部长培训班(47人)
(1997.4.21—25)

顾黎明　王福华　王佩珍　邵　明　王仁统　沈骊娟　徐国新　叶俊泽　华桂珍　赵康林
叶家云　石莲萍　何凤芸　王建平　徐　洲　葛成开　陈成德　吴月英　周新妹　郑亚萍
蒋美珍　刘洪军　郑　炜　谢群英　郭富水　仇统义　孙国放　成玉秀　董守华　赵和平
沈伟民　高　颖　韩英杰　张　萍　徐珠凤　冯悟梅　王龙成　舒蕙芬　刘玉鹏　孙蛇扣
周莱芳　王芙蓉　王东安　曹宝华　卢　萍　张永庆　傅桂萍

第7期处级统战干部进修班(35人)
(1997.5.5—6.4)

陈熙华　陈美英　陈剑华　陆祥生　牛兴东　高向东　俞位恩　王含芳　关松荫　张福康
顾秋静　陈国良　郁应新　张荣良　高洁秀　许方仁　王凤鸣　刁炳祥　王永德　王怀群
郑　红　施阿明　沈解中　马晓林　袁　丽　谢志群　张　磊　蔡群英　姚静智　施　虹
徐东升　李宝贵　杨爱珍　张惠康　储伟明

第6期大型企业统战部长培训班(61人)

(1998.4.20—24)

朱慧娟	卢和奋	沈怀红	张宇文	王　菁	杨东华	陆伟忠	王智敏	马文举	张玲玲
张儒强	马金娣	马天中	李　虹	章文娟	迟忆侠	龚凤妹	何迪镰	陈文乾	顾国忠
杨高山	杨福铨	徐定娣	丁　翌	秦世桐	王佩兰	王越琴	鲁　明	钟亚明	宋祖康
李建华	施鸿贤	叶家云	张美华	唐永威	孙志廉	王美兰	陈永康	张　波	朱惠心
沈超英	冷领春	徐雯晴	陈瑞英	何义方	韩霞芳	马春香	陈维龙	祁广福	徐志瑞
匡明馨	范荷珍	王道全	江传才	周志勤	吴万才	傅海军	韩云霞	陈延磊	金志春
郭莉萍									

第8期处级统战干部进修班(43人)

(1998.5.4—6.24)

唐国良	茹丽凤	王四妹	鲍美凤	李晓明	邬国新	朱　仰	杨学军	范永浩	王新华
章佩敏	张玉树	陶鑫奎	乔水娣	徐懋生	叶青权	张德昌	唐金官	杜庆余	李祖望
严明华	周炳发	金越明	冯根妹	王美新	王连君	褚鲁军	朱宏毅	刘积章	林圣武
施　斌	朱雁红	解白桦	庄子群	江国强	倪志兵	徐国华	王文兴	李　明	蔡泉源
王如松	屈明法	蔡　瑷							

第7期大型企业统战部长培训班(73人)

(1999.4.12—15)

吴秀屏	徐翠萍	张亚华	崔剑波	许惠红	徐　苏	叶国强	杨杏荣	姚立新	李俊杰
王子君	吴光忻	余宏明	孙　珺	李金龙	黄　明	张文文	朱红菊	杨慧丽	王双林
蒋海鸣	张淑华	朱　湧	高冬娣	钟国富	王庆礼	李佩芳	严　伟	钱立勤	李　敏
邬美蓉	潘成忠	张琮健	吴耀伟	哈　婷	刘庆余	丛佩敏	候海燕	钟建娣	吕振元
朱正章	王　琳	陈叔华	胡金良	丁志正	陈文玉	谭福贵	刘宇芳	东剑敏	张春雁
孙　京	李建浩	谈敏娟	付亚新	付本凡	杨　斌	李述银	宋玉明	文振波	郑秀珠
郭苏娣	庄　勉	张朔平	罗　斌	乔汉华	孙德菁	郑卫宁	应廷甲	陆凯南	郭文忠
顾宗琪	张巧珍	宋祖康							

第9期处级统战干部进修班(54人)

(1999.5.3—6.11)

李国钧	田乃越	袁浩渔	邱兴宽	曹名才	史济康	刘贵定	戴鸿发	姚镜明	张　平
许开盛	王明琪	俞亚琴	柏大庆	吴惠源	张敬国	刘菊生	张士民	石乃璋	朱汉强
陈三弟	王志浩	杨宗强	左　虹	张玉瑛	庄佩芹	朱正福	李玉琪	郭耀东	马剑英
缪忠鹤	周仲青	刘网红	董锡琪	俞宝麟	朱国平	卢士梅	钟荣珠	何　韵	胡明勤
顾剑婉	钱　乐	董　平	鹿丽芳	胡海妮	袁　斌	罗志林	凤懋伦	刘岳岭	方　荣
金康龙	应庸康	韩玉彪	徐为民						

静安区统一战线干部专业培训班(93人)

(2000.3.16—4.13)

黄森林	郑月娟	柏汝玮	汪树钢	宋建频	王启蕾	龚苹苹	吴慰清	张建民	韩四怀
张 珂	周本发	沈惠德	陈美英	张克勤	刘益敏	刘培兰	李宝贵	柏树春	翁琳娜
赵 洁	曹平江	左 虹	陈明明	朱尔新	徐 奋	董学涨	郭景平	欧国苏	郑瑜儿
韩大钟	张幼南	鲁云珍	俞 蕾	陈晓林	刁娟娟	张建华	倪连珍	赵 勇	徐德景
黄德忠	刘建民	陶德发	沈元山	龚 健	毕玉鸿	裴 琦	孙华成	徐国芳	叶蓓薇
邢 剑	邵小萍	王建明	冯良胜	戴允芝	黄瑞于	余霞凤	周小依	董继钧	庞惠宇
陈鸿德	李贵根	金昌洲	朱启翔	李丽月	沈 沅	黄关桢	张月英	冯 夷	王文琴
柏荣娣	盛 莉	刘国强	俞国良	胡 钢	钱兰英	李仲奇	刘佩英	金依群	应月妹
黄亚芳	曹 燕	许镜敏	张卫平	许 锋	方国宪	谈人可	李冬平	林镜妹	朱水森
汤文静	王寿瑛	吴耀亮							

第8期大型企业统战部长培训班(60人)

(2000.4.17—20)

邓惠敏	陈书明	成本芝	王 琥	王惠苣	黄婷婷	顾 红	应玲玲	朱桂龙	单姗姗
王 鸶	苏惠芳	刘光琴	马雯菊	汪 静	王宣传	郑超英	胡相青	张云福	裴 臻
张 萍	唐文丽	高和建	孙宝祥	王宪立	张根娣	丁肖纯	徐帼红	倪步高	沈菊娣
吕振元	周锦妹	成广华	傅海军	陆金彩	陈 星	高怀瑾	曾思勤	吕晓珠	王耀梅
王建萍	金君玉	曹慧华	李天钧	解苏南	孔祥珍	周焕忠	孙宝珍	邬苏娣	张伟林
冯卫平	孙 夏	吴必煌	林德传	朱富金	王宏莉	陈又钊	经惠明	严玉龙	梅雪君

市委宣传干部统战理论培训班(33人)

(2000.10.23—28)

徐庆常	钱 芳	傅 俊	高志红	吴福康	张宇美	毕尔刚	王心红	邰静萍	肖黎华
孙学刚	倪致平	乔水娣	金雪苓	陈孝质	程利南	樊海萍	周苏生	徐永珍	张洁民
符根生	郑大民	王克耀	陈依萍	施少平	李珠明	邱兴宽	吴星才	顾恒怡	陈 怡
王旭东	钟茶珠	金 嵩							

统战系统党支部书记培训班(67人)

(2000.12.24—2001.1.6)

杨宗强	司徒美琴	胡志勤	顾月明	樊天平	邢国利	万 建	徐国华	陈治华	沈顺康
黎 建	陈 继	江国强	张茵青	陆为平	夏志勇	李海东	姜少章	周 宏	张荣良
张晓航	任杰诚	王芝芳	李献身	蔡正气	张立红	顾立军	黄 浩	俞海根	王瑾琪
王恩平	李启光	袁亚平	白力群	陈 明	匡 鹏	乐伯龙	陶 伟	忻建国	卞直忠
樊 新	王虎峰	沈清怡	方 荣	蔡泉源	宓正明	薛洪玉	曾华嵩	杨忠根	陈永平
张 敏	潘明权	彭高成	赵桂萍	朱巧玉	克祖蒙	朱良铜	丁修志	桂一阳	徐国鸿
郦民基	朱祖龙	王国坚	生杰灵	阮金夫	解白桦	陈景伟			

第1期上海汽车工业(集团)公司统战干部培训班(35人)
(2001.4.4—5)

鲍琦	顾崇敏	陆菊娣	谢东	丁怿瑶	徐红	金涛	俞受风	张武军	武家富
董朝庭	陈红	金成	费中胜	吴荣	陆康	陈光华	吴关钦	马露霞	王海生
张根生	周碧华	徐清	张国强	周瑜娣	潘文琴	沈凯雷	陈志祥	史婉珍	徐伟新
周德荣	杨怡静	糜士元	蒋瑞胜	吕敏					

第9期大型企业统战部长培训班(52人)
(2001.4.16—21)

管雷民	孔磊	杨微波	邹金浩	徐建民	梅国蓉	吴明	司伟康	顾兰珍	蔡华英
汪敏	施晓鸣	陈丽娟	彭剑	唐坚豪	潘诚忠	孙卓平	赵美云	谭双桃	郭幸福
陆颂伟	汪曼莉	刘根裕	华科伟	丁华	史志敏	王根林	高洋	王伟富	陈文忠
王芙蓉	方达平	顾荣伟	郑健	吕小平	吕贤祥	李红	曹德明	汪慧琴	孙志琪
毛汉娣	郭荣庆	单惠玲	谷剑琴	邹喜成	宋祖康	方美娟	俞从君	钱寅	仇剑清
王龙明	孙佳微								

新时期统一战线理论研修班(书记班)(60人)
(2001.4.26—28)

彭裕文	田信灿	杨东援	劳国敏	潘洪棋	许宝发	张瑞宝	李瑞阳	张川国	张止静
戴平	邱伟昌	朱沪生	莫负春	吴嘉敏	周光耀	周鸿刚	孙大麟	张建中	陆耕丰
陈元龙	韩晓玉	陈林	王维龙	王一民	王龙根	胡金豪	李敏达	陆晓峰	成建军
彭国源	李树菊	刘淑卿	金杏保	纪林华	尹灏	顾晓春	励伟昌	陈忠德	罗关龙
周永请	董信泰	王一鸣	钱志良	张伟强	傅耘	许小锋	杨永耀	徐洪海	忻惠发
李蔚青	张骏莳	陈珠箐	祝幼一	竺涵达	金胜南	张济康	李新立	李保顺	王祚岩

第10期处级统战干部进修班(26人)
(2001.5.28—6.22)

张延安	王海银	宣宝生	邵仁厚	王锦达	汪树钢	金志荣	万永保	严贵生	张连忠
徐雄清	杜舟平	王瑛	陆为平	王旭东	许卫峰	奚国新	谢栋兴	沈洪波	杨忠根
洪美松	朱一中	李海昌	毕建新	沈飞德	于莹				

第2期上海汽车工业(集团)公司统战干部培训班(30人)
(2002.4.18—19)

徐洁	左步宽	翁碧华	吕敏	陈志锋	张新铭	乐耀奋	王洪伟	洪菊芳	华玉萍
徐遐年	周俊	陆菊娣	谢东	丁怿瑶	徐红	金成	费中胜	陈光华	吴关钦
马露霞	王海生	周碧华	周瑜娣	史婉珍	糜士元	蒋瑞胜	鲍琦	顾崇敏	马世华

第10期大中型企业统战部长培训班(37人)
(2002.4.22—25)

| 高洋 | 诸肖斌 | 张敏歧 | 潘孝国 | 丁丽娟 | 施颖 | 王小萍 | 黄月芬 | 张大年 | 包富樑 |

蔡卫国	张庭玉	李夏蓓	陈奕珂	沈伟星	余宏明	管雷鸣	丁素琴	王玲玲	周建平
顾群鹤	刘寇勋	方玉珍	郁静芬	袁　军	丁肖纯	桑润文	严仁瑞	胡培珍	陈亚芬
丁胜利	王耀娟	李文英	马　瑾	乔汉华	左　萍	陆　承			

第11期统战干部理论进修班(25人)

(2002.5.20—6.21)

徐宪民	李明磊	娄雪梅	金丽娟	阮金夫	朱巧玉	李海东	黄美玲	李　宏	潘玲娣
何丰来	曹福兴	卢国强	居根宝	单琼香	史　红	沈宝福	李　捷	陈燕飞	靳瑞华
胡明勤	朱道明	马富静	薛祖亮	周文华					

第11期大中型国有企业统战干部培训班(50人)

(2003.4.24—25)

陈仲贤	郭　愚	胡耐其	蔡丽萍	秦丽芳	俞惠芹	陈海亮	王建华	李　萍	贾长根
孙佳微	郑建镛	屠政毅	卢静雯	路昌明	朱世康	陈月琴	卞招娣	刘乐清	徐建生
许　江	韩　英	戴建辉	虞建平	徐为桓	金玉凤	叶忠义	袁贞康	朱建平	朱江华
张引妹	王闽生	周志伟	陈　靖	徐政仪	唐佩玲	乐丽芬	竺雷杰	赵罗瑛	陈泽群
王志勇	李金基	顾　征	庄毅韧	姜家国	张贵芳	李小莉	华文英	纪　蓉	王龙明

第12期统战干部理论进修班(34人)

(2003.9.1—30)

生健红	邵　军	李希凤	屠伟祥	李凤技	卢士梅	邹元和	施　健	毕家荣	黄乃昌
吴凤举	张渤东	严　杰	顾益华	宋晓青	张　伟	戎兆庆	杨鸿庄	陈海平	沈文福
宋晓涛	高爱芬	徐美云	卢秀臻	周小玲	孙　虹	杨润娣	汪洪娟	盛雪光	袁佳平
范桂国	季珏珩	马开年	金勤明						

第2期街道、乡镇分管统战工作书记培训班(73人)

(2003.9.8—10)

高金明	朱炼红	孙晨胜	徐美娟	李爱平	应志松	金晓玲	庄佩芹	姚玉香	朱苏灵
计学樑	李世樑	赵鸿侠	金宏海	于　生	袁芳荣	王卫国	孙　红	许美芳	胡　军
陆　健	王人权	张宏根	傅肃文	顾小红	陈　卫	陈鸣勤	汤士佳	何忠诚	张海德
张海平	王文兴	黄德明	王　辉	葛云华	钱惠琴	朱顺彪	王庆进	郁伟光	张未劼
林学东	沈利平	陆安全	胡永康	梅志英	张明伟	唐忠云	张惠芳	卞亚芳	江海平
陈永明	封益康	何伟光	盛新弟	潘富明	张金弟	陈小锋	张惠军	杨连明	李品龙
张迎春	潘　瑛	周克勤	施　震	蒋伟林	陈纪忠	章栩淬	沈烈强	潘秋明	胡国瑜
陆彩娥	鲁彩芳	姚士新							

第13期处级统战干部进修班(42人)

(2004.5.17—6.18)

| 俞富章 | 宋惠明 | 许吉鸣 | 游华基 | 史海岭 | 朱元东 | 章凌云 | 秦志超 | 张　红 | 李　芳 |

张元明　成伯涛　赵佩芳　杨　菊　吴幼甫　高林敏　黄志华　钱志坤　王昌范　康泰新
周象超　朱　仰　潘　勤　刘自励　单桂芳　肖士章　马秀明　高　飞　金　燕　王鹤群
王黎云　李玮颖　江海平　鲍炳中　俞　菁　王利萍　王雅军　方亦琇　祝燕萍　施振荣
徐德平　吴锡耀

第3期街道、乡镇分管统战工作书记培训班(37人)

(2004.5.24—26)

章佩茹　姚　琼　郁志英　杨军毛　张宝明　黄福康　江一明　于　洋　傅肃文　孙明丽
邓国庆　许庆龙　徐　勇　须华威　陈继渭　仇诗伟　蔡金龙　徐照观　彭　宏　孙秀强
韩　琼　陈颂明　顾静华　李林森　朱晨晓　陆纪平　徐育清　盛梅娟　费秀莲　陆　琴
康向清　周秀华　金关德　鲁彩芳　王玉龙　杨永球　陆秀金

第4期街道、乡镇分管统战工作书记培训班(41人)

(2005.7.5—13)

刘　英　钱月明　卢马扣　孙　毓　倪　倩　秦　文　吴照林　潘秀红　余治中　章佩茹
徐　民　胡祥明　郁志英　杨军毛　杭庆龄　陈海滨　顾小芳　金晓玲　徐新霞　顾凤仙
朱孝芹　朱苏灵　姚玉香　曹华君　张正行　张建宇　王京明　王梅苹　王鸿祥　高福良
杜　燕　周慰萍　包开正　陈永嘉　毛建国　邱　红　王建芳　郭佩莉　周炳发　沈　珏
张　愉

第1期统战系统中青年骨干培训班(32人)

(2005.9.19—28)

吴　兵　栾旭琛　何　建　彭立军　季凤文　徐剑锋　吴志栋　周卫平　王伟国　徐新生
单勇毅　刘　鸣　徐燕燕　李成梅　周梅婴　李　皎　孙达普　张继富　翟　靖　王　坚
黄克庭　范香菊　陈　静　徐志明　吴龙海　林丽平　张建宇　曹炜珏　李克峰　金明虎
陆利祥　姚　瑾

第5期街道、乡镇分管统战工作书记培训班(45人)

(2006.4.6—14)

钱月明　沈春雷　胡祥明　杨军毛　汤学科　郁志英　陈赛娟　王建唯　邹生顺　朱苏灵
韩先锋　王卫国　卢建强　张建宇　郭海英　车丽丽　王人权　包开正　邱　红　郭佩莉
唐照清　江一明　周炳发　沈　珏　许建强　戎兆庆　胡连凤　刘　芬　王　芳　姚明德
吴华朗　黄雅萍　林学东　沈　阳　徐　葵　张丽萍　蒋洁民　胡世辉　李美玲　周新刚
张连忠　谈黎明　钟　凌　沈秀红　杨永球

第2期统战系统中青年骨干培训班(46人)

(2006.6.19—29)

蔡晨赟　姚　红　万　原　魏国琳　方伟林　马映红　苏丽娟　邵　泉　刘　芬　于　波
程志红　刘　峰　顾育红　顾妙芳　金冬云　王志坚　朱鑫德　周　潇　苏　君　张丽萍

张建华	杨　春	冯菊红	吴　蕾	徐丽娜	程　元	吴馨萍	仲晔骈	程箴玥	陈继雯
戴蓓琦	董轶群	徐　炜	曹晓燕	王　嘉	余　伟	吴小沪	刘自勋	王玉明	宋晓涛
徐国明	屠胤捷	姚　勤	钟建宏	郑　聪	王　炜				

区(县)新任统战部长学习班(18人)

(2007.3.26—30)

张　静	刘春景	夏斯德	石宝珍	刘瀛萍	张慧珠	王雅萍	李玉华	李关德	李梦麟
周德勋	张　敏	刘其龙	房剑森	陆建铭	顾建中	程云华	王为群		

第6期街道、乡镇分管统战工作书记培训班(54人)

(2007.4.10—17)

陆　雄	黄建强	王春族	范幼敏	胡祥明	汤学科	杨军毛	李　滨	徐新霞	朱苏灵
唐尧昌	唐鸿飞	王　锐	卢建强	戴德炎	陈兴和	方亦琇	孙华东	陆正明	刘秋霞
竺晓中	杜　燕	徐　忠	邱　红	宁纪宪	周炳发	季　斌	朱丽敏	李岳良	孙明泉
刘学建	徐宝安	张　蓓	李龙皋	葛云华	张海平	陆湘龙	汪　怡	须平川	刘　峰
杨　燕	龚丽亚	黄明星	韩　琼	周新刚	朱玉标	杜一鸣	陆惠星	杨　黎	马　烨
徐　俊	费秀莲	施　斌	施文忠						

第3期统战系统中青年骨干培训班(40人)

(2007.6.11—22)

朱元婷	任照璇	邹海伟	贺正芳	戎伟栋	赵　鑫	洪晓敏	沈洁蕴	陈　威	陈海涛
金　文	顾伟东	龚　炜	黄伯雄	翟　靖	朱立斌	陈　雷	黎　轶	汪明洲	吕　洁
王永平	郑　艳	杨信治	宋　云	丁向前	黄　莺	俞丹秋	韦　琳	施　斌	周　潇
张　嵘	汪晓蓉	倪开阳	周征涛	童志萍	金　艳	朱霞珍	徐爱华	严晓蕾	许屹波

第15期统战干部理论进修班(32人)

(2007.10.22—11.16)

严明华	石京燕	徐宝安	冯志强	王继烈	杨丽萍	戚显蕙	施建林	汪　青	许　元
尹　都	王胜文	张连石	周国平	王志华	蒋连华	周卫平	王海波	刘耕新	周自翔
乔群慧	李庆海	刘长水	吴晓萍	陈　燕	刘济梱	朱鑫德	王小兰	李世荣	刘发林
施　东	周晓春								

第7期街道、乡镇分管统战工作书记培训班(61人)

(2008.3.24—30)

胡志国	钱俊梅	严怀中	胡祥明	郁志英	陈海斌	徐寅之	徐国良	王友晓	陈　铸
赵鸿侠	袁芳荣	陆利祥	江　萍	张　颖	江小丽	史海云	张磊生	宠正健	崔一民
胡耀良	朱晓雯	陈贵兰	李红珍	李伟坚	吴剑秋	翟崇俊	戎兆庆	孙明泉	李岳良
钱　玮	周　诚	季　军	于　沁	周惠珍	刘学建	李龙皋	葛云华	诸金华	陆湘龙
谈德弟	陶培龙	李中政	阳　晖	黄　莺	蒋洁民	余　敏	孙引良	梅星星	韩　琼

程　瑜　何伟康　李林森　石惠军　周象超　顾一平　连坚昌　陆金莲　钮东升　范利春
秦志超

第4期统战中青年骨干培训班(30人)

(2008.11.10—21)

赵　洁　杨　黎　杨海清　陈　新　肖庆华　李英莉　徐定耀　孟祥建　岳昌智　李　彬
肖阿伍　俞华斌　张亚萍　戴佩华　林　泉　卢振华　赵先如　刘　方　沈习茂　程茂源
陈　艳　余景怡　杨师泽　王再平　刘　严　潘洪贞　欧海磊　黄　赟　刘　嘉　于秋兰

统战培训工作研讨班(67人)

(2009.3.2—3)

赵　永　王伟国　庄子群　黄山明　郑传伟　张女欢　王黎云　杨健敏　张信华　金勤明
李祖望　阎嘉陵　吴珍美　方振敏　刘银芳　仰　颐　陆　琦　王罗清　吕　湘　郭洪海
缪力翔　冯菊红　佘　盈　徐菲菲　杨　春　吴思敏　沈瑞风　顾文浩　沈　薇　黄克庭
苏　海　吴志栋　郑　静　丁　琳　吴云燕　宋　云　周建华　刘　峰　杨润娣　何　婉
诸福先　丁建华　桂　琳　徐　奋　戚显蕙　宋　琳　商志刚　盛雪光　王雅军　康德山
金　松　靳瑞华　韩　猛　杜舟平　陈　征　张一东　诸月连　温映瑞　谢友杰　朱元东
高忠连　胡祥明　刘　云　秦志超　蒋连华　杨爱珍　顾行超

崇明县基层统战干部培训班(29人)

(2009.3.12—13)

黄　慧　薛　美　徐忠如　高品英　杨　雷　顾　超　陈建国　陈建英　王　利　顾建舟
季晓云　丁冬红　张忠振　陈汇辉　张仲耀　沈　辉　王慧健　徐　钢　杨文广　林艳华
张耀范　朱丹丹　沈忠连　顾晔华　董玲娟　张旭日　沈　东　陆建国　吴　蕾

第16期统战干部理论进修班(31人)

(2009.5.4—27)

王小柳　杜舟平　曹卫东　丁　琳　陈蕴珠　陆惠明　许卫峰　陈建平　樊　洁　仰　颐
徐汝明　张惠珍　潘元庆　彭立军　陆联群　张惠明　杜　洁　王　尧　黄　忆　马炳荣
陆　斌　袁光耀　王子昂　顾怡雯　蒋有任　单勇毅　杨丽炜　陈　建　徐丽娜　吕　湘
孙海燕

工商联系统干部培训班(37人)

(2009.6.9—16)

刘叶杰　李岳良　马建国　张　杰　李晋海　张宏才　高金龙　曹梦根　杨进龙　郑潮荣
董亚松　张美华　蔡培红　任　翔　朱奇文　王丽萍　甘联群　邵玎文　毛建国　沈国宪
黄志华　江　雁　乔海燕　李英莉　苏　樊　王敢峰　袁　娟　陆　畅　黄建中　王立顺
刘　皓　范成瑜　王　辉　朱洪伟　龚永强　连坚昌　宋　杰

青浦区社区统战工作培训班(11人)

(2009.7.21—27)

杨 嵘	潘恩华	周 芳	关乃章	姚哲明	陆惠新	周文娟	祁龙英	潘明明	缪琦珺
王丽霞									

第8期社区统战工作学习班(58人)

(2009.9.1—2)

胡志国	张 斌	施家凤	庄凤霞	尤兴国	徐伟年	钱 燕	董卯明	伍彦心	开建中
王建唯	张 颉	施 正	王 锐	张 桦	马秋明	施 东	汪叶根	李 琳	杨丛湖
潘俏敏	田 晨	徐 静	戎兆庆	孙明泉	李岳良	胡建成	毛立鹏	谭振勇	黄 荣
李龙皋	王文兴	张海平	袁佳卫	刘发林	徐子平	王佩桦	曹维渊	沈华强	罗惠兰
陈 彪	潘海英	钱立英	周 宏	黄 萍	陈建平	蒋仁军	盛雪花	沈 茜	钱凤英
李希凤	施 音	周文娟	徐孝芳	缪琦珺	徐德平	徐 蔚	范利春		

第12期青年统战干部培训班(54人)

(2009.10.19—23)

张 晶	卢 新	潘丽文	陈 捷	梅星星	孙艳丽	蒋逸天	刘中正	蔡文雯	刘 静
朱卫权	卫 瑜	陈 翀	王 瑛	王红巧	谭佳巍	高志光	吴云燕	吴珽婷	王 葳
谢书赞	李从新	李 攀	陆 涵	朱勇文	徐菲菲	屠荔萍	郭雨彤	倪晨婷	郑国兰
杨厚兵	程 畅	张亦弛	丁梦婕	赵也明	王伟球	潘旺欣	龚晓蕾	杨 萍	缪鹏平
王 轶	应 坚	顾明理	劳 洁	王 婕	茅清珉	宓晓亭	钱宇波	吴耐强	孙 洁
杨丽宁	蔡 明	李 彬	张 菡						

统战系统办公室主任培训班(37人)

(2010.4.9)

尹 都	任杰诚	陆为平	解白桦	张 捍	吴志栋	开礼标	陈 建	周国平	姚素妹
王开峰	高 洪	曹炜珏	黄宜勤	张奕益	史海云	周金瑞	朱晓雯	曹国范	朱丽敏
刘学建	殷 之	姚明德	沈华强	李 颖	孙文杰	施 音	王永平	陆春明	潘 敏
吴研露	高文红	徐新生	王 琴	张女欢	刘 鸣	张 菡			

市工商联系统干部培训班(31人)

(2010.6.7—14)

陶励强	詹荣贵	许明华	陈 伟	林建钦	武世安	刘福其	刘大路	潘嘉明	陈 璐
朱海英	秦 珠	王 翠	赵 丹	黄 忆	封丹华	毕家荣	张 建	秦小平	顾月明
柴筱谊	王谷峰	苏谢彧	刘 焰	张 辰	施 翼	胡 雯	李英莉	刘爱群	陈士萍
林嘉敏									

第13期青年统战干部培训班(49人)

(2010.9.13—17)

王争现	李 俏	王鹏程	赵顺新	马立水	李 俊	杨晓婷	孙高伟	陈爱芳	金 鑫

任　华	周　华	徐　晔	滕召蓉	韩峰峰	林　锋	叶海峰	徐美骏	付　凯	杨　雪
韩　流	丁宏新	陈碧璐	黄岱崑	李兰兰	毕旗凯	祝　芳	周　洁	张文一	陈燕玲
魏　琴	聂学林	於铁君	庄　菁	朱卫权	宋鹏霖	查纪春	朱　盈	龙跃波	刘旺青
王　沁	黄远圆	冯　蓓	姜　桦	顾维哲	毕　竞	汪　浈	相　征	徐婷婷	

第5期中青年统战干部培训班(46人)

(2010.11.8—18)

周　敬	王　琛	苏卓君	邱兰芳	黎同炎	张小雁	夏　云	朱晓琴	李　彬	张明哲
代红侠	薛　燕	杜福昌	顾文浩	陆　岷	胡立新	陆学文	赵载频	严惠莉	王颖华
陈宋豪	郑国兰	钱　菲	朱　盈	蔡晓舟	魏艳伟	吴传斌	陈坤梅	朱　莎	何元庆
赵海华	罗椿桥	罗莉芳	邓小娟	周　明	张雷英	刘丽斌	李　烨	王　沁	王令仪
史卫卫	王晓春	严君良	汪　锋	张　翼	吴　展				

三、委托班次

云南省统战部长学习班(38人)

(1998.5.12—26)

焦再安	伍荣清	沙白云	何海燕	赵建成	周德云	张俊伟	郑奕卫	赵家顺	银留孝
许洪森	钱凤英	苏贵生	赵春光	八化益	金塔明	杨立德	苏丽杰	雷庆丽	欧维富
蔡惠吟	杨再喜	贺江林	宋国荣	廖云江	李定良	彭济生	周艾林	寇　芬	李旭宏
束嘉睿	戈松和	刘　海	李俊平	徐筑平	吉　称	黄跃山	陈　志		

致公党福建省委骨干党员培训班(38人)

(2000.5.14—24)

陈文炳	潘恩德	张　强	郑学林	王小娟	林　翰	许祖乐	陈同云	郭志超	王建东
胡朝阳	胡庆斌	苏新辉	李玉昆	李传芳	陈铭福	叶瑞芳	潘贤根	谢淑惠	陈永强
朱建墩	庄其舜	黄经涛	陆丽钦	吴春树	郭立红	张子方	蔡溪根	郭保健	林明艳
吴丽娜	张子平	关琰珠	张桂英	温旺荣	陈家豪	谢储辉	肖维明		

杭州市民主党派、工商联领导干部读书班(73人)

(2006.10.30—11.3)

陈重华	卢华英	吴锡根	俞小安	王慧中	方　方	周红英	姚雅仙	任旭荣	张永谊
朱启鸿	宦金元	王　英	陈小平	郭清晔	薛滔菁	徐土松	吴　彦	赵光育	翁启蕴
钱杭根	王　鸣	张爱莲	鲁　奋	肖　锋	毛海涛	吴正虎	方治平	周智林	朱彩凤
章鹏飞	郁嘉玲	胡小平	胡泽之	朱祖德	沈祥熙	刘秋敏	杨金南	崔新明	楼玉宇
罗　苑	张必来	庄哲卿	王　坚	黄大成	黄　靖	徐国良	王建沂	吴秋明	高德康
王水福	许荣根	陶晓莺	陈妙林	郑玉英	王　杰	叶鉴铭	夏福志	冯仁强	臧建五
余仲民	陈　曦	叶小宝	吴建荣	俞致平	邱有来	白美玉	陈国康	郭昌友	皇甫瑞庆
陶正方	蒋春生	袁天春							

常州市民主党派领导干部研修班(26人)

(2007.7.12—14)

卢明康	徐诚卿	谭 震	邹建源	赵忠和	李江蛟	李永达	杜跃华	沈惠平	汪志光
俞志宏	芮永全	徐 红	蒋必彪	张志朝	陆志奋	陈建国	曹玉屏	马正华	申春悌
胡建平	张云云	黄富华	赵 彤	俞 申	江 冰				

绍兴市民主党派干部培训班(102人)

(2007.7.23—26)

齐宽明	李冬水	吴 军	金如如	于庆国	方 英	许永明	沈元良	陈 焕	林文彪
金阿土	洪忠良	钟莉莉	黄文锦	杨 健	周一农	方 静	何黎明	李桂金	单胜江
周菊芳	姚百青	祝静芝	倪自力	徐 泳	钱伟平	梁森磊	徐青松	车晓端	马恒忠
潘锦仁	陈德洪	史 萍	孙亚玲	李建钢	何小玲	金旭辉	赵 立	胡克勤	徐剑平
陈伯怀	孟建新	胡青蓝	马亚振	刘 军	沈荣根	周春雨	曹兴强	葛伯军	胡少云
华 凯	骆学新	王 侠	陈三妹	沈钦荣	沈荣根	陈菊珍	周 萍	洪安龙	夏春燕
屠建忠	屠春雨	斯徐伟	丁晓燕	胡伯年	翁培雄	张宪疆	金菊仙	俞雅萍	徐光华
钱素琴	诸晓明	傅文安	蔡金标	王玉书	许吉荣	赵家骐	周能兵	沈红卫	陈显明
吴建平	陈水坤	章利萍	祁金凤	刘美玲	毛东敏	潘伟英	金国琴	王雅宝	钱津道
李远静	胡月芳	史赛敏	董嘉德	龚晓芬	陈张球	钱小毛	杨志新	郭建华	何熙彦
韩潜洪	沈舟江								

四、学历教育和技能培训班

上海市统一战线干部专修班(与上海师范大学联办)(43人)

(1986.9—1988.7)

周本发	章云鹤	徐国全	浦珊明	章国元	焦仁浩	吴慧芳	乐 瑾	叶利民	郭天忠
赵承浩	金定军	严 蓉	姚大为	许佩琴	伍贻民	周新民	章荣樑	殷建华	米慧珠
严 玲	翟海安	滕 勇	盛锦霞	潘玉花	汪集联	杨建平	郑 荣	潘人仪	缪力翔
沈顺南	励治平	孙 衔	李 俊	周 琦	吴棂山	沈琼玉	乐开贞	沈立新	陈燕飞
严文龙	柴慧俐	王心平							

中共党史专业(统一战线方向)硕士研究生课程班(与华东师范大学联办)(20人)

(1995.10—1997.10)

刘庆宪	黄 萍	陈兴为	张 颖	杨国梁	赵伟馨	杜黎明	杜舟平	潘富根	诸福先
唐祖潮	经廉义	赵剑萍	孙小铭	王 瑛	沈飞德	蔡沫西	史 红	戚爱华	陆正明

第1期统战系统公务员依法行政与WTO基本知识培训班(69人)

(2002.10.25—11.20)

张庆华	胡志强	何 倞	郑 琪	江祥新	张 化	郭电波	闫瑞前	黄仁雷	陆 琦
黄知正	李 霞	汪明洲	杨常胜	王 玲	李惠兰	李 宁	沈琦琦	毛仁浩	严小倩

谷苏南	张连石	王思东	薛洪玉	李明英	杜　洁	王　尧	江晓华	金　彦	窦　伟
邱海军	左　虹	胡志敏	克祖蒙	何　建	潘朝锋	蒋悦新	朱巧玉	张　懿	朱松林
朱一中	姜　斌	何琪琦	刘明明	潘学中	卢丽娟	张　捍	胡正安	邵　东	徐　舫
沈凯雄	李惠生	付　凯	王　坚	曹振新	马红英	任爱平	腾鸿亮	张朱平	严炯杰
林　戎	姚素妹	吴　蕾	马蓓华	陈　建	俞　钒	胡慧芳	蔡晓舟	刘炎麟	

第2期统战系统公务员依法行政与WTO基本知识培训班(75人)

(2003.4.11—5.16)

彭立军	王胜文	史　红	张一敏	王　鹰	杨忠根	陈燕飞	郑菊香	王　敏	姜　柯
龚　炜	石如燕	缪忠鹤	张青明	张继富	沈珂宇	王　维	施建国	董向明	依　映
张元祥	热依拉	赵申生	朱　军	袁　斌	计　宁	陈莉琦	周国爱	赵士珺	胡汉申
余晓芳	曹　波	申　忠	邹　芳	曹　宁	陈　轩	顾秋琴	方孟梅	程暑霞	刘晓璟
钱　菲	柴筱谊	马炳荣	何　韵	万　建	李凤技	张　懿	林嘉敏	刘剑峰	季凤文
樊天平	王　倩	司徒美琴	黄鼎雄	许广达	钱　晟	秦明章	徐建恒	刘　清	孙海燕
王开峰	李　彬	夏乐辛	柏文礼	李　明	李科达	吕　湘	孙达普	陈　婕	顾惠民
苏　君	金定军	沈智远	刘　红	熊新亚					

第3期统战系统公务员依法行政与WTO基本知识培训班(91人)

(2003.10.31—11.28)

胡　敏	许开盛	赵桂萍	何德利	陆纪鸿	李伟民	马万家	周文华	周　莺	王昌范
黄　忆	刑国利	翁一飞	陈春子	周　文	李　讯	沈洁蕴	戴英杰	陈海涛	沈　旻
张晓航	于小民	李海东	姜少章	俞宝麟	张霞云	黄立群	庄昌泰	顾小林	吴思敏
吴研露	熊小泓	陈　佼	张女欢	王子昂	杨鸿庄	朱　盈	吴馨萍	王　沁	钱　颖
丁建国	刘耕新	尚家清	李　昂	曹晓燕	黄　赟	杨丽炜	刘　鸣	马建华	张国蓉
陈　虹	石惠芳	张　震	王　聪	陈钟铭	钟　华	李分尧	杨丽娣	李　白	左　莉
康泰新	李　芳	林睦群	徐　炜	欧海磊	陈　静	朱　怡	袁光耀	莫剑炯	金　伟
陈　慷	纪　玲	郭幼炎	戴蓓琦	郑瑶珩	贺正芳	薛　燕	濮　奇	陈　军	金　佩
宋华忠	王一平	曹山虎	王　英	蒋　立	邓小娟	肖诗浩	朱帼英	胡伟平	吴　展
张淑瑾									

第4期统战系统公务员依法行政与WTO基本知识培训班(59人)

(2004.5.14—6.11)

吴建平	乐伯龙	栾旭琛	周　潇	王　丹	潘　烨	王　琴	单勇毅	纪　玲	林　戎
张建华	蔡　姬	周佩君	徐　桦	石连芳	杨建臣	张　鑫	宋建荣	蔡小蓓	杨师泽
周自翔	吴鸣放	王伟国	沈海燕	王　轶	潘荣康	王谷峰	符如哲	李晶姣	金尧本
于　廉	张　红	王圣文	陈　艳	程　元	李　烨	黄威娜	杜福昌	王罗清	虞晓岚
王长云	范子秋	刘　嘉	王黎云	石惠芳	陈　虹	尚家清	洪晓敏	沈琦琦	俞平尔
周良玉	陈御苑	钟祯福	应庸康	席松林	蔡　瑗	朱言敏	王力勤	张亚颂	

第5期统战系统公务员依法行政与WTO基本知识培训班(126人)

(2005.6.3—17)

郭洪海	仝 锦	邵秀芬	杨爱珍	王 瑛	吴思敏	阮金夫	沈 微	陈维生	彭洪博
曾 群	陈 慷	戴仁德	钟克君	于金生	蔡泉源	叶兴强	江丽英	金 浩	潘富根
顾秋静	程暑霞	程晓黎	徐谋宏	王国民	钱 华	陈介方	袁新妹	郑瑶珩	李素珍
缪力翔	杨 春	黄克庭	沈瑞风	冯菊红	陈列民	佘 盈	李庆华	徐剑锋	苏 海
蒋连华	吴福民	钟霞仙	陈大伟	龚建昌	徐丽娜	吴志栋	张 翼	林睦群	李 颖
林丽平	赵 鑫	于秋兰	王 炜	贾 林	司伟建	方修仁	樊宇珍	董轶群	沈佳敏
何元庆	杨丽宁	尤丽芳	陆祥麟	张黎琼	罗湘绮	俞 峰	沈斐靖	赵 永	周卫平
潘 敏	佟雪菲	陈振民	胡 波	蒋有任	徐德定	蒋泽芬	顾小林	程箴玥	徐新生
邹海伟	严惠莉	蔡南南	戚意理	王 玮	黄山明	舒 鸣	季国进	马开年	匡 鹏
寿雅芬	庄子群	邵 荣	唐祖潮	张 平	陈海平	魏艳伟	乔群慧	陈海林	顾怡雯
林永建	程茂源	徐志明	仲晔骅	陈佩红	高文红	李 白	任照璇	方 芳	胡玮敏
吴龙海	彭红文	李庆海	陈国强	徐福荣	张志圻	陈继雯	严君良	奚秀凤	潘洪贞
郁正蕾	黄 均	严燕韵	倪煊标	赵海华	朱玲玲				

第1期信息技术应用基础培训班(29人)

(2001.6—9)

庄子群	沈文福	林重耳	李建国	张静芳	邱静铮	杜 云	张黎琼	尤丽芳	蒋泽芬
蒋有任	严慧莉	江国强	马蓓华	杨建敏	林丽平	黄雪樱	林睦群	李庆华	吴福民
龚建昌	缪力翔	刘允新	陈维生	石连芳	王采琦	刘建平	王 维	濮海虹	

第2期信息技术应用基础培训班(19人)

(2002.5.29—7.25)

金玉真	阮启忆	贾玲玲	蔡慰慰	吴继萍	房济民	王 健	焦震华	姚素妹	廖学梅
沈梅芳	邵 思	徐雄清	王智勇	应志德	冯婉菁	郭洪海	潘爱琴	佘 盈	

上海玉佛禅寺电脑培训班(58人)

(2002.10.8—12.23)

慧觉	悟端	长春	义无	文渊	计善	发心	汉棠	灵藏	昌达	昌明	明非	明海
果明	果智	泽忠	空音	雨平	觉定	追祥	通了	常进	常信	常增	惟一	惟宁
惟尘	惟觉	雪明	超明	源珠	瑞峰	演因	慧华	慧芝	慧泽	慧禅	慧静	曙东
曙嵘	曙提	耀智										
周富根	王国坚	王宝珍	王健康	刘向东	朱清华	许永忠	何晓茸	何慧英	李 华
杨正荣	沈慧莉	邵蓉华	查金娣	倪春霞	高真龙				

电子政务培训班(43人)

(2004.3.25—6.3)

张跃实	计 宁	曹 波	陈 轩	翟 靖	蔡晓舟	钱 菲	修彦彬	金 彦	何 建

窦伟　朱松林　刘珏玲　胡志敏　姜斌　董向明　施建国　蒋悦新　赵海华　沈洁蕴
蔡小蓓　柴筱谊　俞宁纬　李娟　翁一飞　周莺　卢丽娟　张朱平　邵东　刘剑锋
王敏　杜洁　王莞　林丽平　于秋兰　陈威　陆琦　蒋立　朱帼英　肖诗浩
吴展　王罗清　李彬

公务员实用英语培训班(一)(31人)
(2001.4.24—6.8)

邹海伟　胡波　陆敏　程篊玥　钱晟　徐桦　秦明章　胡忠泽　宓正明　张亚颂
刘长水　王聪　蔡瑷　吴赛阳　马建华　钟华　李昂　朱言敏　俞峰　周卫平
潘敏　柳春杰　赵永　罗湘绮　尤丽芳　陈海林　林永建　唐祖潮　仲晔骅　王莼
马蓓华

公务员实用英语培训班(二)(26人)
(2001.4.25—6.13)

薛燕　刘清　汤卫国　李彬　孙海燕　王建敏　宋华忠　苏君　顾惠民　李国兴
匡鹏　胡伟平　周潇　江祥新　张化　朱帼英　黄仁雷　沈智远　黄知正　宋斌
俞平尔　徐焕之　沈伟君　吴展　邵秀芬　彭洪博

公务员实用英语培训班(三)(32人)
(2001.11—2002.3)

李海东　沈洪波　余晓芳　俞宝麟　庄谦汉　方孟梅　张淑莹　程暑霞　顾秋静　陈建
江国强　程茂源　顾怡雯　陈佩红　乔群慧　俞钒　戴鸿发　徐国华　江丽英　胡波
严慧莉　庄昌泰　王浩敏　蔡玮　戴英杰　陈慷　陈静　潘敏　尤丽芳　周卫平
俞峰　程元

附 录

一、文 件

中国人民政治协商会议全国委员会
关于组织各界民主人士和工商业者进行政治学习和理论学习的决定

(1956年3月27日中国人民政治协商会议第二届全国委员会常务委员会第二十次会议通过)

为了适应我国社会主义建设和社会主义改造新的政治形势的需要,适应各界民主人士(各民主党派、人民团体、国家机关和人民政协各级委员会中的民主人士以及其他爱国民主人士)和工商业者对政治学习和理论学习的要求,本会和各级地方委员会应当分别不同对象,根据当地情况,采取各种办法,组织各界民主人士和工商业者在自愿的基础上进行政治学习和理论学习。

(一) 对于各界民主人士的政治学习和理论学习,采取以下办法:

(1) 学习座谈会(学习会),由本会和各级地方委员会继续举办,组织各界民主人士参加学习。学习的内容主要是时事和政策问题。

(2) 业余政治学校(例如夜大学),由本会和直辖市、省会所在市以及其他有条件的市政协委员会举办,或者委托当地适当的高等学校、干部学校举办。组织各界民主人士和人民政协、民主党派、工商业联合会等机关的干部参加学习。业余政治学校可以陆续开设中国革命史、政治经济学和哲学等项课程。如果条件许可,可以同时开设两门或者三门课程,供学员选择。

(3) 短期政治学校,由人民政协各省委员会举办,或者同其他机关联合举办,也可以委托适当的高等学校、干部学校举办,每期半年左右,集中吸收县、市的民主人士参加,学习政治理论的基础知识和时事、政策的基本问题。

(4) 社会主义学院,由本会委托中国人民大学在北京举办,吸收和中共高级党校学员的职务或者级别大体相当的民主人士(包括在中央的和地方的)分期分批入学。每期定为一年。学习内容,第一期暂定《辩证唯物主义和历史唯物主义》、《政治经济学》和《中国革命史》三门课程为必修课,还可以增加其他适当的选修课程。此外,还要组织一些重要的时事、政策的学习。

对于符合进社会主义学院学习的条件但又不能长期离职学习的民主人士,有计划地实行每年离职短期学习(两个月左右)的办法,依照每个人的自愿选择社会主义学院的课程,进行自修。自修可以编组,不愿意编组的,也可以不编组。对于他们的自修,在必要的时候,应当进行适当的辅导。

(5) 在国家机关、学校和企业任职的民主人士愿意参加本会和各级地方委员会组织的学习,还是愿意参加所在机关组织的学习,由他们自己选择。

(6) 民主人士的家属,根据可能和自愿,可以参加上列(1)、(2)、(3)项的学习。

(二) 对于工商业者的政治学习和理论学习,可以采取以下办法:

(1) 开办短期讲习班,作为两三年内组织资本主义工商业者进行学习的主要方式,务使能够集中学习的资本家和资本家代理人(可以包括一部分要求参加学习而又不妨碍企业生产经营的小业主、一部分要求参加学习的资本家的家属和资本家代理人的家属)都能分期分批轮流学习一次。讲习班开设三门课程：① 当前阶段的社会发展规律的基础知识；② 企业改革的基本知识；③ 当前的重要时事和政策。各大、中城市应当尽可能开办这种讲习班。其他有需要开办这种讲习班的市、县可以在当地开办，也可以由专署所在的市统一举办，吸收专署所管的县、市的资本主义工商业者参加学习。讲习班应当在政协的统一规划和指导下，由专业局、专业公司、工商业联合会、民建会、妇联、青联等方面联合举办或者单独举办。对于由专业局、专业公司为主开办的讲习班，民建会和工商业联合会等人民团体应当尽可能参加；对于由工商业联合会、民建会等为主开办的讲习班，专业局或者专业公司应当尽可能参加。讲习班可以根据参加学习人员不同的政治水平和文化水平分为两级或者三级，也可以不分级。学习的时间，每期定为两个月到四个月。每期要开多少班，由各地根据需要和可能决定。

（2）资本家和资本家代理人参加这种短期讲习班之前，可以参加工商业联合会或者合营企业所组织的时事和政策的学习，或者参加其他适当方式的学习，由当地有关方面斟酌情况处理。在他们参加了短期讲习班以后，进一步组织他们学习，可以参酌下列几项方式办理：① 同他们所在企业的干部、职工一道进行时事和政策的学习。干部、职工的理论学习，如果课程适合于他们的情况，也应当尽可能分别吸收他们一道学习。② 参加当地政协举办的业余政治学校，学习适合于他们的课程。③ 参加由工商业联合会、民建会、妇联、青联等方面为他们举办的学习班，学习适当的科目。这种学习班可以联合举办，也可以单独举办。

（3）对于广大的小工商业者（主要指自产自销、加工定货、经销代销、自营的小工商业者），继续由工商业联合会以各种适当方式（包括学习班、学习组、报告会、讲演会等）组织他们进行学习。学习内容除时事政策外，还可以适当地增加政治常识课和业务课。对于不可能参加短期讲习班的资本主义工商业者的家属、小业主和少数资本主义工商业者，也可以参加这一类的学习。

（三）对于散在社会上的中、上层人士和他们中间的一部分家属，由人民政协地方委员会会同各民主党派和有关人民团体的地方组织，组织他们进行学习。学习的内容以时事、政策为主，也可以组织他们参加政治理论学习，学习的方式可以采取报告会、讲演会、座谈会和学习小组会等。

（四）在学习中，着重采取自由辩论、讲清道理的办法。随时结合需要，组织各种参观。

（五）关于组织各界民主人士以及散在社会上的中、上层人士的学习所需要的经费应当列入本会和各级地方委员会的预算。关于资本主义工商业者短期讲习班所需要的经费，统一由专业公司负担；组织工商业者进行经常学习所需要的经费，由工商业联合会负担。

离职学习期间的薪资，由原单位照发，原有的生活待遇，不加改变。

（六）本会和各级地方委员会设立学习委员会；在学习委员会下可以设立办公室，在工商业者较多的地方可以设立两个办公室，分别办理各界民主人士和工商业者的学习事项。学习委员会应当组织各有关方面的力量，使他们能在统一的学习规划之下，适当分工，通力合作。

（七）关于组织少数民族上层人士进行学习的办法，应当根据他们的自愿，充分注意各种不同的情况和特点，参考上述办法来拟定。在少数民族地区，由当地领导机关负责拟定；在一般地区，由主管民族工作的部门会同有关方面商量拟定。

中央统战部关于创办社会主义学院的实施方案（草案）

（1956年3月31日）

一、社会主义学院的学制暂定为一年，每期招收学员500名左右。第一期招收学员200名左右,定于今年9月1日正式开学。

二、课程与教学形式:

(1)课程。按下列顺序讲授:辩证唯物主义和历史唯物主义(共讲10周)、政治经济学(共讲14周)、中国革命史(共讲12周)。同时,还要组织时事、政策的学习。

(2)教学形式。以教师的系统讲授和学员的座谈讨论为主,并且结合教师的辅导。座谈讨论要采取自由辩论的方式,并且要启发、引导学员结合自己的认识,进行适当的分析。座谈会上没有解决的问题,分别由教师解答或者请有关的负责同志做报告。为了丰富学员的感性知识,要适当的组织他们到工厂、农村进行参观。

结业不采用考试的形式,但是在每门课程学完的时候,可以在自愿原则下写学习心得。

三、组织机构:

(1)院长1人,拟请人民大学校长吴玉章同志兼任。

(2)教务处,负责思想工作及教学行政工作。设正、副处长各1人,辅导员3—5人,助理员4—6人,教务员1—2人。

(3)秘书室,负责对外联系、文书及人事工作。设主任1人,秘书3人。

(4)总务处,负责行政事务工作。设处长1人,科长2人,科员、管理员、办事员共12人(勤杂人员在外)。

所有以上处室编制及其他工作人员详细编制拟另报编制委员会。

该院所需要的工作人员,除了动员和组织各民主党派、人民团体和有关方面的党外人士来担任外,必须由党内调配的请中央组织部负责解决。

四、校舍需要新建。校舍和设备与高级党校的标准相同(标准和高级党校大体相等,不应再高。——彭真)。校址拟选在中国人民大学附近,修建的具体计划另报,并拟请主管基本建设部门能予提早列入1957年基本建设计划,并且修建完成。

五、根据目前北京市的建筑条件,校舍最早要到明年秋季以前才能修好。在校舍修好以前,第一期拟全部采取走读办法,只招收住在北京的高级民主人士入学。

六、以后有必要的时候,也可以在上海、武汉、四川开办社会主义学院分院(已详中宣部和统战部关于帮助民主("民主"二字是总理加的)人士学习的办法中,已告毅夫同志(征求三个党委的意见。——彭真)。

关于社会主义学院学习方法的规定

(1956年7月5日全国政协学习委员会通过)

根据社会主义学院的性质,为了使学员学习的效果更好,在学习方法上应该采取自由、自愿、自觉的原则。除教员作必要的讲授之外,要着重自由研究,民主讨论,对课程不要求死记条文,提倡开动脑筋,独立思考,着重理解,着重学习分析问题,学习将理论运用于实际。小组讨论,不拘形式,力求生动活泼,为了追求真理,提倡人尽其言、言尽其意,在学术上允许各种见解的存在和争辩。反对教条主义和形式主义的学习方法,对学员的学习不作任何硬性的规定和要求,"反对把人们的思想束缚在一条绳子上面"。务必使每一个学员在这里学习的时候情绪是轻松愉快的,所求得的马列主义真理的知识和觉悟的提高都是经过自觉自愿的努力钻研,然后自然而然地获得的。

为了保证上述原则的实现,在教学行政上必须确定下列措施:

（一）入学时不举行考试和测验。

（二）不填写调查登记表（只填写姓名、性别、年龄、籍贯、民族、党派、职务、健康状况等）。

（三）不审查历史，不检查思想。

（四）结业时也不举行考试和测验，写学习心得与否，写的字数多少，皆依个人自愿。

关于社会主义学院学员条件的暂行规定

（1956年7月7日中国人民政治协商会议第二届全国委员会常务委员会第二十五次会议通过）

根据"中国人民政治协商会议全国委员会关于组织各界民主人士和工商业者进行政治学习和理论学习的决定"，社会主义学院吸收和中共高级党校学员的职务或者级别大体相当的民主人士（包括在中央的和地方的）分期分批入学。因此，凡属于本规定所列举的职务范围的各民主党派、无党无派和各方面的民主人士，有相当文化程度、身体健康、而在职务上允许离职一年学习的，根据本人自愿，可以申请进入社会主义学院学习；其中职务上不允许离职一年的，不要参加；年高、体弱、有病不适宜参加学习的，也不要参加。

参加社会主义学院学习的，如果因健康等原因不能终业的，可以中途退学。

社会主义学院学员的职务范围列举如下：

一、政协

1. 政协全国委员会委员，正、副秘书长，秘书处正、副处长，学委会委员和学委会办公室正、副主任。

2. 政协省、自治区和直辖市（包括原是直辖市后改为省辖市的市）地方委员会主席、副主席、常委、秘书长、副秘书长。各省省会和自治区人民委员会所在地的市以及50万以上人口的省辖市地方委员会主席、副主席。

二、民主党派

3. 各民主党派中央委员（中央理事）、候补中央委员（候补理事）、秘书长和副秘书长。

4. 各民主党派中央直属各部（处、室）和委员会正、副负责人。

5. 各民主党派省、自治区、直辖市地方组织正、副负责人和由各民主党派中央提出的其他相当的地方组织的正、副负责人。

三、人民团体

6. 各全国性的人民团体常务委员（主席团委员、常务理事）、委员（执行委员、理事、监事）、候补委员（候补执委、候补理事、候补监事）、秘书长和副秘书长。

7. 各全国性的人民团体直属各部（处、室）和委员会正、副负责人。

8. 各人民团体省、自治区、直辖市地方组织正、副负责人和由各全国性的人民团体提出的其他相当的地方组织的正、副负责人。

四、国家机关

9. 全国人民代表大会代表。

10. 全国人民代表大会常务委员会所属相当正、副、局长以上职位的人员。

11. 国务院所属各机关相当正、副、局长以上职位的人员。

12. 最高人民法院和最高人民检察院所属相当正、副司、局长以上职位的人员。

13. 国防委员会委员。

14. 省、自治区、直辖市人民委员会委员和正、副秘书长以上的人员。

15. 省、自治区、直辖市人民委员会各厅(局)长、副厅(局)长,各委员会主任、副主任和职位相当的人员。

16. 各省省会和自治区人民委员会所在地的市以及50万以上人口的省辖市市长、副市长(原是直辖市后改为省辖市的,按照第14、15两条办理)。

17. 高等学校校长、副校长、院长、副院长。

五、其他

18. 由政协全国委员会、民主党派中央、全国性人民团体、中央级国家机关等方面提出的科学技术、文艺卫生、少数民族、华侨、宗教界以及其他条件相当的民主人士。

关于举办上海市社会主义学院的方案

(1958年10月11日上海市政协常务委员会第二十七次会议原则通过)

本会为了适应大跃进形势的需要,根据各界民主人士自我改造的要求,积极创造条件使各界民主人士参加生产劳动锻炼和联系实际的短期政治学习,以进行社会主义教育,特决定建立上海市社会主义学院,方案如下:

一、学员对象

学院以吸收市、区两级民主人士中的代表性人士约3 000人左右为主要对象。其范围是:

1. 市、区人民代表及全国人大在沪代表;
2. 市、区政协委员及全国政协在沪委员;
3. 市、区民主党派组织的委员及各党派中央在沪委员;
4. 市、区工商联执委及全国工商联在沪委员;
5. 其他代表性人士。

二、学习要求

学院目前举办短期轮训班,使上述人员每人脱产学习4个月,准备在2年多的时间里轮训完毕。

学习的要求是:通过轮训,帮助各界民主人士在政治思想上初步树立劳动观点与群众观点,明确社会主义建设事业中的基本问题;进一步认识坚决接受党的领导和走社会主义道路的必要性,和继续搞臭资产阶级的个人主义,批判"甘居中游"思想的重要性;在劳动锻炼中养成劳动习惯和初步懂得一些生产知识,以克服轻视体力劳动和脱离实际的状况,在生活上培养劳动人民艰苦朴素的作风,加强集体观念、组织观念和纪律观念的锻炼,克服自由散漫、好逸恶劳的倾向,以便使学员赶上大跃进的形势,加速自我改造。

三、学习方针与内容

在学习中贯彻理论与实际相结合、劳动与教育相结合、改造与服务相结合的方针,以劳动生产和为农村人民公社服务为基础。从劳动生产和生活实践中的思想实际出发,以党的社会主义建设总路线为中心内容,以毛主席著作为主要教材,同时阅读一些有关的党的文件和必要的马克思、列宁主义的经典著作,根据学员的具体情况组织以下的各项学习:

(一)劳动学习

1. 在生产上主要同本市郊区的人民公社挂钩,按照学员劳动力的具体情况,分别在人民公社内参加农作物、畜牧、园艺及工业、建筑等生产劳动,以及参加公社群众性的生产、改良农具、文化教育等活动。

2. 在校内园地上种植蔬菜与饲养家畜,使学员通过分工负责管理生产,懂得一门生产知识,并要求逐步达到学员的日常副食品供应由学员自己劳动解决。

3. 在日常生活上,无论衣食住行和公共卫生,根据自己动手的原则,尽量由劳动来解决,以培养学员劳动的习惯。

(二) 政治学习

通过劳动生产和生活实践,密切结合学员的思想情况,就以下几个主要问题分成几个单元进行学习:

1. 劳动观点和劳动态度问题。通过学习毛主席《改造我们的学习》和《实践论》等著作,以及中共中央关于各级领导人员参加体力劳动的指示和陆定一同志关于《教育必须与生产劳动相结合》的文章进一步懂得劳动创造财富、劳动创造世界、劳动创造知识和社会主义劳动的性质等基本问题,明确参加劳动生产对于资产阶级分子和资产阶级知识分子进行自我改造的重大意义,从而树立正确的共产主义的劳动观点和劳动态度。

2. 群众观点和集体观点问题。通过学习毛主席《青年运动的方向》《大量吸收知识分子》等著作及刘少奇同志《论党》中关于党的群众路线问题,进一步明确群众创造历史、卑贱者最聪敏、个人在历史中的作用等基本问题,从而放下架子,老老实实向工农学习和为他们服务,在劳动人民的熔炉里进行彻底的自我改造。

3. 社会主义和共产主义问题。根据社会主义工农业大跃进的当前形势和参与建立人民公社的实际活动,学习毛主席《关于正确处理人民内部矛盾的问题》,刘少奇《在"八大"二次会议上的工作报告》,中共中央关于在农村中建立人民公社问题的决议,马克思、恩格斯、列宁、斯大林"论共产主义社会"等著作,进一步明确社会主义制度的无限优越,资本主义制度的黑暗腐朽和必然死亡,以及在社会主义建成以前无产阶级同资产阶级的斗争、社会主义道路同资本主义道路的斗争,始终是我国国内的主要矛盾,从而坚定地在党的领导下走社会主义道路,全面理解在继续完成经济战线、政治战线和思想战线上的社会主义革命的同时,实现技术革命和文化革命的重要性。

4. 关于党的领导和政治挂帅问题。通过学习毛主席《论人民民主专政》《论无产阶级专政的历史经验》和《再论无产阶级专政的历史经验》,邓小平同志《关于整风运动的报告》中的有关内容,明确党的领导是我国社会主义和共产主义建设的根本保证,离开了党的领导便将一事无成,从而明确在任何工作中都必须政治挂帅,才能改造成为自食其力的劳动者和工人阶级的知识分子。

以上学习内容,可以根据实践经验加以增减。在学习结束时,要求每人进行思想总结,以巩固学习收获。

此外,还将根据每一时期国内外形势的发展,适当地插入有关的时事政策学习。

四、学习方法

在政治学习上主要是继续贯彻整风精神,采取大鸣大放、大辩论、大字报的方法,充分发扬民主,鼓励独立思考,在彻底敞开以后,再进行分析辩论,讲清道理,以达到思想认识上的一致。

在劳动生产上主要是采取相互挑战、检查评比、鼓励先进、带动落后的办法,以达到相互帮助、相互提高的目的。

学习中除了采取自学、小组讨论、辩论会等方式外,并根据需要,邀请党政机关的负责同志、工人农民、基层干部作有关的报告,以及用电影、戏剧、展览会等形象化的教材,帮助学员进一步领会文件的精神实质,提高认识。

五、生活管理

在学习期间,用一半的时间进行劳动,一半的时间进行学习,每两个星期休假一天,学员的劳动、学习、生活以及文娱体育活动都采取集体活动的方式,并制订有关制度,使学员生活达到"组织军事化、行动战斗化、生活集体化"的要求。

六、经费

学员的膳食、学习、文娱等费用由学员自行负担,行政费用由政协上海市委员会开支。

七、组织领导

学院成立院务委员会。由院长一人,副院长若干人,院务委员若干人组成,进行统一领导。院本部设立:

(1) 办公室:掌管秘书、行政、财务、生活管理和对外联系等工作;

(2) 教务处:掌管教材、组织讲课、报告和小组讨论等教学工作;

(3) 劳动生产处:掌管生产组织、劳动调配和生产队技术指导等工作;

(4) 政治处:掌管学员政治思想工作、学员组织、干部管理以及学员大队、中队政治指导员的领导工作。

学院的干部由市政协、民主党派市级组织和市工商联等单位抽调使用。

学员的编队是:

(1) 大队。每大队100人左右,设大队长一人,大队副一至二人,指导员一人,下辖三个中队。

(2) 中队。每中队30人左右,设中队长一人,中队副一至二人,指导员一人,下辖三个小队。

(3) 小队。每小队十人左右,设小队长一人,小队副一人。

此外,根据需要成立由学员参加的文体委员会、生活管理委员会等组织,以充实学员的民主生活和文娱体育活动。

中央办公厅转发中央统战部《关于恢复各省、市、自治区政治学校的请示》

(1983年8月9日)

中央统战部《关于恢复各省、市、自治区政治学校的请示》,已经中央书记处同意。现转发给你们,请参照执行。

关于恢复各省、市、自治区政治学校的请示

(1983年7月25日)

中央社会主义学院自一九五六年十月创办以后,各省、市、自治区(除西藏外)先后创办了政治学校(有的称"社会主义学校")。这些学校对帮助党外人士学习马列主义、毛泽东思想,学习党和国家的方针、政策,提高爱国主义、社会主义觉悟,对调动他们为社会主义服务的积极性,巩固和发展统一战线,起了重要作用。十年内乱期间,所有这些学校都被迫停办了。去年,中央决定恢复中央社会主义学院,党外人士十分高兴,并要求尽快恢复省、市、自治区的政治学校。各地统战部门也认为很有必要。为此,我们建议在一两年内,各省、市、自治区的政治学校应逐步恢复起来。

现将有关问题和我们的意见报告如下：

（一）办校方针。根据党的十二大提出的总任务，今后政治学校应该成为各民主党派、工商联、政协委员和无党派人士学习马列主义、毛泽东思想和党的路线、方针、政策的学校。其主要任务是培养、提高党外干部，特别是比较符合干部"四化"条件的党外干部，以适应贯彻"长期共存，互相监督"、"肝胆相照，荣辱与共"方针的需要。

学校应帮助学员联系实际学习马列主义、毛泽东思想的理论政策，使他们通过自我教育，提高对党的路线、方针、政策的理解和为八十年代三大任务服务的积极性，为建设具有中国特色的社会主义、为祖国的统一和繁荣昌盛贡献力量。

各地的政治学校还可以根据具体情况，举办"统战干部培训班"，培训党内外的统战工作干部。

（二）各地政治学校的行政领导人，应安排一些适当的党外人士担任。

（三）关于校舍问题。各地政治学校被迫停办以后，原校舍均已被占用。请各省、市、自治区党委和人民政府责成占用单位尽快归还。如不能归还，应设法给以调剂解决或拨款重建。

（四）关于编制、经费等问题，由各省、市、自治区统战部请示党委，统筹安排解决。

（五）各地政治学校恢复以后，归统战部领导，政协负责日常工作。

中共上海市委办公厅复关于同意恢复市社会主义学院的请示

沪委办发〔1984〕12号

市委统战部：

沪委统〔84〕第9号报告悉。

市委同意恢复市社会主义学院，在原校舍归还前，可利用现有条件先举办培训班，所需经费请财政局根据需要拨付，所需编制请报市编制委员会拟定。原则同意购置面包车及大客车供接送教学人员用。

中共上海市委办公厅
一九八四年三月十一日

中共上海市委统战部关于恢复上海市社会主义学院的请示

沪委统〔83〕43号

市委：

为了进一步贯彻"长期共存，互相监督"、"肝胆相照，荣辱与共"的方针，加强新时期爱国统一战线的工作，帮助民主党派各级干部和无党派民主人士提高马列主义基本理论、党的统一战线方针政策和有关管理业务知识的水平，拟即恢复上海市社会主义学院。同时，各民主党派领导人和无党派民主人士曾先后向我们提出恢复上海市社会主义学院；市政协六届一次会议通过的常委会工作报告中也提出筹备恢复上海市社会主义学院问题。学院恢复后，将作为各民主党派、无党派民主人士学习进修的场所和本市统战系统培训干部的基地。为此，必须立即着手进行筹备。学院招收的学员，以本市民主党派各级干部、市、区(县)政协委员和人民代表中的非党人士为主要对象，全市估计有三千至四千人，拟分期分批进行培训，每期招收学员三百至四百人，半年左右为一期。

学院的院址原设在嘉定县外冈镇，现该处为市手工业局工艺美术学校使用。拟请市委批示手工业局即将该院址归还上海市社会主义学院。鉴于院址归还、修理还需要一定时间，为争取学院早日恢复，拟请市委批转房管部门，在市区拨借一所能容纳二三百名学员学习的场所，先开办走读班。

学院的组织领导和人员编制等问题，除拟会同市政协与各民主党派、无党派民主人士协商后另报外，拟按照"文革"以前魏文伯同志兼任院长的成例，请市委确定一位书记兼任院长。

当否，请批示。

中共上海市委统战部
一九八三年五月十三日

中共上海市委统战部关于再次提出恢复上海市社会主义学院的请示

沪委统〔83〕86号

市委：

关于恢复上海市社会主义学院的问题，我部曾于今年五月十三日以沪委统〔83〕43号文报请市委审批。最近中办发〔1983〕58号文件又转发了中央统战部《关于恢复各省、市、自治区政治学校的请示》，要求各省、市、自治区社会主义学院在一两年内恢复起来。为了贯彻执行上述文件精神，并根据党的十二大提出的总任务，今后社会主义学院应该成为各民主党派、工商联、政协委员和无党派人士学习马列主义、毛泽东思想和党的路线、方针、政策的学校，其主要任务是培养和提高党外干部，以适应贯彻"长期共存、互相监督"、"肝胆相照、荣辱与共"方针的需要。同时，也是培训党内外统战干部的学校。拟立即着手筹备恢复上海市社会主义学院，争取明年上半年招收学员进行正规培训。

原上海市社会主义学院院址设在嘉定县外冈镇（占地面积一百三十余亩，房屋使用面积合计约九千平方米），"文革"初期学院被迫停办，从一九七三年以来一直被市手工业局工艺美术学校占用（现有学生一百余人，教职员工一百余人）。为此拟请市委、市人民政府责成市手工业局按照中办发〔1983〕58号文件精神，在今冬明春归还上述被占院址。

学院恢复以后，归市委统战部领导，由市政协负责日常工作。目前先成立一个筹备工作组，由范征夫、严政、李锐夫、寿进文、孙宗英、杨承祈、杜春潮等同志组成。范征夫为组长，孙宗英为副组长。其主要任务：一、协商收回院址，并进行修缮；二、研究确定学院组织体制、编制、人选；三、制定教学计划，聘请教辅人员；四、研究招生方案与编制预算等。

以上意见如同意，请批转有关部门执行。

中共上海市委统战部
一九八三年十月廿日

中共上海市委统战部在市手工业局新建工艺美术学校期间筹备市社会主义学院的请示

沪委统〔84〕第9号

市委：

遵照市委领导提出的既要落实党的统战政策，归还市社会主义学院原址，恢复市社会主义学院;又要办好工艺美术学校(属市手工业局领导),具体困难要协助解决的指示。在市委关怀下,最近由胡沛然副秘书长召集会议,经过协商,在市计委、建委支持下,市手工业局决定择地新建校舍,一俟竣工即归还嘉定外冈市社会主义学院原址。对此,我们原则上表示支持。但是鉴于新建工艺美术学校可能要花一两年时间,而各民主党派领导人、无党派人士已屡次在市政协会议上提出要及早恢复市社会主义学院,以利于加强对党外人士的思想、理论教育,加强爱国统一战线。这也是当前整党中必须着手进行整改的主要问题。为了积极贯彻中办发〔1983〕58号文件精神,在市手工业局新建工艺美术学校期间,作为过渡,拟先商同民主党派,利用现有条件,在市区举办民主党派干部培训班,培养、提高党外干部,以适应新形势统一战线工作的需要。我们打算:先在市政协会议上宣布恢复市社会主义学院,并成立筹备工作组,立即着手招收学员,争取下半年开学,脱产走读,系统地学习哲学和统一战线理论、方针、政策,进行短期培训。所需经费请市财政局拨付。关于学院的专职负责人、教辅和行政人员(包括驾驶员),按精简原则,目前暂定编制十五人,今后归还院址全面恢复时,再确定全院编制。学院体制和人选待我们研究后再续报。为了接送教授和筹备组主要负责人来校上课及办公,拟先配备面包车两辆,大客车壹辆,由我部编造预算购置。

以上意见如同意,请批转有关部门执行。

中共上海市委统战部
一九八四年二月二十八日

中央统战部关于当前办好地方社会主义学院（政治学校）几个问题的通知

(1988年10月5日)

各省、自治区、直辖市党委统战部,黑龙江、吉林、辽宁、北京、天津、河北、山西、上海、江西、福建、江苏、河南、广东、广西、陕西、甘肃、宁夏、新疆、四川、云南省(自治区、直辖市)及重庆、广州市社会主义学院:

1983年中央办公厅转发中央统战部《关于恢复各省、市、自治区政治学校的请示》(中办发〔1983〕58号)以来,全国已有20个省、自治区、直辖市的社会主义学院(政治学校)陆续筹建恢复。

随着统一战线新的发展,各地对社会主义学院的恢复和建设提出了不少问题,希望予以明确。根据中央关于当前重点是把已经恢复和正在筹建的社会主义学院办好的指示精神,现将有关问题通知如下:

一、办好社会主义学院的必要性

社会主义学院是培养民主党派和无党派人士的政治学院,被称为"党外人士的学校"。办好社会主义学院,是件大事,非常必要,对于培养四化建设人才,对于坚持"长期共存,互相监督"、"肝胆相照,荣辱与共"的方针,完善共产党领导下的多党合作制度,具有重要意义。

二、地方社会主义学院的性质和任务

省、自治区、直辖市社会主义学院是在中国共产党领导下统一战线性质的政治学院。主要任务是:

1. 组织党外中上层人士,进行学习研究,提高理论、政策水平和参政议政能力。
2. 担负统战工作干部的培训工作,提高干部队伍的思想政治素质和业务水平。
3. 根据教学和研究相结合的原则,积极创造条件进行统一战线理论研究工作,并逐步建立统一战线专业。

省、自治区、直辖市社会主义学院的教学内容主要有：马克思主义、毛泽东思想的基本理论；党在社会主义初级阶段的基本路线；党的统一战线理论、方针、政策和历史；有关的业务知识和现代科学知识。

三、地方社会主义学院的归属和领导体制

省、自治区、直辖市社会主义学院归省、自治区、直辖市党委统战部领导，教务、总务及行政等工作可以和有关部门直接联系办理，并取得政协、民主党派、工商联等部门的支持和帮助。

社会主义学院实行院长负责制。正、副院长中应有声望较高的党外人士。正、副院长的任免，按照干部管理权限和任免手续办理。学院建立院务委员会，由院长、副院长和院有关部门负责人组成。学院建设和教学中的重大问题，应及时向当地政协、民主党派和有关团体通报，听取意见，进行协商，并应形成制度。学院的中共党组织主要负责贯彻党的方针、政策，团结干部群众，完成各项任务。

四、地方社会主义学院的师资

社会主义学院除选调一定数量具有马列主义理论修养、统战政策水平和实际经验的同志担任专职教师外，还应聘请有关方面的专家、学者授课，保证教学质量。教师职称的评定问题，根据实际情况，参照党校教师职称改革工作的办法办理。

五、加强对社会主义学院的领导

请各地党委统战部加强对社会主义学院的领导。认真帮助解决实际问题，以保证学院工作顺利进行。对尚未恢复的，要创造条件逐步恢复。

中央统战部关于进一步办好社会主义学院的意见

（1990年11月22日）

各省、自治区、直辖市党委统战部，中央社会主义学院，各省、自治区、直辖市社会主义学院：

中共中央《关于坚持和完善中国共产党领导的多党合作和政治协商制度的意见》中提出，"办好中央和省一级的社会主义学院，作为民主党派和无党派人士的联合党校"，以"支持民主党派加强自身建设"。这一指示明确了社会主义学院的性质、任务，给社会主义学院建设和发展指明了方向。

为办好社会主义学院（含政治学校，下同），现提出以下意见。

一、办好社会主义学院对巩固和发展爱国统一战线的重要作用

中央社会主义学院是1956年4月在毛泽东、周恩来同志等老一辈无产阶级革命家的亲切关怀下创办的。随后，各省、自治区、直辖市（除西藏外）相继创办了社会主义学院（有的称政治学校）。当时，这些院校作为党外人士自我学习、自我教育的场所，对组织党外人士学习马列主义、毛泽东思想，学习党和国家的方针、政策，对提高他们的爱国主义、社会主义觉悟，巩固和发展统一战线，对调动他们参加社会主义革命和建设的积极性，都发挥了重要作用。

党的十一届三中全会以后，爱国统一战线进入一个新的历史时期。1982年，为适应形势发展的需要，中央决定恢复在"文革"中被迫停办的中央社会主义学院。1983年后，多数省、自治区、直辖市的社会主义学院（政治学校）也陆续恢复。到1989年，全国除中央社会主义学院外，已有22个省、自治区、直辖市恢复了社会主义学院，5个省（市）建立了筹备组，还有一些计划单列市或省辖市和地区，也陆续建立起了社会主义学院（政治学校）。但是，目前除少数省、区、市外，大多数社院仍处于恢复发展时期，面临着许多困难，有的至今没有校舍，还在租房办学，有的教学经费紧张，有的

师资力量薄弱。这种状况,难以适应当前统战形势任务的需要。

党中央和中央领导同志多次强调,发展和巩固爱国统一战线必须用马列主义、毛泽东思想和党的路线、方针政策去影响、提高跟我们共同战斗的民主党派和无党派人士,加强对他们的政治教育。社会主义学院,是对党外人士进行政治教育的重要场所。办好社会主义学院,对于支持民主党派搞好自身建设,对于我党同各界党外人士的团结合作,对于贯彻"长期共存,互相监督"、"肝胆相照,荣辱与共"的方针,巩固和发展爱国统一战线,维护安定团结的政治局面,都具有十分重要的意义。我们要从巩固发展爱国统一战线和社会主义制度,实现我国长期稳定发展的战略高度,来认识社会主义学院的地位和作用。中发〔1989〕14号文件中明确指出:"政府应从师资和经费上给予切实支持",这既是党中央对各级政府的要求,也是对社会主义学院工作的巨大支持。我们要认真贯彻落实中央的有关指示,发扬艰苦奋斗、勤俭办学的优良传统,并与有关方面通力合作,积极创造条件,克服困难,尽快解决校舍和办学经费等问题,切实搞好社会主义学院的建设。

二、社会主义学院的任务和教学内容

社会主义学院是中国共产党领导的具有统一战线性质的高等政治学院,是民主党派和无党派人士的联合党校,是统一战线系统的干部学院。

社会主义学院的主要任务是:

(一)组织民主党派各级领导骨干和无党派代表人士,学习研究马克思主义基本理论,学习党的路线、方针、政策和党的统战理论、政策,提高他们的理论政策水平和参政议政、实行民主监督的能力。

(二)对统一战线系统的干部进行岗位培训,提高统战干部队伍的政治素质和业务水平。

(三)根据教学和研究相结合的原则,进行统一战线历史和理论的研究工作。

(四)考察了解学员的政治思想情况、工作实绩和业务能力,为民主党派、统战部门及有关方面培养选拔干部和统战教学人才提供参考意见。

社会主义学院培训任务的确定,要实事求是,因地制宜,注重实效。

社会主义学院要坚持四项基本原则,坚持贯彻中共十三大提出的教育为社会主义现代化服务的方针,坚持教育为共产党领导的多党合作和政治协商制度服务,为增强各民族团结服务,为巩固发展爱国统一战线和建设四化、振兴中华、统一祖国服务。社会主义学院的教学内容主要是:马列主义、毛泽东思想的基本理论;党的路线、方针、政策;统战理论、方针、政策;中国近现代史、中共统战史、中国民主党派史和多党合作史;国际国内形势和统战业务知识及现代科学知识等。着重进行马列主义、爱国主义和社会主义教育,以提高学员的社会主义觉悟。

社会主义学院在教学中,要贯彻理论联系实际的方针。在教学方法上,应区别于一般学校,以自学为主,进行正面教育和自我教育。

社会主义学院教学大纲和通用教材,由中央统战部和中央社会主义学院组织编写。

三、社会主义学院的培训范围和学制

社会主义学院的学员对象,应以民主党派、工商联和无党派代表性人士为主。

社会主义学院的学制,以短期进修、培训为主,短、中、长相结合,开展多层次、多形式的教育。进修一般为一年左右,岗位培训为半年左右,短期轮训为三个月左右,专题研究班可视情况确定。

中央社会主义学院的学员对象,是各民主党派中央和全国工商联以及有关团体的秘书长以上领导干部,全国人大常委、政协常委中的党外同志,在政府部门任职的省、部级党外领导干部,无党派及民族宗教界代表性人士;全国人大代表、省人大常委中的党外同志,全国政协委员和省、自治区、直辖市政协常委中的党外同志,各民主党派中央、全国工商联委员、执行委员和机关的副部长以上干部,省、自治区、直辖市民主党派、工商联秘书长以上干部,在政府部门任职的厅局级以上党外干部;各民主党派中央、全国工商联机关和统战系统有关部门的处级干部和骨干。

要根据学员的不同层次,来确定班别和学习期限。

地方社会主义学院,可参照上述规定,确定相应的班次设置和培训对象及学制。

四、搞好社会主义学院的自身建设

(一)加强社会主义学院党的建设

社会主义学院可建立中共党组(或党委),实行中共党组或党委领导下的院长负责制,以保证党的路线、任务以及党的统一战线方针政策的贯彻执行。党组(或党委)全面领导学院的思想政治工作和干部管理工作,指导本机关中共基层党组织的工作。社会主义学院党的组织和党员,要善于同民主党派成员、无党派人士合作共事,尊重他们的职权,支持他们做好工作。

(二)选配好领导班子

选调坚持四项基本原则,基本符合干部四化条件,具有一定统战理论水平和熟悉统战工作的党内外同志,充实领导班子。各级统战部门,要把这项工作作为办好社会主义学院的根本措施切实抓好。

(三)努力建设一支德才兼备的师资队伍

这是办好社会主义学院的基本条件。社会主义学院的性质、地位和作用,决定了对教师素质的高要求。根据社会主义学院的教学特点,应当建设专职教师和兼职教师相结合,以专职教师为主的教师队伍。应选调政治思想强,具有马列主义理论修养、统战理论政策水平和实际工作经验的同志担任专职教师,聘请有关方面的专家、学者担任兼职教师。在师资队伍建设中,注意从原有的基础出发,注意质量,稳定发展。

(四)加强科研工作

社会主义学院是进行统一战线理论教学的基地之一,要根据教学与科研相结合的原则,进行马克思列宁主义、毛泽东思想特别是党的统一战线理论的研究。要以马克思主义为指导,活跃社会主义学院的学术空气,提高科研和教学质量。

(五)加强思想、作风建设,坚持坚定正确的政治方向

社会主义学院的工作人员,要率先努力学习马列主义、毛泽东思想,坚持四项基本原则,反对资产阶级自由化,不断提高政治思想素质和业务水平。确立以教学为中心,为教学服务,为学员服务,为党的统一战线工作服务的观念。

五、加强对社会主义学院的领导

社会主义学院作为中国共产党领导的具有统一战线性质的高等政治学院和民主党派及无党派人士的联合党校,必须在各级党委的领导之下进行工作。社会主义学院的教学业务工作,要接受同级党委组织部门(有关干部教育培训)和政府教育行政部门的指导。各级党委统战部对社会主义学院教育培训工作负有规划、指导、检查的责任,并要帮助社院解决所需编制、经费和师资配备等实际问题,以保证学院各项工作的顺利进行。

中央统战部关于印发《社会主义学院工作暂行条例》的通知

统发〔2003〕69号

各省、自治区、直辖市和副省级城市党委统战部:

《社会主义学院工作暂行条例》已经党中央、国务院领导同志批准,现印发给你们。请结合本地

区、本部门的实际,认真贯彻执行。

社会主义学院是中国共产党领导的统一战线性质的政治学院,是民主党派和无党派人士的联合党校,是开展党的统一战线工作的重要部门。社会主义学院创办四十多年来,培养了大批与我党亲密合作的民主党派、无党派代表人士和统一战线其他方面的代表人士,为坚持和完善中国共产党领导的多党合作和政治协商制度作出了贡献。各地区、各部门要高度重视社会主义学院的发展,给予切实支持,进一步加强社会主义学院的正规化建设,使其在培养民主党派、无党派人士和统一战线其他方面代表人士中更好地发挥作用。

在执行《条例》中有何问题和建议,请及时报告。

中央统战部
2003 年 11 月 27 日

社会主义学院工作暂行条例

第一章 总 则

第一条 为建立适应全面建设小康社会,加快社会主义现代化建设以及巩固和发展新世纪新阶段的爱国统一战线需要的社会主义学院教育体系,根据中共中央《关于坚持和完善中国共产党领导的多党合作和政治协商制度的意见》(中发〔1989〕14号文件)和《关于加强统一战线工作的决定》(中发〔2000〕19号文件)的精神,结合社会主义学院的工作实际,制定本条例。

第二条 社会主义学院是中国共产党领导的统一战线性质的政治学院,是民主党派和无党派人士的联合党校,是开展党的统一战线工作的重要部门。

第三条 社会主义学院要努力办成培训民主党派、无党派人士和统一战线其他方面代表人士以及统战工作干部和理论研究人才的基地;办成学习、研究和宣传马克思列宁主义、毛泽东思想、邓小平理论和"三个代表"重要思想的阵地;办成学习、研究和宣传党的统一战线理论、方针和政策的阵地。

第四条 社会主义学院要以马克思列宁主义、毛泽东思想、邓小平理论和"三个代表"重要思想为指导,坚持社会主义办学方向,坚持理论联系实际,树立人才资源是第一资源的观念,解放思想,实事求是,与时俱进,开拓创新,培养拥护中国共产党的领导,与中国共产党长期亲密合作的民主党派、无党派人士和统一战线其他方面的代表人士;培养具有马克思主义理论素养,熟悉党的统一战线理论、方针、政策,德才兼备的统战工作干部和理论研究人才。

第五条 社会主义学院的基本任务是:

(一)教育培训民主党派和无党派人士;

(二)教育培训统一战线其他方面的代表人士;

(三)教育培训统战工作干部;

(四)学习、研究和宣传马克思列宁主义、毛泽东思想、邓小平理论和"三个代表"重要思想;

(五)学习、研究和宣传党的统一战线理论、方针和政策。

第六条 社会主义学院通过开展教育培训,着重提高民主党派、无党派人士和统一战线其他方面代表人士四方面素质:

(一)具有自觉接受中国共产党的领导,坚持走中国特色社会主义道路的坚定信念;

（二）具有爱国主义精神，自觉维护民族团结、社会稳定、祖国统一的责任意识；

（三）具有适应坚持和完善中国共产党领导的多党合作和政治协商制度所需要的政治素质，了解和掌握新世纪新阶段爱国统一战线的基本理论、方针、政策；

（四）具有与中国共产党合作共事和履行参政议政、民主监督职责的能力和胜任本职工作的组织领导能力。

第七条 社会主义学院通过开展教育培训，着重提高统战工作干部三方面素质：

（一）具有履行职责所需要的马克思主义理论水平，自觉地贯彻执行党的基本路线、方针、政策；

（二）具有胜任本职工作所需要的统战理论政策水平和领导能力；

（三）具有良好的思想作风和工作作风，发扬统战工作的优良传统，勤政廉政，公道正派，善于广交深交党外朋友。

第八条 社会主义学院的校风是：爱国、团结、民主、求实。

第二章 社会主义学院的设置和领导体制

第九条 经中央批准，在北京建立中央社会主义学院；各省、自治区、直辖市和副省级城市分别建立省、自治区、直辖市和副省级城市社会主义学院。统战工作任务较重，而且地方财力又具备条件的市（地、州、盟、区），经当地党委、政府批准，可建立社会主义学院。

第十条 中央统战部领导中央社会主义学院党组，指导中央社会主义学院工作。

省、自治区、直辖市、副省级城市和市（地、州、盟、区）社会主义学院分别由同级党委领导，党委统战部负责指导和管理。

中央统战部对中央社会主义学院党组的领导和对学院工作的指导主要是：

（一）贯彻党的路线、方针、政策，指导社会主义学院坚持正确的办学方向和教育方针；

（二）加强社会主义学院领导班子建设，按照干部管理权限，任免社会主义学院领导班子成员；

（三）解决社会主义学院建设和发展中的重大问题，提出培训规划；

（四）协调有关部门支持社会主义学院工作，为社会主义学院提供必备的办学条件，支持社会主义学院加强教师队伍建设。

地方党委统战部对社会主义学院的指导和管理主要是：

（一）检查了解社会主义学院贯彻执行党的路线、方针、政策的情况，指导学院加强自身建设；

（二）制定民主党派、无党派人士和统一战线其他方面代表人士及统战工作干部参加社会主义学院培训的政策、规划，研究决定有关重要事项；

（三）考察社会主义学院领导班子，根据干部管理权限，提出或任免社会主义学院领导班子成员；

（四）协调有关部门支持社会主义学院工作，帮助社会主义学院改善办学条件。

第十一条 中央社会主义学院和省、自治区、直辖市及副省级城市社会主义学院建立中共党组。党组的任务主要是：

（一）保证党的路线和统一战线方针、政策的贯彻执行，把握社会主义办学方向；

（二）研究确定学院的建院办学方针，制定学院建设与发展规划和重大事项；

（三）按干部任免权限讨论和决定学院人事安排、干部任免等重要事项；

（四）讨论和决定学院教学、科研和管理等方面的重大问题。

第十二条 社会主义学院院长一般由民主党派主要负责人担任,副院长中应配备非中共领导干部。社会主义学院的非中共院长、副院长人选,应由党委统战部与民主党派和无党派人士协商提名,按干部任免程序报批。

第十三条 社会主义学院的领导班子,由政治上坚定、具有较高理论政策水平、熟悉统战业务、懂得教育规律、具备一定管理经验的同志组成。

第十四条 社会主义学院可成立院务咨询委员会,负责对社会主义学院建设和发展中的重大问题进行咨询和协商,其成员由各民主党派、工商联、社会主义学院和有关部门负责人组成。

第十五条 社会主义学院的办学规模及人员编制,由党委和政府根据培训任务的需要及正规化办学的要求确定。社会主义学院的机构,应本着精简、统一、高效的原则,根据实际需要设置。

第十六条 上级社会主义学院指导下级社会主义学院的业务工作。

第三章　班次和学制

第十七条 社会主义学院的主体班次是进修班、培训班和研究班,并应纳入各级党委的干部培训规划。社会主义学院还可根据需要举办其他各类培训班次。

第十八条 社会主义学院根据干部培训规划举办进修班。

中央社会主义学院进修班主要培训各民主党派中央、全国工商联的副主席;全国人大代表、全国政协委员中的非中共代表人士;各民主党派中央委员、常委,全国工商联执委、常委;省、自治区、直辖市和副省级城市人大、政协中的非中共副主任、副主席;在政府和法院、检察院担任地厅级以上领导职务的非中共领导干部;各民主党派和工商联省级组织正副主委(会长);各民主党派中央、全国工商联机关局级干部。省部级干部进修班学制为半个月至1个月,地厅级干部进修班学制为2个月。

省、自治区、直辖市和副省级城市社会主义学院进修班,分别培训各民主党派、工商联省级组织的常委、委员(执委)和处以上领导干部,省级人大、政协中的非中共代表、委员;市(地、州、盟、区)人大、政协中的非中共副主任、副主席;市(地、州、盟、区)各民主党派、工商联组织的正副主委(会长);在政府和法院、检察院担任县处级以上领导职务的非中共干部,以及其他相当于县处级的非中共代表人士。学制1至2个月。

市(地、州、盟、区)社会主义学院可参照上述范围,根据干部培训规划的要求和本地区的实际情况,确定相应的招生对象和进修班学制。

第十九条 社会主义学院根据干部培训规划举办培训班。

中央社会主义学院培训班主要培训相当于地厅级的非中共中青年干部、准备进入地厅级以上领导班子的非中共后备干部和民主党派中央机关及省级组织处以上中青年干部。学制一般为半年。

省、自治区、直辖市和副省级城市社会主义学院培训班主要培训相当于县处级非中共中青年干部和准备进入县处级领导班子的非中共后备干部。学制3个月至半年。

市(地、州、盟、区)社会主义学院可参照上述范围,根据干部培训规划的要求和本地区的实际情况,确定相应的招生对象和培训班学制。

第二十条 社会主义学院根据干部培训规划和统战工作需要举办研究班。

中央社会主义学院研究班主要培训在政府和法院、检察院担任省(部)和地(厅)级领导职务的非中共领导干部;民主党派和无党派代表人士以及省级统战部的领导干部。学制一般为1个月。

省、自治区、直辖市和副省级城市社会主义学院研究班主要培训在政府和法院、检察院担任地厅和县处级以上领导职务的非中共领导干部、民主党派和无党派代表人士以及统战部的领导干部。学制一般为1个月。

第二十一条　社会主义学院可根据培训规划举办读书班。中央社会主义学院读书班,主要培训宗教界代表人士和省级以上宗教团体负责人;担任全国工商联执委和省级工商联副秘书长以上的非公有制经济代表人士。学制一般为1个月。

地方社会主义学院可参照上述范围,根据干部培训规划和实际需要,确定读书班相应的招生对象和学制。

第二十二条　参加社会主义学院主体班次的学员,按教学计划要求完成学习任务,经考核合格者,取得社会主义学院结业证书。学员在学院的学习经历,作为安排使用的条件。

第二十三条　各级非中共领导干部在被提升到上一级领导岗位前,一般应经相应社会主义学院主体班次的培训。

第二十四条　中央社会主义学院和省、自治区、直辖市及副省级城市社会主义学院,经批准可成立中华文化学院,与社会主义学院一个机构两块牌子。中华文化学院以爱国主义为宗旨,主要面向港澳台同胞和海外华侨华人,举办以中华文化为主要内容的学习、研究和交流活动,弘扬爱国主义精神和中华民族优良传统,促进祖国完全统一,推动中华民族的大团结、大联合;同时,充分利用学院的现有资源,面向社会培训人才。

第四章　教学和科研工作

第二十五条　教学是社会主义学院的中心任务。社会主义学院的各项工作要围绕教学工作进行,为提高教学质量服务。

第二十六条　社会主义学院教学的主要内容是马克思列宁主义、毛泽东思想、邓小平理论和"三个代表"重要思想,党的路线、方针、政策,统一战线理论与实践,以及与社会主义现代化建设和爱国统一战线相关的其他课程。课程设置要根据不同的培训对象和学制的长短,作出相应的安排。

第二十七条　社会主义学院实行以自学为主、阅读原著为主、注重研讨的教学方法。要理论联系实际,深入研究实际问题。要坚持统一战线自我教育的优良传统,认真贯彻"三自"、"三不"方针,即由学员自己提出问题、自己分析问题、自己解决问题,不抓辫子、不扣帽子、不打棍子。

第二十八条　社会主义学院要加强教学管理,制订科学的教学计划,精心组织教学,积极开展教学理论研究,加强学科建设,总结教学经验,不断提高教学质量。

第二十九条　社会主义学院教学要积极采用现代化教学手段,可利用计算机网络开展远程教育,促进教学资源共享和优化配置。

第三十条　科研是教学工作的基础。科研要与教学相结合。社会主义学院科研工作要以马克思列宁主义、毛泽东思想、邓小平理论和"三个代表"重要思想为指导,围绕社会主义现代化建设和统一战线工作的实际,调查研究,总结经验,进行理论探索和理论创新,为提高教学质量服务,为爱国统一战线服务,为社会主义现代化建设服务。

第三十一条　社会主义学院的科研要同统一战线的理论政策研究工作紧密结合,同时面向社会,加强学术联系与协作,建立开放的科研体制。

第三十二条　社会主义学院要根据教学需要制订科研规划,建立科研协作网络,多出优秀科研成果,在统一战线理论研究和学科建设方面达到更高的水平和应有的权威性。

第三十三条 社会主义学院科研工作要贯彻"百花齐放,百家争鸣"的方针,鼓励解放思想,大胆探索,在理论研究和学科建设上不断取得新进展。

第三十四条 社会主义学院应建立相应规模的图书馆(室),并逐步办成具有统一战线特色的文献和情报信息中心。

第三十五条 社会主义学院的理论刊物必须坚持正确的政治方向,综合体现社会主义学院的教学与科研成果,成为学习、研究和宣传马克思列宁主义、毛泽东思想、邓小平理论和"三个代表"重要思想特别是党的统一战线理论的阵地。

第五章 学员管理工作

第三十六条 社会主义学院的各类班次,分别通过民主程序产生班委会,实施自我管理。民主党派主体班次,可根据实际情况建立民主党派临时支部(小组),配合学院做好学员的思想政治工作。

第三十七条 社会主义学院的各类班次,设联络员和辅导员,协助班委会做好行政管理和教学组织工作,并配合上级有关部门对学员在校期间的表现进行考察。

第六章 党的组织和学院队伍建设

第三十八条 社会主义学院各级中共党组织要组织党员、干部和教职工学习马克思列宁主义、毛泽东思想、邓小平理论和"三个代表"重要思想,学习贯彻党的路线、方针、政策,并开展经常性的思想政治教育工作。

社会主义学院按照中共党章的规定建立党的基层组织。学院基层党组织负责党的组织建设、思想建设和作风建设,进行党内监督,充分发挥党组织战斗堡垒作用和党员的先锋模范作用,保证教学、科研、行政后勤各项工作任务的完成。

第三十九条 社会主义学院要加强教学科研队伍、思想政治工作队伍和行政后勤管理队伍的建设。

社会主义学院教职工要热爱社会主义学院教育事业,不断提高工作效率和质量,具有良好的职业道德和胜任本职工作的能力,创造性地做好社会主义学院工作。

第四十条 社会主义学院队伍建设的重点是教师队伍。教师队伍实行专兼结合。社会主义学院要有一支与教学、科研任务相适应的、高水平的专职教师队伍。教学科研人员一般不少于职工总数的三分之一。同时,根据需要聘请党政领导、民主党派领导和专家学者担任兼职教师,参与教学和科研活动。

第四十一条 社会主义学院的教学科研人员必须做到:

(一)坚持党的基本路线、基本纲领,具有坚实的马克思主义理论基础,熟悉和掌握新时期统一战线理论、方针、政策,热爱社会主义学院教育培训工作;

(二)具有较高的业务水平和科研能力,胜任教学科研工作,刻苦钻研业务,不断改进教学方法,努力提高教学和科研质量;

(三)具有敬业精神,学风严谨,言传身教,为人师表。

第四十二条 社会主义学院要根据教学需要,组织和支持教学科研人员深入实际,进行社会调查,参加社会实践活动。

第四十三条 社会主义学院的专业技术职务评聘工作,按国家的有关规定执行。符合组建专业技术职务评审委员会条件的,应按人事隶属关系,由政府人事(职改)部门授权批准。

第四十四条 社会主义学院的人事和工资实行分类管理。专业技术人员,实行专业技术职务聘任制和相应的工资制度。从事行政管理工作和党务工作的干部,参照实行国家公务员制度和相应的工资制度。

第七章　后勤、经费和基本建设

第四十五条 后勤工作是教学与科研的保障。要为学员创造良好的学习和生活环境,逐步改善教职工的工作和生活条件。要建立和健全后勤工作的各项规章制度,实行科学管理,提高效益和服务质量。

第四十六条 社会主义学院经费包括事业费和基本建设支出。事业费包括人员经费、离退休经费、公用经费等,列入财政预算,由同级财政部门根据学院培训任务,结合财力可能予以保障;社会主义学院基本建设支出由各级政府有关部门安排。

第四十七条 社会主义学院可按照国家的有关法律和规定,建立后勤服务中心,创办院办企业,享受国家对教育事业的优惠政策,并加强指导和管理。

第四十八条 根据各地党委和党委统战部的干部培训规划参加社会主义学院培训的学员,在学习期间,其工资福利和其他待遇同在岗位时一样对待。学习期间的生活补助费,按照财政部和其工作单位所在地区的有关规定执行。

第八章　附　则

第四十九条 本条例由中共中央统战部负责解释。

第五十条 本条例自发布之日起施行。

中共上海市委组织部关于同意上海市社会主义学院实施参照国家公务员制度管理的批复

沪委组〔2005〕064号

市委统战部:

《关于商请上海市社会主义学院实施参照国家公务员制度管理的函》(沪委统发〔2004〕239号)悉。

经市委批准,上海市社会主义学院列入参照国家公务员制度管理范围。望在实施过程中,加强组织领导,注意调查研究,认真总结经验,保证实施工作的顺利进行。

上海市社会主义学院列入参照管理后,实行参照管理的范围为从事行政管理工作和党务工作部门的人员。有关人员调入调出等工作要严格按照国家公务员制度的规定办理。

特此批复。

中共上海市委组织部
2005年7月22日

二、制　　度

上海市社会主义学院党组会议议事决策规则

（2004年9月）

为坚持党的民主集中制，健全集体领导和个人分工负责相结合的制度，提高议事决策水平，充分发挥党组在我院的领导核心作用，根据《中国共产党章程》的有关规定，结合我院的实际，特制定党组会议议事决策规则。

一、议事决策的原则

1. 以马克思列宁主义、毛泽东思想、邓小平理论、"三个代表"重要思想、科学发展观为指导，全面贯彻执行党的基本路线、方针、政策，在思想上、政治上与党中央保持一致。

2. 解放思想，实事求是，结合我院的实际，认真贯彻党的路线、方针、政策，贯彻上级党组织对我院工作的指示、决定，创造性地开展我院的各项工作。

3. 坚持社会主义的办学方向，树立"爱国、团结、民主、求实"的校风，努力把我院办成培训民主党派干部、无党派代表人士和党的统一战线工作干部的基地，学习和研究统一战线理论的阵地。

4. 坚持党的民主集中制，实现集体领导和个人分工负责相结合的制度。对我院的重大事项坚持"集体领导，民主集中，个别酝酿，会议决定"的原则。

5. 坚持在宪法和法律范围内活动。

二、会议制度

1. 党组会议正常情况每年召开二次，也可根据工作需要及时召开。

2. 党组会议由党组书记召集并主持。根据研究工作的需要，由主持人确定列席会议人员。在讨论干部问题时，列席人员不参加。工作人员为：机要秘书。

3. 党组会议必须有半数以上应出席人员到会方可举行。

4. 党组会议实行民主的科学的决策，在讨论和研究问题时应充分发表意见，讨论后由会议主持人集中意见，提出决议方案，提请会议决定。

三、会议议题范围

1. 传达通报中央、市委和上级领导部门的有关会议精神和重要文件、指示，结合我院实际研究贯彻意见，并检查落实情况。

2. 讨论和决定我院发展的重大问题，包括社院发展规划、重大改革措施、机构设置等事项。

3. 研究和审定我院年度工作计划、重要活动、教学和科研规划等事项。

4. 按照干部管理权限和规定程序，审定我院干部的推荐、任免和奖惩事项。

5. 研究和部署我院的党建工作、思想政治工作、精神文明建设等重要事项。

6. 研究讨论需向上级领导机关请示报告的重大问题、重大事项。

7. 研究讨论其他应由党组会议决定的事项。

四、会议准备

1. 党组会议议题一般由党组成员提出,各处室提出的议题须经主持工作的副院长同意。

2. 党组会议议题由办公室报党组书记审定。议题确定后一般由办公室提前三天通知应出席党组会议的人员。

3. 党组会议的议题确定后,如需有关文字材料,应由有关处室提前三天送办公室,材料力求主题明确,文字简要。

五、会议决定的落实和检查

1. 党组会议后,由办公室拟写《会议纪要》,经主持工作的副院长审签,必要时报党组书记审签,印发各位党组成员。

2. 党组会议的决定事项由院长办公会议讨论研究贯彻落实。有关处室的落实工作由分管院长督促检查;涉及综合性、全局性的工作,办公室应协助院领导督促检查。

3. 办公室应对党组会议决定事项的落实情况进行汇总,发现重要问题及时报告。

上海市社会主义学院院长办公会议议事规则

(2004年9月)

院长办公会议是院内行政领导集体办公的一种会议形式。院长办公会议贯彻院党组会议精神,处理学院日常的教学、科研、行政管理等各项工作。为更好地实行集体领导和个人分工负责相结合的制度,特制定院长办公会议议事规则。

一、会议制度

1. 院长办公会议一般情况为每二周召开一次。也可根据工作需要及时召开。

2. 院长办公会议由主持工作的副院长召集并主持。根据研究工作的需要,由主持人确定列席会议人员。工作人员为:机要秘书。

3. 院长办公会议必须有半数以上应出席人员到会方可举行。会议实行民主集中制,在讨论问题时应充分发表意见,讨论后由会议主持人集中意见,提出决议方案,提请会议决定。

二、会议内容

1. 学习贯彻中央、市委和上级领导部门的决定、指示,结合我院实际研究贯彻意见,并检查落实情况。

2. 研究贯彻院党组会议决议,并检查落实情况。

3. 审核学院的预算、决算以及大额开支。

4. 审定学院的教学、科研计划,督促检查教学、科研计划的执行落实情况。

5. 研究决定学院的行政后勤工作的有关事项。

6. 研究决定教职工生活和福利的有关问题。

7. 讨论研究教职工思想政治工作的有关问题。

8. 讨论决定有关职称评定、工作调整等问题。

9. 讨论、研究其他应由院长办公会议决定的事项。

三、会议准备

1. 院长办公会议的议题一般由院领导提出,各处室提出的议题须经分管院长同意。

2. 院长办公会议的议题由办公室主任协调,并报主持工作的副院长审定。议题确定后一般由办公室提前三天通知应出席办公会议的人员。

3. 院长办公会议的议题审定后,如需有关文字材料,应由有关处室提前三天送办公室,材料力求主题明确,文字简要。

四、会议决定的落实和检查

1. 院长办公会议后,由办公室拟写《会议纪要》,一般由办公室主任审签,必要时报主持工作的副院长审签,印后分送各位院领导和有关处室。

2. 院长办公会议决定事项由有关处室贯彻落实,由分管院长督促检查。涉及综合性、全局性的事项,办公室应协助院领导督促检查。

3. 办公室应于每季度对院长办公会议重要决定事项的落实情况进行汇总,发现问题及时向院领导报告。

上海市社会主义学院院务委员会工作条例

(2004年9月)

社会主义学院是统一战线性质的政治学院,是民主党派和无党派人士的联合党校。为坚持正确的政治方向,办出自己的特色,使社会主义学院成为名副其实的联合党校,特制定院务委员会工作条例。

一、上海市社会主义学院院务委员会是上海市社会主义学院的顾问、咨询、协调机构,以巩固和发展爱国统一战线,坚持和完善共产党领导的多党合作和政治协商制度,改进社会主义学院的教学,搞好社会主义学院的建设为宗旨。

二、院务委员会由上海市社会主义学院院长、副院长及上海市政协、各民主党派市委、市工商联的负责人组成。除市社院院长、副院长外,其他组成人员由市社会主义学院和市委统战部与上述各单位协商推荐,报市委统战部批准。

三、院务委员会设立主任委员1人,一般由市社院院长兼任;副主任委员若干名,由院务委员会会议协商推举产生。市社院办公室为院务委员会日常办事机构。

四、院务委员会的任期与市政协、各民主党派市委、市工商联换届同步。院务委员在任期内因工作调动或其他原因不能任到届满时,由该院务委员所在单位推荐其他同志增补。

五、院务委员会的任务和主要职责

院务委员会的主要任务是对学院的办学和主要工作进行指导、咨询和监督。院务委员会的主要职责是:

1. 听取学院的工作报告和重要情况通报;

2. 协商学院的培训计划等重大事项,提出办好"联合党校"的建议和意见;

3. 对学院的办学方向和主要工作进行监督,并指导帮助解决学院建设和发展中的重大问题;

4. 协调办学中的重大问题。

六、院务委员会的会议制度

院务委员会一般每年召开二次会议,如有重要问题需要及时协商研究时,可由主任委员、副主任委员共同决定临时召开全体委员会议。

院务委员会会议由主任委员召集并主持。

上海市统一战线理论研究会章程

(1983年12月上海市统一战线理论研究会第一届会员代表大会审议通过,2008年2月上海市统一战线理论研究会第五届会员代表大会修订)

第一章 总 则

第一条 本会的名称是上海市统一战线理论研究会。

第二条 本会是由上海市统一战线理论工作者和实际工作者自愿组成的学术性的非营利性社会团体法人。

第三条 本会的宗旨:本会高举中国特色社会主义伟大旗帜,以马列主义、毛泽东思想、邓小平理论和"三个代表"重要思想为指导,深入贯彻落实科学发展观,坚持党的基本理论、基本路线、基本纲领和基本经验,遵守国家法律、法规和政策,遵守社会道德风尚,紧密围绕党和国家的中心工作,积极宣传贯彻党的统一战线方针政策,深入调查研究统战工作实际,不断创新和丰富统战工作理论,为巩固和壮大新世纪新阶段统一战线,构建社会主义和谐社会,全面建设小康社会而贡献力量。

第四条 本会的登记管理机关是上海市社会团体管理局,业务主管单位是上海市社会科学界联合会。本会接受登记管理机关和业务主管单位的监督管理和业务指导。

第五条 本会挂靠单位是上海市社会主义学院,住所设在上海市徐汇区天等路465号。

第二章 业务、业务范围、活动原则

第六条 本会的主要任务:根据市委和市委统战部的工作部署,结合上海的统战工作实际,组织开展统战理论和统战政策研究;组织开展统战理论学术研讨和交流活动;指导团体会员开展研究活动,充实和壮大统战理论研究队伍;协助办好《上海市社会主义学院学报》,汇编统战理论研究资料。

第七条 本会的业务范围:宣传党的统战方针政策;调查研究统战工作实际问题;交流、研讨统战工作理论和经验;为市委、市政府提供决策咨询服务。

第八条 本会的活动原则:本会按照核准的章程所规定的业务范围开展活动;本会开展活动时,遵循"诚实守信,公正公平"的原则,维护会员的正当权益;本会遵循"自主办会"原则,努力做到工作自主、人员自聘、经费自筹。

第三章 会 员

第九条 本会由个人会员和团体会员组成。

第十条 申请加入本会,必须具备下列条件:承认本会章程;自愿加入本会;本市各系统、各部门、各人民团体、企事业单位、社科研究机构和大专院校中从事统战理论研究的专家学者,以及有统战理论研究能力的统战工作干部,均可以个人身份申请加入本会。本市各区(县)统战理论研究会以及各系统、各部门、各人民团体、企事业单位、社科研究机构和大专院校中从事统战理论研究的小组、团体,均可作为团体会员申请加入本会。

第十一条 会员入会的程序是:提交入会申请书;经常务理事会讨论通过;由办公室发给会

员证。

第十二条 会员享有下列权利：本会的选举权、被选举权和表决权；参加本会的活动权；获得本会服务的优先权；对本会工作的知情权、批评建议权和监督权；入会自愿、退会自由权。

第十三条 会员履行下列义务：遵守本会的章程；执行本会的决议；维护本会的合法权益；完成本会交办的工作；向本会反映情况，提供有关资料；按规定缴纳会费。

第十四条 会员退会应书面通知本会，并交回会员证。会员超过一年不履行义务的，可视为自动退会。

第十五条 会员如有严重违反本章程的行为，经常务理事会表决通过，予以除名。会员如对常务理事会的除名决定不服，可提出申诉，由常务理事会作出答复，必要时提交会员代表大会审议。

第四章　组织机构、负责人

第十六条 本会的组织原则是民主集中制。领导机构的产生和重大事项的决策，须经集体讨论，并按少数服从多数的原则作出决定。

第十七条 本会的负责人是会长、副会长和秘书长。

第十八条 本会的最高权力机构是会员代表大会。会员代表大会每届任期四年，换届延期最长不超过一年。会员代表大会每年召开一次。可根据实际情况与学术年会同期召开，特殊情况由理事会决定随时召开。会员代表大会的职权是：制定和修改章程；选举或者罢免理事；制定会费标准；审议理事会的工作报告和财务报告；决定更名、终止等重大事宜。

第十九条 会员代表大会须有三分之二以上的会员代表出席方能召开，其决议须经到会会员代表半数以上表决通过后生效。决定终止的会议，经实际到会会员数的过半数同意，决议即为有效。会员代表可以委托代理人出席会议，代理人应当出示授权委托书，在授权范围内行使表决权。

第二十条 理事会为本会的执行机构，对会员代表大会负责。理事会任期与会员代表大会任期相同。到期应当召开会员代表大会进行换届选举。理事分为个人理事和团体理事。个人理事一般在个人会员中选举产生；团体理事一般由团体会员单位中分管统战理论研究的领导同志和有关处室主要负责人担任，一旦离开现工作岗位，其理事资格自动由继任者接任。由团体理事而担任常务理事者，从此规定。

第二十一条 理事会的职责是：召集会员代表大会，向大会提交工作报告和财务报告；执行会员代表大会决议；选举或者罢免本会负责人；决定副秘书长和各机构主要负责人的聘免；决定办事机构、分支机构、代表机构的设立或者注销，并依法向登记管理机关备案或申请登记；领导各机构开展工作；制定内部管理制度；听取、审议秘书长的工作报告，检查秘书长的工作；决定其他重大事项。

第二十二条 理事会每年召开一次会议，情况特殊可随时召开。增补理事，须经会员代表大会选举。特殊情况下可由理事会补选，但补选理事须经下一次会员代表大会确认。

第二十三条 理事会会议由会长负责召集和主持。有三分之一理事提议，必须召开理事会会议。如会长不能召集，提议理事可推选召集人。召开理事会会议，会长或召集人需提前5日通知全体理事。理事会会议，应由理事本人出席。理事因故不能出席，可以书面委托其他理事代为出席，委托书中应载明授权事项。

第二十四条 理事会会议须有三分之二以上理事出席方能举行；理事会决议须经出席理事三分之二以上通过方为有效。

第二十五条 本会设常务理事会。常务理事从理事中选举产生，人数应当不超过理事总数的三分之一。常务理事会在理事会闭会期间行使本章程第二十一条第二、四、五、六、七款的职权,对理事会负责。

第二十六条 常务理事会每半年召开一次会议,情况特殊可随时召开。增补常务理事,应经理事会选举。常务理事人数不少于5人,但不超过理事总数的三分之一。特殊情况下可由常务理事会补选,但补选的常务理事应经下一次理事会确认。补选的常务理事应在理事中产生。本会负责人不得由常务理事会选举和罢免。

第二十七条 常务理事会须有三分之二以上常务理事出席方才有效,其决议须经到会常务理事三分之二以上表决通过方能生效。

第二十八条 本会会员代表大会、理事会表决重要事项,应按业务主管单位有关规定,以无记名方式进行。以上会议应当制作会议记录;形成决议的,应当制作会议纪要。本会章程、规章制度、各种会议纪要和财务会计报告应向会员代表公开。

第二十九条 本会理事会指定一名副会长为法定代表人。本会法定代表人不兼任其他社会团体的法定代表人。

第三十条 本会负责人需具备下列条件:坚持党和国家的路线、方针、政策;在本会业务领域内有较大的影响和较高的声誉;最高任职年龄一般不超过70周岁,身体健康,能坚持正常工作;具有完全民事行为能力。

第三十一条 确因工作需要,任职年龄超过70周岁担任本会负责人的,须经理事会表决通过,报业务主管单位审查同意并经登记管理机关批准后方可任职。

第三十二条 有下列情形之一的人员,不能担任本会负责人:不符合业务主管单位和登记管理机关有关社科类学术社团负责人任职条件的;曾在因违法被撤销登记的社会团体中担任负责人,且对该社会团体的违法行为负有个人责任,自该社会团体被撤销之日起未逾5年的。

第三十三条 本会负责人每届任期与理事会的届期相同,连任一般不超过两届。因特殊情况需超届连任的,须经理事会表决通过,报业务主管单位审查并经登记管理机关批准同意后,方可任职。

第三十四条 本会会长行使下列职权:主持会员代表大会,召集、主持理事会;检查各项会议决议的落实情况;领导理事会工作,代表本会签署重要文件;章程规定的其他职权。

第三十五条 秘书长一般为专职。秘书长在会长领导下开展工作,主要职责是:主持办事机构开展日常工作,组织实施工作计划;协调各分支机构、代表机构开展工作;拟订内部管理规章制度,报理事会审批;向理事会提议聘任或解聘副秘书长和各机构负责人人选;向会长和理事会报告工作情况;处理其他日常事务。

第三十六条 本会内设办公室,处理日常事务性工作。设立内设办事机构应报业务主管单位,并向登记管理机关备案。

第三十七条 本会专职工作人员应当参加登记管理机关或业务主管单位组织的岗位培训,熟悉和了解相关法律、法规和政策。

索　引

表 格 索 引

表 1-2-1　1998—2010 年上海市社会主义学院党组构成一览表　35
表 1-2-2　1958—2010 年上海市社会主义学院行政领导一览表　36
表 1-3-1　1960—2010 年上海市社会主义学院各处室负责人情况表　40
表 1-4-1　1993—2000 年获市级表彰的党组织一览表　43
表 1-4-2　1991—2006 年获市级表彰的党员个人一览表　43
表 1-5-1　1958—1966 年上海市社会主义学院工作人员统计表　45
表 1-5-2　1985—2004 年上海市社会主义学院在编人员统计表　45
表 1-5-3　2005—2010 年上海市社会主义学院在编人员统计表　46
表 1-5-4　1992—2010 年上海市社会主义学院评选的优秀个人和文明处室一览表　49
表 1-5-5　1985—2010 年上海市社会主义学院离退休人员统计表　51
表 2-1-1　1984—2010 年上海市社会主义学院开设的课程一览表　57
表 2-2-1　上海市社会主义学院学员名单不详的培训班次一览表　67
表 2-3-1　1998—2000 年上海市社会主义学院中华文化系列讲座情况表　74
表 3-1-1　上海市社会主义学院教职工在报纸上发表的文章一览表　91
表 3-1-2　上海市社会主义学院教职工发表在公开出版物上的论文和文章一览表　92
表 3-1-3　上海市社会主义学院教职工载于研讨会文集的论文和文章一览表　104
表 3-1-4　上海市社会主义学院教职工发表于内刊的文章一览表　106
表 3-2-1　《上海市社会主义学院学报》论文被中国人民大学复印报刊资料转载情况一览表　114
表 4-3-1　1984—2000 年上海市社会主义学院预决算情况一览表　138
表 4-3-2　2001—2010 年上海市社会主义学院预决算情况一览表　139
表 5-3-1　1998—2009 年上海市社会主义学院出国出境学习考察情况一览表　150
表 5-3-2　1992—2009 年上海市社会主义学院赴外省学习交流工作情况一览表　151
表 5-3-3　1987—2010 年中共中央统战部、中央社会主义学院、外省市社会主义学院到学院考察交流情况一览表　153

编 后 记

《上海市社会主义学院志》(以下简称《院志》)的编纂工作于2015年12月14日正式启动。根据编纂计划,2016年10月,完成资料收集和资料长编。2017年2月,完成初稿编写。2017年3月,在编纂委员会成员,以及学院退休的领导、处室负责人、教师和相关人员范围内印发了征求意见稿。2017年9月,完成《院志》(内评稿)的内评工作。2017年10月25日,编纂委员会审定通过《院志》(内审稿)。2017年12月28日,上海市地方志办公室组织专家评议通过《院志》(评议稿)。2018年6月1日,上海市地方志办公室组织专家审议通过《院志》(审定稿)。2018年7月9日,上海市地方志办公室通过对《院志》(验收稿)的验收。

在《院志》编纂工作正式启动之前,学院办公室熊新亚同志为编写院志收集整理了很多资料。2008年,为纪念建院50周年,学院教务处郭洪海、冯菊红、徐菲菲三位同志,整理编印了《上海市社会主义学院校友名录(1958—2008)》。以上资料,为《院志》的编纂提供了宝贵的帮助。

上海市社会主义学院1958年建院。这次修志是上海市社会主义学院建院60年来第一次全面编修院志。首次修志,本当完整、准确地反映学院的历史发展全貌,特别是要重点记述建院以来学院的教学科研成就。然而,惜乎有关档案比较缺失,最后付梓的《院志》难免不尽如人意,至为叹憾。

常言道,盛世修志。修志一道,存史、育人、资政,责莫大焉。接受修志这项任务,既是接受挑战,更是接受一份沉甸甸的责任。将近三年来,我们修志同仁,本着对工作、对历史高度负责的精神,夜以继日,寒以继暑,对每段历史事实和每个提法、细节、数字,都在多番查阅资料和征询相关部门、相关单位、相关人员意见的基础上,参校比对、认真核实、反复斟酌。往往一名之立,旬月踟蹰。对于各方批评,毁则用心虚纳,誉则报之一笑。自初稿完成至交付出版,先后进行十三次修改。每改一稿,都仿佛一次蜕皮。尽管如此兢兢业业,犹恐托付不效。个中甘苦和孤独,可为同道者言,难为外人道也。

一部精品佳志,不仅取决于档案资料的完整丰富,也取决于编纂人员的工作责任心和业务能力,以及对方志主体情况的熟悉和了解。然则,我们全体编纂同仁,不仅专业能力水平有限,而且都是兼职以事,对学院的有些历史也并不了解,甚至是完全无知。更何况,精品佳志一定是按照方志编纂规范的严格要求,历经大量的功夫和时间磨出来的。从启动到送交验收,《院志》的编纂,只有短短两年半的时间。因此之故,《院志》体例有欠严整,文字表述看来有些粗糙,错漏之处也或将存在。每每心念及此,我们又不免深感不安和惭愧。

《上海市社会主义学院志》编纂室
2018年7月20日

图书在版编目（CIP）数据

上海市级专志.上海市社会主义学院志/上海市地方志编纂委员会编.—上海：华东师范大学出版社，2018

ISBN 978-7-5675-8344-3

Ⅰ.①上… Ⅱ.①上… Ⅲ.①上海—地方志②上海市社会主义学院—概况 Ⅳ.①K295.1②D613-40

中国版本图书馆CIP数据核字(2018)第216411号

上海市级专志
上海市社会主义学院志

编　　者	上海市地方志编纂委员会
责任编辑	朱妙津
责任校对	王丽平
封面设计	严克勤
美术设计	刘怡霖
出版发行	华东师范大学出版社
社　　址	上海市中山北路3663号　邮编 200062
网　　址	www.ecnupress.com.cn
电　　话	021-60821666　行政传真 021-62572105
客服电话	021-62865537　门市(邮购)电话 021-62869887
地　　址	上海市中山北路3663号华东师范大学校内先锋路口
网　　店	http://hdsdcbs.tmall.com/
印 刷 者	上海中华商务联合印刷有限公司
开　　本	889×1194　16开
印　　张	19
插　　页	4
字　　数	460千字
版　　次	2018年10月第1版
印　　次	2018年10月第1次
书　　号	ISBN 978-7-5675-8344-3/K·518
定　　价	198.00元
出 版 人	王　焰

(如发现本版图书有印订质量问题,请寄回本社客服中心调换或电话 021-62865537 联系)

洪冬英　翁新楚　张金仓　蒋　健　李照国　黄　振　王慧敏　汪耀华　余　岚　沈维藩
辛春华　李迅雷　徐雪红　张　锜　张　华　付　军　严俊瑛　常生龙

民革第1期社会与法制工作者学习班(31人)
(2010.9.28)

裴雄卿　陈卫中　陈景欣　张　缨　陈　杰　周　伟　李伟林　刘　怡　汤志芸　徐红艳
杨晓琼　颜海燕　张　杰　倪雪军　朱　怡　查际春　李　超　王纯红　严爱华　王　颖
杨积广　章雅慧　杜燕群　李　明　林子瑾　戚敏娟　王　蕴　张　云　杨国胜　缪鹏年
李　烨

民革第27期中青年骨干培训班(44人)
(2010.10.19—23)

袁　峥　杨定军　刘怀南　张顾民　赵靖健　丁　颖　汤志芸　从　群　杨显武　叶　芳
查芳芳　刘　怡　顾德昌　葛　敏　黄宏志　张建秋　马天林　杨翠迎　陈晓峰　杨　瑞
陈文银　郭新丽　周　伟　梁顺龙　胡坤铭　席　刚　蒋　焱　王　钢　寿晓峰　宋田斌
范雪春　梁　红　葛翌雷　蒋黎峰　汤海燕　刘品宽　其木提　王洪新　刘华丽　王　昊
沈国栋　王丽玟　黄　海　李　烨

民建第38期中青年骨干培训班(32人)
(2010.11.1—6)

万建军　沈　华　钟继明　方　燕　张治年　邢晓芸　金晓刚　罗　凡　张纪敏　周思奇
金　缨　何皓东　沈　祝　郑雷飞　瞿　峻　赵　琴　徐　兰　卫　剑　刘金华　蒋　旭
朱晓天　朱建高　董秋敏　张　耀　李　啸　谢　欣　梅　林　沈忆文　沈　辉　吴伟时
汤　潇　邵洁敏

无党派人士理论研修班(37人)
(2010.11.12)

龚惠兴　白同朔　张　鳌　王安忆　李　鸣　印　杰　郑　珊　江小民　朱自强　王明弹
童光志　陆嘉明　陈云麒　沈祖炜　金长荣　夏秀蓉　林荫茂　朱成钢　樊　芸　姚　莉
阮忠良　邹　明　王跃林　林洪扬　顾伟青　唐　豪　彭　靖　卢汉龙　王　霞　李　林
钱耀忠　朱树英　汪黎明　柴晓苗　邵瑞庆　毛祥东　王小坚

民建第39期中青年骨干培训班(36人)
(2010.12.6—11)

邹　琦　陈木森　周　谊　蔡　俊　周宗佑　李保慈　李　欣　夏坚强　董文静　何　俊
程　颖　王艳辉　田勇捷　陈慧颖　陆祺吉　吉　伟　黄　坚　朱理东　叶文娣　贺圣樑
黄　群　林　熙　施　伟　杨文红　邹矢勋　龚利华　曹建荣　徐旭初　黄　桦　张国雄
陈非寒　范新云　沈　强　吴建中　张剑光　温以红